# 微笑的苹果

《华亭风》学生作文精选集

上海市松江区融媒体中心 编

上海文艺出版社

# 目录

2 0 1 0

有一种爱叫等待……………………………………… 陈依然 / 002

感悟《弟子规》……………………………………… 从　莹 / 003

坐看云卷云舒………………………………………… 顾　悦 / 005

我爱拼积木…………………………………………… 李舜傲然 / 006

家长会的前奏曲……………………………………… 凌玮烨 / 008

一部关于脸的战争——读《三国演义》有感………… 刘泽羿 / 009

我读书的小故事……………………………………… 陆洁仪 / 011

一片落叶，触动了我的心弦………………………… 陆奕旻 / 013

我最喜欢的一个字…………………………………… 盛培原 / 014

生活需要乐趣………………………………………… 时庚丰 / 016

假如我会飞…………………………………………… 王　卿 / 018

不一样的，生活 …………………………………… 王旖旎 / 019

心境造就读书 ……………………………………… 吴 斐 / 020

怎一个"比"字了得 ……………………………… 吴思佳 / 021

在吴老师的引领下 ………………………………… 吴夏维 / 023

珍惜 ………………………………………………… 奚宇钦 / 025

迎世博·看变化 …………………………………… 许茵茵 / 027

星空——读几米《星空》有感 ………………… 俞 昳 / 028

爱，永存 …………………………………………… 朱家豪 / 030

地球一小时熄灯感想 ……………………………… 朱凌娜 / 032

## 2011

假如我有七十二变 ………………………………… 曹子健 / 036

我在期盼着 ………………………………………… 陈俞霖 / 037

一朵花的位置 ……………………………………… 方钰玲 / 038

走近家乡的桥 ……………………………………… 费珍妮 / 040

绍兴游 ……………………………………………… 贾沈朱 / 042

那一刻，我真快乐 ………………………………… 井雨彤 / 043

我真生气 …………………………………………… 陆星儿 / 045

我爱我家 …………………………………………… 沈 凡 / 046

假如我是小草 ……………………………………… 苏 琰 / 047

窗外 ………………………………………………… 唐泽宇 / 048

读书心得 …………………………………………… 唐培蓉 / 050

身边有美 …………………………………………… 王伊滢 / 051

寻春 ………………………………………………… 吴沙莎 / 053

别样的风采……………………………… 夏　霞 / 054

我爱诗歌……………………………… 徐小冰 / 055

品读松江的桥……………………………… 徐张晶 / 057

一滴水，折射太阳的光辉……………… 杨静远 / 059

人生如棋局……………………………… 张俊玮 / 061

一年四季………………………………… 张骏杰 / 062

生活小插曲……………………………… 朱昕慧 / 063

### 2 0 1 2

我与"红十字"同行……………………… 丁思源 / 066

小猫玩毛球……………………………… 顾褚庆怡 / 068

纸上的朱家角…………………………… 黄　骊 / 068

升国旗………………………………… 蒋正振 / 070

最美的礼物……………………………… 金家喻 / 071

长大的感觉真好………………………… 李介匀 / 073

说方道圆………………………………… 林丛宇 / 074

幸福不是错觉…………………………… 林文蕙 / 075

你就这样匆匆地走了…………………… 刘心和 / 077

只有更高的天空………………………… 邱　杰 / 080

米与女孩………………………………… 沙　帆 / 081

成长的足迹……………………………… 沈　晗 / 083

再见了，母校…………………………… 王安琪 / 084

团结的力量……………………………… 王　茜 / 086

旅德随笔………………………………… 王蕴奇 / 087

我的计谋……………………………… 魏敬孟 / 089

爱的怀念……………………………… 杨旭敏 / 090

最让我难忘的一句名言………………… 张海龙 / 092

放生…………………………………… 朱　珩 / 093

春节纪事……………………………… 诸少铭 / 095

## 2 0 1 3

学滚铁环……………………………… 曹艺龄 / 098

风雨上学路…………………………… 柴以薰 / 099

雨中游天马…………………………… 陈鸣萧 / 101

倒出鞋里的沙子……………………… 邓王苹 / 102

都是唱歌惹的"祸"…………………… 费祥星 / 103

我是天边一颗星……………………… 管鸿喆 / 105

这件事并不难………………………… 黄文涛 / 106

这就是幸福…………………………… 金依澜 / 107

素描…………………………………… 李润婷 / 108

板栗情………………………………… 李　曙 / 110

龙虾大战乌龟………………………… 李　烨 / 111

毕业季………………………………… 栗冰欣 / 112

玫瑰和野花…………………………… 吴　锦 / 114

捡蚯蚓粪……………………………… 夏　毅 / 115

桂花茶香……………………………… 徐万芳 / 116

吊兰给我的启示……………………… 杨丹妮 / 117

再见了，母校………………………… 尹律恒 / 119

可爱的蚕宝宝……………………………… 于高琪 / 120

这真是一种享受……………………………… 张慧言 / 121

考了100分以后……………………………… 张毅涵 / 123

天蓝色的信…………………………………… 张喆雅 / 124

看你还敢不敢打猎…………………………… 朱天乐 / 126

## ２０１４

一位售票员阿姨……………………………… 蔡亦菲 / 130

爷爷的茶和酒………………………………… 费可汉 / 131

与书中的人物密语…………………………… 顾晨旭 / 132

世界因不同而精彩…………………………… 胡寒冰 / 134

舒心的微笑…………………………………… 姜仲玥 / 136

风信子………………………………………… 金 艳 / 137

岁月有痕……………………………………… 彭之恒 / 139

妈妈的清晨…………………………………… 邵 婕 / 140

那个陌生的小女孩…………………………… 沈张莹 / 141

采访录：妈妈………………………………… 孙仲一 / 143

难忘的假期…………………………………… 王旸逸 / 145

童年的记忆…………………………………… 肖浦东 / 146

不服输………………………………………… 郁敏婕 / 148

小实验，大知识……………………………… 张 欣 / 149

那些流逝的时光……………………………… 张宣诚 / 151

大胆的猫……………………………………… 张怡宁 / 152

特长之星……………………………………… 张屹晨 / 153

难忘军训那些天…………………………………… 朱珺瑜 / 156

## 2015

一颗"螺丝钉"………………………………………… 包家豪 / 160

访"古"记……………………………………………… 曹诗敏 / 161

小蚂蚁，大力量……………………………………… 陈　健 / 164

我家一猫二虎………………………………………… 陈旭敏 / 165

记忆深处的弄堂……………………………………… 费嘉仪 / 167

小熊放风筝…………………………………………… 郭朝阳 / 169

骤雨歇………………………………………………… 何芸帆 / 170

对不起，朋友………………………………………… 蒋　翼 / 172

猫和老鼠……………………………………………… 蒋瀚洋 / 173

谁的本领大…………………………………………… 雷坤瑾 / 174

魔盒·磨合…………………………………………… 倪贝丫 / 175

云间静心好去处……………………………………… 彭　晨 / 178

生病的文章——读《咬文嚼字》有感……………… 沈　群 / 179

小熊过桥……………………………………………… 沈笑容 / 181

那片竹林……………………………………………… 盛瑞祺 / 182

开门与暖手…………………………………………… 谢盼盼 / 183

"活着"才能胜利…………………………………… 许天宇 / 185

动物就是我家人——读《我的野生动物朋友》有感

　　…………………………………………………… 薛礼承 / 186

勇气…………………………………………………… 俞艺舟 / 188

小白兔的生日………………………………………… 郁懿晴 / 190

熟悉的光景⋯⋯⋯⋯⋯⋯⋯⋯⋯⋯⋯ 张乐易 / 191

拥抱心底的彩虹⋯⋯⋯⋯⋯⋯⋯⋯⋯ 张怡宁 / 192

有一种美,叫宽容⋯⋯⋯⋯⋯⋯⋯⋯ 周雨欣 / 194

再见了,人乐⋯⋯⋯⋯⋯⋯⋯⋯⋯⋯ 周芷萱 / 195

## 2 0 1 6

两只趣龟⋯⋯⋯⋯⋯⋯⋯⋯⋯⋯⋯⋯ 曹天翔 / 198

我在岳家军的日子⋯⋯⋯⋯⋯⋯⋯⋯ 陈　诺 / 199

我爱课本剧⋯⋯⋯⋯⋯⋯⋯⋯⋯⋯⋯ 高畅阳 / 201

相由心生⋯⋯⋯⋯⋯⋯⋯⋯⋯⋯⋯⋯ 李可航 / 202

拼装给我带来的乐趣⋯⋯⋯⋯⋯⋯⋯ 闵　理 / 204

假如我是一棵小草⋯⋯⋯⋯⋯⋯⋯⋯ 钱溮诺 / 205

打造自己的乐园⋯⋯⋯⋯⋯⋯⋯⋯⋯ 徐炜茜 / 205

走近唐诗宋词⋯⋯⋯⋯⋯⋯⋯⋯⋯⋯ 徐慧群 / 208

下水管为什么是弯的⋯⋯⋯⋯⋯⋯⋯ 沈书逸 / 210

放学小镜头⋯⋯⋯⋯⋯⋯⋯⋯⋯⋯⋯ 沈奕尧 / 211

万鸟家园⋯⋯⋯⋯⋯⋯⋯⋯⋯⋯⋯⋯ 沈兆骋 / 212

筑桥⋯⋯⋯⋯⋯⋯⋯⋯⋯⋯⋯⋯⋯⋯ 宋锦阳 / 213

三株"仙人球"⋯⋯⋯⋯⋯⋯⋯⋯⋯⋯ 孙毓翎 / 215

饭后,换一种方式⋯⋯⋯⋯⋯⋯⋯⋯ 汪秉睿 / 217

敲胡椒⋯⋯⋯⋯⋯⋯⋯⋯⋯⋯⋯⋯⋯ 王凯锋 / 219

小草颂⋯⋯⋯⋯⋯⋯⋯⋯⋯⋯⋯⋯⋯ 王乐怡 / 220

奔流不息的小溪⋯⋯⋯⋯⋯⋯⋯⋯ 吴笛达越 / 222

狐狸摆摊⋯⋯⋯⋯⋯⋯⋯⋯⋯⋯⋯⋯ 吴悠然 / 223

不说话的朋友…………………………… 吴鋆熠 / 224

妈妈，我想对您说…………………………… 杨湘雅 / 226

孙悟空开店…………………………… 俞书建 / 227

门外与窗前…………………………… 张培雯 / 228

学懒…………………………… 张正萍 / 230

小镇面馆…………………………… 朱润泽 / 231

海洋馆之夜…………………………… 朱斯晨 / 233

挑战…………………………… 庄之梦 / 235

## 2017

在路上…………………………… 陈　硕 / 238

霉与酶…………………………… 陈思妤 / 239

陕西博物馆记…………………………… 成殷君 / 241

事非经过不知难…………………………… 高慕然 / 242

司机叔叔，真帅…………………………… 顾思妍 / 243

放弃也是一种快乐…………………………… 侯飞羽 / 245

黑暗中的一支蜡烛…………………………… 胡思甜 / 246

难以割舍的旧物…………………………… 华思宇 / 247

歪脖子树…………………………… 木李子禾 / 249

我身边的科学…………………………… 沐佳怡 / 251

春天在哪里…………………………… 盛语晨 / 252

无字情书…………………………… 宋熹晟 / 253

上海的味道…………………………… 孙　婕 / 254

生火…………………………… 陶君仰 / 256

战狼（2）观后感 …………………………………… 王隽凡 / 257

老师，妈妈 ………………………………………… 王倩莹 / 259

姥爷的小板凳 ……………………………………… 王润慈 / 260

老房子 ……………………………………………… 吴佳盛 / 262

感觉春天 …………………………………………… 吴一帆 / 264

那一刻，我停下了脚步 …………………………… 杨艺雯 / 266

听风 ………………………………………………… 郁诗惠 / 268

格林一家 …………………………………………… 袁　也 / 269

"抠门"的班长 …………………………………… 张　晨 / 270

特别的朋友 ………………………………………… 张丹妮 / 272

难忘小雪人 ………………………………………… 张心悦 / 273

"U"形下水管的奥秘 …………………………… 张欣仪 / 275

自行车和汽车 ……………………………………… 张远帆 / 276

美丽的池塘 ………………………………………… 张紫琰 / 277

粥的味道 …………………………………………… 赵佳语 / 278

## 2 0 1 8

小花园里的笑声 …………………………………… 白滢滢 / 282

荷花 ………………………………………………… 蔡谙枫 / 283

水乡仓城 …………………………………………… 曹翾怡 / 285

忙碌着，快乐着 …………………………………… 曾一蒞 / 286

校园秋天有诗意 …………………………………… 陈　璐 / 288

假如我是一棵蒲公英 ……………………………… 陈宇轩 / 289

舍与得 ……………………………………………… 龚天翼 / 291

幸福是什么 …………………………………… 顾琦磊 / 292

在奔跑中成长 ………………………………… 韩佳昊 / 294

舅舅的心事 …………………………………… 胡　奥 / 295

要不得的"谦卑" ……………………………… 胡佩瑶 / 297

小草 …………………………………………… 胡馨匀 / 299

小狗球球 ……………………………………… 胡一君 / 300

请给小鸟一个家 ……………………………… 蒋雨菲 / 302

给自己的一封信 ……………………………… 梁瑞丰 / 303

平潭的石头 …………………………………… 林俊佑 / 304

等待 …………………………………………… 凌子宸 / 306

春柳 …………………………………………… 凌子钰 / 307

松江，我的第二故乡 ………………………… 刘均堂 / 308

那些错过的风景 ……………………………… 陆凯芸 / 309

微笑的苹果 …………………………………… 孟祥舒 / 311

走近沪剧 ……………………………………… 潘瑜清 / 313

一只蜗牛的美好生活 ………………………… 沈佳慕 / 315

我爱词语接龙 ………………………………… 沈舒颖 / 316

手机啊手机！ ………………………………… 施陈宇 / 317

一颗璀璨的明珠 ……………………………… 汪陈禾 / 319

秋日物语 ……………………………………… 谢雨潼 / 321

拜年 …………………………………………… 徐世杰 / 323

露珠 …………………………………………… 薛松月 / 324

两会采访 日记二则 …………………………… 颜和愉 / 325

留住这份小美好 ……………………………… 张　可 / 327

紫藤记 ………………………………………… 张雨谦 / 329

校园秋色……………………………………… 张芝瑜 / 330

没想到，真没想到………………………………… 周　淼 / 332

幸或不幸都是生命的云彩………………………… 朱逸轩 / 334

# 2019

别了，旧时光……………………………………… 曹雯静 / 338

无声的陪伴………………………………………… 付明泽 / 339

槟榔谷联欢………………………………………… 顾心悦 / 341

大仓桥…………………………………………… 金卓仪 / 342

行走的苏轼，行走的我…………………………… 孟乐山 / 344

开在记忆深处的"花"…………………………… 宁诗源 / 345

一枚发卡………………………………………… 沈含彧 / 347

公无渡河，公竟渡河……………………………… 沈小鸥 / 348

青山间的感悟…………………………………… 石　川 / 350

每个人都是奇迹——《奇迹男孩》观后感……… 孙小茜 / 352

遗憾地错过……………………………………… 孙艺馨 / 354

我眼中的周瑜…………………………………… 汤韵玥 / 355

我养仙人掌……………………………………… 田　翔 / 357

大美如初，千年建盏……………………………… 王一冰 / 358

不要再这样做了………………………………… 谢昌琚 / 360

那些旧照片……………………………………… 许　逸 / 361

沟通……………………………………………… 杨　昊 / 363

中秋月明………………………………………… 杨家珩 / 365

芦絮飞…………………………………………… 余卞申 / 367

春天来了……………………………………………… 俞斯涵 / 369

温暖……………………………………………………… 袁辰欣 / 370

和穆教练一起走过的日子……………………………… 张乐婧 / 372

科技改变生活…………………………………………… 张　悦 / 373

那一天，我与蜗牛相遇………………………………… 张芝瑜 / 375

父爱无声………………………………………………… 张朱涛 / 377

国境线之行……………………………………………… 张拙童 / 379

寻找美丽的春天………………………………………… 褚翊凡 / 381

不一样的声音…………………………………………… 朱　彤 / 382

$2020$

穿过幽暗的雨…………………………………………… 柏逸澄 / 386

心中的牵挂……………………………………………… 陈嘉烨 / 387

聆听张文宏教授的演讲有感…………………………… 陈一鸣 / 389

写给武汉的一封信……………………………………… 富络绎 / 390

广寒宫里过一天………………………………………… 顾羽纶 / 392

仔细观察………………………………………………… 韩鹤宇 / 393

时间的手………………………………………………… 韩黄钰 / 394

窗外……………………………………………………… 洪启航 / 396

一张废纸的启示………………………………………… 华孜欣 / 397

难忘那一幕……………………………………………… 刘一淳 / 398

生命的亮光……………………………………………… 刘舒予 / 400

我读懂了那目光………………………………………… 沈晏秋 / 402

那些回不去的时光……………………………………… 石佳琪 / 403

我与故乡再见时⋯⋯⋯⋯⋯⋯⋯⋯⋯⋯ 宋思源 / 405

那一刻⋯⋯⋯⋯⋯⋯⋯⋯⋯⋯⋯⋯ 宋熹晟 / 407

中国速度，我为你自豪⋯⋯⋯⋯⋯⋯ 谭思田 / 409

橘子树下⋯⋯⋯⋯⋯⋯⋯⋯⋯⋯⋯ 王苏扬 / 411

那盆绿意盎然的文竹⋯⋯⋯⋯⋯⋯⋯ 王逸之 / 412

春风⋯⋯⋯⋯⋯⋯⋯⋯⋯⋯⋯⋯⋯ 王子乔 / 414

这也是课堂⋯⋯⋯⋯⋯⋯⋯⋯⋯⋯ 韦 祎 / 414

破土而出的春天⋯⋯⋯⋯⋯⋯⋯⋯⋯ 杨艺雯 / 416

上海的颜色⋯⋯⋯⋯⋯⋯⋯⋯⋯⋯ 俞斯涵 / 417

芦花⋯⋯⋯⋯⋯⋯⋯⋯⋯⋯⋯⋯⋯ 张若琳 / 419

春天终会到来⋯⋯⋯⋯⋯⋯⋯⋯⋯⋯ 张雨婷 / 420

就这样，埋下了一颗种子⋯⋯⋯⋯⋯ 周裔阳 / 422

相逢是首歌⋯⋯⋯⋯⋯⋯⋯⋯⋯⋯ 朱文婕 / 424

## 2021

长在后院的月季花⋯⋯⋯⋯⋯⋯⋯⋯⋯ 陈若瑶 / 428

信念的颜色⋯⋯⋯⋯⋯⋯⋯⋯⋯⋯ 仇苋茉 / 429

打开⋯⋯⋯⋯⋯⋯⋯⋯⋯⋯⋯⋯⋯ 高雅文 / 431

我身边的"蜘蛛侠"⋯⋯⋯⋯⋯⋯⋯⋯ 郭钰洁 / 433

特别的声音⋯⋯⋯⋯⋯⋯⋯⋯⋯⋯ 何厚恩 / 434

编程中的快乐⋯⋯⋯⋯⋯⋯⋯⋯⋯⋯ 蒋承孝 / 436

这种感觉真好⋯⋯⋯⋯⋯⋯⋯⋯⋯⋯ 蒋子妍 / 437

难忘舞草龙⋯⋯⋯⋯⋯⋯⋯⋯⋯⋯ 金 靴 / 439

鱼缸里的发现⋯⋯⋯⋯⋯⋯⋯⋯⋯⋯ 金泽成 / 441

上海迪士尼乐园……………………………………… 靳子煦 / 442

养蚕之中悟理深……………………………………… 李俊乐 / 444

我从来没有这样痛苦过………………………………… 李子琪 / 445

校园………………………………………………… 刘昱成 / 447

这个人真"傻"……………………………………… 娄浩宇 / 448

拔河………………………………………………… 卢邦梁 / 450

吹泡泡……………………………………………… 聂郁霏 / 452

春天的雨…………………………………………… 宁天兰 / 453

一封家书…………………………………………… 彭伟伦 / 454

这儿真美…………………………………………… 沈李洋 / 456

乡下的房子拆迁了…………………………………… 王皓杨 / 457

冗长的思念——写给奶奶的信………………………… 王翊州 / 459

我的心动之旅………………………………………… 夏禹泽 / 461

熟悉的车铃声………………………………………… 肖喻灵 / 463

任老师……………………………………………… 徐静岚 / 464

两颗花生牛轧糖……………………………………… 姚思宇 / 466

心中的牵挂………………………………………… 殷逸艺 / 467

辩论大会——"双减"政策，你是否满意…………… 于子珊 / 469

爸爸"吃"了我的语文作业…………………………… 俞悦瑄 / 471

啄木鸟逛森林超市…………………………………… 张鸿建 / 472

乡村的早晨………………………………………… 张欣茹 / 473

蜗牛阿左…………………………………………… 周佳怡 / 474

我当志愿者………………………………………… 朱秋怡 / 476

# 2010

# 有一种爱叫等待

陈依然　松江区九峰实验学校八（4）班

"喂，老妈飞机延迟了，我可能会晚一点才能到家。"在飞机场，候机室里的我有些焦急地打着电话，按照这个速度下去，到家不是要 12 点了吗！

"没事，我们等你回来。"电话那头母亲保持着一贯的温柔。挂断电话，我的心里暖暖的。

无事可做的我只好到机场的书店去翻看书来消耗一点时间。令人庆幸的是，四十分钟后便开始登机了。

"喂，老妈我已经下飞机了，估计一个小时就会到家里了。"下飞机后，我虽已疲惫不堪，但听到母亲精神振奋的声音，我也兴致勃勃地与她侃了几句旅游时发生的趣事。"我们等你回来。"母亲的话让我心里定定的。

返回松江时，天下起了绵绵的雨，公车里摇摇晃晃的，不由得让我有些心烦。可一想到此时的家是灯火通明，便又振奋起了精神。心里不断催促着汽车能够加速行驶，快些到达松江。

包里传出一段欢快的小曲声，拿出手机，屏幕上"妈妈"两个字闪烁着。手机上的时钟正指着十二点，正好一个小时了。母亲肯定在家里等得心急了！

"宝贝，你怎么还没回来啊？"按下接听键，还没等我开口，母亲就急急地询问。

"还在路上呢，估计还得半个小时吧。""是这样啊。"她明显松了一口气，从声音上不难听出她一天的劳累，"我们会等你回来的。"临挂电话时母亲仍不忘强调"等我"。

现在已过十二点，父母明天还得上班呢，可却还是执意等我……我的眼眶竟有些热热的。

终于到松江了！时钟上的数字告诉我近一点了，沿途各家商店早都已关门，楼房中的灯火都已熄灭。街道边路灯尽管亮着却显得十分冷清。车子驶过一条又一条街，时钟的数字不停地跳动，我在心里嗔怪司机行驶太慢。

车子驶入小区，朦胧中，我看见一抹灯光——那是我家。下了车，我冲向家，我要带着灿烂的微笑迎接父母焦灼的目光……

# 感悟《弟子规》

从莹　松江六中初二（2）班

"宽为限，紧用功，功夫到，滞塞通"这是《弟子规》中的一句看似普通的句子，却引起我不同寻常的遐想。这句话的意思是：在制定读书计划的时候，不妨宽松一些，实际执行时，就要加紧用功，严格执行，不可以懈怠偷懒，日积月累的功夫深了，原来窒碍不通，困顿疑惑的地方自然而然就迎刃而解了。

草草而看，这段文字好像在讲述关于制定读书计划的方法及后果的事情，但如果细细品味下去，这句话说的是不是应该在读书的时候抓紧时间，不要胡思乱想，要专心致志？答案很明确：是。

这让我想起一句话"书非借不能读也"，如果书不是借来的，就不会认真地读，不会抓紧时间去读。这样的结果往往是把自己买来的书束之高阁，上面布满灰尘，这难道是正确的吗？而反之，如果这本书是借来的，你的心理暗示就会告诉你：这是借来的，是要还的，要抓紧读，自然而然就会提高阅读效率。还有许多人遇到困难就"不假思索"地去问别人，这也是不好的习惯，应该"遇惑而思，不得则问"。

"勿自暴，勿自弃，圣与贤，可驯致"，这是我读了《弟子规》后，一直用来鼓励自己的话语。凡事不可以轻言放弃，只要经过自己的努力都可以实现。所以我也经常鼓励别人不能轻言放弃，在他们的励志书里也经常用这句话鼓励他们，努力加坚持是一种很强的力量，它可以破解你面前的难题，让你在柳暗花明中看到另一村。

我们总会遇到让我们很烦恼的事，面对挫折与打击，很多人不敢面对，而是成天抱怨，得过且过。我曾经在遇到挫折时问自己：和王守仁等人的经历相比，我现在遇到的挫折算什么？还好意思张口闭口说自己如何如何郁闷吗？很不好意思。于是再问自己：如果于谦、王守仁遇到类似我这样的挫折，他们会怎么面对？恐怕他们根本就不会把这些东西当回事吧！也许他们会说"真正的苦难还在后面呢"！在面对巨大考验时保持一个平常心。所以说唯有真实的苦难，才能驱除罗曼蒂克的幻想，唯有克服困难，才能帮助我们承受残酷的命运。只有具备这种心态，才能在以后艰难的人生中不断走向强大！

《弟子规》是一本看似简单，且读起来朗朗上口的书，但是其中却蕴涵着莫大的人生哲理，需要自己慢慢地去感悟，去发掘……

# 坐看云卷云舒

顾悦　松江二中高三（9）班

你是否留意，为何静对月光，生出了几分忧伤？为何远望孔雀蹒跚，生出了几分妩媚？为何仰望飞鸟当空，竟不觉苍穹冷漠遥远？

我在听月光曲时，遥想那轻柔月光，心中会涌起莫名的、清淡却又深入骨髓的忧伤；我看孔雀舞时，想到的不是动物园中看到孔雀开屏的欣喜，而是那属于生灵的舞动，和在阳光下闪耀的羽翼；我品读《飞鸟集》时，会感慨世界上最遥远的距离，更会欣慰有了飞鸟的遨游，天空也不再遥远。

德彪西与月光交流共鸣之时，将自己融入了月光；杨丽萍在与孔雀共舞之时，舞出了只属于她自己的"孔雀"；泰戈尔踱步于青空之下，早把自己融于这天地之间。他们，从自然间把握了艺术，成就了自身，成就了自然。因为他们都看出了自然的灵魂。

自然似乎是无足轻重的，因为它存在于我们身边的每个角落。花草、树木、日照、星空，或许偶尔听得鸟儿的鸣叫，这些都是自然，但也仅仅是我们看到的、听到的。眼睛捕捉花的姿态，耳朵锁住花开的声响，指尖留恋花瓣的柔软，鼻息间停留花的芬芳。似乎生出了一丝感慨和惋惜：我要如何才能留住这般动人的美丽。

将它留在心间吧。用双手画出它躲藏在心中的娇态，用双眼记录它在眼中的盛开，用双耳流泻出它绽放的音符。在心中，看到自己盛开成了那朵花。

大自然孕育了艺术，让人们去发现，去探索，从而造就了人文艺术。人们在大自然间自由求索，发掘了艺术，从而造就了充满人文气息的大自然，那个人们生存于其中，又熟悉于其中的自然。

文化若没有了大自然的踪影也就没有了生命力。没有捕捉到自然灵魂的，不能称之为文化。而这其中，最不可缺的便是人。人们捕捉到大自然的灵魂，便称之为文化，更确切地说是"人文"。没有人的灵魂，便看不出自然的灵魂。自然、文化、文化、自然，看到的表达的，都是人的灵魂。人们在自然中看到了自己，便成就了自然与文化。

我见青山多妩媚，料青山见我应如是。这是在看青山时看到了自己的灵魂，于是造就了妩媚青山和千古传唱。

而我坐看云卷云舒，我看到它们的风云变幻，我也看到自己心中的白云，舒卷自然。


# 我爱拼积木

李舜傲然　松江区泗泾小学三（3）班


我爱打乒乓，它能强健我的体魄；我爱弹钢琴，它能陶冶我的情操；我爱读书，它能开阔我的眼界；但我最爱拼"小白龙"智力积木，它不仅能丰富我的课余生活，而且能培养我的创造思维。

如果你到我家来做客，一走进我的房间准会让你大饱眼福。你瞧，在我的玻璃橱柜里整整齐齐地排列着几架"战斗机"，仿佛列队的士兵在等待命令，床头柜一角一辆"消防车"正蓄势待发，稍不注意，可能你的脚就会撞到一辆"隐蔽"在木地板上的"坦克"呢。这些可都是我用各种积木精心拼装而成的成果。它们每天都陪伴我甜甜地入睡，成了我形影不离的好伙伴。

可是我最喜欢的还是那一套"航空母舰"积木，它静静地"停泊"在钢琴的上方，它可是我们经过软磨硬泡，爸爸妈妈才答应作为期末考试的奖品送给我的。

记得那是一个下雪天的夜晚，爸爸妈妈刚从汇宝购物广场买回来，我就迫不及待地打开包装盒，取出示意图拼装起来。我先小心翼翼地把底板拼接好，再一层层叠上去，形成了甲板，接着我用几块特别的积木拼成炮台，然后用一些大的积木搭成船舱，可最后安装导弹时却怎么也装不上去了，我再仔细核对了一下示意图才发现，原来是一个小零件装反了，我只得把导弹全拆了，重新安装了一遍。过了半个多小时导弹终于装上去了。一艘威风凛凛的航空母舰终于大功告成了！你看，它长约83厘米，高约32厘米，前方一门大炮显得神气万分，中间高高的塔楼气势不凡，后面一排导弹整整齐齐，一身银灰色的外衣庄重威严。当我正自我陶醉时，响起了爸爸催我上床睡觉的声音，这时我抬头一看，时间已过11点，我已整整拼了三个多小时，手臂早已累得酸疼，连爸爸几次催我上床睡觉的声音也没有听见。

现在每当我看到这艘"航空母舰"，就会梦想长大了要驾驶着真正的航空母舰保卫祖国的海疆。有了积木，让我有了梦想的翅膀，我爱拼积木！

# 家长会的前奏曲

凌玮烨 上海师范大学附属外国语小学五（9）班

今天还是下着小雨，但我的心情却由阴转晴。我们班的一些同学都变得愁眉苦脸的，"哎，今天又要尝尝我爸的'竹笋炒肉'了！""唉，今天晚上不能睡个好觉了！""我的天呀，救救我吧！"原来是今晚学校要开家长会了。

课间休息时，全班立即炸开了锅，五年级九个班里，就数我们班最吵，说夸张点，仿佛整栋大楼都在晃动。再瞧我的同桌，满脸通红，握紧双拳，头轻轻地摇了摇，重重地叹了口气。他见我稳如泰山，以为我被吓傻了，便安慰我："你还是做好心理准备，珍惜一下这'黑暗前的黎明'吧！"我漫不经心地"回敬"他一个白眼，说："我才没你想的那样软弱呢！你真应该像我一样，保持好的心态，不要遇到这么一点儿小事情就像遇到了天打雷劈似的，结果被雷'劈'了个半死！"他"啊"的一声扑在桌子上，嘀咕道："人家好心安慰你，你却不领情。"我朝他挥了挥手中的拳头，他就立即不作声了，他又扯开了话题："你希望你的爸妈回家表扬你是不是？我也想呀！可是这也需

要付出代价呀！谁也料不到家长会上是什么场面。"他说完，把笔握在手中，紧闭双眼，嗡嗡地说："我希望爸爸回家后不要骂我，希望他一回家就高兴地抱起我说'乖儿子，你在学校表现得真

好，你现在可以去玩电脑了！'"我一听，哈哈大笑起来："这就是你所说的'代价'吗？"他的脸立刻涨得通红，生气地"哼"了一下，把头扭了过去，我也"哼"了一声，把头转了过去。

于是，我一个下午都没有理他。但我熬不住了，用手捅捅他，问："你紧张吗？"他垂头丧气地说："没有办法，必须接受这个'残酷的现实'呀。谁叫我学习不好呢？唉，今天死定了！"我若有所思地点点头，劝导他说："没关系的，学习成绩不好，我们还可以加油，不要气馁，关键先要让自己恢复信心，然后努力学习。当然你是不可能在一夜之间成为伟人的，要经过无数个白天和黑夜的奋战……"

原来我们做孩子的很需要父母的鼓励的。分数在家长的心目中真的有那么重要吗？是分数重要，还是我们每天开心地成长重要？我要深深地祈祷：我希望我妈妈一如既往地留着笑容回来！千万不要冲动……

# 一部关于脸的战争
## ——读《三国演义》有感

刘泽昇　松江六中初三（五）班

历史在合与分的轨道中回旋拉开三国的帷幕。

战争风云，变化多端，三国的演义实则是一部关于脸的战争。

## 孔明脸

卧龙一出见江山，初出茅庐的你，三烧曹营，令曹军闻风丧胆，你的脸上充满智慧和谋略。羽扇在手是你的风度，"一挥扇，定江山"。从"草船借箭到三气公瑾，从七擒孟获到六出祁山"，一张睿智的笑脸传遍中原。

你的睿智，同时又加点哀伤。刘备创业时半途而废，你受刘备之托，"受任于败军之际，奉命于危难之间。"你哀伤刘阿斗的昏庸无能，你哀伤自己未能完成先帝之愿。

## 孟德脸

后人评价你阴险。割发代首，杨修之死，挟天子以令诸侯，暴露出你阴险之脸。

可我更看重的是你的豪迈，讨董卓，诛吕布，灭袁术，征袁绍……你率领士兵南征北战，尽显你的豪迈之气，"老骥伏枥，志在千里"，你横槊赋诗，豪迈的气概在你脸上荡漾。

## 关羽脸

后人都说你诚信，桃园三结义的情分永远在你的脸上显现。纵使曹操热情款待，你依然过五关斩六将追随刘备，即使你已立军令状，在华容道上你毅然放过曹操，留下诚信的笑脸。

可是孤傲又在你的脸上显现，你小看老将黄忠，轻视猛虎马超。你一直以为，有你在吕蒙休想夺取荆州；擅自出城，终在魏吴夹击下走投无路，兵败麦城，留下无限的凄凉，孤傲再一次在你脸上抒写情怀。

## 周瑜脸

你与孔明齐名，谁都知道你的谋略和才干，谁都认识你那张智慧的脸，赤壁之战，智慧的脸上飘逸着无尽的风采。

可为何你的心胸如此狭隘？奈何被孔明三气就一命呜呼，还空发"既生瑜，何生亮"的感慨呢？原来你的脸上还有狭隘的成分。孔明识破你的苦肉计，出言要杀诸葛亮，你的脸是何等的悲愤和狭隘！

含着古代气息的风顺着历史的轨道徐徐拂来，在历史上留下永久的回忆。不同的脸展现出不同的风采，不同的脸呈现出不同的结局。

# 我读书的小故事

陆洁仪　茸一中学六（2）班

读书带给人快乐。的确，我确确实实体会到了这句话的含义。

刚上小学的一天，我无意间在舅舅的书桌上发现了一本《水浒传》，由于一时好奇，便拿来随意翻看了几页，没想到，却由此引起了浓厚的兴趣，看得津津有味。

由于那时我还很小，认字也不多，所以把《水浒传》中的"浒"误认成了"许"。因此，当舅舅发现书不见了。问起我时，我却一本正经地说没看见，可它其实正在我手上呢！在舅舅家的这段时间里，我一刻也不离开这本书。虽然我只有小学一年级的文化水平，但仍然不厌其烦地请教舅舅。我是不嫌烦，可舅舅却不耐烦了。我迫不得已只好自己迷迷糊糊地读下去。

在舅舅家住了几天后，爸爸妈妈却将我接回了家，看不到书了，我的心中就像失去了珍宝一样难过。

在家里憋了几天后，我终于决定去图书馆里看书！

图书馆就在少年宫的对面，每次我上完兴趣班，就去图书馆里看书，顺便等爸爸妈妈，这比在少年宫门口消磨时间好多了，有的时候，我还让爸爸妈妈晚点来接我，好让我多看一会书。

图书馆总有一股令人神往的书的清香，每次我走进图书馆时，总是感到十分惬意，而走出图书馆时神清气爽。

可惜的是，图书馆经常关门很早，我正看得尽兴时，就关门了，上完兴趣班，最多能看半个小时到一个小时，真是不甘心。

后来，在我的再三央求下，爸爸终于同意给我办一张借书卡，当我拿着借书卡走出图书馆的那一刻，我真感到整颗心都要带着身体飞起来了。

自此以后，我渐渐和书成了知心的朋友，我的喜怒哀乐都会和书分享，书使我更快乐了。

书带给人们的不仅有知识，更有品味知识时的那一份快乐。

# 一片落叶，触动了我的心弦

陆奕旻　松江一中高一（9）班

秋风吹过，一片落叶毫无怨言地自枝头落下，落向大地；它深知自己将被土壤分解后传输给它的大树母亲，但它并不害怕，它将自己的生命奉献给了大树，因为它懂得感恩。

曾在报纸上看到这样一则报道：感恩节前夕，美国芝加哥的一家报社向一位小学女教师约稿，希望看到一些家境贫寒的孩子画的图画，图画的内容是他们想感谢的东西。孩子们高兴地在白纸上描画起来。女教师猜想这些贫民区的孩子想要感谢的东西是很少的，可能大多数孩子会画餐桌上的火鸡或冰激凌。一个皮肤黝黑，头发卷曲的男孩交上了画，女教师吃了一惊：他画的是一只手。是谁的手？这个抽象的表现使女教师迷惑不解，其他孩子也纷纷猜测："这准是上帝的手。"女教师走到这男孩面前，低头问他："能告诉我你画的是谁的手吗？"男孩小声答道："这是您的手，老师。"女教师回想起来了：在放学后，她常常拉着他黏糊糊的小手，送他一程。他家很穷，父亲常酗酒，母亲体弱多病，没工作，这男孩破旧的衣服总是脏兮兮的。老师的这只手对这个男孩却有非凡的意义，他要感谢这只手。

有一篇课文中，主人公老王家境贫寒，他最困难的时候，是杨绛夫妇经常照顾着他的生意，使他渡过难关。老王因此记住了杨绛夫妇，在他们晚年时，他经常帮助并照顾他们，甚至在他生命的最后的日子里，他还不忘去看望杨绛……正是老王的感恩之举，在才使得他这么一个平民的形象变得高大。

由此可见，感恩既可以是心底里的，也可以是行动上的，生活有时固然艰难，命运或许并不会时常向我们微笑，但倘若时常怀着一颗感恩的心，那么再艰难的生活也会变得光明，充满生机。

# 我最喜欢的一个字

盛培原　松江二中高一（5）

中华汉字，我最喜欢"聪"这个字。显而易见，"聪"的第一个要件是"耳"。上天让人有两只耳朵，就是让人多听的。有一句话，"聋子的耳朵——摆设"，就是说，耳朵有了却不听，便成了废物。这句话生动体现了"听"的重要。"听"在现实生活中不可缺少，少听不行，不听更不行。没有"听"，人就不能学习说话，没有"听"，人就无缘于鸟鸣、虫叫等田园音乐；没有"听"，更不能知晓各种乐曲，人的生活将变成灰色。老祖宗们早已阐述过这个道理。"忠言不可逆耳"，"偏听则暗，兼听则明"。"耳听八方"是"聪"的第一步。

第二个要件是象征眼睛的两点。"眼睛是心灵的窗户"，眼睛是人们传达信息的窗口，只有与人互相对视，才能推测对方在想些什么。人们用眼来观察生活，它是认知事物的"先行官"；用眼来阅读书报，它是汲取信息的"接收站"；用眼来看电影、电视，它是学习的吸入器、知识的"摄像机"。没有"眼"，我们就看不到蓝天白云；没有"眼"，我们就看不见百花争奇斗艳，那将是无法想象的痛苦。"读书破万卷，下笔如有神"，"读史可以明志"，"阅世可以知人"，更是好处多多。"眼观六路"是"聪"的第二步。

第三个要件是"口"。"反复诵读，则自然上口"，"口"是帮助记忆的重要器官。"口"又是人们每天必须用来沟通的玄关。没有"口"，就不会说话；没有"口"，世界将一片死寂。多读多说有利于学习进步，有利于人际交流。但如果说起话来啰啰唆唆，那就是"美玉误入泥潭"。"谈笑有鸿儒，往来无白丁"，"谈经论典，舌战群儒"，哪一样都离不开"口"。"善言悖语"是"聪"的第三步。

"心"是"聪"的地基，不用"心"，以上三点便黯然失色。读书做事，需眼到、耳到、手到、心到。"心之官则思"，"思"是耳、眼、口、心作用的归结，而又以"心到最急"。学习中"心"的作用最大，"烂熟于胸"是学习的最高境界。"心知肚明"是人生阅历的结晶，人的聪明露在外不如藏在心。"心明慧至"是"聪"的第四步，也是最紧要的一步。

可见"聪"这个字结构清楚，意思明了。既让我懂得了汉字的会意之妙，又告诉了我做人如何能聪明的道理，最值得我喜欢。

# 生活需要乐趣

时庚丰　九峰实验中学八（1）班

　　去年暑假，我和堂哥一起到了居住在农村的表弟家，一贯在城市里生活的我俩被农村的生活深深吸引住了。其中，有一件事令我记忆犹新。

　　一个晴空万里的早晨，我和哥哥、表弟扛着鱼竿拿着鱼食来到一个小河旁边。表弟是钓鱼老手，他指了指河中一片长满水草的地方说："这个地方鱼来得多。"说着他把带来的面团分成颗粒状向河中撒去，他说是做一个窝。接着我们在表弟的帮助下，又将鱼食粘在了各自的鱼钩上。一切准备就绪，"一、二、三"，随着我们异口同声的口令，三条钓鱼线像海豚入水般钻入水中。我们头顶的和坐着的是摘来的荷叶，望着各自的浮漂，呼吸着充满乡土气息的空气，心中自然有种说不出的喜悦。我们一边讨论着中午如何吃鱼，一边想象着自己钓上鱼的情景。水中的荷叶上一只小青蛙在自由地跳动，水中荡起了粼粼涟漪。

　　等了许久，水面依然平静如镜，没有一丝波纹。我心中不由焦急起来，问道："怎么还不上钩？"有着丰富钓鱼经验的表弟平静地说："不必着急，快了。"

　　话音刚落，表弟的浮漂便动了一下，我还没看清楚是怎么一回事，一条小鱼便从水中跃然而上，落入表弟的手中。表弟娴熟地将鱼装入网袋里，脸上露出了会心的笑容，我羡慕的眼神不时地投向表弟。

片刻，哥哥也钓上了一条鱼，哥哥手舞足蹈、欢呼雀跃，那喜悦不亚于赢了一场球赛。欢快的笑声荡漾在小河两岸，波及岸边稻谷田里，微风又将这欢笑送得更远。此时，我心中不由懊恼起来，心想："我的浮漂怎么还不动呢？"

又过了一会，我感觉浮漂下沉了一下，猛然一惊，不由心中狂喜，鱼上钩了！赶忙提起一看，唉，原来鱼早就把鱼食吃掉跑了。呵，这鱼还真狡猾。表弟鼓励说："不用难过，你这是第一次钓鱼，就是我，也时常会让上钩的鱼跑掉呢！"表弟的话鼓舞了我，浮躁的心便平静了许多，我又重新装上了鱼食，将鱼钩甩到了更远的河水中去。

刚放进去才几分钟，我的浮漂又下沉了，看来这条小馋鱼要栽到我手里了。说时迟那时快，就在浮漂下沉的一瞬间，我手使劲一提，哇，一条大鱼！我马上把它按在地上，生怕它溜掉。哥哥和表弟连忙跑过来帮忙，表弟说："是条鲤鱼！不但个头比我们刚钓上来的大，而且更好吃。"听了这样的夸奖，我心里别提有多高兴了。

一晃，一个上午过去了，姑姑来叫我们回家吃饭，我们几个才依依不舍地收起了鱼竿。我扛着鱼竿，后面挂着钓来的鱼，嘴里吹着口哨，走在林荫乡村小道上，心里惬意无比。

一年过去了，回想起来，心中还会充满甜美。生活需要乐趣。我们需要更多的乐趣装点我们的生活。

# 假如我会飞

王卿　中山永丰小学三（3）班

有一天晚上，我做了一个奇怪的梦。我梦见自己长了一双美丽的翅膀，可以飞到我想去的地方。

假如我会飞，我要飞到蔚蓝色的天空。摘下一朵朵千姿百态的云朵，放在我的背上。我要跟飞翔的小鸟比赛，看谁飞得更高更远，多么舒畅多么自由啊！

假如我会飞，我要飞到一望无垠的大草原。大草原像一张绿油油的地毯，绵羊就好像地毯上的白色云朵，牧人骑着马儿在草原上奔驰，多么迷人的情景啊！

假如我会飞，我要飞到辽阔的宇宙，探索宇宙的奥秘。在宇宙中看看我们美丽的地球，寻找神秘的行星，感受失重的感觉。多么令人神往的宇宙啊！

假如我真的有一双翅膀，我还要飞到更多的地方，去看看外面的世界，那该那么美好啊！

# 不一样的，生活

王旖旎　松江区九峰实验学校高一（3）班

当我们过着快乐的生活时，我们应该感谢生活；过着痛苦的生活时，我们也应该感谢生活。因为生活原本就是美好的，我们应该积极乐观地面对生活中的一切……

这是我在读完《不抱怨的世界》后的第一个想法。

我们喜欢躲在喋喋不休的抱怨后面，从中获得一种自我膨胀的优越感。我们难以且不情愿地意识到，所厌恶的种种问题，譬如身边人无休止的抱怨，同样存在于我们自己身上。威尔·鲍温在《不抱怨的世界》一书中不留情面地指出，"我们抱怨，是为了获取同情心和注意力，以及避免去做我们不敢做的事。"抱怨是容易的，正如心理专家所言，"抱怨带来轻松和快感，犹如乘舟顺流而下，那是因为我们是在顺应自己负面思考的天性，而停止抱怨，改用积极的态度去欣赏事物美好光明的一面，却需要意志力。"

人生不可能总走上坡路，情绪也会有高峰和低谷，但是，抱怨一切并不会改变生活的不如意。抱怨自己的人，应该试着学习接纳自己；抱怨他人的人，应该试着把抱怨转成请求；抱怨老天的人，请试着用祈祷的方式来诉求你的愿望，让自己的世界充满平静喜乐、活力四射的正面能量。

抱怨是很多人生活的常态——工作、家庭、人际、天气、交通……这些都是抱怨的对象。抱怨的人是不快乐的，他永远只会在不快乐的原地打转，没有意识到自己在思维和行为上需要的改变。不抱怨并不是认命，面对不公，也不是说不需要发泄，只是希望每一个人都能正确理会威尔·鲍温所提倡"不抱怨"的精神，感受1本书1只手环21天改变600万人命运的魔力。

"不抱怨"只是一把钥匙而已。在我们忙忙碌碌的生活中，借助这把钥匙，我们会自然延伸和深入到生活的诸多层面，唤醒我们渴望已久的改变。

其实生活很简单，放开抱怨这个念头，你的世界同样多姿多彩。

# 心境造就读书

吴斐　九峰实验学校高二（1）班

"读书"多年的我，有自己对阅读书籍的一些想法。

首先，不是在任何时候，任何地点拿起一本书，就叫作读书的。读书是看你的心境的。比如自古以来就有一句："书非借而不能读也。"借书来读，那是一种惜书，是一种对书的渴望，这样读书，书通常是读得好的。

现在的我很少达到一定的心境来读书，往往是双休日，抽出点空，读一本自己还没看完的书，看一些然后下个礼拜继续看。那结果怎么样了？到了下星期基本上可以把上个星期的全给忘了。这样看书其实是陶公的"好读书，不求甚解"之形了！

无奈，心中也知道这样看书是不对的，但是时间不多，无法细细品味，虽有"如饥好似渴"，但全然没了看书的最好的心境。我曾对同学说，读书是需要心境的。

心境和环境是必不可分的。读书是要有一定氛围的。我个人觉得在晚上一个人静悄悄地待在房里读书是很不错的。在这种时候，我通常喜欢冲上一杯咖啡，以防在宁静阅读时，由于过于安逸而去和周公相遇。当然，我还往往会捧上一本较悲情的书或一些散文集，小诗什么的，这样就算读到伤心处流下眼泪也没有关系，享受的就是那环境。

还有便是我喜欢在图书馆中读书，所有的人都在读书，那种氛围可以让你不自觉地进入书中，带好口粮与饮水，让自己没有后顾之忧，把手机关了，一坐就是一天，虽然读完后脑子有些昏沉，但是，没有比之更满足的感觉了。

我上面所说的，主要是借周围的环境来营造一个平静的心态，换言之，心境造就读书。

# 怎一个"比"字了得

吴思佳　上海松江区佘山学校六（2）班

比，比数字的大小，我会比；比衣服的美丑，我也会比；但是现在我面临着的"比"，却使我难以判断，我心情沉重，像压了块巨石。

爸妈决定离婚了，要我自己选择跟谁。这一决定让我惊呆了，我无法比较他俩谁更好，不知道到底跟谁好。我烦恼极了，整天像掉了魂似的。

那天夜里，我躺在床上怎么也睡不着，我怎么"比"呢——跟妈妈好，还是跟爸爸好，他俩谁好？这时一幅幅画面浮现在眼前：

门开了，轻轻的，爸爸提着一袋袋我喜欢吃的丰盛美味食品和爱看的书，满面春风地走了进来。他轻轻地放下东西，就抱起我转圈圈儿。不知多少次，他辅导我学习，当我遇到困难时，他总能激励我勇敢地战胜困难。

想到这里，我暗暗对自己说："不能失去爸爸，决不能失去爸爸，我要跟爸爸！"但这时，我眼前又闪现出妈妈的背影。

炎热夏日，缝纫机旁，妈妈正在给我做裙子和衬衫，她额上汗水像一条条小虫，顺着脸上往下爬。妈妈是我最知心的朋友，我一遇到伤心事，就总是向妈妈吐露，每次都能从她那里得到安慰，不快的阴影烟消云散。

想到这里，我暗暗对自己说："怎能失去妈妈呢？决不能失去！我要跟妈妈！""跟爸爸！""跟妈妈！"我头脑里在吵架！我嗖地坐起来，大声地对自己说："不，我不能失去爸爸，也不能失去妈妈。他俩，都这么爱我，我多么需要他们的完整的爱呀！我不能失去其中的任何一个人。"可现实逼着我只能从他们中间选一个呀！唉，多么纠结的"比"呀，多么残酷的"选择"呀！

第二天早上，我拖着疲倦的身体昏沉沉起来，只见桌上放着一大块蛋糕、一瓶温热的牛奶，还有一张字条。我拿起字条，又是那熟悉的字迹："我上早班去了。桌上放着早点，吃好了上学，路上注意安全。爸爸留言。"

我把"留言"有气无力地放在桌上，无味地吃那些早点。才吃一半，听见咚咚咚的敲门声，我打开门一看，原来是隔壁的李奶奶。李奶奶问我："佳佳，你家有没有辣椒？""有，我去抓一把给您！"说着，我抓了一把辣椒递给李奶奶，她试探地问我："你准备跟谁？"我摇摇头，走进里屋。我再也不想吃那些早点了，背起书包就走。出门时，楼上人家的父母跟上学儿子道别的那熟悉而又陌生的"再见"声，撞击、闪乱了我的心。

爸爸、妈妈，我该向左，还是向右呢？

# 在吴老师的引领下

吴夏维　九峰实验学校八（2）班

由于爸爸在我小时候经常会教我各种数学知识，所以一二年级的数学知识我早已烂熟于胸，或许正是我觉得数学太简单了，渐渐地让我养成了上数学课不认真听讲的坏习惯。到了三年级时，我的数学成绩开始明显下滑。

升入四年级，数学课换了一个授课老师，他姓吴，中等个子，戴一副方框眼镜，脸上总是含着笑容。

第一堂课，吴老师就把我们全班都逗笑了：在他转身写自我介绍时，有四个调皮鬼同时狠狠地拍了一下桌子，巨响让我们十分惊恐；转过身，吴老师一副很神秘的表情，说："刚才，就在刚才，我有了一个惊人的发现！"老师突然停顿了一下，我们正在好奇下文，却听他说："我们这个班上有四个精力过剩的同学，下次可以让他们参加马拉松比赛哦！"

就这样，我们也就认识了这个富有幽默细胞的吴老师。尽管谁都未曾听过马克·吐温的笑话，但全班都一致认为吴老师的话比马克·吐温的笑话更妙趣横生。或许正是吴老师的幽默，我在数学课上的听讲变得认真起来。

一次平常的数学测试，有一道题需要两种解题方法，全班只有三个同学做出来，大部分人只做出一种。我正好做对了，在下课时我神气极了。在我向同伴夸耀时，忽然有人拍了一下我的肩膀："做人要谦虚，不能因为成绩比别人好就骄傲，还有人比你更好，继续向前！"扭头一看，是吴老师。

回到家，我把这次的考试告诉爸妈，不知怎的，爸爸也意味深长地说了意思相同的一段话。我躺在床上，静静思索，若有所悟。以后的作业中，若是遇上难题我总要与之较劲。

过了几周，年级办了一个智力竞赛，出乎意料的是，老师挑了我与其他三个人参赛。而且比赛完几天之后，我竟被吴老师选进了周末的数学小组，由吴老师执教。我知道那是吴老师对我赏识，我决定在数学小组中努力学习。

到了期末考试前夕，数学小组要进行一次测试。试题并不太难，很快我的眼睛瞄向了最后一题。这题它要求用两种方法解题。这无疑是个挑战，因为方程当时还未学，除了列式之外别无他法。写完一种解法，皱着眉看了半天，我还是没想通。

考试结束了，最后一题下仍空着一大块，但我没有慌乱，没有沮丧。记下了这题，交上试卷，准备回家继续做。

收完卷，吴老师并没有立刻下课。"今天的数学测试最后一题有些难，有些同学没有解出来，下课就蔫了。吴夏维同学他也没有做出来，但老师看到他把这道题记了下来。同学们，只要你对数学有兴趣，不在于一次两次测验成绩。"吴老师讲完这一席话后，才让我们解放。我没有想到我这样一个小小的举动老师竟都看在眼里。老师的一席话也深深地刻在了我的心上。学习的真谛或许就是保持热情。

如今，我已升入初中，在课堂上我总认认真真：遇到解不出的题、不太令人满意的测试我也不会垂头丧气，考个满分也不会沾沾自喜。因为一直以来我总是铭记着吴老师的话："做人要谦虚""要保持学习的热情"。

# 珍惜

奚宇钦　松江六中初二（5）班

父亲与母亲离异多年，贪玩的我平时很少打电话问候父亲，甚至从不关心他的身体状况。

有一次回到老家，村里人说我父亲身体不好让我去看望他，我光顾着打篮球没去。而他后来听说我患了阑尾炎动了手术，立马来照顾我。我住院的那几天，父亲天天来医院看望我。我发现他日渐消瘦，有时没坐多久便走了。后来他就很少来看我。于是我觉得他不负责任，不关心我。我开始对父亲有了怨意。

我身体恢复得十分快，生活又恢复到了以往的平静。但祖父的一个电话让我心乱如麻。祖父告诉我妈妈：我父亲得了大病，马上要动大手术。这个消息犹如晴天霹雳，我竟愣在那里不知所措。难怪父亲日渐消瘦。

我和母亲匆忙赶到医院时，父亲已经被送入手术室了，护士告诉我们手术需要六个小时。这六个小时是我长这么大所经历的最漫长的六个小时。我心中充满了愧疚与自责，我恨我错怪了父亲，不安笼罩着我……六小时以后，父亲从手术室中出来了，但我们无法见到他，他必须在重症监护室里待上几天。见主刀医生从手术室中出来，我和母亲不由分说就冲了过去。医生说："我们刚才把病人的肿瘤切除了，也尽可能切除了肿瘤周围的可疑之物，看样子情况不好，等切片检测报告出来后再说吧……"

我的心一个劲地往下沉，为什么？父亲啊！是儿子不孝顺，这么多年来一直让你为我担心，甚至听说您病了也不去看您，现在隔着重症监护室的玻璃看着奄奄一息的您，我多想叫您一声"爸爸"，可您却听不见。

后来的几天里，我上课无法专心，一直在等切片检测报告的结果。终于，父亲转到了普通病房，我可以每天去看望父亲了。为了配合治疗父亲还得去市区做化疗，每每看到他化疗时痛苦的样子，我泣不成声。

现在，父亲的病情已经有了明显的好转。经历了一段生死离别的考验，我和母亲都十分珍惜现在的每一天。

我也终于醒悟，要懂得珍惜，只要曾经珍惜了，哪怕有一天要面对失去，也就无怨无悔了。

# 迎世博·看变化

许茵茵　上海师范大学附属外国语中学高一（7）班

时光飞逝，转眼间，世博已进入了最后的倒计时阶段。

回想起 8 年前，世博刚刚热起来的时候，我还是个不太懂事的小姑娘。现在，我已经读高一了，摆脱了稚气，跟世博一同成长了。

一年前，我目睹了学校红二楼的拆除，现如今，我们已搬进了在原地新建的教学大楼。走进大厅，迎面看见的就是海宝塑像，哈哈，可亲切啦！

走出校门，我缓缓走在中山西路那条古老的小街上，路边那些遒劲的老树形态各异，但却都在凝重中绽出了新芽。这条街承载了松江太多太多的历史文化，如今又染上了一层美丽的世博色彩。

公交车站上，环城巴士缓缓驶来，虽然那里站着很多等车的人，但我惊异地发现，人们不再拥挤，连售票员"先下后上"的吆喝声也已显得多余了。噢，迎世博改变了人们。

到处都是迎世博的彩旗，世博已经深入人心。你看，连小街的尽头，那拆迁后被圈了起来的工地，围墙上也贴着许多世博宣传画。相信，墙后的世界必定是一番紧张与忙碌。同样相信，那工地上很快就会矗立起一座令人叹为观止的美丽建筑。

走在中山西路上，大仓桥，秀南街，费骅宅……祖先留下的文化遗产，我们并没有弃置，而是借着迎世博的东风，让它们焕发了青春。

一辆车子停了下来，走下来一位黑人朋友，黝黑的脸上，挂着灿烂的笑容。我不知道他从哪里来，又到哪里去，但是我知道，他一定喜欢吹拂着的世博风，和积淀着唐宋元明清古风古韵的仓城！

越来越多的外国友人来到了上海，越来越多的外国友人走进了这里的小街小巷，承载着厚重的历史文化的松江必将以其独特的面貌，以润物细无声的方式感染越来越多的游客。

世博真好，古城松江变得更加美好！

世博啊，让城市更美好，让松江更具有迷人的魅力！

# 星空
### ——读几米《星空》有感

俞眹　松江区九峰实验学校高一（3）班

合上几米的《星空》，仍在耳边回响不绝的，还是开头的那句话：

"抬头望着星空，世界变得好大好大……"

故事中的"我"是一个安静而孤单的女孩，童年与爷爷奶奶住在遥远的山上无忧无虑。即使怀念城里的父母，但仍有天空中的群星陪伴。在孩子们的眼里，世界便是如此聪明，抬头望见的星空，点有明亮繁星。

后来，小女孩跟着父母一同居住在了城里，再度拥有了父母的爱，也拥有了城市拥挤之下的温存。但仍"会感到一种莫名的孤单"。

也许即使她"外表很酷，其实内心很脆弱"。孩子拥有的，也许在大人眼里是最好的，但并非一定是他们想要的。

后来圣诞夜的电话尖锐地告诉小女孩爷爷病逝了。小女孩难过想哭，但终究守着"爷爷看到我哭也会难过"的想法，拼命使自己坚强。

之后，小女孩遇到了与她同样沉默的小男孩。开始两人在茫茫人海里做伴的日子。一起为鱼取名，一起淋雨，一起望着远方的船，守着对爱的期待。不在乎他人目光里的含义，固执而快乐地享受这两个孤独者的快乐。直至后来只剩下小女孩一个人，或许她不会再见他，但她会记得两人一起看过的星空，最灿烂，最寂寞。

这个故事，就在几米的画笔之下呈现。大幅的图画，色彩绚丽，两位主角的身影却显得单薄而瘦小。这仿佛就像是茫茫人海里的一些孩子，看似坚强，实质孤独。

从与爷爷奶奶居住的山上所见到的星空，再到城里渐渐看不见星星的夜空，又到两人在野外看到的灿烂星空。小女孩的形象也开始渐渐改变，慢慢融入了更多类似的人身上。

如同现实里的人们，像一棵种在迷宫里的植物，拼命地寻找出口；像关在笼中的小鸟，渴望飞向辽阔的天空。

其实，夜空从未改变，只是星星是否明亮罢了。不同的地方，不同的心境，就看见了不同的星空。

若是把星空比作人们现实里自由自在的心情，那么我们就是在寻找灿烂星空的小女孩。

我们在一天天长大，在社会的浮躁里冲刷着，磨平了自己的棱角。我们无一不向往那片灿烂的星空，但谁又敢否认自己内心的星空早已在渐渐黯淡？

我们有时候沉浸在自己的世界，一个人必然会感到"窗外烟火好热闹，屋子里却冷冷清清"的孤寂感。过得沉闷，或许就该学习小女孩和小男孩，快乐地去"淋雨"，不去在乎其他人的目光。这将会是种同时感到迎接自然又挣脱捆绑的感觉。

无法否认，我们内心在迷茫，在孤单，但为何不去寻找一种方式，一块净土，一个挚友，去释放抑郁迎接灿烂星空呢？

或许你应该记住：等浓雾散去后，就能看到最美丽的星空了。


# 爱，永存

朱家豪　上海松江佘山学校六（2）班


外婆的病情变得越来越糟了，她记不得自己刚刚做了什么事，甚至连几分钟前来探望的客人的名字，竟也给忘了！

"外婆到底怎么了？妈妈。"我渴望从妈妈那里得到答案——我并不明白外婆得了什么病，只觉得外婆的记忆力正在消失。

"就像白云流空一样。"妈妈悲伤地说，"外婆需要更多的人来关心她，爱护她。"

"人老了后，都会像外婆一样？"我追问道。

妈妈回答说，"外婆患的是老年痴呆症，这种怪病最大的特点之一就是逐渐丧失记忆，直到脑子里一片空白。"

我小时候，爸妈工作忙，是由外婆一手带大的，我是外婆的心肝儿，外婆是我心中的太阳。我得想想办法，"救救"我的"太阳"！

第一次到敬老院看望外婆（为了让外婆受到特殊的护理，家人决定把她送进敬老院），我简直要哭出来了。外婆独自一人蜷缩在一个角落里，眼神呆滞，直直地望着窗外的那一片小树林发呆。

我一个箭步冲上去，抱住外婆，"看，枣子！您最爱吃的！"我从口袋里掏出了一大把红红圆圆的枣子塞给了外婆，外婆茫然地注视着我，但还是拿起枣子吃了起来，不说一句话。

"外婆也许是把我给忘记！"我砰砰地擂着墙壁。

妈妈安慰我说："或许，下次来的时候外婆能记起你。"

第九次去敬老院探望外婆的时候，外婆依旧吃着枣子。"外婆，你真的再也记不起我了吗？"我的泪水夺眶而出，"每次我都带来你最喜欢吃的枣子呢。"我紧紧握住外婆的手。"枣子……带来的……是你……我知道……"外婆嘴唇颤抖了几下，终于开口了！我仿佛在漆黑的夜里看到了一丝希望的曙光，我随即用柔滑的手抚摸着外婆风霜的脸："我是豪豪，豪豪，你最疼爱的豪豪呀！"外婆眼睛只是微微地眨了眨。

难道外婆永远不能认得我了？她会一直生活在没有记忆的孤独冷漠的黑暗世界里了？不能！

"不管你是否还认得我，我会记得你，爱你，永远。"我依偎在外婆怀里，就像儿时那样，端详着外婆，轻轻梳理她那缕缕白发，就像外婆当年给我梳理一样。忽然看见一滴眼泪从外婆眼角滑落。

"爱——我……不会忘记，我的孩子……"外婆泪眼闪动起来，像冰雪融化后的池水泛着粼粼波光，阳光透过窗户，沐浴在那慈爱久违的笑脸上！

我明白了，我彻底明白了：记住爱，比记住一个人的名字重要得多！爱——在这个大地上永存！

# 地球一小时熄灯感想

朱凌娜　城市科技学校建工部 10931 班

3 月 28 日，地球"熄灯一小时"。这天，我有些期待"熄灯"，是因为其形式的新颖独特，但不免流露出丝缕的忐忑不安，因为父母又不在家，这就意味着必须得自己单独面临黑暗。我左右思索着：是否真需要参与此项活动，反正我在家无人知晓，我也无须对谁负责。但转念想想——我至少得对自己负责啊！

于是，我早早准备好了纸笔放在桌子上，时不时地盯着手腕上的手表心里默数 8：30 的倒计时。时间一到点，我就急急地关了灯，端坐在椅子上只活跃脑子。渐渐地，有些寂寥，又有些恐惧，却也思考了很多……

滴滴答答的时钟隔着黑夜一分一秒地消逝而去。突然一个激灵，我猛然站了起来，挪步到门边，手轻颤地按下了开关。一切又回到最初，只不过此刻的心境已大不相同。

人们常言道：失去才懂得珍惜。通过这次的亲身体验，我铭记了这句话，更悟出了这项活动的寓意：

各家一小时所节省的电或许不算什么，但全球人若都有此意识地行动，那么，它所带来的能量是不可估量的。全球在变暖，能源日渐枯竭，我们得挽救这种形势，更是挽救人类自己。我们更要着眼于生活的细节，尽量做到节能降耗。"一小时，大作为"，这种思想应予以延伸，延伸于各种类似的现状：如环境污染、资源采竭、土地沙漠化、耕地日益减少、物种消亡……

思量过后不应无动于衷，是否也应该付之于行动呢？

于是我拿起手机，给同学发短信：现在，请熄灯3分钟。并请转发！

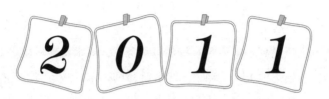

# 假如我有七十二变

曹子健　三新小学四（2）班

假如我有七十二变，我就要用这七十二般变化来造福人类。

假如我有七十二变，我要变成一大片浓黑乌云和一片狂风，利用狂风把我送到干旱地区。我要抖动身体，雨水就能噼里啪啦地落下来，落到土地上，让种子吮吸着甘甜的雨水，从龟裂的土地中萌出新芽；落到小河里，让久久不息的水流网布大地，让它们欢乐地歌唱；落到农民头上，让本来绝望的他们挽回往日的希望。

假如我有七十二变，我要变成一箱箱医疗设备，一袋袋血液，许多身体器官。让医疗费减低，让穷人可以有经济负担一系列的病情，让那些在死亡线上挣扎的人们给予他们第二次生命。

假如我有七十二变，我要变成一棵棵高耸入云、郁郁葱葱的大树。种植在那些空气高度污染的地方，让那里的人们也能呼吸到清新空气。

假如我有七十二变，我要变成一支支铅笔，一把把尺子，一块块橡皮，一吨吨粮食。让那些山区孩子上学中午不用挨饿，还有像样的学习用品。

假如我有七十二变，我要变成一对对父母。让孤儿院的孩子们不用再背一个没父没母的名义，让他们从此也能感受家的温暖。

# 我在期盼着

陈俞霖　上海师范大学附属外国语中学初三（1）班

从小便执着地相信着，吃下了西瓜籽，肚子里就会长西瓜；多吃白菜皮肤会变白；在家里撑伞小心长大会变成矮冬瓜……诸如此类大人骗小孩的谬论。有时一不小心咽了一粒西瓜籽，就抱着肚子在地上打滚，嚷嚷着奈何里面将要长出来的西瓜，亮亮的鼻涕眼泪挂了满脸，无论大人怎么劝，依旧悲伤地幻想肚子里有一个大大的西瓜，任伙伴们嘲笑。

我就这样容易无知地上别人的当。记得，第一次感觉到门牙的晃动，不停伸出小手在门牙上摇。初次看到这奇异的景象，好奇地对着镜子左右揪拧。妈妈说我要换牙了。

几天下来，门牙终于受不了揪拧，壮烈掉了下来。我像珍宝一样捧着炫耀了好久，爷爷说要把上门牙朝家里房顶上扔，将来才能长出好看的门牙。我依依不舍地使劲将它们向房顶一掷，见没有再掉下来，就开始执着相信，有神仙收到了我的牙，不久他会回馈我两颗漂亮的门牙。从那时我开始期盼着。

每天无数次跑到镜子前看着空空的牙龈，时不时用手摸两下，甚至连上课时也不停用舌尖舔啊舔，得意时还会骄傲地冲小伙伴咧开一嘴漏风的牙傻笑。任凭大人们怎样笑称我"小豁嘴"，说我没有门牙，我依旧满怀美好的期盼，期盼神仙爷爷的礼物。

盼星星，盼月亮，终于等来了我的门牙。第一次用指头从肉肉的牙龈上触到硬硬的牙，我狂喜，在家里上蹿下跳，大人们见状笑得合不拢嘴。

如今，长大的我，并没有小时候想象中一口漂亮的牙齿，每每用舌头舔舔两颗小兔子门牙，回想起当年的幼稚，难抑哑然之情。爷爷、妈妈每当聊到我当时的"壮举"，总笑得直不起腰来。

无论何时，回忆起当年的傻事，少不更事的天真，让我心里始终洋溢着快乐。所以，我依旧在期盼着，一如当年幻想堪与海报上明星媲美的整齐洁白的牙齿。也许结果未能如愿，但在这个看似漫长的期盼的过程中，我在收获着快乐，积累着知识。经历和体验本身就是一种人生的财富，不管结局如何，它不会让人感觉落空。尽管我已经长大，不再相信一些不可能的事实，但我仍保留内心那份澄明的期盼，不在乎漫长，不在乎遥不可及，有愿景的未来永远是美丽的。

# 一朵花的位置

方钰玲　松江二中　高二（11）班

无垠荒原上的一朵野玫瑰，在金色霞光中绽放，阳光在它周围打下一圈暧昧的光环，它鲜红的花瓣上显出一层淡淡的纹路，它们自然地垂坠下来，像一只展翅欲飞的彩蝶。

它不像人工加良过的玫瑰，有着饱满的苞蕾和华丽肥硕的花瓣，却有着挺拔的身姿，诱人的芬芳，以及一身尖刺。

每个夜色尚未褪尽的清晨，它带着晶莹的露水，等着反射晨曦，照亮草原；每个流光溢彩的傍晚，它用它傲人的姿态，渲染着彩霞，缤纷世界；每个暮云霭云逮的日子，它迈着坚毅的步子，翘首祈盼着光明，等待沐浴阳光……

它选择做一朵野玫瑰，锐刺是它桀骜的气质。它以它独有的方式驻扎于此，创造一个生命奇迹，期盼一场美丽邂逅。

温室玫瑰只能在瓶中观望世界，无缘亲身体验真实，它们恐惧死亡。它们脆弱，羸弱的枝干撑不起精美的花朵。它们只供欣赏，却从未学做一枝真正的玫瑰。

野玫瑰则不然，它无须牺牲便可感受，整个草原都是它的朋友。它执着地坚守于此，享受季节的变迁，沐浴在雨水中，温暖在阳光下，抖擞在微风里，挺立在蓝天下。它与它们和谐相处，广阔的土地是它宽敞的胸膛。它凋谢时，花瓣撒落，化作春泥护花；当它再次盛开，在其余植物的保护下，它却绽放得更加动人。

多少次风雨过后，它将一枚希冀，钉在彩色十字架上，不论遇到什么困难，它都会毅然挺立，无论前途多么凶险，它都会充满勇气去挑战。就算受伤，愈合之后，它仍是草原上的一朵铿锵的野玫瑰，依旧傲然地绽放着青春光彩。

苍黑的断壁残垣，正是守护娇艳花儿的臂弯。在寂寞荒凉的风中，蓬勃的野草为它伴舞。在灿烂流云的背后，太阳喷薄欲出，这一朵野玫瑰，守着初升的太阳，释放生命独一无二的光彩。

一朵花的价值，在于不甘平庸的姿态，在于不畏风雨的毅力，在于坚韧不拔的意志，在于接受挑战的魄力，更是一种懂得舍弃的坦然，亦是一份忠于职守的执着。一个人的价值，也体现于此。

一阵风吹过，野玫瑰的花瓣轻轻飘落，它安详地躺在天地之间，像上帝不经意间洒下的种子，成长为一个奇迹，酝酿出只属于自己的动人风采。

一朵花的位置，从未改变……


# 走近家乡的桥

费珍妮　民乐学校七（4）班


我对江南有着说不清的喜好，从来都没改变过。我喜欢江南落着缠绵细雨的幽深老巷，喜欢江南河岸边熙熙攘攘的繁华商铺，喜欢打着油伞说着吴侬软语的漂亮姑娘，更喜欢那架在小河之上饱经风霜的座座古桥。在历史长河中，桥记载了历史的辉煌与落败，见证了朝代与朝代之间的更替，把千百年来的江南古韵一一保存了下来。翻开便是一页历史，一种文化。

松江，这个江南水乡的一部分，就是我从小长大的地方。在这里有很多桥：望仙桥、云间第一桥、大仓桥、永济桥、百岁桥、太平桥、三里桥……其中我最喜欢的还数大仓桥。大仓桥位于松江城西，原名为永丰桥，建于明代天启六年，后因明清时期桥南有松江府储存漕粮的仓城，又俗称"大仓桥"，高10余米，跨度50余米。

这两天恰逢清明节，也正是踏青的好时机，因此我跟随父母在昨天下午特地去了次大仓桥，欣赏四月的美景。

"好漂亮、好古老的桥啊！"

虽然这并不是第一次看到大仓桥，但是我仍然颇为惊讶，为大仓桥的古朴典雅之美所感叹，以前经过大仓桥时我的视线总是匆匆掠过，现在当我真真切切来到这座桥的面前时，我很快就对它产生了深深的依恋。

在大仓桥的周围，几树桃花红艳艳的，开得十分热烈，为桥更添一丝美感，温柔静谧。

慢慢踱步走上桥，风儿迎面吹来，好是凉爽，恍若身处世外桃源。站在桥的最高处，缓缓闭上双眼，展开双手，春风在耳边呢喃，我享受着这大自然带来的舒悦。脑海里浮现出一幕幕唯美的画面：傍晚，夕阳斜照，大仓桥在余晖的笼罩下光影斑驳，河里瓦屋倒影，偶尔渔船驶过，荡起漾漾波纹，河岸边灯火闪耀，酒香飘溢……

不知不觉，时间已在指尖流逝。"宝贝，已经蛮晚了，我们回家了好吗？"爸爸妈妈在一旁督促着站在桥上出了神的我。夕阳西下，已经很晚了吧。我急急忙忙地跑下桥，在桥的四周又拍了一些照片留作纪念。

坐在爸爸的车上，我的思绪仍停留在大仓桥，那座历经风霜的古桥。临走前，爸爸妈妈见我一脸的陶醉，就知道我还沉醉在大仓桥带给我的遐想里，于是了然于心地笑了笑。车开动了，起初我并没多想爸爸会走哪条路线，只是后来才发现车好像在往反方向开，为的只是能让我再看一看大仓桥的远景。

放眼望去，只见大仓桥仍屹立在那里，是那么的好看，那么的宏伟。五个拱形的大孔就像五扇打开着的拱形门，可爱又不失庄重，似乎在招手迎接所有前来观赏的游客……

回到家，我便开始准备写游记。坐在书桌前，周围的空气带着一点独特的四月气息，冷飕飕的，但我的心里却是如此的温暖。可当我放下心来，仔细想想时，却为此有点悲哀。钢筋混凝土的城市，即使坐落江南，还能称之为江南么？当今的社会，很多工程要开始重塑古桥，人造河流来纪念先辈们常提的那些名字。拆、建，这些重复着的行为，终究会将那些古桥原来的文化底蕴都消耗殆尽。桥死，文化则失，所以我们都应该要好好保护这些古代先辈们留给我们的文化财产。无论怎样，江南永远是人间天堂，而所处这里的桥则缀出了江南的色彩。我还是一如既往地爱着江南，爱着这家乡的桥。

# 绍兴游

贾沈朱　松江二中高二（7）班

我有幸跟随学校前往浙江绍兴，参加"读书·行路"绍兴文化之旅。悠悠鉴湖水，浓浓古越情，一到绍兴，我们就感受到了这座拥有 2500 年历史的国家历史文化名城的深厚文化底蕴。

绍兴真乃是人杰地灵之处，自古以来文化气氛浓厚，先后有上千位进士出自绍兴，更孕育了鲁迅、秋瑾、周恩来、蔡元培等中国近代史上的风云人物。如今，在历史的沧海桑田之后，我们来到绍兴，试图从时间给我们留下的一点线索中想象当年的伟人们的生活，从中感悟民族的精神。

我们首先参观了鲁迅祖居、故居，百草园、三味书屋，寻访着鲁迅先生的成长道路，看着周家从发迹到兴盛到衰弱，感慨着中国近代史的风雨飘摇。但也正是这一切才塑造成了一个鲁迅，一个民族魂。三味书屋很小，鲁迅的座位很偏僻，但桌上的"早"很醒目。百草园不大，也许没有我们想象中的那么生机盎然，但这就是历史的真实。当枯燥地读了一天书的鲁迅来到百草园时，谁能否认他得到这样一片园子他不是怡然自得，自在其中呢？于是绍兴之行为我们还原了一个鲁迅，一个有血有肉的鲁迅。

令我们十分感触的是，每个绍兴人都有强烈的民族意识和家乡意识。绍兴的街道整洁、漂亮，没有一点垃圾，也看不到环卫工人冒着高温清扫垃圾的身影，这恐怕是很多大城市做不到的。在周恩来祖居我们小组四人合影时，一位绍兴老伯伯很热情地给我们拍照，当我们感谢他时，他说了一句话："我是绍兴人嘛。"在他骨子里，绍兴人是为热情，最好客的，这让我们每一个人动容。这也许就是一座千年历史文化名城的人文底蕴吧。

两天的时间很快，读书行路的旅程飞逝，而我们，是否从看到的这些点滴中感悟出些什么呢？

# 那一刻，我真快乐

井雨彤　上海师范大学附属外国语小学五（7）班

8月26日，我手捧上海师范大学附属外国语小学的入学通知，欢呼雀跃。我恨不得将这个令人振奋的好消息告诉全世界。因为它的到来，将让我结束"长征"一般的求学路。

我原来在虹桥中心小学读书，因为爸爸妈妈把房子买在松江，所以每天只好"长途跋涉"地去上学。

每天早上五点，天蒙蒙亮时，我那瞌睡的眼皮开始与我进行激烈抗争，真恨不得用牙签将它们撑起来。虽然困得跟头"猪"一样，但还是要努力赶上地铁九号线的第一班车。在地铁上摇摇晃晃，迷迷糊糊地颠上三十几分钟后，我又随着大批上早班的人流挤上了开往龙华的87路公交车。经历40分钟的挤挤攘攘后，我终于拖着疲惫、困乏的身躯站在了学校门口。

一天下来，我的身体和精神已经近乎透支了。然而，我还不能松懈，我还要踏上回家的"征途"。

放学的时间正好赶上了"下班高峰"。街上到处是行色匆匆，赶回家的人，马路上车辆的喇叭声和刹车声不绝于耳。我双手护着那肥胖的书包，费了"九牛二虎之力"终于挤上了回途的87路公交车。

吴中路上，车水马龙。十字路口，更是水泄不通。原本40分钟的车程在断断续续中开了一个多小时。好不容易被人流推到了九号线地铁站，但进去一看。啊！地铁上，人和人摩肩接踵，真是"零距离"接触啊！经过了30多分钟的站立式军姿，地铁终于把我送回了"原点"。我迈着如灌满了铅一样的沉重的双腿，呼吸着地铁外格外新鲜的空气，走上通往家的小道。

现在，我终于要摆脱那漫长而艰苦的求学路，迎来新的生活。每天早晨，迎着灿烂美丽的阳光，伴着天空中休闲飘荡的白云，投入到一天的知识海洋中。每天放学，欣赏着身旁绚烂的桂花，闻着空气中弥漫着的浓浓的花香，回到我那温暖舒适的港湾。

所以，当我接到入学通知书的那一刻，我的心怎能不雀跃，怎能不快乐呢？

# 我真生气

陆星儿　上师大附属外国语小学四（6）班

我很少回老家，我心里总是渴望能够回乡下住个两三天。一天，妈妈一回到家就把包放到一边，坐在沙发上休息了一会儿，就跑到我房间里，感觉妈妈好像很高兴似的，她说："你不是整天嚷嚷要回老家吗？正好爸爸妈妈这几天有事要忙，你就在奶奶那住一段时间吧！"我装成一副漫不经心的样子，其实我心里却暗暗发笑，想：太好了，我马上就能见到爷爷奶奶了。接着，妈妈就带着我回到了老家，我兴奋地向爸爸妈妈挥了挥手，便一下子蹦回了奶奶那里。我坐在椅子上，乐滋滋的，因为从现在开始，这几天老爸老妈根本就管不着我。这几天我就可以无忧无虑，快活得像个活神仙，谁知……最后一天，我和我的好朋友在院子里玩耍，我跳着长绳，可是跳着跳着觉得不对劲。我要回老家了，妈妈为什么要高兴呢？爸爸妈妈一下子全都有事要忙，难道这么巧吗？我停了下来，便开始怀着急切的心情问我的好朋友："你知道我爸爸妈妈这几天去哪了吗？""你连这个也不知道，你爸爸妈妈去旅游了。要是我的话，一定会跟去旅游的！"我听了，非常生气，一点跳绳的兴致也没有了。

爸爸妈妈来接我，我就开始不停地追问："你们到底去哪了？"最后。他们还是受不了我的软磨硬泡，只好把真相告诉了我。我一听，当时就把自己关在房间里，气得大哭起来！我涨红了脸，泪水一滴一滴地从我的脸上滑下来，我不敢相信，爸爸妈妈会这样做。

我真生气，不是生气爸爸妈妈丢下我去旅游，而是他们不信任我，欺骗我去旅游。

# 我爱我家

沈凡　中山小学 二（2）班

我有一个幸福的家，家里充满了快乐。

一天晚上，我正在家里弹琵琶。弹着，弹着，我的后背痒起来了。我急忙叫爸爸："爸爸，我的背痒了，快来给我挠挠。"

爸爸来到我的身边，替我左挠挠，右挠挠。我呢，就指挥着爸爸："左一点……右一点……就是这里！"我立刻觉得舒服了很多。

挠了一会儿，爸爸的手酸了，有点不耐烦了，就故意和我开玩笑说："一定是你做了坏事，不然你的后背怎么会痒呢？"

我不服气地说："我才没有呢，爸爸，你瞎说！"

"你肯定做了坏事，否则不会痒的！"爸爸说完没过一会儿，我就发现爸爸挠我后背的那只手速度慢了。我转头一看，爸爸一只手在挠我，另一只手在挠他自己的背。哈哈，他自己的背也痒了。

我连忙反击说："哟，爸爸，你也做亏心事了！"说完，我已经笑得前仰后合了。

这时，妈妈听见了声音，就过来给爸爸挠背。这下子，妈妈帮爸爸挠，爸爸帮我挠，三个人一个挨一个，排成了小火车。可是，我帮谁挠好呢？我一眼望见了我心爱的洋娃娃，就把它抱来，帮它挠挠背。这样，小火车就又多增加了一节。爸爸、妈妈和我都忍不住笑了起来。

我们的欢声笑语引来了奶奶。她走进房间，看到我们这场面，笑呵呵地说："这真是个其乐融融的家庭啊！"

我爱我家，我爱它的温馨与和谐，我更爱家里的每一个人！

# 假如我是小草

苏琰　方塔小学三（4）班

"没有花香，没有树高"……每当我听到这首歌的时候，我就会想：我要是一棵小草那该有多好呀！

假如我是小草，到了春天的时候，我就会第一个从土地里钻出来，换上绿衣服，打个哈欠，伸伸懒腰，揉揉眼睛，享受春天清新的气息。当春雨来临时，我会张开嘴巴，拼命地吮吸着春雨，啊！真好喝呀！

假如我是小草，到了夏天，大树伯伯可以给我挡住耀眼的阳光。小蜜蜂在小化的化蕊上采蜜，小蚂蚁会爬到我的身上和我聊天。当一阵雷雨来临时，我会在雷雨中扭扭身子，痛快地洗一个澡。

假如我是小草，到了秋天，我会把绿色的外衣脱掉，换上我的"黄色睡衣"，耷拉着脑袋，听秋姑娘给我讲故事。

终于寒冷的冬天来临了，假如我是小草，我会把自己缩小缩小再缩小，穿着我的黄"睡衣"钻进土地里美美地睡上一大觉。

虽然我没有玫瑰花的香气，但是我有着"野火烧不尽，春风吹又生"的精神，我希望没有人把我踩烂，没有人把我烧灭。明年的春天，我会给人们带来美丽又可以保护眼睛的颜色。


# 窗外

唐泽宇　仓桥中学　八（2）班


直到8岁上小学的一段时间，我都住在宁波，军营的房子里。没错，我父亲是军人——这是我一直引以为豪的事。那一栋楼里都是和我一样充满骄傲情绪的小孩。窗外，则常常是孩子们一张张笑脸，以及叫我下楼陪他们玩的情形。

玩游戏时，我们不知不觉地就会往军营方向跑去，而一到军营，手边的游戏就立马停下。因为我们看到了属于军人的那种自豪和骄傲——整齐的步伐，"唰唰""唰唰"，每一下都那么震撼人心；响亮的口号，"一二""一二"，每一声都像要唤醒深山沉睡的万物；傲人的姿态，抬头、挺胸，每一次都是在向天下诏告：我们是军人！从此，往军营窗外望去，稚嫩的脸蛋外，多了这一份"军人"的骄傲。

要读书了，于是一家人千里迢迢从宁波赶到了松江——奶奶居住的地方——已经几十年的别墅。说它是别墅，真有点牵强，因为它只是有两层楼，有了地契自己造的罢了，没有花园，没有栅栏，也没有很好的环境。可是呢，却有老上海的那一份独特味道。这边的窗户确实大了些，却也陈旧了很多，上面有斑斑污点，边缘是铁窗框锈掉的碎渣渣。窗外望去，有我一个头像，和楼下，喧闹的人群。

那时奶奶的房子总是有邻居和亲戚来串门，楼下就是吵吵闹闹的声喧。其实就是些鸡毛蒜皮的小事和绕不清的家庭、邻里疙瘩。可是细细一想呢？邻里之间能这样掏心挖肺、大谈特谈，实属不易，那里还浓浓地保留着城市进化过程中的一脉温情——人与人之间的信任和互相的关爱。那会儿，往这"别墅"的窗外望去，有看不腻的和谐风光，还有我的一个笑容。

再后来，就是七年级下半学期的时候，搬到现在这里——松江新城区的普通公寓。总算，窗宽敞了许多，清亮了许多，也算是时下流行的横移窗——铝合金窗框。所以可谓是"一丝不透"，完全封闭。窗外，没什么别的，统一的房子，一望无尽的马路，还有稀稀拉拉的行人和车。

比起以前，总觉得有那么一丁点不对头……对了，就是那不算长久的十年变迁啊！破窗户变新了，小房子变大了，小孩子也长大了。外面的世界总是在宣布自己的内存不足，需要更新，那我呢？八年级的中学生，正在向九年级和中考冲刺，我是不是也应该去拼搏一下、进取一下？夜色降临了，街边路灯射出昏暗光线，眯起眼，散漫的光变成一束一束的，真够刺眼。低头向窗外望去，捧回了一份宁静，却向往一份进取。

眼前窗外的景，像坐火车窗外的景一样，充斥着过去的记忆、现在的惊喜和未来的期盼，总不断在变化。也像是眼前有无数窗户纸，每捅破一层，就看到不一样的景色，像是要到了尽头，却又像被造物主连续不断创造出来一样，总没有个穷尽。说窗变了，窗外的景色变了，其实是看窗人的心变了吧！我期待的，是明日窗外照射进的第一束阳光……

# 读书心得

唐培蓉　九峰实验学校高二（1）班

"书中自有黄金屋，书中自有颜如玉。"这是古人在读过几十本抑或是上百本的书后，所总结出的感悟。

随着书的种类越来越多，我们对于书的选择也有了更多的空间。书店的书琳琅满目，有的封面华丽但内容低俗；有的包装精美，但文字语言平淡无味；有的外表虽简洁，但其中的故事情节令人着迷。

现在的人们宁肯花更多的时间上网娱乐或看电视，却不愿拿出其中的一点时间阅读。

孔子曾将竹简翻来覆去地读，以至于捆绑竹简的绳子断了再断，孔子不厌其烦地绑了再绑，也不厌其烦地读了再读。我们呢一本书顶多读一遍，不知每一次的阅读都会有不同的收获，每一次的领悟也大有区别。

在读书的过程中，也不能三心二意，读一段停下做其他的事，这样断断续续地读会使得整篇文章内容支离破碎，很难有什么深的体会。居里夫人儿时便能专心对待每一件事，读书时将自己投入书中，对于外界所发生的事都不予理会，连身后搭着一把椅子也浑然不觉。

我曾尝试一口气将一本约两厘米厚的书看完，虽然花上了几个小时，但那种感受确实不一样。在读完最后一个字后，仿佛我从书中回到了现实，对书中的章节，回味无穷。

"书非借不能读"，这句话对于我也深有体会。有时候见别人手中拿着一本书，书名若吸引我，我定会借来阅读，并往往一个晚上就将所借来的书看完。倘若一本书是属于自己的，还真就容易对它忽视，一定也不会花一个晚上或者连续几个小时来阅读，更别说一章一章，慢慢品，细细嚼了。

我总觉得记忆就像放在那里的一坛酒。随着我们读的书越多，对于书中的记忆也就越多，慢慢地积累，等到很长一段时间后，再打开，定是回味悠长，唇齿留香……

# 身边有美

王伊滢　民乐学校六（一）班

我们的身边到处都有"美"，只要用心去发现。

我发现了，每天上学路上的美。走出楼梯口，我便能看见右侧草坪里那几朵小小的野花，淡紫色的花瓣簇拥着鹅黄的花蕊，像几位身着淡紫长裙的仙女将王母娘娘围住向她道喜似的，她们在说些什么呢？玲珑的小花沐浴着早晨充满生机的阳光，像披上了一层金纱，煞是好看。一阵风吹来，把它们吹折了腰。然而风吹过以后，她们又坚强地直起了腰，继续准备用柔弱的身躯来抗击风雨，谱写生命的凯歌。在可以说是万物死寂的冬天，小野花那小小的生命也毫无意外地凋零了，但我却一点也不遗憾，她们早已把那娇小又高雅的身姿留在了我的心中。在来年的春天，这小野花又将生机勃勃地绽放生命的光彩。她们用顽强不屈的性格，诠释了"美"的含义。

我也发现了，在每天放学时候的校门口，总是有一位两鬓斑白的老爷爷，在他骑来的三轮车上焦急地等待着他还未出现的孙子。有一天，我放学晚了，看见那个老爷爷仍在寒风中等着，我不禁对他产生了一点怜悯。就在这时，我看见他的孙子——一个胖胖的小男孩背着书包急匆匆地从校门口跑出来。已经好几次了，他总那么晚。只见那个老爷爷脸上的焦急一扫而光。取而代之的是发自内心的甜蜜笑容。我看见，老爷爷的眼睛笑得几乎成了月牙儿，笑容洋溢在他饱经风霜，布满皱纹的脸上。他搓了搓通红的手，急急地迎上去，接过孩子肩上的书包，把它放到三轮车上，又从车下取出一件大衣，披在孩子的身上，并慈祥地叮嘱着什么。最后，在孩子坐稳以后，他自己也上了车，吃力地蹬起车来。三轮车上用铁架子和塑料纸做的简易车篷为孩子遮风挡雨，而他却暴露在寒风中瑟瑟发抖，这让我从他身上看到一种东西，能够震撼人的心灵——一种用千丝万缕的爱来编织出的美丽。

我还发现了，每天站在十字路中央指挥交通的年轻警察，每天老师给我们的一个微笑，扫地阿姨的一个默默的背影，都无不体现出其身上，内心所表现出的美。

懂得就会珍惜，珍惜就会热爱。有这样的心态，人生处处皆美景。

# 寻春

吴沙莎　九峰实验学校　六（2）班

在我们这里都说"三月一到，春便来了。"于是，我开始了寻找。我来到了小区花园，突然发现春就躲在这儿！

青青嫩芽从柳树姐姐的发丝上钻出来，一个个好奇地看着这个世界，生机勃勃的，真美。一阵柔和的清风吹过，透出了春的气息！我随风望去，一片青绿映入眼帘，几乎所有的枝条上都是绿色的点点。啊，春，原来你在树梢上！

这时滑梯边的孩子一不小心摔了一跤，不疼，因为他膝盖下的草儿醒来了。枯黄的草地上出现了一个个绿油油的"脑袋"，所以孩子没有哭。放眼望去，草地如返老还童般，如此活泼亮丽！我发现春了，她就在这开始复苏的草地上哩！

可是春真调皮，她又躲起来了！我跑着看着，又发现了她！这一回越发明显了，你瞧，那黄艳的夺人眼球的是什么？是盛开了的迎春花！他们似乎在偷笑着！春啊！你不必再躲着我了，你就在花丛中！

远处传来了鸟儿的议论声，说他们看到了春，到处是春。对呀！我回过神，春也在天上啊！鸟儿最先发现春的影子，于是去拜访蓝天！

可爱的春没法子躲了，只好现身。柳叶如芽，绿草如茵，彩花开，鸟儿啼……

三月来了春也来了，哪儿都有春的踪影！

# 别样的风采

夏霞　六中初三（2）班

火辣辣的太阳炙烤着大地，仿佛要把那仅有的水分也夺去。街上没有什么行人，又有谁会愿意在这么热的天里出来晒太阳呢！多数都躲在凉爽的空调间里吃着甘甜的西瓜。

但是，有一些人却还在街上，他们似乎不怕那毒辣的太阳，依旧工作着。猜，那是些什么人呢？是环卫工人。

"唰——唰——唰——"一位年过半百的大伯此时正拿着扫把一下又一下地扫着大街的两旁。他头上戴着个帽子，脖子里搭着条毛巾用来擦汗，衣服已经湿得紧贴在背上，豆大的汗水从他额头淌下，滴在地上瞬间被蒸发。他停下手中的活，用湿毛巾胡乱擦了下脸，瞄了眼头顶的太阳，微微皱了下眉，又拿起扫把开始扫地。这对于一位年过半百的大伯是多么的不易，要忍受太阳的暴晒。他或许对扫不完的垃圾有诸多无奈，或许对随地扔垃圾的人们有很多的不满，但是他选择了默默承受。

从远处走来一位推着垃圾车的大伯，他停下垃圾车，拿着水壶递给那位年过半百的大伯。那位大伯接过水壶豪爽地饮下，两人走到阴凉处休息了会儿。两位老人的脸上都刻满了岁月的刀痕，两鬓也都添了白发。两人交谈了会儿，推着垃圾车的大伯从车上拿起扫把，开始帮另一位大伯一起扫大街。此起彼伏的"唰唰"声，两位年过半百的老人。

似乎过了很久，两人扫完大街，走在一起，脸上是满意的笑容。

此时的我正在街旁的一家服装店里陪妈妈试衣服，坐在打足冷气的店里，隔着落地窗看着这一幕，从那两位大伯身上，我看到了别样的风采。

环卫工人，城市环境的保卫者！谁会愿意去接近那恶臭的垃圾堆？谁愿意耐着高温出去扫大街？没有人愿意！而他们，是这个城市环境的保卫者，他们肩负起了这个责任。让我们能从身边小事做起，不随便扔垃圾，为城市环境尽一份绵薄之力。

# 我爱诗歌

徐小冰　仓桥学校五年级毕业生

从小，我就对诗歌有一种天生的敏感。虽然读不懂那些美妙的句子，但那一行行文字，长短不一，很好玩，深深地吸引着我。

谈起诗歌，妈妈回忆道："你一岁时，就经常翻看家里的书，上面都是一句一行的诗歌，看得你摇头晃脑，时不时挠挠头，但还是津津有味地看。似懂非懂的脑袋摇了三年，四岁时，你经常在爸爸的书房呆很长时间，有时候把书拿反了，还装模作样，叽里呱啦地乱读一气……"妈妈看了看我绞尽脑汁努力回忆的样子，笑了又笑。

我苦苦回忆，只忆起七八岁时我第一次被诗歌打动时的感受。记忆中，那是一个晚上，窗外繁星点点，室内洋溢着花香。爸爸坐在沙发上小声朗读他刚发表的一首新作，爸爸很投入，语调和眼光都让人感到温暖。最后几句很特别，也很感人："鲜花再多，鸽子再多，蜡烛和祈祷再多\也不能让炮弹退回炮筒\多得不能再多了\如果还不够\把我的爱加上爱，善良乘上善良。"

一种莫名的力量击中了我的心灵，好像梦境一般，我久久沉浸在诗歌的声音里。后来我知道，因为那首诗表达了人所应该具有的大爱和悲悯，还被编入了一种大学生的教材。我为自己拥有一位诗人爸爸感到自豪。

因为想写出爸爸那样的诗，我歪歪扭扭写了很多分行的句子，其中"妹妹，蝴蝶落在你身上，你应该感到幸福，你哭，它就会飞走"，被爸爸引用到他的创作谈中，在中国最有影响的《诗刊》上发表。我开心极了。

从此，只要有时间，我就会乐此不疲地写上几句过过瘾，虽然我的玩具落满了灰尘，但因为生活中有了诗歌，我感觉很充实。而且，值得庆幸的是，因为爱上了诗歌，我还跟随爸爸沾了不少光，参加了不少诗歌活动，有一次，著名诗人舒婷阿姨还和我合影。

2010年上海世博会时，全国各地许多诗人来我家玩，每次，我都要拿出自己的诗给他们看，他们总是微笑着鼓励我，要多读书，勤思考，好好写。

我爱诗歌，它可以用最少的语言表达最丰富的思想和感情。我想用手中的笔，写出动人的诗句，净化人的内心，美化我们的精神世界。

# 品读松江的桥

徐张晶　松江二中高二（5）班

作为江南水乡，松江亦是河道纵横，奔流不息。而横卧河道的桥也成了一道如诗如画的风景，桥已不仅仅是交通之用，更承载了松江人的智慧与品位。松江是一座需要品的城市，而品读松江，则不妨从品读她的桥开始。

松江是古代松江府的治所，拥有大量建造精良的古桥，既有那宏伟雄壮的明代大石桥——大仓桥，也有那三足鼎立的"三秀桥"——秀野桥、秀塘桥、秀南桥，还有那壮丽华美的"云间第一桥"——跨塘桥。

在众多古桥中，居于方塔园东南角的望仙桥无疑是极具魅力的一座了。

鹤驾乘风去，千年竟不归。石梁凭望处，空复白云飞（《华亭百咏》）。

望仙桥早在南宋《云间志》中已有记载，是上海地区最古老的桥之一。她静静躺在古市河上，宛如一条年迈却不失威仪的苍龙，默默守护着松江城。望仙桥最为独特的是她只有一跨，桥面由拱形的武康石铺成，后来因木肋腐烂，导致中间两块断裂，才用花岗石替换。两边的桥墩由巨石砌成，横梁上雕有莲花纹，古色古香，让人流连忘返。走在桥上，我们根本无法想象，74年前抗日战争中，日军曾对松江进行过多次猛烈的轰炸。现在的望仙桥丝毫看不出当年的残败，反而透露出祥和之气。

望仙桥体现的不仅仅是松江浓厚的人文气息，她也是松江古代高超科技的体现。武康石本来就没有韧性，不堪常年拉伸，而由武康石铺就的望仙桥却巧妙利用拱形结构，把负荷转移到了两边的桥基上。同时，她又用有韧性的木料垫在石料下，两种材料取长补短，颇有四两拨千斤的意味。这不正是中国古代以柔克刚的思想吗？从这古桥，我们便能品出如此博大精深的中华文化，我不禁赞叹这些建造望仙桥的工匠，为我们留下了这么珍贵的宝库！有心人必会发现，在望仙桥的桥基上，还留有当年安放木肋的榫洞，据悉这种"木肋石板桥"全国只此一例，作为松江人，我要为古代松江人喝彩，我也为自己生活在古韵十足的松江城内而自豪。

望仙桥名字由来也十分耐品，据《松江府志》记载，松江是仙鹤的故乡，世称"华亭鹤"，仙鹤以泖中的鱼虾为食，生活得怡然自得，曾有鹤在方塔上筑巢，啼鸣动人，如梦似幻，仙人常驾鹤来去，而在桥上正可看见仙人，故而称之"望仙桥"。或许只有在那么美的地方，才会诞生出那么美的传说。

品读松江的古桥，绝对不能忘了那些新桥，他们虽没有古桥的韵味，却也有一种特殊的魅力。

这就不得不提黄浦江上的第一座大桥——"松浦大桥"（也称"黄浦江大桥"），它雄踞在松江叶榭镇的北部。1974 年 7 月 26 日开工，1975 年 9 月 11 日铁路桥通车，1976 年 6 月 29 日公路桥通车，打破了黄浦江无大桥的历史，也是当时上海地区最大的桥梁。此后南浦、杨浦等现在如雷贯耳的大桥也相继建成，松浦就好比是黄浦江上的先行者，为上海大桥的建造摸清了方向，探清了道路。

品读松江的桥，我们看见了松江悠久的历史积淀，也看见了松江光明的发展道路。

# 一滴水，折射太阳的光辉

杨静远　茸一中学　八（3）班

一滴水，可以折射太阳的光辉；一间房，也能看出祖国翻天覆地的变化。

我出生那年，是1997年，香港回归祖国。听妈妈说，那时我们还住在南园子，那是老式旧公房。因为经济还不是很发达，所以居住的条件和小区的环境不怎么样。

后来，随着改革开放的春风吹遍神州大地，我们国家就像是一头睡醒的雄狮，用令全世界震惊的速度发展经济，人民的生活水平也跟着水涨船高。我们家也搬进了一个比较像样的小区——华中公寓。那时的房子我是有印象的：不说大，但是干净整洁；不说漂亮，但是热闹非凡。最让我高兴的是：小区里还有一个花园，这是以前的老公房里所没有。每天都有许多像我一般大的小孩聚集在花园里在一起玩，每天从幼儿园回来之后，那里便是我要光顾的地方。不仅结识了许多小伙伴，也在那里度过了我快乐的童年。除了小孩以外，也是老人锻炼身体、闲话家常的好地方。印象中那个大花园好像具有神奇的魔力，不管大人小孩，都被吸引过来了。

再后来，松江新城的崛起让我们的家乡也发生了日新月异的变化。高楼如雨后春笋拔地而起，环境优雅的各种小区也应运而生。于是，我们又搬到了新城区的珠江新城。那儿很漂亮，是高层建筑。每天都可以俯瞰绿色的大树和小草，让人心旷神怡。

而现在是我最快乐的时光了，我们全家住在泰晤士小镇。这是松江新城具有地标性的建筑，曾经在报纸上看过这么一段描述泰晤士小镇的文字"一进入小镇，我便会不由自主地被吸引。嗅一嗅郁郁葱葱的草坪散发出来的青草味儿，数一数花木映衬着的色彩鲜艳的红墙、白窗、黑瓦，走累了，就在长椅上坐下来休息会儿。要么，索性就在河边的草地上躺下来，头顶蓝天白云，身旁鸟语花香……在上海这个工作、生活节奏如此之快的地方，还能找到这样一个地方让人享受一下'慢生活'，感觉真不错。"

如今，只要天气晴好，来小镇里拍摄婚纱照的情侣总是络绎不绝。泰晤士小镇，已经成了一座幸福小镇，生活在这里，倍感幸福。小镇的建筑，不是豪华的贵族府邸，也不是刻板的现代住宅，而是建筑脉络清晰、风格独特的建筑群。走进小镇，就如同翻开一本画册，既可品味老式建筑的厚重感，也能欣赏现代笔触的简洁明快……

南园子、华中公寓、珠江新城、泰晤士小镇，仅仅是生活的轨迹吗？房子的变化恰恰可以折射党如太阳般灿烂的光辉。

# 人生如棋局

张俊玮　立达中学预初（4）班

大家都知道在围棋中，当一个棋子四周都是异色棋子时，那个棋子就会从棋盘上消失。这个"法则"是想告诉我们找朋友要找对自己有益的朋友，不要找对自己有害的人当朋友，这就是我们常说的"近朱者赤，近墨者黑"。那什么是有益的朋友？什么是有害的朋友呢？其实，这个问题三千年前的孔夫子已经告诉我们了。他说："益者三友，损者三友。友直，友谅，友多闻，益矣。友偏僻，友善柔，友便佞，损矣。"

围棋中有一种"打吃"的方法叫"双打吃"，这种"吃"法，是同时对两个棋子进行"打吃"，往往能"出奇制胜"，但如若落子不慎就会"一败涂地"。这好比"捷径"，如果我们能很好地使用"捷径"，就会非常顺利地获得胜利，取得成功。如若没有准确地使用好"捷径"，就会"一败再败""名誉扫地"。

在我刚刚学围棋时，老师叫我下"吃子棋"，当时，有一种情况就是"征子"，就是一种颜色的棋子一直在"打吃"另一色的棋子，另一色的棋子一直在"逃"，"逃到底"就会被那一色棋子"吃掉"，但如在途中遇到另一色棋子，另一色棋子就能"逃脱"，那一色棋子也会被"双打吃"的方法"吃掉"。这好比做事，虽说"慢工出细活"，但是这样可能会"贻误战机"，所以"慢工细活"虽好，但"贻误战机"谁也不想。

在围棋中有一句话叫"金角银边草肚皮",意思是说利用相同数量的棋子分别在棋盘的角、边、中央"围圈",角那"围"的点最多,其次是"边",最少的是"中央"。这告诉我们无论做什么都要与朋友合作,这就是"众人拾柴火焰高"的道理。美国学者朱克曼发现,从1901年至1975年,286位诺贝尔奖获得者中的三分之二的科学家是与他人合作而获奖的。他又以25年为一段时期进行了比较研究,发现与人合作而获奖者,第一个25年为41%,第二个25年上升为65%,第三个25年竟达到79%。这就有力地说明,科技愈发展,一个人要取得事业上的成功就愈需要具备与人合作的良好品质。没有互相支持与合作,就很难取得事业上的成功。"一个篱笆三个桩,一个好汉三个帮"。与人合作是特别重要的,但是学会与人合作那是更加特别重要的。

纵横交错的棋盘上,布满了黑白棋子,代表了世间的一切的事物和道理。人生如棋局,值得我们下好每一步"棋"。


# 一年四季

张骏杰　中山小学三(7)班


大自然是个魔术师,把一年四季带给我们。

七彩的春天,小苗从黑暗的泥土里一个劲儿地探了出来,张望着光明的世界,它们左摇摇右摆摆,正在欢呼着春姑娘的到来!梨花开了，盖上了一件纯白色的外衣，送来了一股淡淡的花香。"轰隆"一声绵绵细雨从天而降。这场雨唤醒了整个大地和动物们。

酷暑难避的夏天来了，池塘里的荷花绽放在我的面前，有的含苞欲放；有的只张开三两花瓣，还有的已经完全开放。美丽得让人陶醉！池塘里的鱼虾们都开心得活蹦乱跳。我们却在家里吃着西瓜度过这愉快的暑假。

秋风一吹，麦穗沉甸甸地低着头，好像正等着农民伯伯来收割呢！果树上果实累累。瞧！叔叔正在摘苹果呢，虽然大豆般的汗水从额头上掉落在肥沃的泥土上，可用它换来的却是自己的一番收获。

北风"哗啦，哗啦"地吹着。哇！天空下起了鹅毛般的大雪，大地变得银装素裹。孩子们穿上了一件又一件的衣服。树木盖上一层洁白无瑕的白纱，松树却挺拔地站立着，伸出墨绿的松针，正在与寒风搏斗。整个大地变得一片雪白。

我要对大自然这个魔术师竖起大拇指，说一声，你真棒！

# 生活小插曲

朱昕慧　实验小学三（6）

生活中随时都有各种各样的小插曲，这不……

这个星期六，奶奶正在钉纽扣的时候，电话铃响起了，她去接电话的时候，一阵风把针吹到了沙发底下。这一幕正好被坐在沙发上看电视的我看见了，我大声对奶奶说："奶奶，不好了，不好了！

针掉到沙发底下了！"　"哎呀！这可怎么办呀？这根针这么细小，掉在沙发底下我看都看不见！你快帮我想想办法吧。"奶奶焦急地说道。我扫视了一下沙发周围，看到了一把扫把，想：应该可以用扫把把针扫出来。我连忙跟奶奶说了我的想法，奶奶二话没说连忙拿起扫把伸进了沙发底下。可是那根针实在是太细，太小了，我和奶奶扫了好久一点收获也没有。正当我左右为难时，忽然眼前一亮，计从心来。可以用吸铁石吸嘛！我赶忙从冰箱门上拿下一个冰箱贴去吸。心里默默地想：嘿嘿，这回看你往哪里逃，就算你再小，我也要把你找出来！奶奶一下子明白了我的意思，也帮忙起来。经过我们的一番努力，针终于被吸出来了。

　　嘿，怎么样，生活中的小插曲也能让我们看到自己的聪明才智吧？

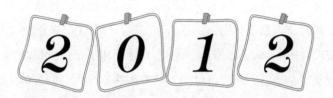

# 我与"红十字"同行

丁思源　第二实验小学四（2）班

前几天我看到一则电视新闻：一位游客在登山过程中突发心脏病，同行游人赶快打电话给红"十"字，红"十"字急救人员立即赶去抢救病人。病人已停止了呼吸，可他们却不放弃，继续抢救病人。这使我非常感动，病人已停止了呼吸还竭力抢救，多么高尚的敬业精神！

我的爸爸以前是一名军人。听妈妈说，爸爸经常献血。爸爸第一次献血是在参加"九八"抗洪的大堤上献的，当时是为了营救身边一位因在抗洪抢险中严重受伤的战友。直到有一次，爸爸抽血体检不合格，才万般无奈地从"战线"上"撤退"了。听妈妈讲过爸爸的事后，爸爸的爱心已经深深地影响了我。

记得有一次，我和妈妈走到松江商城门口，看到一辆献血车。我就想去献血，但又怕痛。于是我问妈妈："献血不疼吗？""不疼的，就像蚊子叮了一下！""那……那我要去献血！"我一咬牙，生怕自己会改变主意。"你说什么？"妈妈扑哧一下笑了出来，"你居然要去献血，傻孩子，你还小，不能献的！""那么几岁可以献血呢？"我叹了口气。"要满18周岁以上！"我既庆幸又沮丧，庆幸的是我不用打针了，沮丧的是我还要等好几年才能献血。那年我才8岁。

献血我还太小，那我就经常捐款给红十字会！在松江药店、银行和商城里不是有很多捐款箱吗？每次看到，我都捐一点，小到一元，大到十元。记得第一次捐款，那年我还只有六岁。有一次，我和妈妈一起去商城购物，在商城的柜台上有一只募捐箱。我好奇地问妈妈："这个箱子有什么用？"妈妈说："你把钱放进这个箱子，远方贫穷地区的小朋友就能收到你的钱，好好读书了。"我说："好神奇唉！妈妈，我要投钱，我要投钱！"以后，我每次去商城购物或银行存款都不忘往箱里投钱，我还默默祝福他们"好好学习、天天向上"。

每个人都有需要帮助的时候，每个人也都有能够帮助别人的时候。赠人玫瑰，手留余香。现在我长大了，我想当我的血流进别人血管中的时候，那一刻，我也会很高兴的。我立志长大后要像爸爸那样成为一个"大英雄"，去帮助那些需要帮助的人。我还想加入红十字会志愿者的行列，参加各种慈善活动，真正地做到"与红十字同行"。

不仅如此，我还要动员自己的亲朋好友，呼吁大家成为"红十字志愿军"。只有大家携起手来，才能用点滴的爱为无助者鼓起希望的风帆，为受困者撑起晴朗的天空，用大家的爱心编织更加美好的明天！

让我们携手与红十字同行。

# 小猫玩毛球

顾褚庆怡　中山小学一（4）班

一天，小猫在家里找出了两团毛线球。一团是绿色的，另一团是黄色的。小猫踢了踢那团绿色的毛线球，毛线球就向前滚去。小猫觉着好玩，继续滚呀滚，毛线越拖越长，毛线球却越变越小了。

小猫踢着毛线球，滚呀滚，直到来到了墙角边，走不下去了。它就转过身，继续滚呀滚。咦？这回，滚着，滚着，毛线球又变大了。

小猫感到很奇怪，就去问妈妈："为什么毛线球一会儿变大，一会儿变小呢？"妈妈笑着说："小'笨蛋'，你把毛线球滚过去，毛线全'跑'出来了，毛线球就变小了。你再把毛线球滚回来，毛线团回去了，毛球就变大了！明白了吗？"小猫点了点头。


# 纸上的朱家角

黄骊　茸一中学九（6）班

我的书房里有一个"朱家角"，它其实是一幅剪纸。望着它，我不由自主地走进那段记忆中……

那次我走进课植园，只见假山池沼，雕花窗门，仿佛走进了《红楼梦》中的"大观园"。一回廊转弯处，一扇木门虚掩着挡住了去路，向旁一瞥，竖着一个红色标牌，写着"中国剪纸金奖获得者——陈南君"。心中一惊一喜，真没想到还有位"高人"隐于此园。推开木门，跨过门槛，这是蓝红白交错的世界：一幅幅裱好的剪纸窗花挂满了四面雪白的墙壁，一幅较小的"水乡"图，一眼望去便知这剪的是——"朱家角"。

一座座富有江南特色的建筑傍水而建，梯形屋檐上的每一片瓦片都清晰可见，每层楼都有窗户，都向你敞开。河的两岸架着一座娇小玲珑的石拱桥，好似姑娘头上精美的头箍，为古韵中的朱家角添了一道优美的弧度。同时，她静静地伫立在那，又好似一个害羞腼腆的姑娘，散发着一股优雅恬淡的味道。桥下的河面上，除了河岸的倒影，两片小船上的渔夫正撑着长长的竹篙，站在船头，仿佛听到他们在"渔歌互答"，此乐何极啊！伫立良久，我无疑被这幅水乡剪纸深深陶醉。在一张长约 20 厘米，宽约 15 厘米的薄薄的红纸上，"朱家角"宁静中透露着古韵，古韵中透出了闲适，这才是真正的朱家角，真正的"小桥流水人家"！

回过神，望见南君先生正坐在墙角，戴着眼镜，已是花甲老人了。他一手托着纸，一手拿着剪刀，尽情地展示高超的纸上功夫，灵动的手指使他看起来像个贪玩的孩子。很快，他满脸微笑地抬起头，将剪好的一只小兔子递与等候在他面前的小女孩。我不禁开口问道："您剪了这么多景物，最爱剪的是什么呀？"先生依旧笑着，嘴里却念叨着："最爱剪的，最爱剪的还是这片朱家角啊！"不知怎么，当我听到"朱家角"时，一阵感动涌上心头。冯骥才先生曾说"工业技术是物质性的，手工中有许多是感性和悟性的。从文明的传承看，这种手工的文明是记忆性的，是一种弥足珍贵的文化遗产。"

老人对朱家角的感情令我动容，我买下了这幅"朱家角"。凝视着它，朱家角的神韵跃然纸上，透过纸，我又看到了先生心中的那方水土，而我爱的也正是那方心灵的净土。


# 升旗手

蒋正振　方塔小学四（4）班


在电视上，我无数次看见五星红旗庄严升起的场面，那场面真让我激动。前一段时间，老师带来一个让我心跳加速的消息：学校下周的升旗手，要在我们班产生！我在心里默默地祈祷自己能成为升旗手，并为此悄悄地准备了一篇演讲稿。

那天，老师宣布要评选升旗手时，全班鸦雀无声，但我仿佛听到很多小心脏热烈跳动的声音。我想：我的语文成绩很好，英语成绩也很好，平时上课不开小差，经常举手发言，不知道我会不会被选为升旗手。恰那时，我听到坐在我后面的小夏大声地念了我的名字，天哪！我被提名了？我终于被提名了！我抑制住自己激动的心情，像前面几位被提名的同学一样，在老师鼓励的目光下，走上讲台，把自己背得滚瓜烂熟的演讲稿清晰地讲了一遍。虽然我的声音有些颤抖，但我相信这并不影响我的发挥。第二天，老师根据每位学生的得票数，把四位升旗手的名单念给我们听，当老师响亮地念出"蒋正振"时，我高兴得一下子从椅子上蹦了起来。

第二周的周一，我站在五星红旗脚下，昂首挺胸，胸前飘扬的红领巾和五星红旗遥相辉映。当五星红旗高高升起的时候，我发现我的眼眶湿润了。

我为自己是一名升旗手而感到骄傲！

# 最美的礼物

金家喻　茸一中学八（6）班

我小学四年级时，在爸爸的张罗下，通过他原来的同事到云南支教的关系，与云南迪庆地区一个叫格桑梅朵的初二大姐姐结对交友，当时年幼的我觉得新奇，隔三岔五地给她寄信，可收到的回信并不多，后来从支教老师处得知从她家到邮政局至少要走上半天的路，还了解到虽然她家境贫寒，但学习认真刻苦，为人热情，是一位品学兼优的好学生。我慢慢体会到爸爸的用心良苦，也慢慢喜欢上了这个云南的人姐姐。

她曾寄给我一张照片，照片中的她站在一片枫叶林中，笑靥如花。当我第一次看到这张照片时，就被深深吸引住了，她那自信热情的微笑仿佛与这同样热情似火的枫叶林融为一体了。我立刻写信告诉她，这片枫叶林太美了，与你一样美，一样热情。说者无意，听者有心，两个星期后的一个周末，一封来自云南的厚厚的信件寄到了我家，我急忙打开一看，一片火红的枫叶映入我的眼帘，它红似火焰，脉络分明，不到巴掌大的枫叶，每一处都被精心打磨平整，已经制作成了一张精美的书签。她在信中告诉我，听说我喜欢枫叶，她特意利用周末上山采摘枫叶，在上百张枫叶中挑中了这片枫叶，然后用纸巾吸尽叶中的水分，并在一本厚厚的书中夹了近一个星期。我想象着她采集制作的过程，看着照片中的她，格桑梅朵，我的好姐姐，谢谢你。这是我收到的最美的礼物！

　　每当我看到它，就有一种油然的敬意，正因为这种经历，我俩的交往更密切了，每当我陷入困境，受到挫折时，总写信跟她交流，向她求助，她总是用自己的亲身经历感染我，鼓励我，用她朴实乐观的语言安慰我，"姐永远在你背后默默支持你，加油哦，我相信你！""看，姐不是挺过来了吗，你一定不会比我逊色，坚持到底就是胜利！"不禁使我豁然开朗，格桑梅朵，我的好姐姐，你不正像这片枫叶吗？那样的热情、自信和乐观，看着你的照片，看着这一片枫叶，我感觉已经融为一体！

　　"缓缓掉落的枫叶像思念，我点燃烟火温暖岁末的秋天……"哼着这首《枫》的歌，看着这片来自远方的精美枫叶，我就会想到你，想到你的热情，自信和乐观。枫叶，是你品质的象征，是我们友情的见证，更是我收到的最美的礼物！

# 长大的感觉真好

李介匀　民乐学校五（3）班

我长大了。

昨天，我还沉浸于折纸飞机的热烈气氛中，还对床上的一大堆芭比洋娃娃依依不舍，对过家家游戏情有独钟，可今天，我已经把这一切抛至脑后，开始了新的生活。

记得从前，我从来都不敢一个人在家。每当一个人在家时，我总是把房门全都关紧，可最后却总是哭哭啼啼地打电话给妈妈。可是现在不同了，我一个人在家照样得心应手，再也不会吓得心惊胆战。有时，我甚至会在爸爸妈妈回家之前淘好米，烧好饭，爸爸妈妈都夸我长大了、懂事了。

最能体现我长大的事就是妈妈生病的那天。那天爸爸出去了，只好由我一个人来照顾妈妈。一到吃药时间，我立刻提醒妈妈，并准时举着水杯、药"报到"，并且也会给妈妈量体温了。下午，我出去学兴趣班，走到一半，我突然想起来妈妈该吃药了。于时，我顾不上兴趣班的事儿，立马返回家里。一到家里，我顾不上三七二十一，大吼："妈妈，吃药了！"可是，眼前的景象令我一惊：妈妈正坐在桌子旁，用疑惑的眼神看着我，说："干什么干什么，你走之前我药不是吃了吗？赶快去上兴趣班！"傍晚，我高兴地问妈妈要不要出去散步。她欣然答应。通常，都是妈妈扶着我而今天却截然不同，我扶着妈妈。我们母女俩有说有笑……也是通过这件事，我才发现自己真正地长大了，能为大人做事了。

# 说方道圆

林丛宇　九峰实验学校七（3）班

还记得小时候，你一直认为地球是方的："妈妈，如果地球是圆的，我们站在这里不是很危险吗？""傻孩子，地球有地心引力啊，怎么会危险呢？"你迷茫地睁大眼睛，想了很久，还是摇摇头走开了，嘴里还小声嘟囔着："地球是方的，地球是方的……"

现在你觉得那时候的自己真可笑。你早已知道"地球是圆的"——你阅读了航海家的故事；你懂得了地心引力是多么神奇的一种力量；你明白了为什么总有一条到达不了的地平线；你甚至还看到了卫星在太空中给圆圆的地球拍的照片……"地球是圆的，这是事实，也是真理。"你这样说，嘴角牵起只属于圆的弧度。

没错，你说得很对，地球的确是圆的，那的确是真理。然而你是不是遗忘了什么呢？

也许你早已忘了很久以前的自己了吧，也许你已忘记了很久以前那个"方方的地球"了吧。也许你会学着大人的样子耸耸肩，说："这有什么？那时候我的想法即使是错误的，忘记了又怎样？"但是你忘记的又何尝只是一个"方方的地球"！那个热爱想象的女孩哪儿去了？那个凡事都要打破砂锅问到底的女孩哪儿去了？那个从不肯轻易放弃自己的想法的女孩哪儿去了？那么，如果现在的你这般相信真理的话，请你找出一条真理来解释这一切吧！

于是，你站在原地，愣愣地盯着眼前的路——这条路，这条每个人都要经历的成长之路，由方到圆之路。你想起了一个冷笑话：圆和方走在路上。方对圆说："你好，圆。真羡慕你的圆滑。"圆说："你只要像我这样磨平棱角，你也可以变得很圆。"方照做之后，照了照镜子，说："真的好圆。"

那个磨平棱角后的方，岂不是跟你很像？你不是也把自己心中方方的棱角磨成了圆后，为自己得到了真理而快乐吗？

但有时，你也曾迷茫，也会找不到想去的方向：没错，现在的自己的确是圆的了，但那些被磨去的棱角啊，怎么不会疼？你再也找不回以前的自己了，又怎么不会心伤？

你抬头，看到了方方的黑板和圆圆的钟表，它们各自都很漂亮，不是吗？

有人的地球是方的，有人的地球是圆的……

# 幸福不是错觉

林文蕙　九峰学校高二（3）

在我连爬都还不稳当的时候，母亲便离开我去追求新的幸福。那个时候我还太小，那么久远的记忆也早已不清晰，我只知是父亲一手养育了我，撑起了我的一片天空。

"当别的孩子两手牵着父母，在公园里笑得开怀，我却只能独身在一旁暗自艳羡流泪"，这种小说中经常出现的桥段，对我来说是可笑而幼稚的。也算我比同样情况的孩子幸运。母亲并没有给我留下很深的印象，所以她离开之后我没有很伤感。我拥有一个伟大的父亲，足矣。

当然我也会疑惑地问父亲，母亲在哪里。好像他从来没有回答过这个问题，只是目光会飘得很远很远。那时我就不会再问，现在想想也觉得奇怪——那个年纪本该聒噪的孩子，怎么也会懂得将疑问埋在心底。

事实是我在初一的时候才洞悉的，会想如果母亲不曾离开，现在的生活会变成什么样。当然那些想法很快就被我遗忘，因为我无法改变过去，我也不喜欢自怨自艾，同时父亲又给了我一个全新的家。

她是一个完全普通的人，但又不那么普通——她是第一次结婚，却愿意接纳我，所以我当然愿意接受她。他们很幸福，她对我也很好。她没有过多地管束我，却教了我很多做人的道理和经验，我觉得我很幸福。

奶奶告诉我，以前奶奶是想将我留在身边的，父亲却执意带着我一同奋斗事业，说是害怕父女感情会淡。拖了这么多年也没有找对象，是怕我还不成熟，如果被欺负无法保护自己。

我听后一阵唏嘘，父亲没有与我交流过内心世界，但他一直是在默默地顶着压力来守护我啊！他总是很粗心，连自己都照顾不好，却让我平平安安地从小女孩长成一个大姑娘。所以我从不伤感，并且很不喜欢知道我身世的人们的同情眼神。刚出生的时候，我一定也是被他们视若珍宝、无限疼爱的，而在这些年中我也一直享受着父亲深沉的爱。我是幸福的啊！我很想大声地告诉这个世界。

我还有一个同父异母的弟弟整天粘着我，给我带来很多快乐。我真的没有什么好伤感的不是吗？我享受的是双倍的疼爱。这是我最特别、最幸运的财富。

幸福从来都不是错觉，它一路伴随着我成长，它一直都在我身边。

# 你就这样匆匆地走了

刘心和　茸一中学八（1）班

教了我们一学年多美术课，却不曾有过太多交集的沈老师匆匆地走了。想来，我们的最后一堂美术课散得那样匆忙，散乱的桌椅都没有来得及排好。我们从没有想过永别原来与我们仅一步之遥，昨天老师还拿着尺维持课堂纪律，今天我们却连违反纪律的机会都没有了。

记得沈老师带我们第一节美术课时，拿着一本不太厚的画册，颇有些自我陶醉的模样给我们讲述画册中每幅画的创作故事。底下的我们悻悻地听，好像身不关己，难得几个抬着头的同学也满眼疲倦。那节课，讲台上的他压不住台下肆意的讲话声，任凭直尺在讲台上震起阵阵粉笔灰都没有用。

第一次去美术教室，我看到了那幅俄罗斯写生，是老师的真迹。那节课，老师又兴致勃勃地絮叨了一些关于那幅画的故事，台下的同学有些厌烦，我甚至听到了一些诸如"自恋""显摆"等讥讽片言只语。

不知是不是这幅画的缘故，大家对老师似乎有一种不言而喻的排斥，他的美术课，永远是最吵的——同学随意地换位子，聊天，写作业，吃东西，有一段时间还在雪白的墙上乱涂乱画。半个学期的时间，那把本来崭新的直尺断成了三节，后来，我们连老师喊的上课下课都全然听不见了。

我不知道有多少人在后悔，后悔当初没有好好地上美术课，对待美术作业，尊重美术老师。我们没有听见最后一节课老师说"下课"，就急忙离开了，我甚至没有多看一眼挂在教室后面，那幅让老师心满意足的油画。

老师去世后，经过曾经一度喧闹的美术教室，不禁停步，被学校弃用的布告栏不偏不斜地横在过去沈老师办公室的窗口，布告栏上，是上学期学校美术方面的活动告知。这扇窗，这办公室，我还记得些什么？我和沈老师难得的记忆，现在显得弥足珍贵。

那时候适逢新年，老师召集了许多学生制作纸灯，还发动班上绘画好的同学绘制一些作品，年末展出。当时我的同桌受老师的委托画了张素描。我还记得那天下雨，我陪她去找美术老师。老师正在埋头写东西，他的办公桌紧贴着窗户，桌上茶杯里的茶烟把窗户的一角蒸腾得模糊发白，同桌轻轻敲了敲窗户。沈老师冲我们笑笑——我们很难得看到他笑，课堂上的他总是有一副愁眉苦脸的样子，也难怪，这么差劲的纪律。

他来给我们开门，我惊讶屋顶上满满的纸灯。老师和同桌在讨论素描的事情，我就在一边抬头东看看西看看，除了纸灯，办公室里还有几幅油画作品，都是沈老师的真迹，有一幅画江南水乡风情的作品，让我看到了自己故乡的情韵，甚是喜爱。临走的时候，我问老师这些纸灯是怎么挂上去的。他不紧不慢地说是他一个人一个一个慢慢挂上去的，还赞扬这些纸灯做得漂亮，不挂都觉得可惜。

这天中午，天空阴沉沉的，我突然想到美术教室看看。只见曾经常敞开的后门锁住，我只能透过一方玻璃看里面的模样。散乱的桌椅，散乱的讲台，和当时一样。墙上几幅素描和油画还是当时沈老师十分骄傲的作品，只是那幅俄罗斯写生不见了。讲台上还堆着一沓一沓的铅画纸，那个时候我总喜欢把点名册放在那堆铅画纸上面，总是担心老师会忘记，老师却总是记得。现在讲台被打开了，投影仪没有收进去——沈老师从来不用投影仪。对面的沈老师的办公室显得异乎寻常的安静，墙边的木架上整整齐齐地安放着一叠全校同学的作业，也许有的还来不及批阅啊！

2012年4月27日，我捧着从其他老师那边得到的沈老师生前的画册——那本他骄傲过的画册。我小心翼翼地一页一页地翻，这些画似乎都很熟悉，我都在哪里见过，不同的是，以前的是原版真迹，眼前的是印刷精美的铜版纸。

我在那页"俄罗斯写生"上停留了很久，对比当时看到的堆积着颜料块的真迹，一种莫名的惆怅袭击着我包围着我。我合上画册，画册的封底是一张老师微笑着的相片——当初为什么没能让他多笑笑？被功利思想侵蚀了的我们，该猛然醒悟了，难道一切就仅仅为了中考吗？

# 只有更高的天空

邱杰　六中初三（6）班

化学智商小于二百五的我，经过一次次不懈的努力，终于在一次化学单元测验中以一分的优势险胜我们班的常胜将军。当我知道分数后，笑得下巴都要掉下来了，心想着回去接受家长的表扬。我炫耀般地把试卷在爸爸面前晃了晃，喜出望外地说："爸爸，我考得怎么样？"爸爸并没有像我想得那般高兴，反而流露出一丝隐忧之情。但看到我如此高兴，他只是淡淡一笑，"嗯，还可以。"这回轮到我不高兴了，我死了多少脑细胞才考了个第一名，不用红旗招展地奖励我，也该略微鼓励一下我，可是爸爸……

第二天，爸爸从花鸟市场买了一只小鸟，很小很弱。爸爸把鸟笼放在我面前，说："猜猜它，能不能飞？""怎么可能，它那么瘦小，打死我也不信它会飞！"我惊异地说。爸爸并没有回答，他打开鸟笼，想把小鸟放在手掌中。可当笼门打开的一刹那，原本病态的小鸟，好像离弦的箭一般飞速冲向天空。我和爸爸一直注视着它飞得更高，更高，直到飞离我们的视线。

爸爸转过头，意味深长地说："在小鸟的脑海中，没有最远的距离，只有更高的天空，所以它才会不停地飞翔、飞翔！"

"没有最远的距离，只有更高的天空。"我反复咀嚼这句话，我似乎明白了一些东西。

在以后的考试中，当我取得了好成绩而露出骄傲的小尾巴时，我总是提醒自己，到达了一定高度，还有更高的高度，我的目标就是飞得更高；当我在为成绩下降而忧虑时，我会想起瘦弱的小鸟都能在蓝天中飞翔，我不能放弃，我只是在飞翔中折断了翅膀，我要用勤奋和刻苦为自己疗伤。

生活就是这样，每个人都有着一片属于自己的天空，等着去开创。我将永远记住这句话，没有最高只有更高，去征服属于我的天空。

# 米与女孩

沙帆　六中初三（2）班


米：在阳光的照耀下，沉甸甸的稻穗随着风儿不时地向辛勤的农民伯伯展开笑颜。农民伯伯弯下身体用手温柔地抚摸着我——我被包裹在一串 5 寸多长的稻穗里。他捏了捏粒粒饱满的我们，自言自语似的说："你们没有白费我的心血啊！"我们享受着慈父般的目光，默默地把头点得更低了……是的，我们就是农民伯伯辛苦的心血。

然后，我们被农民伯伯一把一把地割下来，脱去层层谷壳和糠屑，变成了白花花的大米，被装进了一个个蛇皮袋，送到千家万户。

我被送到一个老奶奶家里。她拆开了米袋，像农民伯伯一样看着我们。她轻轻地捧起我们，我们从她的指缝间滑过。我明白，那个目光的含义是珍惜。她是那样珍惜我们，她把我们从米袋里小心翼翼地倒进了米缸，我们等待着被人们享用，期盼着完成我们的使命……晚饭时分，她抓起几把米，手法熟练地淘了米，把我们放进了电饭煲里。我们吸着清澈的水，我们变得更加饱满更加白皙了。五点半，我们被煮得香喷喷热腾腾的，端到了一个女孩的面前。

女孩：五点半，疲惫的我又一次放学回家。"回家啦，先来吃饭，吃完了再去做功课。"奶奶搓着手接过我肩上的书包。我坐到餐桌上，看了一眼桌上的食物，皱了眉头。又是米饭，又干又乏味，倒不如去吃香脆的薯条美味的汉堡。我心不甘情不愿地拿起筷子，开始扒饭。我使劲地戳着米饭，希望可以减少它们的数量，这样我也可以少吃点了。我故意把它们撒在桌上，然后可以理直气壮地说："米饭脏了，吃了会生病的。"正在我为自己的理由暗自得意时，意想不到的一幕发生了——奶奶用筷子夹起散落在桌上的米饭，放进嘴里，嚼了两下吞了下去。我低下头装模作样地吃饭，因为我不知道该说些什么做些什么。我心里好像明白了些许，有点惭愧，有点后悔。

奶奶吃完了桌上的米饭，才对我说："我们小时候没饭吃，吃完了饭连饭勺都争着抢着舔……"我胡乱地"嗯"了一声，不是听不进奶奶的话，而是我不知道该怎么去弥补刚才的行为。我嚼着米饭，像是第一次吃它们一样，又甘甜又新鲜，比得上世间任何的美味佳肴。

米：我被她夹起来，像她奶奶一样，把我含进嘴里，轻嚼了两下，好像在细细地品味着。我听见了女孩的声音，从她心里响起的。她明白了，明白"一饱之需，何必八珍九鼎？七尺之躯，安用千门万户？"我极惬意又莫名地笑了，我想起了一首诗：锄禾日当午，汗滴禾下土。谁知盘中餐，粒粒皆辛苦。

# 成长的足迹

沈晗　九峰实验学校八（5）班

整理东西，不经意间翻出了一张照片。照片清晰地定格了两个女孩快乐的瞬间，一个是我，另一个是我表姐。

那年表姐 10 岁，我 5 岁。虽然那时表姐功课很忙，但是她总会千方百计地挤出一些时间来陪我玩。我们会在草坪上无忧无虑地放着风筝，表姐说风筝就像是理想，我们要放飞自己的理想，并争取到达自己理想的彼岸。那时的我并不理解姐姐的这番话语，留下的只是一串银铃般的欢笑声。现在仔细斟酌这句话，读出了一种不一样的意味，不免赞叹这句话的深奥与精炼。草坪上留下了我成长的足迹。

每当雨后，表姐会拉着我的手去外面散步。若是看见水塘，我就会在那里尽情地踩上几脚，表姐却在一旁默默地看着，时不时地提醒我当心点。我却什么都不顾，鞋子和裤子总是在我的带领下到水塘中洗个痛快澡。等我在水塘中跳累了，表姐马上让我回去换衣服，怕我生病。但在我玩得开心时，表姐是不会制止我的，因为她不忍心打断我的快乐时光。水塘中留下了我深一个浅一个的脚印，它们是我成长的足迹。

表姐 15 岁的时候，我 10 岁。那时表姐正在为中考奋斗，她说她要放飞理想，并争取实现。而那时的我也已尝到了学业忙碌的滋味，我和表姐已不可能再和过去一样，去找寻那片属于我们两个人的苍穹。取而代之的是表姐给我细心地讲解我不懂的题目。在表姐的帮助下，我认真地在作业本上书写着，那里留下了我成长的足迹。

如今，表姐已经 18 岁，我 13 岁。眼下表姐正面临又一次重大的考验——高考。我刻意地不去打扰她，让她能集中精力备战高考。但愿她记得那句曾经对我说的话：放飞自己的理想，并且离自己的理想越来越近……

我好好地收起这张照片，珍藏起一段成长的回忆，一串成长的足迹……

# 再见了，母校

王安琪　三新学校六（3）班

日月如梭，时光飞逝。一眨眼，我从一个充满稚气的孩子，长到了五年级即将离开母校的大姑娘了。当初的故事似乎还是历历在目……

看看我们的学校，大厅里，纯洁不失华贵；大厅中央，是蔡元培爷爷的雕像；大厅两侧，是同学们为学校争取的荣誉。

出了大厅，一片绿色尽收眼底。这里有柳树，那里有竹林。绿化带旁，是一条翠绿色的小河，每当夕阳西下时，河面被晚霞照得亮闪闪的，像是天上的星星跑了下来，显得那样迷人。

看啊，前面是一群玩耍的孩子们，想当初，刚进入校园的我们，也是这样，无忧无虑地玩，哪里想到过离开这个充满了美好回忆的地方？看着他们，仿佛回到了从前……

在这条走廊内，一旁的墙上挂着许多的名人画像，是它们，让我认识了贝多芬、聂耳、毕加索等人物。另一边，是学生们的佳作，一幅幅画作，虽带着稚气，却不失童真。

在学校里，我最喜欢图书馆。在那儿，让我在学习知识的同时，又了解了课外的知识。并且，图书馆的老师对来借还书的同学都很亲切，温柔。

我们的食堂干净又整洁，卫生又宽敞。来吃饭的同学们都排着有序的队伍，静悄悄的。这样的食堂，吃起饭来，都让人感到安心。食堂阿姨烧的饭总是合我们的口味，并且荤素搭配，又有营养。

现在回到我们的教室。一排排整齐的课桌椅，干净的黑板，精彩的黑板报，整洁的卫生角。是它，就在这神圣的课堂里，我们度过了五年美好的时光，学到了丰富的知识，与同学之间建立了深厚的友谊。在教室后面的两块绿色小板上，分别有"苹果乐园"和"作品展"。苹果乐园上的苹果树"结"的果子，都是所有同学奋斗的目标与理想。作品展里是一些同学的佳作。

从座位上往外眺望，五棵高大的银杏树立刻展现在眼前。我还记得，去年冬天，它们都被调皮的冬孩子脱去了外衣，光秃秃的。现在，它们已经枝繁叶茂，是它们陪我度过了这五年，我在成长，它们也一样。附近还有枫树，有白玉兰，和一些不知名的小花小草。

学校还有许多特色，像丝网版画、水火箭、马林巴等。四周就像个大花园，上起课来让人心情舒畅。这里的老师个个亲切和蔼，听她们的课我们也都津津有味的。你说，这样的学校怎能不让人喜欢，不让人留恋呢？

啊，三新！你就像母亲一样哺育了我五年，为我灌输营养，是动物也会有感情的。在这大花园里，辛勤的园丁为祖国的花朵浇水施肥，使他们苗壮成长。但我，即将步入初中的殿堂，即将离开你。但是，我不会忘记你——这个我永远都爱的母校！

# 团结的力量

王茜　中山小学四（7）班

从前，有一片森林，那里的树木郁郁葱葱，一群鸽子在他们自己的乐园里翱翔嬉戏。

有一天，一个猎人来到了这片森林，闯进了鸟儿的乐园。他拿着一张大网和各种各样的果实和谷粒。猎人把网安在树下，在树下放上果子和谷粒，然后藏在丛林后面，等着鸽子们自动送上门来。这时，一群鸽子飞过来了，一只领头的鸽子看到了食物，发出警报，它劝说大家："我们的森林没有果子和谷粒，而这里莫名其妙地出现了果子和谷粒，这儿一定是猎人布下的陷阱，我们可不要上了猎人的当！"可是，鸽子们抵挡不住食物带给它们的诱惑，鸽子们还是冲向了食物。正当鸽子们吃得欢快时，一张从天而降的网把它们网住了。鸽子们害怕极了，它们各管各地想冲破大网，可是冲不破。领头的鸽子心痛地说："这就是贪吃惹来的祸！"就在这时，猎人走了过来，他没想到能捉住这么多鸽子，所以他高兴极了。忽然，领头的鸽子发话了："大家不要慌张，我们这样各管各的是无法飞出去的，我们只有团结一心，才能冲出大网，回到我们的乐园！"
于是，鸽子们一致地往一个方向飞，终于，鸽子们冲破了大网，回
到了它们的乐园。猎人见鸽子们全飞了，气得直跺脚说："下次，
我一定会捉住你们的！"

从此，鸽子们一直团结在一起，因为它们懂得了团结的力量是
巨大的。


# 旅德随笔

王蕴奇　松江二中高二（6）班


是第一次出国，也是第一次离家那么久。

走之前，还是做了很多功课的，比如说，国际航班的注意事项，
德国的气候，当地人的习俗，还去买了礼物。事后证明德国人是很
喜欢中国的东西的。

浦东机场，出发。本来就是 11 小时的航班，加上误机两小时，
到法兰克福国际机场已经当地时间晚上 8 点多了，但令我们这些东
方人奇怪的是，这边的太阳还在天上。后来住家告诉我，这边夏天
往往要到 22 点才日落，然后他们差不多洗洗睡了。

德国人应是相当好客，热情。到于伯林根的时候都 1 点多了，
他们仍等着。Volk 一家住在一个仅有 2000 人的小镇上，小山坡上的
别墅，似乎德国人都住别墅。这一觉在倒时差的作用下睡得很熟。

到一个完全陌生的地方的感觉就是好奇心无与伦比地强烈，第

二天刚起床就想出去逛小镇。看到了许多的喷泉，漂亮的别墅，教堂里祈祷的人们，隔着公路的博登湖。

德国的学校有点颠覆我的世界观，早上坐似乎是免费的环湖的小火车去于伯林根，一个简单的欢迎会，简单的早餐。发现自己还是蛮喜欢这样子的简单。

德国的课堂要轻松得多，班级里人也更少，老师不会写很多板书，倒是很会开玩笑。食堂总是开放着，学生们可以在下课时去买三明治或比萨。一直觉得德国的高中生长得成熟很多，也有可能是身高的关系。

之前出门时发现欧洲人很爱运动，总能看到有人家把两三辆自行车挂在汽车上，或者拖着帆船，游艇下到湖里，也有感觉很专业的摩托车手骑着很帅的车从旁边唰地一下就过去了。说到车，就不得不提德国的交通，整个小镇我只看到一个路口有红绿灯，却没有任何交通问题，也没听到车辆鸣笛。转弯车都会好好地等直行车，即使在几十米外。

上高速的时候，总觉得欧洲的高速管理很明智，不限速，没有收费站，而且简单，甚至刚上高速的时候完全没有感觉。路两边或是森林，或是大片的麦田，上面有蓝得很干净的天空和长得很可爱的云，一切都平静，而美好。

后来去了很多地方，看了很多建筑，斯图加特的奔驰总部，海德堡的城堡，特里尔的黑城门，科隆大教堂，卢森堡市，巴黎，布鲁塞尔，阿姆斯特丹……

欧洲也不仅仅美好，我们同样看到丑陋的一面，由于一路上导游的故事和恐吓，导致一直被描写得唯美的巴黎在我们眼中成了犯罪之城。世界时尚之都的光芒下，见识到小偷的猖獗。也许是事物必有的两面性，巴黎在吸纳金钱的同时也吸引来对金钱渴望而不择手段的人。于是我们只能把包背到前面走了两天，晚上只能待在宾馆里蹭网。

# 我的计谋

魏敬盂　佘山学校七（3）班

我不是很聪明，但我却"耍"了一点小聪明，"缝合"了爸妈的感情。

那是个夏日的夜晚，正在外面看月亮的我，看见一条黑影正朝着这边走过来，我有点害怕，想要进屋时，传来了极其熟悉的声音，像是妈妈的。我就试着叫了一声"妈妈"。只听那人说："外边蚊子多，你赶快进去。"确实是我妈，但她声音变了。

回到屋中后，转过头看妈妈时，把我给吓了一大跳，妈妈的眼睛肿得跟核桃似的，脸上还挂着清晰的泪痕。

不用想，保准是妈妈和爸爸吵架了，只有老爸才能让妈妈如此伤心。

一会儿，爸爸也回来了。绷着个脸，什么也没说，躺在沙发上睡着了。妈妈独自一人，呆呆地坐在阳台上。

一个计谋，逐渐在我心里形成。第二天一早，爸爸匆忙地吃完早饭，又急急忙忙去上班了，妈妈还待在房间里。我轻手轻脚地走出家门偷偷地跟着爸爸。

夏天的太阳那叫一个热，汗水顺着脸颊簌簌流下。爸爸的后背也被汗水衣服紧贴着。

老爸终于停下他那快速的步伐，和工人交谈着什么。趁着这个机会，走过去把爸爸拉向另一旁，悄声问爸爸："爸，你是不是和妈妈吵架了，夫妻俩应该和睦相处，吵什么架，下班后赶紧回家向妈妈道个歉！"

急急忙忙跑到家，刚进门就听妈妈用沙哑的声音问："去哪来了？这么长时间，还满头大汗的！"妈妈用湿巾轻柔地擦拭我脸上的汗。"妈妈，你别生爸爸的气了，爸爸让我对你说'对不起'，你原谅他吧！"妈妈的脸上露出了惊讶的表情，疑惑地问："真的吗？"

然后我不顾炎热又替老爸送了一碗妈妈煮的绿豆汤，说："爸，妈让我送一碗绿豆汤来给你，快喝吧！"老爸接过绿豆汤大口大口地喝了起来。临走时，还不忘对老爸说一声："记得回家该做什么事哦！""知道了，你这个小丫头。"显然爸爸的心情好多了。

老爸下班后，就进了他们的房间。一会里面传来一阵说笑，想必他们和好了，我可开心死了！

# 爱的怀念

杨旭敏　佘山学校七（3）班

外婆去世快一年了，但我却忘不了她的音容笑貌，有时一个人想起，会情不自禁地泪流满面。

我是由乡下外婆一手带大的。上三年级时，我被父母接到了大上海。虽然这座大都市高楼林立，处处洋溢着繁华现代的气息，但我却对这里充满了陌生和孤独感，只有当我想起外婆，那份温暖才淹没了孤独，驱走了空虚。

外婆读书不多，是个地地道道的农村妇女，但她却教会了我许多做人的道理。小时候外婆常说："敏敏啊，你长大后要懂得感恩，脚踏实地，将来做一个对社会有用的人，外婆就心满意足啦！"我便似懂非懂地点了点头。

每当妈妈给我买新鞋、并且嘴里不停地念叨我穿鞋不懂得爱惜时，我就会想起外婆，想起外婆给我做的"土棉鞋"。那鞋虽然土气，却很舒服，还不臭脚，最暖和，可有谁知鞋上那一针一线，缝进了外婆多少温暖啊。小时候，我最骄傲的事，便是穿着外婆做的"土棉鞋"去上学，尽管有的同学私下里说我"老土"。

六年级时，我越发感觉到外婆衰老了，经常咳嗽和气喘，背也越来越驼了，我因此而更爱她。怎曾忘记，那时我在乡村读书，大冬天里，天黑得早，太阳快要落山时，外婆常迎着寒风，拄着拐杖去村头接我。我一到村头，老远就奔向外婆，外婆就用她那粗糙的双手把我拉到身边，一会儿摸摸我的头，一会儿亲亲我的脸，笑得合不拢嘴。

近来，每当想到外婆被病魔折腾得翻来覆去睡不着觉时，我的心就一阵阵的痛。一天，舅舅打来电话说，外婆病重了，意识也变得混沌，却惦记着我和妈妈，希望见见我们。可妈妈考虑到我还在上学，安慰我说外婆的病很快就会好的，我听了劝，妈妈便与爸爸一同回去探望外婆。谁知我连外婆的最后一眼都没有看上啊！每每想到此处，我远望故乡，紧咬双唇，悔恨的泪水夺眶而出，追悔莫及呀!

外婆走了。她的音容笑貌、她对我的爱，都深藏在我的那份对外婆深深的怀念里，许久许久……

# 最让我难忘的一句名言

张海龙　上外附小五（9）班

"先相信你自己，然后别人才会相信你。"这是俄国伟大作家屠格涅夫说的一句话。这句话时时鼓励着我，使我对自己充满了自信。

那是快要军训的时候，老师让我和其他的五位同学在联欢晚会上朗诵诗歌。我的心儿顿时"怦怦"直跳，这是我第一次上台，而且到时会有很多教官和同学。我忐忑不安：我的第一次演出会演成什么样子呢？万一突然读错怎么办？……我脑子里尽想着自己出洋相的情景和被观众取笑的样子。

为了自己不出洋相，我每天回家做完作业就认真朗诵，把要读的诗歌练了一遍又一遍。

一转眼，联欢晚会的时间到了。那天晚上，我怀着紧张的心情跟着队伍来到一个大教室。我们在演讲台后面做观众，根本没有心思欣赏别的班的节目。终于，激动的时刻到来了。主持人在说："接下来让我们欣赏五（9）中队的诗朗诵——《旗帜》。"我的心更紧张了。这时，我想起了那句名言"先相信自己，然后别人才会相信你"。对呀，我自己都不相信自己，那谁来相信我呀？我深深地吸了一口气，那颗怦怦直跳的心也似乎慢慢平静下来。

随着音乐响起，我们慢慢地走上舞台，面对着台下的观众，我表现出自信满满的样子。我把诗句字字满含感情地朗诵着，字正腔圆，像一个登山者登到了山的顶端。当我们朗诵完整首诗后，听到观众们热烈的掌声，我心底的石头落下了，心里充满着自豪和兴奋。

我要感谢那一句名言，是它在关键时刻帮助了我，给了我自信的力量。同时，让我知道：人，最大的敌人是自己，只有战胜自己，才能有战胜困难的勇气。

# 放生

朱珩　苴一中学七（5）班

那一天学校组织去苏州乐园春游，离集合返程还有两个小时。见几位同学手里提着透明的塑料盒子，里面有几条小金鱼扭动着曼妙的舞姿。巨大的诱惑力把我引到了钓鱼的地方。

接过鱼竿、鱼饵和水桶，我兴致勃勃地用鱼饵包裹住鱼钩的尖端，急切地抛进水塘中，很快鱼钩周围就围了几十条小鱼。我兴奋极了，却丝毫不敢动，生怕吓跑了这群可爱的小精灵。鱼线动了动，我立刻把竿往上一提，真的钓到了！因为胆小，我不敢碰那条小鱼，没办法把鱼钩从它嘴上取下来。我心急如焚，鱼儿一定很痛，不忍心看它受伤，急得我都快哭出来了，幸好旁边一位阿姨帮我把小鱼从鱼钩上取了下来。

半个小时过去了，我钓到了三条小鱼，买了一只透明塑料盒，把它们放了进去，又买了一包鱼食，算是它们返程路上的点心吧。我时不时把盒子提起来看看，放进一点鱼食，却发现它们总是靠着透明的盒壁，不动，也不吃，样子很让人揪心。于是找了一条理由来安慰自己：也许它们刚吃了太多的鱼饵，不饿了吧。

到了集合的时间，带着我的鱼儿，坐上返校的大巴，路上的颠簸让小鱼们很不适应，它们躁动不安地游来游去。而此时此刻它们的命运就在我的手中。看到它们这么难受，我不禁问自己：或许我不该把它们占为己有？或许我不该夺走它们的自由？或许我真的错了……

回到家，我忐忑的心稍稍放下。高高提起鱼盒让爸爸看，还带着炫耀的口吻说："怎么样，是我自己钓到的！"不料爸爸却眉头微皱，稍顿了一下，说："吃完晚饭，我们去中央公园河边放生吧。"我十分惊讶，忙问爸爸为什么？爸爸看着三条小精灵，说："你如果把它们养在这个盒子里，不出两天，它们就会死掉。因为盒子里的氧气很快就会耗光。中央公园里的河水是活水，有充足的氧气和食物，那里才是它们的天堂。"

我又一次看向鱼儿们：依然不吃食物，不游动，与先前一样倔强。难道放生真的是最好的选择？我一遍又一遍地问自己。本已下决心要把它们留在身边，此刻，我想我不应该也没有权利这么做！是的，我决定了——放生！还它们自由，给它们一片广阔的"海洋"。

在去中央公园的路上，我心情是复杂的，半天的相处，自己已经喜欢上了它们，它们多可爱啊，像仙子，像精灵。我怎能忍心去剥夺它们的生命？

蹲在河边的石阶上，爸爸打开盒盖，轻轻地把它们放入水中，三条小精灵立刻来了精神，飞快地游走了。纠结的心如释重负，我向它们挥了挥手，微笑着说："你们自由了。"当晚的月光格外皎洁，银白色的光柔和地洒在水面上，像敞开的仙境，欢迎鱼儿们的回归。是否月亮也认为我做对了？我相信，鱼儿们一定会很快乐、很幸福。

我想，如果鱼儿们有灵性，但愿它们能常回这里，不要忘记，有个人在月光下挂念着它们……

# 春节纪事

诸少铭　九峰实验中学七（6）班

"爆竹声中一岁除，春风送暖入屠苏。千家万户瞳瞳日，总把新桃换旧符。"春节到了，教书法的徐老师叫我们写春联。

徐老师拿出两张红色的对联纸，上面写着一副对联：无边春色来大地，有志金龙越古今。徐老师把对联给我，让我照着写。我高兴地接过对联，一个个刚劲有力的楷体字在我眼前跳跃。徐老师又讲了这些字的笔画要点，我牢牢记在心。

我按照老师的要求，一笔一画认认真真地临摹着，其中"无边"两字是繁体字，很难写，"無"字的四个点要有所不同，又要相互照应。我仔细研究这个字的要点，终于把这个字写得惟妙惟肖了。

周五，练习了一周春联的我到了检验本领的时候了。我拿出了徐老师给我的对联，小心翼翼地起笔、收笔，终于，一周的努力没有白费，我写出了一副精美的对联。家长说我的字有了很大的进步，拿给老师看，他也说："字写得不错，可以贴在门上了！"

回到家，我兴奋地和爷爷一起贴春联。贴的时候，我发现了一个问题：上联应该贴在右边呢，还是左边？

我和爷爷都吃不准，奶奶说"在左边"，我们犹豫了一下，便决定贴在左边。

爷爷拿出透明胶，剪下一段，将春联在门上摆正，固定住一个小角，再贴第二个角，然后小心地将春联拉直，再贴好。我们又同样贴好了下联。看着自己的作品被展示出来，我露出了自豪的微笑。

可是再一看，上联贴在左边，感觉怪怪的，我不甘心，便上网求证。

第一个答案便是贴在右边啊！理由很充分哦：古代人书写是从右往左的，这是一个传统，还包含了礼节礼仪。

也有人说上联贴左边，按习俗是左大右小，现在的书写习惯是从左往右，所以上联贴在左边。

咦，还有人说上联贴左右都可以！我决定再去求助书本，我找了许多关于春联的书，也没有一个教你上下联该怎么贴的。

最后，我还是求助于百度百科，原来，上联贴左右边，都有各自的道理，可是最重要的是要看横批的书写，如果横批是从右向左的，上联就应该贴右边，反之，上联贴在左边。

我看了自己的对联，虽然没有横批，不过我还是毅然把它换了回来：上联居右，下联居左。看上去好多了呢！

贴对联不是什么大事，图个吉利喜气。不过，既然是民族文化，我们就一定要继承弘扬！

# 2013

# 学滚铁环

曹艺龄　上师大附外小五（3）班

"童年像一串糖葫芦……"正如歌词所说，我问起了爸爸的童年，感觉最有趣就是滚铁环，就买了个铁环，也开始学习。

第一天，爸爸先示范了一遍。看着他滚铁环时的轻松自由，如春燕在田野上飞起；又似小白兔蹦蹦跳跳地跑着。真想立刻学会滚铁环，和爸爸一比高下，决出胜负。

"给你！"一个声音把我从想象的空间拉了回来。那么快，爸爸已经滚着铁环转了一圈回来了。我迫不及待地想学，就赶忙接过铁环，开始练习啊！

"冲啊！"我一声令下，像一把离弦的箭冲向前方。可铁环没滚，我倒冲了出去，失败！第二次，第三次，第四次……"叮——咚……"铁环像不会走路的娃娃，就是不滚，把我的耐心慢慢地冲没了。

我垂头丧气，爸爸看我这个样子，就说："别伤心，你看里面的玄机。"原来，在滚之前，用手推一把，帮它平衡。找到了窍门，我又开始练习。

"哗！"铁环溜了出去，我成功了。但是它像个喝醉了酒的汉子，一会儿往左倒，一会儿往右倒，勉强才到了转弯口。可是它不受我控制，根本不转弯。我只得找爸爸来教。之所以滚不动，是因为我太紧张，应该放松一点，眼睛看前面一点，这样，它就会在眼睛的距离里随心滚动。

果然，我调整了姿势，铁环终于成了我的手下败将，乖乖听我话了，平平稳稳地向前滚去。我骨碌一下开始滚铁环，铁环正正好好地往前滚，我也不紧不慢地跟在后面。又到了转弯口，我放松了姿态，轻松地滚了过去。有了刚刚的成功，我有了信心，又继续往前滚。终于到了终点，虽然没有爸爸那样快，但是我还会继续努力，超过爸爸。

学滚铁环真累，但是我用汗水换来了现在的成果。

# 风雨上学路

柴以薰　上外附小五（3）班

"滴滴滴……" 8号清晨，闹钟在不停地提醒我该起床了。我揉了揉惺忪的双眼，从床上爬起来，拉开窗帘，眼前一幕让我惊呆了。原来，外面正下着倾盆大雨，水已泛滥成灾了，小区旁边通往学校的谷阳北路成了一条小河，我该怎样上学去呀？

我在妈妈的催促下踏上了那无比艰难的上学路。

妈妈把车停在楼梯口，我冒着雨快速钻进了汽车。车子缓慢地行驶着。"哗哗哗" 大雨拍打着车子，雨刮器快速地上下挥动着。我心急如焚地望着车窗外，车子开到了谷阳北路上，一辆辆汽车在我的眼前划过，半个车轮淹没在大水中，一边挪动，一边还发出水流动的声响。我恐惧地蜷缩在车后座上，真担心水会钻进车厢！

只行驶了不到十米，堵车了。对面一辆车猛地开过，水花飞溅在车窗上，妈妈眼前一片模糊。车子似蜗牛一样好不容易到了十字路口，前方的车又不动了，红灯亮，不能开，绿灯亮还是不能开，交通瘫痪了。

此时，已经七点四十五分了，我不禁怨声载道："这车一会儿开动，一会儿又停住，像乌龟爬行一样。"我急得直跺脚，皱起了眉头。

还好，妈妈机灵把车转弯绕道行驶，但是也是大拥堵，更糟的是，前面的车辆突然熄火了，后面有车紧盯着，真是进退不得。总算警察来了，他们冒雨指挥，车子才能继续行驶。

终于在一个小时后，开到了校门口，可是校园里的积水也很深。

我只能步行一段路。我脱掉鞋袜，身背书包，左手拿鞋，右手撑伞，赤着脚跨出，冲进了瓢泼大雨中。脚刚踏进水里，就觉得水好凉。水波依然一浪紧接着一浪地向我涌来。忽然，一阵阵大雨随风迅速向我袭来，把伞都吹歪了。这雨如同从楼上倒下来似的，无比猛烈，雨打在我的脸颊上，打湿了我的外衣，狼狈极了。

我终于踏上教学大楼的楼梯，进教室一看时钟，已是八点二十分了。

# 雨中游天马

陈鸣萧　第二实验小学五（3）班

　　刚到天马山，天空下起了蒙蒙细雨。雨不大，我和爸爸妈妈决定雨中游天马，也许别有一番情趣呢！跨进宏伟的大门，我的眼中立刻注满了绿色。浅绿的草，深绿的树，在春雨的洗涤下更加鲜亮。它们随风摇动，像是在欢迎我们的到来。远处层叠的山伫立在一层薄薄的水汽中，分外朦胧，仿佛仙境一般。

　　没有多少游人，偶尔有一两个把衣服顶在头上跑下山来的。我们选择了一条看上去十分古老的小道向山顶进发。初春的细雨尚有几分凉意，但春雨中这幅美丽的"山水画"却吸引着我们朝那烟雾弥漫的山峰进发。一路上，湿润的青石，苍翠的茂竹，跳跃的松鼠随处可见，过了一会儿，路旁开始出现一些蓝紫色的小野花，零星地点缀在绿草间，立刻让山水多了一分灵气。这小蓝花吸引了我们的视线，我们索性跟着花走。越走花越多，成片成片地盛放在路的两边。爸爸举起相机不停地拍，妈妈懊悔不迭没有穿条裙子来，否则在这样的仙境里照出的照片，一定是林中仙子了。

　　走到半山腰，一片云彩落了下来，雨更大了，四周一片白茫茫的，我们拉着手冲到一个屋檐下避雨。

　　过了一会儿，雨小了，我们来到了著名的斜塔前。这座塔比比萨斜塔的倾斜度还高，它建于北宋年间，如今漆都掉了，塔身也直不起来了，仿佛人到暮年弯下了腰。它的斑驳见证了历史的沧桑和古老。

天快黑了，我们依依不舍地离开了天马山。天马山给我们带来了美感和乐趣！

# 倒出鞋里的沙子

邓王苹　佘山学校七（1）班

如果前行时鞋子进了沙子，你会怎么办呢？

有人说："鞋子里有一粒小小的沙子算什么，又不是石子儿。"这么想就错了。

这一粒小小的沙子会像滴水穿石那样来伤害你的脚。如果数量多的话，那么你就会受更大的伤害了。刚开始，你会觉得脚有些不舒服，如果你不及时把沙子给倒了，时间长了，你会觉得有些疼痛，这时候你要把沙子倒出来就难了，因为沙子已经牢牢地吸附在你的脚上，你需要花更多的时间和精力去让这些沙子脱离你。

有些人知道很疼也不及时清理鞋里的沙子，最后可能会住院，甚至危害生命。

想想，要是不及时清理心中的"沙子"，将会造成多么严重的后果。心中的"沙子"是指人生道路上的一道障碍。和鞋中有沙子一样，有的人心中刚刚揉进了一粒"沙子"，但因心中的杂念而没有清理掉这粒"沙子"，到后来迷途知返，想清理掉这粒沙子，却十分的困难，因为它已经给你带来了危害。而有的人心中的"沙子"越积越多，危害越来越大，但是他还是沉浸在自己的利益当中，无法自拔，也不清理掉这些"沙子"。到最后他们只会是自欺欺人，自己受到的危害最大。

周瑜由于心灵中有了"沙子"，他叹息不止"既生瑜何生亮"，最终积"恨"成疾，英年早逝；物理学家牛顿后半生由于心中有了"沙子"，他听不进正确的劝告，放弃了真理，幻想从上帝那里找到所谓的"万有引力"的根源，结果裹足不前；近来个别省部级官员因为心中揉进了"沙子"，被权欲、金钱、美色等冲昏了头脑，贪赃枉法，营私舞弊，最终成为阶下囚。这样的事例不胜枚举。

为了不让心中的"沙子"伤害自己的心灵，必须在它刚刚有的时候就得要想方设法地把它除掉。其实这也就是看你是否具有知错就改的态度了。知道自己的杂念、错误并勇于去消除、改正，"沙子"自会化去；如果不消除杂念、改正自己的错误，反而杂念膨胀，错上加错，这样，"沙子"会越积越多，自然而然，它的危害也就越来越大。

要及时倒出鞋里的沙子，更要及时倒出心中的"沙子"。


# 都是唱歌惹的"祸"

费祥星　实验小学四（2）班


乌鸦还没退休时是百鸟俱乐部的经理，官儿当得可大哩！生活

103

自由自在，没有任何事会让他觉得讨厌。如今，乌鸦退休了，他本以为退休了也能像以前那样开心，可是呢？乌鸦生气极了，气得肠胃都不好了。

原来乌鸦老了，总是失眠，每天早上太阳升起后才有那么一丝倦意。乌鸦本打算在那个时候睡觉的，可是隔壁同样退休的啄木鸟奶奶却一直唱歌。乌鸦去啄木鸟家让她不要再唱了，再唱下去自己就要去投诉了！可啄木鸟每天还是老样子，一直按时唱歌。终于有一天，乌鸦忍不住了，一个箭步来到了百鸟管理所，气愤地告诉管理所经理："隔壁邻居天天唱歌，让我寝食难安！"百灵鸟笑了，说："唱歌有益于身体健康哦！"乌鸦说："唱歌有益于健康？傻瓜才信呢！"百灵鸟听了，突然灵机一动，说道："你可以以其人之道，还治其人之身啊！""怎么个还法？"乌鸦似乎对这个比较有兴趣。"他们不是吵你吗？那你就起得比他们更早，去吵他们呀！"对呀，乌鸦一想，嗖溜一声飞回了家。

第二天早晨，乌鸦还不到5点就起床了，他大声歌唱，就等着别人来敲门，可他却等到了一张邀请函，让他去参加大型歌唱会。

乌鸦从那天开始，一直被伙伴们邀请去唱歌，唱着唱着，乌鸦发现自己不再失眠了，变得神清气爽了！从此，只要他一唱歌，就会有许多的"回声"，那是他的朋友们，他们爱唱歌。

一次，乌鸦在去唱歌的路上遇见了要去医院的朋友们。朋友问他为什么身体会那样好。乌鸦自信地说："这都是唱歌惹的'祸'呀！"

# 我是天边一颗星

管鸿喆　中山永丰实验小学三（6）班

看到了吗？遥远的夜空里有一颗亮晶晶的星星，一闪一闪，那就是我。

有一个晚上，我看到一个有个孩子住在华丽的屋子里，但是每天都没人理睬他，他脸面无表情，看上去很孤独。于是，我决定带给他快乐。我从空中飞下来，他看到我，高兴极了，他的小脸被我照得通红发亮，他想用手触摸我，我让开了，我告诉他，我是多么的热，他的手不能碰我。我围着他打转，和他躲猫猫，告诉他关于夜空的故事，笑声充满了他的房间，他快乐起来了。就这样，我每天和这个孩子玩，看到他开心地笑我也觉得很快乐。可是一天晚上，我去他家竟然一个人都没有了，我着急了，然后我在冰箱上发现一张皱巴巴的纸条，上面写着：谢谢你陪我这么久，我很开心！其实我是个残疾孩子，我的腿不能走路，没人陪我玩，大家都讨厌我，只有你给我带来了快乐，如今我和我的爸爸妈妈要搬到更大的城市里，他们要帮我治疗我的腿，等我治好了，我一定回来看你。残疾的孩子，冬冬！

我的心情久久难以平静，这才知道为什么这个孩子总是不高兴的样子。

冬冬，你的腿治好了一定要再回来和我玩，想念我的时候就看看天边，我就是那天边最亮的一颗星。

# 这件事并不难

黄文涛　华实中学六（5）班

放寒假的第一天，早上妈妈临走前再三嘱咐我，早饭后先把作业做好，看一小时课外书及朗读英语课文半小时。同时下午允许我玩1小时电脑。当我听到能玩电脑时，我真是心花怒放，满嘴答应妈妈说："放心，我一定认真完成妈妈大人布置的作业。"

可是，在我写作业时，我的心思早已不在上面，作业我是草草完成。看书和朗读我就免了，心想：这两个不做也没关系，反正妈妈也不会知道的，只要我说做了，就行了。我迫不及待地打开电脑，完全沉浸在电脑游戏的世界里。

时间也是真的很快，下午5点妈妈回来了。妈妈一边做饭一边问我："儿子，今天布置的作业都完成了吗？电脑有没有玩很久呀？""都完成了，电脑我也就玩了1个小时，其余时间我看了会儿电视，还画画了。"我心虚地回着妈妈的话，也不敢看妈妈，生怕她会发现我的秘密。"嗯，那就好，我还怕你一个人在家，无法约束自己，作业马虎，只顾着玩电脑了。我们家涛涛现在是大孩子了，不用我们家长24小时盯着了，能合理安排自己的生活，我们要做到学习娱乐两不误，也要做个诚实的人，可不能欺骗父母。"

这时，我的心里很不是滋味，妈妈这么相信我，而我却欺骗了妈妈，要不我向妈妈说实话？可是如果说了，妈妈会不会批评我呢？不说我心里又像有什么东西堵着，不踏实。妈妈如果发现我还说了谎，不是更严重了？我到底该怎么办啊，承认？我害怕；不承认？我不就是一错再错了？我的心在挣扎着……

这时星星和月亮似乎也在责备我：做错事情并不可怕，但要勇于承认错误改正错误，做人要诚实，马上去向妈妈承认错误吧。对呀，真是一语惊醒梦中人。我鼓起勇气向妈妈的房间走去。

妈妈瞧见我进来，便问我："有什么事吗？"我心里七上八下，过了一会儿，我慢慢地对妈妈说："妈妈，我错了，今天我欺骗了你，我没有完成作业，也没有遵守时间，玩了很久电脑。"妈妈听后，把我搂进怀里，语重心长地说："孩子，犯错误每个人都会有，但我们不能老是犯同一个错误，妈妈相信你能改正，你是个诚实的好孩子。"妈妈满意地笑了，我轻松地笑了。原来承认错误并不难，只要有勇气，真心改过就好。

# 这就是幸福

金依澜　三新学校五（5）班

什么是幸福？每个人可能有不同的理解，大家还记得10月8日的那场大雨吗？在那场大雨中，我知道了什么叫真正的幸福。

那天早上，我正蜷缩在暖和的被窝，突然一阵风吹来，我感到有一丝凉意，干脆把整个人都"塞"进被窝里，妈妈走了进来，猛地把我从被子里"捉"了出来。

走到楼梯口，我傻眼了，小区的走道居然被雨水淹没了。我都不知从哪儿下脚好了，爸爸好像看透了我的心思，一把把我抱起来，经过小区桥的时候，看到河里的水都漫上了岸，河边的树东倒西歪的，好像都站不住了，水里还能隐约看见几条小鱼呢！不一会儿，就到了爸爸的车位，我赶紧挣脱爸爸，迫不及待地钻进了车内。

距离学校100米外，车就堵死了，爸爸怕我上学迟到，就把车靠边停，冒着被贴罚单的危险陪我走向学校。我走在爸爸旁边，那把大伞总会无缘无故地偏向我这一边，学校门口积水很多，根本不能正常行走，爸爸不顾一切，弯下腰，迅速卷起裤腿，"孩子，来吧，爸爸背你过去。"我上了爸爸的背，一只手紧紧抓住爸爸的肩膀，一只手牢牢地把伞举得高高的。背到了教室门口，他的鞋犹如进了水的两条船，而且那双鞋还是他最舍不得穿的。"爸爸！鞋……"我望着爸爸说，他笑了笑说："没关系，鞋坏了能再买，你的健康是买不回来的呀！"于是，把伞给了我后，就向大雨中冲去，我望着他，直到他消失在雨雾中，就在这一刻，我身上流过一股暖流，同时感受到了幸福真正的意义。

# 素描

李润婷　民乐学校七（2）班

手执铅笔，勾勒出细细的弧度，白纸上那黑、白、灰分明的图案，仿佛要跃出画中，跃入你的眼帘，或笔尖侧斜，一笔一笔画出

层次分明的灰暗，或稍稍竖立，那介于黑白之间的色彩如画龙点睛般衬出生动与立体……不知不觉，素描已伴我走过那七年的时光，多年不离不弃的相伴，留给我的，唯有一"静"字。

宁静的下午，偌大的教室里唯有笔尖轻触纸张的沙沙声在回响。每一笔，或明或暗，或深或浅，或粗或细，都留下不同的韵味。有人说练毛笔能静下心来，于我则不然。对我来说，素描才是。素描，"素"与"描"，黑白的画面却有着彩色不及的张力。简单的描画，却有着浓墨重彩所不及的那份简洁、余韵。

素描是黑白的世界，一切与彩色无缘，但它是最朴素的美，仿佛日能远观，而不可亵玩。有人说素描单调乏味，甚至枯燥不堪，我也曾一度如此，没有彩色的画来描绘想象的空间，只有真实的、立体的，不断重复的石膏像，我曾因此有过放弃的念头，但是我庆幸，我坚持了下来，它的沉静磨平我心上的棱角，抚平心中的浮躁。我开始从这样一幅简单的素描中，读出时光的味道。

或许，素描是最需要耐心的一门艺术了。未完成的图画，不过是平面而模糊的图片，你需要在每一个细节上雕琢，深色的轮廓勾出眼睛的深邃，浅浅的细纹在额上，显出苍老的印记，下巴上复杂的线条可以看出胡须的蓬松，长长的鹰钩鼻让得整个人像添了几分严肃，卷曲的头发也需要明与暗的衬托……当你真正完成一幅作品的时候，你会有一种成就感，是你用普通的铅笔赋予了平面图案生命，仿佛正在凝视着你。老师说，一幅好的素描会让你觉得永远没有画完，还有许多东西要画。我想现在我明白了为什么。

这些年，是素描伴我走过，我从毛毛躁躁，逐渐蜕变为从容镇静、心平气和，我可以在素描中寄托自己的心灵与情感。幸得有素描陪伴，随着那份宁静在笔下流淌，我长大了。

# 板栗情

李曙　佘山学校七（2）班

　　我的家乡罗田县，素称"板栗之乡"。每逢暑假末，我、哥哥和爸爸带好必须用具：一根三米左右的竹竿、一把大的剪刀、两个箩筐，最重要的是每人一顶帽子，出发了。

　　那时栗子树叶已开始干枯，都向下低垂着脑袋，露出大大小小刺猬般淡绿色的球。其中有一些咧开大嘴，笑得灿烂的，呲着两到三颗棕色大牙的就是我们要寻找的早熟的板栗。哥哥拿起竹竿对准一个大板栗球用力一敲，就掉在地上，比我的拳头大多了。爸爸随即用剪刀顺着裂开的部位，剪开带刺的壳，就是我们常看到的板栗。哥哥又用力一敲，落到草丛里，我跑过去，轻轻捏着一根刺扔进了箩筐。

　　我自告奋勇想跟哥哥交换，可惜我技术不到家（其实是力气不够大），连打几下，脸红脖子粗了，都不见板栗球下来。心想：我就不信了。我对着树枝乱打一通，树叶倒是掉了不少。爸爸笑着说："你这样会把没熟的也打下来的。"算了，我还是捡吧。一开始还觉得哥哥打太慢了，精力十足地东奔西跑。不一会儿，我气喘吁吁，树底下的板栗球越积越多。咚，其中一个还砸在我的帽子上，顺着帽檐滚下来。这才知道为什么最重要的是每人一顶帽子了，如果那板栗砸在脑袋上，会有很多小刺留在头皮里，拔不出，洗不掉，麻酥酥的又痒又痛的要难受好几天呢。腰酸胳膊僵的我发现爸爸只是坐在那里剥剌外壳，我又想交换了。爸爸看出了我的心思，说："这可是个技术活儿，一不小心满手刺"。唉，谁让我小呢，力气活不行，技术活也不行。可是看着堆得满满的两个箩筐，我心里还是很得意，这可都是我捡的。这便是家乡的乐趣，劳动的乐趣。

回家后，一家人围在一起剥板栗（剥掉那层棕色的壳和里面毛茸茸的皮），剩下嫩黄色的板栗仁。但是慢工出细活，只有光滑完整的栗仁才能卖个好的价钱。剥板栗的空闲，我会往嘴里塞几个解解馋。板栗生吃时脆脆的，没什么水分；生吃最好是半成熟时，栗仁五毛钱硬币大小，虽然没熟透，但更好吃，带一股清清的甜。炖熟的板栗粉糯糯的，汤又鲜又香又甜。每年板栗成熟时，家里必吃的两道菜是板栗炖排骨和板栗烧鸡。这就是家乡的味道。

有人会问："思念家乡，思念在哪里？"我的回答是："乐趣、人情、味道。"

# 龙虾大战乌龟

李烨　实验小学三（5）班

爷爷从菜场给我带回来一只大龙虾，它的身体是深红色的，举着一对大钳子，张牙舞爪，很是威武，我非常喜欢这只龙虾，要把它养下来，但是没有地方放龙虾，于是只好将就把它和我家的乌龟放在同一个鱼缸里。我想好脾气的乌龟终日孤独，现在有了一个伴该很高兴，但事实并非如此。

乌龟看到龙虾进入它的领地，先闻了闻龙虾的尾巴，然后一改往日温文尔雅的绅士风度，突然一口咬住龙虾的尾巴，龙虾用力一跳，挣脱了。这时它才发现乌龟不是个善类，举起两只大钳子开始反击了，它用自己的大钳子夹住了乌龟的尾巴，乌龟就用后腿用力去蹬龙虾，一下将龙虾蹬开了，又用肚子去压龙虾，龙虾被压得动弹不得，乌龟趁机去咬龙虾的尾巴，龙虾又一跳，躲开了。

看到两个家伙打得你死我活，我又好奇又担心，好奇的是龙虾是否能打赢乌龟，担心的是我心爱的龙虾会不会死掉。这时，乌龟又故技重演，想用肚子去压龙虾，这次龙虾用钳子一下夹住了乌龟的鼻子，乌龟痛了，连忙用爪子去扒，龙虾的钳子被扒开了。乌龟看上去很恼火，吸了一口气，"啊呜"一口咬住了龙虾的外壳，用力一甩，龙虾被甩飞了，重重地撞在了鱼缸壁上，龙虾垂下了一对大钳子，彻底举白旗投降。

最后，为了龙虾的安全，我不得不把龙虾拿出来放在了别的地方。

# 毕业季

栗冰欣　九峰实验学校八（5）班

又是一年一度的毕业季。

九年级的学长学姐们奔赴名为"中考"的战场，彻底告别四年的初中生活。

就在上个星期，我和"死党"在食堂看到两个九年级女生沉着脸谈论着什么。我还记得当时阳光攀上她们的脸庞，温柔了那些过分严肃的棱角。一个女生说了句什么，两个人忽然都笑了起来。笑着笑着，另一个女生缓缓地低下头去，身体微微颤抖，似是在哭泣。她们从相互依偎、到搂住肩膀、到紧紧相拥哭作一团……我别过头去——不忍再看了。

看着这样的她们，自然而然能联想到明年的我们。

我想象得出明年九（5）班的小黑板上大大的倒计时，想象得出课间的打打闹闹化作奋笔疾书埋头苦干；却想象不出昔日一张张明媚的笑脸上无法抑制的悲伤和夺眶而出的泪水，想象不出每天午饭话题不再是八卦绯闻小消息而是自招推优区排名。毕业季，仿佛一切都变了样子，又仿佛什么都没有改变。窗外的大树静静摇着叶子，在那之上，是天空万年不曾换过的表情。

明年夏天——属于我们的毕业季。那将是现在的终结，未来的起点。它意味着五班将成为回忆中的永恒、意味着那些肩并肩走过的日子不再有明天、意味着曾经支撑我们坚持下去的东西变得模糊不清。对于即将面临的告别、分离、天各一方，我们手足无措、不愿细想，但它们就在那里，不躲不藏，使我们无法逃避。

四年的相伴而行，却因一场考试，考散了我们这群人。无论将来谁在哪里，提起2014年的夏天，想必都会记起那些欢乐和悲伤的往事，一幕幕仿佛就发生在昨天。

毕业季，分得开的是人，分不开的是心。

# 玫瑰和野花

吴锦　中山小学三（4）班

　　在偏僻的乡村有一条小道。道路旁边住着一户人家。低矮的房子外，围着一圈篱笆。篱笆里面种着一朵玫瑰花，娇艳欲滴，惹人喜爱。主人很喜欢它，时常为它浇水、施肥、捉虫。在主人的呵护下，这朵玫瑰花变得更加亭亭玉立。篱笆外面也有一朵花。那是一朵野花，不知道什么时候长出来的。它有时被火热的阳光烤得无精打采，有时被无情的雨水淋得浑身湿透，还有的时候被大风吹得摇摇欲坠。它看上去那么瘦弱，那么单薄，远没有篱笆里的玫瑰花那样漂亮。

　　野花很羡慕玫瑰花。有一天，它友善地向玫瑰花问好："你好，玫瑰花。你真美啊！我能做你的朋友吗？"玫瑰花却很骄傲，高昂着头，挺起身子，对野花说："你一点也不漂亮，我才不要和你做朋友呢！"它觉得自己是花世界中的女王，任何花都不配和它交朋友。这时，恰巧主人来给玫瑰花浇水。玫瑰花用力一抖自己的叶子，把上面的水珠甩在野花的身上。它得意地大声叫道："瞧，我不需要自己去汲水。我们可是不同的。"野花低下了头，默默承受着玫瑰花的捉弄。它使劲把根扎得深一些，再深一些，好让自己获得更多的水分，好让自己看起来更滋润一些。

　　一个月以后，野花的脸色看上去红润一些了。它身上的叶子也

114

绿油油的，随风舞动，非常美丽。现在，野花已经把根扎到很深的土壤下面，每天能吮吸到很多的营养了。它忍不住想把这个好消息告诉玫瑰花，一连喊了好多声，玫瑰花都没理睬它。原来主人出远门了，玫瑰花受不了干旱，早已枯死了。

# 捡蚯蚓粪

夏毅　方塔小学四（3）班

　　听说蚯蚓粪这东西是个好肥料，老妈决定带我去捡。"蚯蚓粪"是什么玩意儿，我从来没有听说过，我想是不是蚯蚓的便便呢？蚯蚓的"洗手间"在哪里呢？

　　那天阳光明媚，太阳露了笑脸。我怀着好奇的心情和妈妈出发了。我们来到小区的花坛边，从包里拿出了特大号的马甲袋，再拿出筷子。我们蹲下身子，扒开草丛，只见一座座堡垒似的蚯蚓粪层层叠叠地屹立在那里，我终于看到了它神秘的面纱，我高兴地叫了起来。妈妈告诉我干的是好久的，湿漉漉的是新鲜的。

　　我卷起袖口，拿起筷子。小心翼翼地夹住了一个又一个放进口袋里。一位锻炼身体的老奶奶好奇地问："你们是不是在挖野菜呀？""不是，"我笑嘻嘻地说，"我们在捡蚯蚓粪呢！""哦，捡蚯蚓粪呀。"老奶奶哈哈大笑，顺手也帮我们捡了几个。我们正捡得起劲，不知什么时候我身边来了一条大黄狗。它朝口袋里闻了闻，又朝我看了看，好像在说："这不是我喜欢吃的骨头呀。"它摇了摇尾巴很扫兴地走了。接着一位老爷爷走过来疑惑地问："捡什么呀？""捡蚯蚓粪呢！"

过了不多久我们捡了满满一袋，想到日后用蚯蚓粪种出有机蔬菜的情景，我们忍不住要咧开嘴巴笑。

捡蚯蚓粪不仅可以种有机蔬菜，也有利于身体，不断蹲下站起来也是一种锻炼，一举两得，何乐而不为呢！另外告诉你们一个秘密，妈妈种的菜只够烧一碗汤，但是我们却乐在其中。

# 桂花茶香

徐万芳　九峰实验学校八（2）班


父亲饶有兴致地在院子里桂花树的旁边放了石凳。

母亲喊我到院子里晒太阳，坐在石凳上。阳光透过密密麻麻的树叶，在地面上投下斑斑驳驳的影子。望着桂树，想起学校的那棵桂树早已开花，可家里的这一棵却没有开花的迹象。父亲从房里端来一壶茶水，倒进小杯子里。水面上飘着一层桂花，可与我平日里喝的桂花茶不同。以前那些花是嫩黄的，这回却有点枯干，花瓣带着暗红色。父亲看我用嘴吹开茶面上的桂花，还把不小心喝到嘴里的花瓣吐在桌子上，说："你不要浪费好东西了，这是去年我亲自采的。如果没有这十几个月的收藏，拿那枝头上的花瓣直接泡来喝，味道才没有现在这样的呢。有些东西啊，需要时间，才会日久弥香。"我抿了一口，应付地点了点头。就没有再理会了。

116

有一天，我在桂树旁写作业，一阵强风吹过，树上飘落几朵嫩黄的小花，落在了桌面上。转身看看身后的桂树，竟惊奇地发现有一些树枝上都是簇簇的花骨朵儿。第二天中午，下了场大雨，学校里的桂花都已零落成泥。只是墨绿的叶子沾着雨水，让人叹息。回到家里，看见桂树也有被雨打过的痕迹，但花骨朵儿们紧紧地抓着树枝，花瓣上还带着点点雨珠，显得更美。

等到天气晴朗，父亲在桂树周围铺了些塑料桌布，用手摇桂树，让那些饱满的花朵落在塑料桌布上。然后收拢起来浸泡在凉水里。再捞起来摊在阳光下晒干，最后放进几个木盒子里，摆在了书房的一角。期待下一个秋天的来临。

桂花茶香，它给我的启示是，人要学会等待。经得住等待的人，才能得到最好的东西。

# 吊兰给我的启示

杨丹妮　佘山学校七（1）班

我家种了两盆吊兰，我发现它们处于两种环境的模样截然不同。

以前，那两盆吊兰放在室内的，都不把它们拿出去晒晒太阳，只能靠着窗户透进来一缕光亮。吊兰的叶子虽和别的吊兰叶子一样的细长，但叶子的尖部有些枯萎的现象，焦黄焦黄的，整个叶子都像蔫了下来似的，东倒西歪的，而且一朵花都没有。当时，我恨不得把这两盆吊兰连根拔起。

自从把这两盆吊兰转移到室外之后，就发生了重大的变化，令我又惊又喜。

在室外，这两盆吊兰经过阳光的亲吻，雨水的滋润和风的拥抱，长得枝繁叶茂。长长的叶子弯弯的，青绿色的，两边是白色的。叶子围拢在一起，像少女的卷发散下来一样迷人，又像鲜花绽放一样美丽。中间还时不时地抽出几根鹅黄

色的枝条。现在这个时候，这吊兰的枝条上有几朵淡雅别致的小白龙，每天晚上，我都情不自禁地去闻闻那几朵花儿，花儿散发出淡淡又迷人的清香。

同样的吊兰，为什么在不同的环境下有如此不同的结果呢？学了六年级的《科学》，我恍然大悟。原来呀，植物叶子中的叶绿素只有在阳光下才能进行光合作用。室内的吊兰没有阳光的照射，会生长不良；而室外的吊兰有长期足够的阳光，才会生长的那么好。

我忽然想到，人生与吊兰一样。如果一个人每天都生活在温室中，有家人的庇护与宠爱，享受着被溺爱的感觉，从没有经历过风雨的洗礼，是无论如何都不能站起来，去勇敢地面对困难，更不会去克服困难，就像在室内的吊兰一样弱不禁风，难以绽放出花来。

# 再见了，母校

尹律恒　上外附小五（3）班

　　我将离开培育我五年的母校。母校，哪儿没有我的足迹？母校，伴随着我成长、伴随着我的喜怒哀乐，她怎能不使我万分留恋？

　　我们教室南面的草地上，曾经有一个滑梯。我喜欢到那玩。有一次，我不小心摔了一跤，痛得大哭。一位老师看见了，温柔地对我说："我带你去医务室去看一下。"说罢，就扶着我去了医务室……虽然这滑梯早已拆掉，但这个滑梯和那位善良的老师，留在了我的脑海里。

　　一二年级时，操场边上有一片苍翠碧绿的小竹林，竹子长得挺拔茂盛，林间有几条小路，踏进小竹林，就显得十分幽静，十分安详。"铃——"下课铃声响了，我们就一同跑进小竹林做游戏，小竹林中处处都是美好的欢声笑语。玩累了，我们就靠着竹子坐下来休息，伴着鸟语蝶舞，这片小竹林怎么不是我们心中最美好的记忆呢？

　　母校正中央有一个花坛，春暖花开时节，花坛就像母校中的"天堂"，彩蝶飞舞，蜜蜂采蜜，各种颜色的小花争奇斗艳……有的含苞待放，有的睁开眼睛伸着懒腰，有的展开全部花瓣等待蝴蝶采花粉，蜜蜂采花蜜。此时，大家都喜欢走进花坛，看着婀娜多姿的她们，闻闻花香，心情就跟春天一般灿烂。

　　我们的教室在南大楼底层，教室在阳光的"沐浴"之下，显得格外的宽敞、明亮，我们在这教室中学习，是个快乐的大家庭。教室中五十六张桌子，五十六把椅子记录下我们在这五年中的每一分每一秒，从幼儿长成了少年，老师在黑板上每一次的板书都值得我去回忆。

如今，我即将离开母校。母校的一花一草、一砖一瓦、一点一滴都记录着我人生的经历——在这五年中最快乐、最纯真的回忆。请让我对您说："谢谢您，再见了，母校！"

# 可爱的蚕宝宝

于高琪　中山小学三（10）班

我家养了许多只蚕宝宝，它们是3月份出生的，现在已经很大了，再过两个星期就可以织茧了，我妈妈说蚕有3个形态，从卵到蚕宝宝再到破茧而出的蛾。我妈妈说这是见证它们的成长史。

我们给它们拿了两个大纸袋做了好大的"家"。今天我仔细地观察了蚕宝宝，它们有些白乎乎的，有些白里带黄，可爱极了。它们很"funny"，因为有了这些可爱的蚕宝宝，我的生活才更有意思。

蚕宝宝们现在有的在睡觉，有的仰起头望着"天花板"，好像在思考着什么，而大多数是在拼命吃桑叶，仔细听还能听到它们"咔哧咔哧……"声。快瞧，有三只蚕宝宝闹成一团，好像在打滚，有一只想去吃我刚放的桑叶，可它离新鲜桑叶大约有4厘米，就爬过去压住了几只比它小的蚕宝宝，我看见了，就他——把它抓起来放到新鲜桑叶上。有一只超肥超大的蚕宝宝身上有几只小蚕宝宝，活像一根柱子上爬满了"爬山虎"。有一些组成一个乐团，嘴里含着一根长长的茎，像在吹笛子，还有的咬了一小片在嘴边像是口琴……

我家的蚕宝宝们多可爱，就因为有了它们，才给我的童年增添了一份快乐。

# 这真是一种享受

张慧言　松江七中初三（8）班

看着周围与我同坐在一个考场里的考生，低着头，紧锁着眉头奋笔疾书的样子，会很容易地想象为了理想为了未来在寂寥的深夜用一盏台灯点亮书桌伏案苦读的所有同僚们那疲惫不堪的样子。

是的，我们生活在一个繁荣的大都市里。没有人会相信住在这样一个嘈杂，到了夜晚还灯火通明的城市里的人还会说好寂寞。也许我们走不进那真正的荒野，但是我相信此刻按照套路在熟练地解答一道道题目的所有考生都会与我感同身受。我们都一样煎熬了数不清的日日夜夜，享受了深夜带来的独有的孤寂。不过幸好还有书本做伴，这一切都成了习惯。

桌子上的书、试卷叠得一天比一天高，无形中的压力让我喘不过气。焦躁不安的情绪、久久没有提高的成绩，让所有人都失望了。自己也越来越迷惘，对未来没有憧憬，对未知的到来措手不及。消极和低沉，我第一次在空气里嗅到这样的气息。

开始频繁地坐在窗台上，深呼吸试着与夜晚冰冷的空气融在一起。让风肆意地吹来，冻得身体瑟瑟发抖就会感到很清醒。这时的自己真正地体会到了一个很优秀的作家说的："孤独是空气，你呼吸着它而感觉到自己存在"的那种心境。

深夜的天是一片幽黑，却又被还未熄灭的灯光聚拢起来的力量照亮。偶尔能看见飞机闪烁着的灯光，但是看不清它行驶的方向。会想这一航班上的乘客此刻是否进入梦乡还是借着头顶上的一盏小灯看书。会祝愿他们旅途愉快，一路平安。偶尔街上会有几辆车飞驰而过，在深夜空旷的街上他们就是这么嚣张。

对面的那幢楼的灯一点点地全部灭了。我回头看看书桌，看看年岁已高的台灯。好像他们才是最忠实的朋友或者说恋人。无论多晚它们都陪伴着我，不让我只身一人陷入黑夜觉得孤独无助。

繁忙的生活确实充实，但没有了自由的日子真的很难熬很难过。爸爸说："就算你害怕孤独，也要有耐得住寂寞的精神。"如果黑夜漫长，便就会相信时间的钟摆摇过去也总有白日的来临。

吹一吹冷风会清醒得多。我想我已经不害怕了吧，甚至已经爱上了夜。喜爱坐在窗台上对她诉说自己种种的情绪，一个个小秘密坦诚地扔进她的心里。她用寒冷却不刺骨的风来回报我对她的信任。她同书桌、台灯一样忠诚。我不用担心会被抛弃，足够安心。

享受深夜的绝对孤独。从而认真地思考周遭，思考未来与人生，猜测我不能看见的远方会是怎样的美。我这样爱着她，这属于孤独的夜。

然后熟练地从窗台上跳下回到书桌前，提起笔……

# 考了100分以后

张毅涵　中山小学二（4）班

上课了，老师捧着一叠试卷，走进教室，准备发下来。呀！是昨天我们在课堂上做的语文试卷。

同学们的心一下子紧张起来，一双双眼睛盯住了卷子。我也在心里不住地祈祷自己的考试分数能够高一点，再高一点。老师要发试卷了。一个又一个同学被叫到名字，然后走上讲台领试卷。有的人脸上露出了灿烂的笑容。有的人一边回座位，一边看着试卷皱眉头，似乎对自己的成绩不太满意。我心里又是期待，又是害怕，不知道自己会得几分。"张毅涵……"听到老师报我的名字，我感觉自己的心猛地一跳。老师继续说道："张毅涵，100分。"同学们向我投来羡慕的目光。我走到讲台前，从老师手中接过试卷一看。啊！果然是100分！我兴奋极了，恨不得把这个好消息告诉全世界。

我拿着试卷回到座位上，怀着喜悦的心情欣赏自己的卷子。看着，看着，我的心沉了下来。写字部分中有一道题要求写"寒冷"这个词语。可是，我因为粗心，把"冷"字下面的一点给漏写了。我呆住了，心里开始犹豫起来。我听到心中有一个声音在说："我还是不要告诉老师了。100分多光荣呀！"可是，另一个声音却马上响了起来："失去100分不重要，最重要的是做一个诚实的人。100分的成绩，我下一次还可以靠努力争取回来。但是，丢了诚信考试的成绩，我还要这虚假的考试分数有什么用呢？"

想到这里，我鼓起勇气，把试卷重新递回到了老师的手中。

# 天蓝色的信

张喆雅 松江七中初二（6）班

## 假设我们分开过

周五下午最后一节课是思品，老师在黑板上写了大大小小很多字，像在夜里被云层折射的月光，朦朦胧胧。我百无聊赖地趴在桌上玩笔，看着同桌奋笔疾书的侧影。从后门洒进来的阳光很亮，照得我眼睛发涩。我用笔戳戳她，问："假设我们分开过，我们现在还会是朋友吗？"

她放下笔也趴在桌上，眼睛直直地看着我的眼睛："当然会。直到五十年后、一百年后，只要我们相遇，我们就会是朋友。"

我前面的人转过来，平静地看着我："你要转学了？"于是她的同桌也转过来看着我。不知说些什么的我用脚蹭蹭地面，嗯了一声，开玩笑地回答："没错。下周你们就看不到我了。"

于是我的同桌从抽屉中抽出一张浅蓝的纸，写了一首英文的诗给我。翻译过来，大约是："你是我的光，我唯一的光。不要让我的光没入黑暗，否则我会心伤彷徨。"

## 哪想真的分开了

新进的教室很小，窗上都是白蒙蒙的雾气，还有几个窗贴。可我感觉这些温暖的东西距离很近，也很远。奇怪的"保鲜膜"把我和这个教室隔离了。老师给我安排了座位，于是我抱着书包走过去坐下，想起家中书桌上刚买的天蓝色的信纸，夹在本应交给那边老师的作业里。晚上到家我打开电脑，发现我那三个好朋友发来的消息：你生病了么！怎么不来学校？

我看着被光照亮的键盘，落下了一滴眼泪。我按下键盘上的字母，一个一个地回答：不，是我转学了。我们真的分开啦。

## 你不可以不开心

"亲，圣诞节快乐，新春元旦清明和一众节日快乐！"

撕开雪白的信壳包装，三种不同的字迹映入眼帘，写的都是这一句，我捂着那张属于自己又不受控制，又哭又笑的脸，哽咽着笑道："什么和什么！乱七八糟的！"

顺手翻过信纸，发现下面用天蓝的水彩笔写着：你不可以不开心，不可以想我们，我们都很好，非常好，都要忘了你了！

化开笔迹的那滴液体，明明有着咸味和思念的气息。和笔迹颜色相同的信，又吸收了一滴泪。我"哇哦"一声，想：嘿，我真的想你们了。

### 我的生日你记得

过了清明节，如天空般蓝的信和孤高的云般漂亮的信和信纸，像拧紧了发条的八音盒般往外飞。她们的信已摞成厚厚的一沓，美得不像话。

"嗨，要到你的生日了吧？"

"过生日回来吧，我们会准备蛋糕。"

"喂，你好歹回个信呀。要不，连车费都帮你报！"

她们还记得？

我摊开信纸，换了只深蓝色的笔写道："生日我会回来过。信和信纸的颜色拼起来看，好像天空啊。"

天蓝蓝的，很广阔。飞机飞过的痕迹像是信纸上的信封排了队，飞啊飞的，飞进更深的地方。

其实是你们来看我了吧。

# 看你还敢不敢打猎

朱天乐　上外附小三（4）班

一位猎人闲着没事，心想：我已经好久没有去打猎了，不如今天去打几只动物解解闷吧。

猎人背着猎枪上了山。啄木鸟站在树枝上，听见了猎人"巴喳，巴喳"的脚步声，低头一看：呀，糟糕，猎人来捕猎了，得赶快通知森林里的动物们才行。啄木鸟立刻用它那又尖又硬的嘴巴不停地敲打树干，发出"咚，咚"的警报声。

小松鼠正在地上找松果，听见了警报声，赶忙抱起松果躲进了树洞里。兔妈妈正带着三只兔宝宝在草地上做游戏，听见了警报声，连忙对宝宝说："猎人来抓我们了，快跟着妈妈回家去。"正在晒太阳的小蛇听见了警报声，匆匆游回了洞里。小鸟在蓝色的天空中自由自在地飞翔着，也听见了啄木鸟发出的警报声，马上躲进了茂密的树林里。猎人在森林里兜了好大一圈，没有发现动物，不禁有些纳闷："今天的运气真差，连一只动物都没有捕到，这是什么道理呀？"

突然，猎人听见了"咚，咚"的声音，他抬头发现了啄木鸟：啊，原来是你这讨厌的啄木鸟给动物们发出了警报，所以害得我没有打到猎物。猎人恶狠狠地说："我今天就先把你打下来，然后再去捕其他动物。"

猎人举起猎枪，瞄准啄木鸟，准备扣动扳机。正在这时，树洞里的小松鼠钻了出来，抱着松果砸向猎人的头；一群小鸟飞来了，对着猎人下起了"炸弹粪便"；兔妈妈带着宝宝躲在暗处扔小石头；小蛇游过来捆住了猎人的脚，把他摔了个四脚朝天；啄木鸟俯冲下来，对准猎人的头一阵猛啄。要不是有头盔的保护，恐怕猎人连命都保不住了。猎人扔了猎枪，狼狈地连滚带爬逃下了山。

动物们见赶跑了猎人，不禁欢呼雀跃："哈哈，看你还敢不敢来打猎。"

猎人受到了教训，再也不敢上山去打猎了。

**2014**

# 一位售票员阿姨

蔡亦菲　民乐学校四（1）班

一个早晨，我独自在车站等车，一阵凉风吹来，使我不禁打了一个冷战。这时，公交车来了，我见车上挤满了人，就三步并作两步飞奔过去，费了九牛二虎之力才挤上车。门关了，汽车缓缓地开动了，可是我的脸却紧紧地贴着门，半步都挪动不了，这时，车上的售票员阿姨看见了，扯开嗓门喊："各位乘客，请大家往里面挤一挤，让小朋友进来一点，站那里会比较危险。"然后，我艰难地越过人群，拎起我的书包，放在她的椅子上。随后她对大家说："请大家拿出零钱，准备买票了，站着的乘客请注意安全！"大家纷纷掏出钱，我也习惯性地把手伸到口袋里摸钱。咦，钱呢？我左摸摸右摸摸，急得像热锅上的蚂蚁。我又仔仔细细地找了一遍，仍然没有钱，心想：难道我真的没带钱吗？那售票员阿姨会不会赶我下车？乘客们会不会说我故意逃票，不肯付钱呢？眼看阿姨离我只有一步之遥，我急得眼泪都快要流出来了。售票员阿姨走到我面前："小朋友，买票了。"我低着头，一声不吭，她见我一点反应都没有，就在我耳旁问："小朋友，是不是没带钱啊？"我的脸唰地一下红了，她向我点了点头，示意她明白了，就向下一个乘客走去。阿姨竟然没有当众批评我，我顿时松了口气。到站了，我刚准备下车，售票员阿姨却叫住我，递给我书包："小朋友，拿好书包，过马路注意安全啊！"顿时，我的心头涌上了一股暖流。

谢谢您，这位乐于助人的售票员阿姨，是您让我在这寒冷的初冬的早晨感受到了温暖，我爱您！

# 爷爷的茶和酒

费可汉 九峰实验学校八（3）班

周末，我随着老爸回到老家，看望爷爷奶奶。

老家的房子还是和我记忆中的一模一样，斑驳的四壁，空阔的客厅，厅里放着一张颇有年岁的木头桌子，在木桌边的角落里放着那个我童年记忆中最为深刻的东西——酿酒罐。

爷爷那时的爱好有两样——茶和酒，茶叶是常备着的，每天起床他都要烧一锅水，在小小的紫砂壶中泡上浓茶，坐在冬天的太阳底下慢慢地品。一见茶叶快没了，就会马上去镇上买，但酒不能天天都喝，再说也没有那个条件。

据说我们家的人太爱喝酒，爷爷的父亲就自己酿酒。爷爷说，酿酒不难，从镇上买来一个棕色陶罐，在家中的米缸里抓一把米放在罐里，再放点水，放些酒曲，用盖头死死封住，过不了多久，就有酒喝了。这是一种简易的酿酒法。

爷爷不仅继承了曾祖父酿酒的手艺，也继承了他喝酒的嗜好。童年时，我的乐趣就是看爷爷酿酒。

当爷爷从外头回来我就会问："今天酿酒吗？"大多情况下，

131

他都会说："不酿，如果米都用来酿酒了，我们吃什么？"眼看就要没酒喝了，他才会酿酒。这时我总会神往地看着他，觉得这项劳动绝非一般人可以做。待爷爷把罐封得严严实实后我就会问接下来该做什么。"耐心等待吧。"

等待是个漫长的过程。我常盯着那罐子看，想象罐子里的世界，想象那些米正在发生什么变化。这段时间里我不再没完没了地问爷爷，因为我有了这样的意识：时间越长，出来的东西总是越好的。

我是同情米的，要经过多少天在黑暗中的等待，才能变成酒啊！这个"蜕变"过程必然是痛苦和艰难的。否则，就没有化蛹为蝶般的变化。

打开罐子是最令人欣喜的时刻。刚一打开就会有一股醇香溢出来，但那酒却是浊得可以。

一个下午，房子里都会弥漫着那种味道。吃晚饭时，爷爷会斟上一杯小酒，细细地品，他常说酒是要品的，比品茶更有讲究。

我实在不记得从什么时候开始爷爷不再酿酒了，也不记得从什么时候开始我对酿酒失去了兴趣。这次回老家，突然发现那个罐子静静地立在那儿，布满了灰尘……


# 与书中的人物密语

顾晨旭　上外附小五（6）班


星期六的午后，我捧着厚厚的《三国演义》斜靠在秋千椅上阅读，

132

暖暖的阳光透过玻璃窗照射在我身上，我竟不知不觉地睡着了。

"喂，醒醒，你没事吧！"我慢慢睁开了眼，眼前许多穿着古代服装的百姓围着我，他们看完我的衣服，又看我的鞋，好像看什么稀罕宝贝似的。这时，一群官兵模样的人走来，领头的官人对我说："请您前去前方阁楼，我家主公急着召见您。"我问："你家主公？找我干什么？""我家主公就是刘备大人，您从天上掉下来，大家都觉得蹊跷，特让我们来此看看。"

我随着他们上了阁楼，里面正在屋中央走来走去的人与书中描述的一模一样，我一看便知此人是刘备。刘备见我来了，便问："你乃何方神圣？竟从天上掉下来！""我……我乃二十一世纪的……的顾晨旭是也。"我第一次见到刘备激动得话也说得结结巴巴的。"那么，请问来到这儿有何贵干？"我想：既来之，则安之，先见了料事如神的诸葛亮再说吧。于是，我说："我想见见军师。""那我马上派人去请。"刘备答道。

过了一会儿，诸葛亮摇着鹅毛扇走了进来："稀客，稀客！请问找我来有何贵干？""我想请教军师几个问题。""请！"诸葛亮摇了摇扇子不紧不慢地说道。我的第一个问题："人怎样才能变聪明？"诸葛亮说："读书好，好读书，读好书！"我继续问："您是怎样变聪明的？""我嘛……"诸葛亮迟疑了一会儿，说："我是勤学苦练，花了数十年时间，从不间断刻苦学习而变聪明的。""那您对有过过错的人有什么看法？""我认为，每个人都应有为自己赎罪的机会，来改正自己犯下的过错……"

我认真地听着，突然耳边传来爸爸的声音："儿子，醒醒啊！"我突然惊醒，看见爸爸在身旁，忙急着问："军师呢，诸葛亮呢？"爸爸说："傻孩子，你又看书入迷说梦话了。"

晚上，我躺在床上，翻来覆去地想着诸葛亮说的话，心里暗暗地想：我要的不也正是这种刻苦勤奋学习的精神吗？

# 世界因不同而精彩

胡寒冰　九峰实验学校七（3）班

前些日子，我在爸爸办公室遇见了他同事的女儿，上三年级，我和她一起写作业。

偶然翻开她的作文本，看见一篇作文：《我的好友》，得了91分，我便饶有兴致地看了下去。

文章一开头这么写："我的好友小红有一张瓜子脸，笑起来有个小酒窝……"

然后又写了小红如何乐于助人，如何舍己为人云云，很像是编出来的。我越看越觉得不对劲，编这种老套的事件，没有一点新意，怎么能得高分呢？我便问她："这是谁教你写的？"她说："老师教的，其实我没有这样的朋友，但老师说这样写分数高，所以……"

我听了她的一番话，觉得十分惊讶。才小学三年级，老师就教这种"骗高分""编故事"的写作方法，把一个思维活跃的孩子硬生生地用条条框框限制住，这跟写八股文有何区别？

不禁想起我小学时的事。给我印象很深的，是一次做《荒芜的花园》这一课的练习。老师上课时讲的文章主旨是要懂得分享，为他人着想等等，而我却有不一样的看法。我在本子上写："使房主关闭花园的根本原因还是因为游客。他们私自走进花园，还随意践踏花木，行为很过分，说房主小气，是错的。"结果，这个答案被批了一个大叉，原因是标准答案不是这样的，将来考试是不允许填这种不标准答案的。

我当时心里十分憋闷。难道学习只是为了应付考试？难道我有自己的见解是错的？有时老师还会教一些答题公式，比如问你"比喻"这个修辞有什么妙用，就必须回答"生动形象地写出了对象＋特征＋情感"少了哪个词都得扣分。当老师们满心欢喜地看着学生们千篇一律的标准答案时，有没有想过以这样的答案统一学生的思维有什么意义，学习的真正意义又是什么？

我认为应该允许有不同的看法、观点，学习是这样，生活也是这样，否则人的生命便没有了色彩。如果每个人每天都干着同样的事，说着同样的话，那么人的一生比甘于平庸还可怕，如行尸走肉，也便没有了存在的意义。就拿历史上的"八股之害"来说，读书人只能死背儒学经典应付考试，八股文的要求非常死板，每一部分限定了字数，是对中国文化的一种摧残。有学者评论说："八股之害，等于焚书。"可见限制思想的危害之大。

现在，也出现了高分低能的现象。考试成绩名列前茅的优等生，在国外的大学竟被除名。校方给出的解释是："这个学生课堂表现不积极，上课不与他人交流。"其实，他就只知道考标准答案拿高分，没法与人交流，所以"学期总评成绩不及格……"这很值得对所谓"优秀"深思一番。

有位学者说过，没有两片一模一样的树叶。是啊，这个世界也是如此。正是有了各种各样的花木，各类的动物，各种的人，才构成了千姿百态的世界。这世上正因为有了不同的观点，不同的人，才会变得精彩。

# 舒心的微笑

姜仲玥　茸一六年级（5）班

那是一段怎样的日子呢？我没法儿形容。在那段日子里，我的生活只能用一个词形容：黑色。只有短短的 12 天，可我每天都度日如年。那些天里每天我都能感受到你的关心与爱护。事情是这样的，我生病了，病得很重，并且住院了。那段时间我非常辛苦，但还有你比我更辛苦。你怕我在松江医院治不好，把我带到市区医院去治。但市区医院没有多余的床位，我被安排在大厅里睡，你把被毯铺好后，为了不让我着凉，你抱着我过了一夜。我的情况很严重，高烧退了又上来，想呕吐却又呕不出来。当医生要把我带去查是否患白血病时，我看见了你那为了鼓励我而装出的苦苦的微笑，但你绝不会想到，我还看到了你那故意隐藏着的手，它们是颤抖着的。你在害怕，紧张……爷爷告诉我，当你听到我因为抽骨髓时疼痛而发出的尖叫时，你哭了，脸上痛苦的表情，仿佛疼的不是我而是你。我知道你害怕，害怕失去我。而我的尖叫也同时增加了你的压力与负担。但结果却让你释然，我没有任何事。但高烧时而退下时而上升。我有时会迷迷糊糊地尖叫，这让你揪心；打针时因为疼痛哭喊，也让你愁眉不展。12 天！黑色的 12 天过去后我病好了，没有事了，但依旧要待在医院里。你却十分高兴，你充满血丝的眼睛，让我看见了你几天的艰辛。你不知什么时候在床上趴着睡着了。我却从你那原本乌黑亮丽的长发中看到了几根白发。我还看到你那双光滑的手因为削苹果而被割出了血。我想为你贴上邦迪时，你却醒了，你不好意思地说："要不要喝水，我为你倒了。"我笑着点了点头，你也笑了。那是个多么舒心的微笑呀！阳光照在你的脸上，你的笑容越发舒心了，这是只有在那生死之关过了以后才会有的笑容！

这种微笑如此与众不同，因为那里面有你深深的爱。你是我的母亲，只有母亲才会为我露出这舒心的微笑。


# 风信子

金艳　九峰实验中学八（1）班


在同学家第一次看到风信子。对我来说，原先它只是书中的文字形容，我从未见过它的真容。于是自己买了一株，回家养着。

风信子是可以水养的，我寻出了一个合适的瓶子，它的瓶口正好可以卡住风信子。那如同洋葱一样的块茎，它的根须如同水仙一般是白色的，又细又长，在水中呈现着它的曼妙身姿，松散地伸展至瓶底。可都说风信子茎须的颜色预示着它开出的花的颜色，我已经想象到雪白的花朵在室内开放的样子了。

刚开始，我对那株风信子可以说是无微不至地照顾，呵护。听说在水中加入蜂蜜可以养得更好，我就每天都往水中放入一点，生怕水中没了养分；每隔一周必换一次水，水少了怕长出来的叶子枯萎，水多了又怕它受不了，真是一点也怠慢不得。可是我的殷殷期盼并没有得到什么好报：它不紧不慢地过了好一段时间才长出了一点绿叶，好久也不见长高，真是令我哭笑不得。有时，我换水的时候就禁不住笑骂它"矮萝卜头"。

　　总算叶子长到六七厘米了，却不见花苞。我心疼地看着我那瓶已经用去不少的蜂蜜，对那株风信子也就不如从前那么热情，产生了一种由它自生自灭的心理。深秋里的寒风已经吹进了客厅，可它没有什么变化，仍匀速地长着它的叶子。期末考试的繁忙让我顾不上它。偶尔想起还没给它换水，才去稍稍照料一下。

　　见到它的花苞是在初冬的那个早晨，那一点白色迅速地跃入了我的眼帘，虽然还没有开放，但是已经让我感到欣喜。冬日里的凛冽它也不在乎，它坚守着自身的生长规律。一日，两日，三日……一个一个的花苞，一朵一朵地开放，花瓣密密地交叠，层层相拥着，好似在对我喊：现在，你还有什么好说的！

　　它的香味很清新，没有水仙浓郁，它的形状很平常，不如水仙妖媚。但它的花香中没有隐藏毒性，它的生性不乐于炫耀。无论环境如何，人们对它的态度如何，它都不会随之改变。

　　世上有多少人会因为种种原因改变他们原先的选择，或是怀疑自己当初的决定是否正确，可是风信子不，从此我被更被它深深吸引了。

# 岁月有痕

彭之恒　松江七中六（3）班

我家门前有一棵大树，盛夏季节里，总是绿得像一个大邮筒，关于我童年的美好记忆，都被它精心收藏着。

记得每年初春之时，在经历了漫漫寒冬之后，枝头又开始冒出点点新绿，像是春天睁开了惺忪的睡眼。春风吹，春雨落，一群无忧无虑的孩子在树下跑，我总是跑得最欢的那一个。

夏天，我最喜欢和小伙伴们在树荫下追逐、嬉戏，嫩绿的笑声撒了一地。更多的时候，我们会一个个踩着肩膀爬上树枝，坐在蝉鸣此起彼伏的演奏声里，畅谈着一个个不着边际的梦想。阳光照在远处的草地上，照在一排排洁白的栅栏上。

又是一年秋天，树上的叶子变得金黄，与阳光打成一片。我站在树下，仰起头，看着一只只金色的蝴蝶洒满头顶的天空，望着那繁茂的枝丫，回忆着过去的点点滴滴。

变了。一切都变了！

树下再也没有儿时的笑声，也早已认不出当时坐在上面聊天的那根树枝。记得有一次，我和几个顽皮的伙伴把最胆小的一个留在了树枝上，然后像一群小猴子一样散开，躲在隐蔽的角落里，看着他一副着急的样子。当那个小伙伴死死地抱住树枝，终于忍不住在树上哭起来的时候，我们又乐不可支地笑着跑出来，把他解救下来。

树叶绿了又黄，不知何时，童年已悄悄地离我们远去了，像那些夏天里渐渐暗下去的蝉鸣声，消失得无影无踪。

好想留住童年，留住从前那一幕幕难忘的场景和一阵阵欢乐的笑声，留住那些树荫下的幸福时光，留住从指缝里溜走的点点滴滴……

# 妈妈的清晨

邵婕　九峰实验学校八（3）班

冬日的清晨，5点55分，妈妈准时叫我。实在是太困了，此时起床就如同把温室里的我扔到寒风中去，我才不要起床呢！我裹着厚厚的被子，眯着一双困意朦胧的双眼，"艰难"地抬头看一下钟，然后接着睡，对于赖床的人来说，只要有可能，多睡几秒都是好的！

好在我的身体就像安装了"小睡一会"的软件一样，6点左右就会醒，尽管万般不愿，但还是在被窝里慢慢地穿衣服了。刚起床迷迷糊糊的，一点精神都没有，但是妈妈就不一样了！

我实在是无法理解她那神奇的快速是怎样练成的。我穿衣服大约要10分钟，而她只要5分钟就可以穿衣、洗漱，做好一些零零碎碎的事。

她到底是如何练成这等"神功"的呢？我决定一探究竟！

那是一个同往日一样的早上，我破天荒5点半就起床，穿衣、洗漱，用心开始观察。

妈妈一溜烟地爬起来。我问道："天气这么冷，为什么不在被子里穿衣呢？""因为冷，"妈妈边穿边说，"寒气会迫使人马上清醒,迅速穿衣！"我听了,很是感动：难道妈妈就不想多睡一会吗？难道她就不怕冷吗？若不是因为我,她根本不用这么早起。按照她的上班时间,她可以再多睡两个小时。这样一想,整个人就像一株含羞草一样默默低下了头,感到十分羞愧。

很快,妈妈穿好了衣服,进入厨房烧开水,同时把煮蛋器打开,把下面条的锅放水煮上,把热水袋充上电,然后她急匆匆地跑出去刷牙洗脸。

回到厨房,她接着下面条,又把我的水杯灌好,放进书包,还要帮我准备水果、点心之类的东西。在厨房的茫茫雾气中,妈妈忙碌的身影如同温热的牛奶温暖着我的心。

好不容易把早饭忙活完了,妈妈才去梳头、擦护肤品。

等我上了餐桌,妈妈便把温暖的热水袋放在我腿上。没过多久,妈妈就下楼去给车子预热,等到我上了车,时间刚刚好……

# 那个陌生的小女孩

沈张莹　中山小学五（5）班

大年初三,是奶奶八十大寿,我们坐着公交车去乡下。车到站,上来一位老爷爷,没等售票员喊,我就站起来,把座位让给了他,一车的人都向我投来了赞美的目光,我也打心眼里敬佩自己,又想起去年暑假的那个小女孩……

　　暑假的一天，骄阳似火，我独自一人坐公交车去同学家玩，在车站我的衣服就湿透了，汗水从我的额头上面滴了下来，好在15分钟后车来了，里面黑压压的一片，但是我还是鼓起勇气，用尽全力挤上了车。

　　一上车，我就闻到了一股汗水的酸味，只见每一个人的肚子都贴着别人的背。车终于开走了。又过了两站路，在我旁边的大姐姐要下车了，我一屁股坐了下去，喝着饮料，吃着东西，心里暗自庆幸着。又过了三站路，一位白发苍苍的老爷爷上了车，他一只手拿着拐杖，另一只手扶着车厢上的扶手。卖票员说："有谁可以让个座位给老爷爷？"我想：我把座位让给老爷爷，那我就不能坐了。站着要闻别人的汗水味，坐着可以吃喝。我看了一下前面用报纸挡住自己脸的大姐姐、戴着耳麦听音乐的青年男子和看着窗外的那个中年男子，他们都装着没有听到。那我也不让座吧，我于是低下了头。

　　整个车厢安安静静。突然后面传来一个甜甜的声音："老爷爷，您坐我这儿。"

　　我回头一看，那是一个三四年级的女生，扎着两条可爱的小辫子，穿着白色的短裙，那甜甜的笑容，亮晶晶的眼睛，雪白的脸一下子就刺痛了我，我的心突然被什么东西撞了一下……从此，小姑娘的样子就刻在了我的脑海里，挥之不去。

　　此刻，听着老爷爷感谢着我坐在我的座位上，我突然高兴起来，仿佛看见那个陌生的小姑娘在朝我微笑，我终于也有底气冲着她绽开了笑容……

# 采访录：妈妈

孙仲一　九峰实验中学七（3）班

　　写一篇采访笔记。这项作业让我十分有兴趣，同时也在苦恼：该采访谁呢？几番思索后我选定了她，我最亲近的人——妈妈。

　　总是说，妈妈是我最最亲近的人了，曾经我与她是一条脐带上连着的母女。可是渐渐大了，与她总隔着一些看不见摸不着的东西，也许这就是代沟。犹豫几回后，我决定先去采访外婆，毕竟妈妈和外婆也曾是一条脐带上连着的母女嘛！

　　"她呀，从小就倔，但是呀，也聪明，知道上进，是个懂事孝顺的好孩子。"外婆眯着眼说着，思维似乎又回到了那时的记忆……外婆说有一次妈妈考了四十多分，哭丧着脸回家，外公很生气，便骂了她几句（外公当时是村里的村长，虽然对妈妈没有太多要求，但这个分数的确不行），说了一句什么有伤自尊的话了，妈妈昂头就回了一句：士可杀，不可辱。这下外公气坏了，挥手就让妈妈滚，当时只是气话，谁知妈妈收拾了东西，第二天就去住校了。几个星期没回家，那时外公已很急了，但又跟我妈一个脾气：倔，不肯去找妈妈。一个月后妈妈回家，什么话也没说，就给了外公一个成绩单：鲜红的双百。最后两人才慢慢和好。听了故事，我更是无比佩服妈妈了，居然从四十多分考到满分，这需要多少的汗水和努力啊！不过我也明白了我性子为何也如此倔强，原来是随了妈妈啊，不，是随了外公。

　　正说着，爸爸过来了，正好，也可以向爸爸问些关于妈妈的事。"你妈妈是非常爱你的，她本来拥有一份称心如意的好工作，有了你之后她就毅然决然地辞掉了工作，在家中专心带你，培养你啊。"是啊，妈妈对我的爱渗透到了每一个角落，生活中随处可以捕捉。每天早上的嘘寒问暖啊，晚上的喷香饭菜啊，桌前的一杯牛奶或豆浆啊，干净整洁的衣服啊……数也数不清。妈妈虽然从小生活在农村，但家中却小有薄产，外公从小上过私塾，目光也长远开明，从不像其他人家一样，重男轻女。外公没有让妈妈学做饭洗衣等，只是坚持让妈妈读书，即使在以后的困难岁月里，也从未放弃。而妈妈有了我后，不会的一切都慢慢开始学会了，原本细腻的手变得稍稍粗糙了，她放弃自己的一切，从未让其他人来照顾我。想到这，我心中已酸涩了。

　　合上笔记本，我默默走回房间，却看见妈妈正在给我叠被子，整理衣橱里的衣服。我立马换上表情，平复心态，与平常一样蹦蹦跳跳地走进房间。

　　我，姥爷，妈妈，我们的性格太像，倔得不行，也不擅口头上的言辞。我随手拿起一本书，坐在转椅上看起书。"刚才去干嘛了？整天玩得不见人影。"妈妈问。"刚才干的事可有意义了，我去向外婆了解你小时候的糗事了。对了，妈，听说你曾经为了我放弃喜欢的工作了？现在后悔不？"毕竟是有关妈妈的采访，还是得向她本人了解了解。"干嘛后悔？"妈妈毫不犹豫地说，"为了你怎么会后悔嘛。"

　　放下书，眼睛中已经有些湿润，眨巴眨巴眼睛，心中默默道：妈妈，谢谢你为我付出的一切，几年后，我会为你撑起一片同样广阔的天空。

144

# 难忘的假期

王旸逸　立达中学初一（3）班

马年的寒假，注定是个不平凡的假期。除夕之夜，我和妈妈顾不上和家人团聚，风尘仆仆地赶往河南林州，去林州我结对的张耀哥哥家里过年。短短的两天时间，我和哥哥一起度过了一个难忘的新年。

我和哥哥是在2009年开始结对的，他的爸爸双腿得病不能走路、不能工作，他的妈妈只能去外地打工，家境困难。结对的五年来，我和哥哥经常写信和打电话，对哥哥有所了解，哥哥很优秀，不但成绩好，还承担者照顾爸爸的责任。

第一天，第一个任务是大人把同去的孩子们分成两组到超市买菜，在规定的时间里要完成了至少10道菜品的选购，金额要求200元左右。我们一组成员花费了222元购买了12道菜品。随后，我们来到了城郊哥哥家里，让我们这些小伙伴自己当主厨开始烧菜。一个小时后，12道菜搬上了桌子，大家围着桌子，品尝着我们做的美味佳肴，其乐融融。爸爸妈妈们对我们的手艺赞不绝口，对我们更是刮目相看。吃完饭，我们又辗转一个多小时山路，赶赴哥哥老家林州市桂林镇去看望他的爷爷奶奶，并送上了新年礼物，奶奶教我们包饺子，我们大家齐动手，一起包饺子、吃饺子。

第二天，我和哥哥一起去太行山国际滑雪场体验了一次勇敢者之旅。抵达滑雪场，我按捺不住内心的激动。这是我和哥哥第一次走进滑雪场，在教练的指导下，我们学着装卸滑雪板，手握滑雪杖，学着撇出八字脚，学习如何刹车……虽然努力学习，但一踏上滑道，整个人就控制不住，摔了个四脚朝天。在经历了五次跌打摸爬后，我终于成功地从起点滑到了终点。

在蓝天白云下，我们穿着鲜艳的衣服，脚踩皑皑的白雪，呼吸清新的空气，摆着动感十足的姿势，从高山上飞速滑下，寒风在耳边嗖嗖作响，身体在雪山上飞舞，心情也像阳光一样灿烂。那一刻，我们忘记了疲劳，忘记了烦恼，甚至忘记了疼痛，忘记了时间。

离别之际，我和哥哥一起交换了礼物，相约下次相聚。

# 童年的记忆

肖浦东　松江武校九（1）班

记得上幼儿园时，一天大清早，奶奶把我从睡梦中叫醒，我还以为让我去上学呢，你猜奶奶说什么来着？让我去看小妹妹。"哪来的小妹妹呀？"我疑惑。奶奶不由分说，牵着我直往妈妈房间走。呦，只见一个红底黄花的毛毯包裹着一个婴儿，婴儿粉红的脸蛋，两只眼睛紧闭着，好漂亮，好可爱啊。我摇着奶奶的手，急切地问："哪来的小妹妹？"奶奶说："捡来的！"我刨根问底，"在哪捡的？"奶奶敷衍说："垃圾箱里。"我很好奇，"在哪个垃圾箱里？"奶奶说："街上。"此后，我跟奶奶上街，总伸着头往垃圾箱里瞧。现在想起来，真好笑！

　　童年都有好奇心，我也不例外。有一次，我对家中的闹钟有了兴趣。闹钟里的公鸡为什么一刻不停地啄米？我托着下巴想了许久还是不明白。我生气地把闹钟藏在被窝里，等拿出来看时，公鸡还在"嘀嗒嘀嗒"地啄米。我想一探究竟，于是，拿出螺丝刀，钳子，还有锯子，准备给闹钟开刀。这时，爸爸回来了，看见我对闹钟动粗，笑着在我头上轻轻拍了一掌说："你想当屠夫呀！""我想零距离和公鸡接触。"我说着就用螺丝刀撬闹钟的后盖，还险些伤了左手。爸爸又呵呵地笑了起来。我要爸爸帮我打开闹钟，他不干；问他为什么公鸡一刻不停地啄米，他笑而不答，让我去镇上问舅舅。

　　来到舅舅的修理铺，见舅舅正忙着修电视，有两台大约是刚修好的电视正放着节目，好看极了。我又对彩电产生了兴趣，歪着头往电视底下看，舅舅说："干吗呢？干吗呢？""我想看看人是从哪里进去的！"一句话惹得舅舅哈哈大笑。舅舅拿起一本书，微笑着给我讲解彩电的成像原理，我似懂非懂地听着。我对舅舅说："长大后，我也学修电视机。"舅舅告诉我："小孩子要好好学习，长大了想干啥都成，要是没有学问，连电视机也修不好。"

　　舅舅的话我记在了心上，一定好好学习，将来为社会做更大的贡献。

# 不服输

郁敏婕　佘山学校七（1）班

　　"对不起，你没有通过。"主持人对我说出这句冰冷的话时脸上还挂着招牌式的甜美笑容。

　　我努力让嘴角上扬微笑，可一转身，一滴眼泪滴了下来，滴在我手臂上，冰冷冰冷的。这次，我输了。输了！

　　我抬头看看天，吸吸鼻子，想起妈妈曾对我说的一句话："人生那么长，没有谁会永远成功，谁都会有失败的时候。问问自己，服输吗？""不！"每次我的回答总是这一字，简短而坚定。"只要不服输，失败就不会是定局。"人生难免会有起起落落，有谁能在人生这条路上永远都一帆风顺呢？拿破仑曾说过"人生的光荣，不在永不言败，而在于能够屡败屡战。"输了，不要紧，关键是你能够有一股不服输的精神，有一股不服输的劲头，有一股不服输的力量。

　　不服输，成就许多人的梦想和事业。南北朝时期的祖冲之，在当时极其简陋的条件下，靠一片片小竹片进行大量复杂的计算，经历了无数次的失败，但他都没有服输，最终，他成了世界上第一个把圆周率精确到小数点最后七位的人。"杂交之父"袁隆平，当他看到农村落后、贫瘠、疮痍时，下定决心要改变这60年代的席卷全国的饥饿。他义无反顾地扎进了杂交水稻这个世界性的难题中。研究时的挫折、失败，还有人为的破坏，都会随时跳出来考验他。但他不服输呀，他百折不挠，坚忍不拔。最后他的杂交水稻令全世界都震惊了，他是全中国的骄傲，全世界的骄傲。托马斯·阿尔瓦·爱迪生在发明电灯的过程中，一共试用了6000多种纤维材料，做了无数次失败的实验。但他面对失败不服输。终于，在他实验了1600多次的时候，他成功了。因为他的不服输，使得他一生拥有2000多项发明，成为世界著名的发明家、物理学家。

输了，没关系，找找自己输的原因，总结教训；输了，没关系，我们输得起，我们都还年轻，都还有精力去突破它；输了，没关系，下一次，用自己的实际行动证明，我会赢！

把眼泪擦一擦，以后要走的路还很长，不能因为这一次的失败而放弃今后的人生。

"我不服输！永远也不服输！"

# 小实验，大知识

张欣　实验小学五（5）班

小小的一件事看似不起眼，但从中蕴藏的知识是不可估量的。

一个阳光明媚的早晨，暖洋洋的，阳光洒在人身上暖和极了，这天气使不少花草树木，鱼虫鸟兽都活跃起来。嘿嘿，我那颗"蠢蠢欲动"的心早已按捺不住了，拿起"实验用具"行动！

让我翻翻书，嘻嘻，这实验不错。我在心里打着谱，就这个吧。这实验十分简单，只要一支蜡烛，一只玻璃杯再加上一只盘子方可

149

完事。

　　首先将蜡烛点燃并固定在盘子上（所以盘子不能是塑料的）。这一条看上去是绝对的简单吧？可做起来哪有那么简单！我这小蜡烛不争气点了半天它就是不着，我只好动动脑筋哩。我一手抓着蜡烛的根部，一手拿着点火机。"啪啪"火苗点着了，我把这小火苗靠近蜡烛芯，终于功夫不负有心人，火苗总算是被我给点着了。我把蜡烛倾斜过来成四十五度角，让蜡油滴在盘子中，一滴，两滴，三滴……，等把蜡油滴得稍稍厚些时我就把蜡烛小心翼翼地插在厚厚的蜡油上，使它稳固一些不容易倒。

　　这时，我轻轻拿起玻璃杯，几乎屏住了呼吸生怕一不小心就会功亏一篑，把好不容易点着的火苗又给熄灭了。我用颤抖的手紧紧握着玻璃杯，头上冒出层层汗珠，另一只手握着拳头，我慢慢把玻璃杯往蜡烛上方移动，再缓缓地罩上去。那一刻，时间仿佛停止运转了，细胞好像不再活动了，身体也犹如不再是自己的了……

　　见证奇迹的时刻到了，当杯子盖下去不一会儿后，蜡烛竟然自己慢慢熄灭了，这是为什么呢？

　　原来是因为燃烧需要消耗氧气（助燃剂），而空气中氧气约只占21%，罩一个玻璃杯后，与外界隔绝，当氧气消耗完后自然会熄灭。

　　这虽然只是一个小小的实验，却在无形中让我多得到了些知识，知识永远不会嫌多，对吗？

# 那些流逝的时光

张宣诚　上外松外中学六（1）班

时光如流水，每当回首小学生活，那些流逝的美好时光在我的记忆深处留下了太多难忘的快乐和感动。

记得那是四年级的第二学期，有一位同学即将转学去遥远的地方，经过三年多的朝夕相处，我们已经有了深厚的感情。那一天，他在父母的陪同下特地来和我们告别。

当时，我们班的同学都和他难舍难分，有的上前互相抱着，久久舍不得放开；有的埋头趴在课桌上，轻轻抽泣着，双肩不停地耸动着；有的躲在教室的一角默默流泪，偷偷抹着眼泪；有的悄悄地拿着心爱的小礼物塞进他的书包……同学的妈妈送给每个同学一根棒棒糖，同学拿着棒棒糖，用一张鼻涕与泪水交纵的脸唱起了一首《离别》……

五年级时，我提拔为体育委员。因为我体育好，所以在运动会的时候，一直是我"打冲锋"，在 $4 \times 800$ 的比赛中，我第一个跑，为后面的同学争取更多的时间；在八百米的比赛中，我领跑第一个，为后面的同学加油……就这样，我用努力和汗水换来了集体的荣誉。

印象最深刻是在夏令营的时候，班上那几个可怜的"小祖宗"们经过两天的训练，一个个都受不了了。有的偷偷地打电话给父母，吵着要他们来接他回家；"小胖子"老是吃不饱，给爸爸打电话，让爸爸送好吃的东西来，好让他饱餐一顿；也有表现坚强的同学，即使受了小伤也默默忍着，坚持着训练。经过这次夏令营活动，我懂得了团结就是力量，仿佛一夜长大，觉得自己像个真正的男子汉了。

那些流逝的美好时光，像一幕幕慢镜头的电影片段，在我独自安静的时候，如同一帧帧泛黄的胶片，遥远而又清晰地在我脑海——浮现。


# 大胆的猫

张怡宁　第二实验小学五（5）班


现在的猫胆子真是越来越大了，比如我家附近的那几只猫。

一天，爸爸在厨房里做饭，我正在为一个搞不懂的题目上网查资料。突然，我听到客厅的地板上传来"嗒嗒"的声响，觉得很奇怪。我抬头从书房的门口往外看，只见一只浑身乌黑的猫偷偷闯进了客厅。

它小心地迈着细碎的猫步，好像每一步都是屏住了呼吸在走动。一双深蓝色的眼里透着警惕的目光，左看看，右瞧瞧，身子有些微微弓起，似乎是为随时的撤离做足了准备。

我也屏住了呼吸，在暗中监视着它的一举一动，看来，它是偷偷溜进来找东西吃的。它似乎找到了目标，慢慢地朝一个红色的塑料袋靠近。

不好，那个袋子里装满了龟粮，一定是它闻到了龟粮散发出来

152

的香味。一步、两步、三步，只见它离那个袋子越来越近了……

它又迅速地往左右扫视了一下，用它锋利的前爪撕开了一个口子，龟粮露出来了。它先添了一下嘴巴，似乎是把流出的口水咽了下去，然后一口啃了上去，吃得津津有味……

在偷吃的过程中，它还不忘用警惕的目光环顾四周，它的眼睛正好和我的目光针锋相对，说时迟，那时快，只见它在充满惊愕的眼神中落荒而逃。

我走到客厅里去收拾残局，只见塑料袋裂开了一个大大的口子，好像有一肚子的委屈要向我诉说。龟粮撒了一地，已是一片狼藉。我转身向大门外望去，只见那只狂妄的黑猫蹲在不远处的草地里，眼睛朝我张望着，似乎还在想伺机溜进来偷吃。

哎，真是一只大胆的猫！


# 特长之星

张屹晨　松江六中八（4）班


各位来宾，老师，家长，大家好：

当听到我们学校再次评选特长之星时，我心中非常高兴。我和许多评选出来的星星一样，我们不是全才，甚至在学科成绩中，与最优秀的同学有差距，但我，我们有特长。我们有的是运动方面的高手，跆拳道黑带选手，踢跳区级选手，区级网球手；有的有笛子10级证书和跳舞、书法等方面的特长。我们同样很光荣，很自豪。

说起兴趣爱好的培养，我有一番感慨。曾经的我很自卑、敏感、胆怯，低着头，嗫嚅着，胆战心惊说不清楚。那时的我不敢大声说话，即使勉强在众人面前演讲，如果你是听众一定会就我的形象得出一个结论，叹"毫无天分"。因此，我曾怀疑过自己，我也曾否定过自己，那时的我，就好似走入一片布满迷雾的森林，在其中徘徊侧转，始终找不到走出去的道路，或者是找不到那份走出去的勇气。

静下心来反思，自己为什么没有突破自我的勇气？也开始思考一个问题，我怎样取得别人认可？有一句成语说得好：扬长避短。那我的优势或者特长又是什么？那次在六中司令台上，我不知道是什么力量，也许是年轻的倔强吧，似乎还有双手的推动，我第一次在大家面前演讲，也第一次得到了那么热烈的掌声。后来，我读了丘吉尔苦练演讲的故事。据说著名的英国首相丘吉尔曾口吃，但他为了实现成为演说家的梦想，刻苦练习，在海滩边，迎着风，嘴里含着小石子，嘴皮磨破了，舌头出血了，继续，继续，他成功了……我一次次鼓励自己，既然是我选择的，我喜爱的，我就要加倍努力。

努力后的收获是快乐的。由此我相信，许多特长星星，会和我有同样的感受。

如今回过头来，非常感谢那段突破自我的日子，它让我得以心无旁骛地在学习之余将精力投入到演讲的练习当中。每晚的《新闻联播》我都会聚精会神地站在电视机前，研究央视播音员的口型与语调，跟着节目主持人练习发声、吐词。通过反复观看和练习，不断发现自己演讲过程中的缺点和不足，再针对性地演练，经典名著也时常挂在嘴边练习着。练习的过程别人看来是枯燥无味的，我却能乐在其中，父母与同学对我的鼓励与老师的指导亦给了我更多的温暖和动力。随着时间的推移，自己觉得演讲技能有了明显的进步，不再自卑不再自闭，不再胆怯不再被动，精神状态也发生了根本性的变化，就好像一只草窝里的凤凰，将要展翅翱翔，飞向属于自己的那一片天空。因为爱好，我活得更充实，因为爱好，我的意志得到磨炼，我的视野得到拓展，似乎，我的，我们的天空变大了。

看，我自信、自强、勇敢了起来。如今的我能为学校大大小小的活动增添一份演讲的魅力，如今的我也能在区里的比赛中为学校获取荣誉，如今的我是那个勇于突破，积极向上的我。在此，我要感谢一路上给予我无私鼓励的人，我感谢始终相信我的人，同时我感谢自己，感谢自己内心里那份不服输的精神，感谢自己一直以来默默的努力。

最后，我要和获奖的，或者有兴趣特长的同学说说马云。中国著名企业家，阿里巴巴集团、淘宝网、支付宝创始人，他教育儿子时说到，爱玩，当玩物不丧志，你的爱好必须有益于你的人生，它们要么能够调节你的生活，要么能够结合你以后的职业兴趣，只有这样，爱好才有存在的意义。当然，我们的人生之路还很长，还有许多新的爱好，新的机会等待我们去努力寻找，去挖掘。但是，若干年后，我们一定高兴地记得，在这里，六中，曾搭建了这样一个舞台，给了我们展现的机会，给了我们人生一次闪亮的起点。

谢谢大家鼓励，谢谢支持，我，我们会努力的。

# 难忘军训那些天

朱珺瑜　中山小学四（3）班

今年的 4 月 1 日至 4 月 4 日是段让我毕生难忘的日子，因为在那段日子里我和同学们去素质训练营体会了酸甜苦辣的军营生活。

第一天，我们来到了素质训练营，穿上军装的我们个个英姿飒爽，有说有笑地排好队。殊不知，一场考验在等待着我们。教官说："挺开心的嘛，那么就告诉你们一件不开心的事情，罚站 30 分钟，计时开始！"我心想：什么意思呀？才开始训练就要累死我们吗？哼！刚刚站了 5 分钟左右，教官又说："有人交头接耳，加 20 分钟。"我热得汗流浃背，身上非常痒，像有 1000 只蚂蚁在我身上爬一样，难受极了。我东瞄一眼，西瞄一眼，发现教官不在，就从口袋里掏出了一张纸巾，把额头上的汗擦掉。就在这时，教官像鬼魂般飘了过来说："你深蹲 50 个，现在开始！"我心想：擦汗也要被罚真是倒了八辈子霉了！可才做 10 个深蹲我就已经四肢无力，我又想：这点小困难怎么能难倒我呢！我又继续把剩下的做完了。

第二天，我们还是跟昨天一样进行了各项体能训练，但是晚上我们过了 10 岁集体生日庆典。我们吹着晚风踏着正步来到了 3 楼剧场，让我印象最深刻的节目是四（10）班表演的小品——大拇指食指。演员那绘声绘色的神情、幽默风趣的语言，夸张的肢体动作，在短短 15 分钟里让台下爆发出一阵又一阵的笑声，我更是笑得合不拢嘴，眼泪都流出来了。就这样我们在欢声笑语中度过了 10 岁生日庆典。

最后一晚，我们进行了写家信读家信的活动。在三连的教室里，每个同学都默默地看着自己的家信，气氛变得越来越凝重，并不时传来女生嘤嘤啜泣声。我看着妈妈给我写的信，信中不仅嘱咐我好好照顾自己，而且还说出了一些埋藏心底的话，特别是那句"其实你在妈妈的眼里，一直是一个有爱心、有孝心、有真心的好孩子，当同学遇到麻烦时，你也会主动伸出援助之手来尽一点点自己的力量，当妈妈生病时，你也会主动嘘寒问暖"，让我的眼泪像泉水一样涌了出来，没想到妈妈如此关注着我的一举一动。

这几天有欢笑有泪水。欢笑让我收获了喜悦；泪水让我收获了成长；汗水让我学会了坚强。这段难忘的日子是我人生中一笔巨大的财富。

# 2015

# 一颗"螺丝钉"

包家豪　东华大学附属实验学校六（1）班

雷锋说，要做一颗"螺丝钉"。这不，在学雷锋的日子里，我还真的与螺丝钉结下了一段缘分。

那天放学时，同学杰的爸爸拿来了一套五金工具，是来帮杰的桌椅升高一点的。看着他娴熟的手法，我就轻声问："叔叔，请问我有什么可以帮助你的吗？"杰的爸爸擦拭了一下汗水，说："好啊，那你帮我把椅子上的四颗螺丝钉先卸下来吧。"

我一听，觉得小菜一碟，对于我而言简直是大材小用，便拿起螺丝刀，对准螺丝钉戳进去。谁知手一抖动，螺丝刀偏离了方向，戳在了桌腿上。我不服气，屏气凝神再来，总算把螺丝刀扣在了螺丝钉的钉眼里了，可无论我怎么拧，还是一点也没有拧出来。

就这样徒劳了一阵，我开始失去了耐心，猛地一使劲，"啪"的一声，我以为终于有一颗螺丝钉被卸了，可谁知大腿像被刺了一下，火辣辣地疼！原来，刚才的螺丝刀非但没有把螺丝钉卸下，反而自己手没抓稳，螺丝刀脱手掉落在了我的大腿上，幸亏只是一次擦边，裤子又厚，否则那可就是流血事件了。

没办法，我只好停下来，先看杰爸怎么做的。只见他麻利地将螺丝刀扣紧螺丝钉，再逆时针旋转，最后将螺丝钉轻轻拔出，轻盈灵活，又快又稳。啊，逆时针转啊，怪不得，我一直是顺时针拧的，犯了方向上的错误。

我掌握了诀窍，开始轻车熟路地卸下来了第一颗螺丝钉，终于成功地完成了卸螺钉的任务。

我把椅面略微抬高，还得把螺丝钉装上去。这次学乖了，既然卸是逆时针的方向，那么固定就是顺时针的方向。再弄错，岂不真成"脑残"了。我加快速度，一会儿三颗螺丝钉全部固定好了，可谁知第四颗螺丝钉找不到了，缺了一颗。

紧张地找螺丝钉行动开始了。我俯下身子，先从自己的脚的四周开始，慢慢扩大范围，就像小河里荡开的涟漪，一圈一圈地探寻。我钻到桌子下面，最后干脆趴在地上，可还是没找到。那种窘迫，嗨，别提了。

"你身上找找吧！"杰爸的一句话提醒了我。我拍拍衣服，"丁零"一声，果然，小螺丝钉掉在了地上。我如获至宝，马上捏住，三下五除二，把它死死地拧了上去，大功告成。

椅子少了一颗螺丝钉，就成了"瘸腿"，它虽个小不起眼，可作用却很大。做人、做事也一样。

# 访"古"记

曹诗敏　松江二中高一（9）班

自踏进松江非物质文化遗产传习基地杜氏雕花楼的那一刻起，我便觉得自己与外面那个车水马龙、分外嘈杂的世界再无干系。眼前是另一个世界，这世界安静却非死寂，古朴却非土气，充溢着恬淡的古韵。

在其中，我访到三"古"之美。

第一"古"即古宅。古宅之美，隐于无形，显于内心，不同的人有着不一样的体会。而古宅于我，它的美便体现在其建筑设计、雕刻艺术和独特气息上。一眼就能看出雕花楼属于典型的江南水乡民间古宅，以轴为中心，横支所建屋舍——对称，而在对称的基础上又巧妙地设计了一层小小的不对称，使得其严谨而不失生机。流连徘徊，典雅秀丽的厅堂，雕饰精美的楼阁，小巧幽静的庭院，无不令人赞叹。而五步一兰，十步一柏，假山鱼池，更是将古宅之优雅精致表现得淋漓尽致，看似不经意，却是匠心独运，每一部分都将美充分展现，而合到一起丝毫不显突兀，反倒是美上添胜，恰到好处。而细观其中的雕花，着实别具一格，中西合璧，花卉、鸟兽、云纹、人物无不栩栩如生，颇为出彩，堪称古代雕刻艺术之精品。踩在阁楼的地板上，地板发出了陈年旧木所特有的声音，使我不禁放慢步调，心倒也静了不少，在古楼里，我能感受到一种别样的气息，就像是一位老者，静静地凝视着我，鼻腔里发出平缓的呼吸声。这种感觉在外面是很难体会到的。

跟随着回廊，我进入了一间房，墙上挂着一幅幅画，房间里还摆放了两架绣架，绣面上是还未完成的绣品，似是女眷暂作离开，仿佛房里还留着一丝芬芳。偶看墙上画作，猛然一惊，这竟是一幅绣品，画面清秀，绣工精细，色彩鲜明，堪称精妙绝伦。这就是松江的顾绣。人们常说顾绣如画，今日着实领教一番。这"绣成安向春园里，引得黄莺下柳条"的境界是凡物难以企及的，这便是第二"古"——顾绣之美。

162

沿着台阶步下阁楼，耳边飘来阵阵琴音。这是第三"古"，古琴。在此之前，我对古琴的认识仅局限于伯牙绝弦的故事，而这一次却使我真正陶醉其中。就在古宅的第三进，庭院正中放置着一张古琴，古琴边上放了一只香炉，袅袅檀香悠悠散出，一位琴者双手抚摸琴弦，轻轻拨动，从中传出轻轻的美妙的琴音，时而柔时而劲，变幻无穷。我静观氤氲檀香，闲听古琴音律，这滋味妙不可言。周围的琴者跟着唱起了歌谣，这一切是那么的随意，思想的交融充溢其中。就在琴音萦绕耳畔之际，我顿时感到所谓的古韵就漂浮在我周围的空气中，是的，在这小小雕花楼中，古韵无处不在。想不到，在如今这个匆忙的世界，竟还有人坚持着一周一次的雅集，一张七弦古琴，一炉袅袅熏香，一案红枣普洱，暂别世俗，煮茶品茗，抚琴弹唱……

这次雕花楼访古之行使我体味了"古"之美，同时也使我陷入了更深的思考。

"古"是深刻的，然而"新"在崛起，"古"在衰落。我们的世界的确需要新兴事物，但同时又不能抛弃所有的"古"，因为"古"代表着历史信息和文化积累，代表着一代代人生命的痕迹，代表着一些无法定义的价值。"古"，它时刻提醒着我们源于哪里，根基是什么。

# 小蚂蚁，大力量

陈健　上外附小四（5）班

俗话说得好，"团结力量大"。我从小蚂蚁的身上体会到了这种团结的力量。

那天上午，我出去玩的时候，看见了几只小蚂蚁在聚斗一只小虫。那小虫对于蚂蚁来说，就是个庞然大物了。小蚂蚁们围着虫子，想把虫子杀死，再拖回洞中吃掉。

小蚂蚁们向那只小虫子发起了进攻。几只小蚂蚁冲上去，用它们的小钳子夹住小虫子，而小虫子身上有坚硬的保护壳，小蚂蚁怎么也伤不了小虫子分毫。

过了一会儿，小虫子估计是厌烦了，它把身体左右摇晃了几下，小蚂蚁就被甩开了。小蚂蚁们重新站了起来，聚在一起，好像是在商量战术。

小蚂蚁们又向小虫子发起了第二次进攻。正当我看得欢时，眼睛的余光瞥到了一只好像是掉了队的蚂蚁。它爬向草丛的行动引起了我的注意：它是不是怕小虫子把它杀了要当逃兵呀？强烈的好奇心让我跟了过去。小蚂蚁爬到一个洞里，这应该是蚂蚁洞吧。我更加肯定了我的想法，果然是害怕了，要当逃兵，逃回了老家。于是，我便对这只"逃兵"蚂蚁没了兴趣，再折回去看蚂蚁和小虫子的"战斗"。

过了一会儿，那一只蚂蚁又回来了，我十分疑惑：这只蚂蚁不是当了逃兵吗？怎么又回来了？我往蚂蚁身后一看，嘿！黑压压的一大片，原来这只蚂蚁是回去搬救兵了。我误会了这只蚂蚁，如果这只蚂蚁通人情，我一定要向它道歉。

一会儿，成百上千的蚂蚁立刻包围了小虫子。小虫子却一点也不惊惶，估计是在想：哼，小小的蚂蚁那么弱，还来那么多，看我不把你们全杀死。蚂蚁们可没有畏惧，他们冲上去，一起用钳子剪小虫子，好几只蚂蚁一起剪一个地方，一会就把小虫子的一块外壳给咬断了。

过了一会，小虫子被蚂蚁剪得千疮百孔。可小虫子也不服输，还在拼命挣扎。蚂蚁们又使出了新的战术，由几只小蚂蚁钻进了小虫子的体内，在里面向外捅出好几个小洞，小虫子挣扎了几下，不久就死了。小蚂蚁们把钳子举得高高的，像打了胜仗的将军一样。

一只蚂蚁，微不足道，但成千上万只蚂蚁聚在一起，就会产生出足够大的力量。我们也要像小蚂蚁一样不怕困难，团结起来，坚持到底，一定会战胜困难！

# 我家一猫二虎

陈旭敏　松江一中高一（2）班

东方卫视有个热播的电视剧叫《虎妈猫爸》，这个名字太符合我们家的阶级关系，只不过我们家还多了一个虎女。二虎一猫，冷静的时候很幸福，但不冷静时也免不了几场大战。

一山容不得二虎，家里最多的争吵是发生在母女之间，每个礼拜总会有几次，小吵大吵互相吹胡子瞪眼，有时横两句也就没什么事了，厉害起来就没那么愉快，摔门不讲话都有，相信许多同学都有这样的经历。

但是，虽说与爸妈发生争吵在我们现在这个年龄是很正常的，一家人没有摩擦也不太可能，但总归这是不愉快的。我们两虎，虽说吵得不少，但是母女之间没有隔阂，这是因为每次吵完冷静下来之后都会有一个促膝长谈……当然长谈是要建立在双方都愿意去了解对方的基础上，都希望和谐相处。这个长谈，在我和我妈之间，我往往是情绪激动，泣涕如雨，巴拉巴拉地会把所有心里话说出来，虽说画面有点"惨烈"，但至少我表达了心里的想法；而妈妈需要知道我真正在想什么，在了解我的心情后，她会说出她的想法。在这样的过程中，无论方式如何，我们至少都互相了解了对方，知道了矛盾所在，那么也会正视这些争吵，而不是把争吵当作一种关系僵化的事情。当然每个家庭适合不同的交流方式。

家里有妈，当然还有个爸。在我成长过程中，爸爸一直是一个中间人物，印象似乎没有与他相关的争吵。平时我会向他抱怨妈妈啰唆，他反之对我说妈妈的辛苦忧心；妈妈当然也会向她的老公"哀叹"女儿有时有多么多么不争气，爸爸这时就会说说我的累、压力说我是有潜力的。我觉得吧，一家三口的和睦关系是靠三个人努力的。并且家庭中的每个成员都要清楚自己的位置和交流方式。不能因为没有交流而导致的争吵又因为没有交流而导致更深层次的误会。"爸妈骂你是为你好"，这是天下父母心中的无奈，又何尝不是父母与孩子有隔阂的导火索，有时我们只有亲耳听到父母"骂"的背后的真心话，才能理解他们。

　　交流不可少，除此以外，最重要的还是理解、包容、忍耐。家庭中的许多矛盾有时真的很不愉快，但是化解了这些矛盾，最后的一定是幸福。


# 记忆深处的弄堂

费嘉仪　茸一中学八（3）班


　　大概在我六七岁的时候，在上海的弄堂里，常常能看到我和小伙伴们玩耍的身影。那时候，暑假里我通常都会回到奶奶家，和小伙伴们一起跳皮筋，弄堂里常常能听到我们哼童谣"马兰花，马兰花，风吹雨打都不怕……"这个时候，那些男生们就在一边玩打弹子，时常有弹珠咕噜一下就滚过来了，我们一不小心就会踩到而扭伤了脚。

　　上海人住在弄堂里穿着也不是很讲究，有时候穿着睡衣踩着拖鞋就出来坐在外面乘风凉了，好像随时都准备回去睡觉的感觉。上海人也很热情，逢年过节烧了什么做了什么，都会给周围邻居送去一些，每一家都是这样，就好像住在这里的都是一大家了。令我难忘的是有一次奶奶做南瓜饼，我在外面就闻到了香味，我跑进家里，吃了两个还想多吃几个，但奶奶说要给邻居分一点，平时那么照顾我们。我就拿起南瓜饼，给周围的陌生的、熟悉的邻居们送去，就像是在做大事一样，心里美滋滋的。

更多的时候，我们就在弄堂口干坐着，等棒冰的"到来"。每天早上隔壁的婶娘都会去赶早市，她答应每天回来都会带棒冰给我们。在等待的过程中，常常会有卖报纸的走过，大喊着："报纸要哇？报纸！"

每当看到弄堂口有一个紫色的身影过来时，我们就知道是"棒冰"回来了，立马飞奔过去，冲着婶娘大叫：棒冰"呢？棒冰呢！"婶娘则不紧不慢地拿出几根棒冰，我们便拿走棒冰，说："谢谢婶娘了！"然后一下子溜进弄堂去玩了。

我永远也忘不了这件事：婶娘出车祸了！那天早上我们依旧在弄堂口等婶娘回来，我们等了许久，也不见婶娘回来，这时有个叔叔走过来跟我们说那边出车祸了，好像是婶娘。我们急忙奔过去，看到婶娘倒在地上，周围有一群人，肇事者把婶娘扶上他的小车，飞驰着向医院奔去了。

后来我才听说：那天婶娘买好了棒冰，转身回来时，不幸被一辆车子撞倒在地。婶娘的腿断了，头撞破了。我去看婶娘，婶娘说："你们的棒冰我给买回来了！"说完从包里拿出早已融化成水的"冰棍"，我抱着婶娘哭起来。

那件事后，我再也没有回去过。但我依然还记得，那长长的弥漫着棒冰味的弄堂，弄堂里那根长长的拐杖，拐杖旁那个长长的紫色的人影。那记忆深处的弄堂，那永远活在弄堂里的婶娘……

# 小熊放风筝

郭朝阳　中山小学二（4）班

　　春天到了，小熊去树林里放风筝。小熊来到了一片空地上，开始放风筝。风筝在天上随风飘扬就像仙女在天空中翩翩起舞，突然一阵狂风吹过，风筝卡在了高高的树杈上，弄也弄不来。小熊心想：我心爱的风筝没了，这可怎么办呢？它苦思冥想也没有想出一个好办法。它非常伤心，一屁股坐在了草地上哇哇地大哭起来了。

　　小熊的哭声引来了正在远处散步的长颈鹿。长颈鹿奇怪地问："小熊弟弟，你为什么哭啊？"小熊指了指挂在树上的风筝说："长颈鹿哥哥，我的风筝卡在了树上，您能不能帮我拿下来呢？""可以呀。"长颈鹿说。

　　于是长颈鹿走到那棵树下，伸长了脖子，张开了大嘴巴，小心翼翼地叼下了风筝，然后把风筝递给了小熊。小熊感激地说："谢谢长颈鹿哥哥。"长颈鹿笑眯眯地说："不用谢，兄弟之间互相帮助是应该的。"说完，两位好兄弟一起去放风筝了。

# 骤雨歇

何芸帆　九峰实验中学八（3）班

从小雨渐渐变为大雨，不再清爽的雨声听着让人沉闷。

母亲坐在我对面一脸恨铁不成钢地教训着我，我低着头，一声不哼地吃着早饭。

"怎么起得这么晚？你知道今天早上8点要到老师那儿上课吗？迟到了脸都被你丢光了！还有早上起来怎么又没叠被子，你还当你是小孩儿吗！你光长身体不长脑子吗？"

一连串似机关枪发射的训斥话语让我的头沉重得抬不起来。我沉默着，心说你让我快点下来怎么可能再去叠被子呢？心好累。

"你看看，每次说你，你就哑了，有用吗？啊？拿出行动来啊！你这小孩真是……"

我放下碗筷，轻轻地说了声："我吃饱了。"便转身走向书房整理上课用的东西。装哑巴？我叹了口气，难道你还想让我顶嘴吗？我这不是……想让你少生点气嘛……头好痛。

走进书房，似乎还能感受到背后灼热的视线。僵硬着身躯，背着包来到玄关换鞋。母亲去开车了，我背着她，泪水终于不争气地落下。也许上课迟到是我的错，也许母亲希望我能成为她的脸面，也许母亲是为了我好……心里是这么想的，但一股莫名的委屈感还是涌上心头。

话说得也太不留情面了吧，而且毕竟是课外学习而已，不是在学校。

听到车子驶来的声音，我用手拍拍双颊，用袖子使劲擦着眼泪，坐进了开来的车子。母亲坐在驾驶座上，说："一被说就知道哭，哭能解决问题吗？这样子去上课还不如不去了！"

我坐在车窗边，看着窗外下着大雨，一副挺惨的模样——就像现在的我。

母亲的训斥徘徊在耳边却什么也听不清，耳朵里只是充斥着"滴滴答答"的雨声。

真是糟心啊。

好在母亲也知道什么叫丢脸，陪我到了上课的地方马上"阴雨转晴"，笑容灿烂声音极细地对老师说什么真不好意思来晚了之类的话。老师没多在意，笑着说没关系便让我开始做题。

我是最快完成四张试卷并且效率最高的那个。

我想就算迟到了也没多大关系，不过该遵守的也是要去做的，毕竟规矩摆在那里。

下课了。我一想到自己刚缓和的情绪又要碰上母亲难免有些不愿面对她。谁知我出门，看到了母亲一脸正常平缓的神色。

"下课了？走吧，去吃午饭。"

谁也没再提早上的事儿，似乎是自动忘却了那件事，我们聊了起来，一切都是那么和谐。

雨停了。

# 对不起，朋友

蒋翼　岳阳小学四（1）班


　　小明是我最好的朋友，我们俩几乎每天形影不离。可是，有一件事我却冤枉了他，还一直欠他一个"对不起"。

　　那天下午爸爸出差回来，带回了我梦寐以求的手表。我一听到这个消息，马上跳了起来，拿起电话拨了小明家的号码：喂！是小明吗？快到我家来，我"有好东西给你看。"小明一进门，我就迫不及待地把他拉进我的房间，亮出我的手表。只见小明看了又看，摸了又摸，像是见了稀世珍宝。他羡慕地对我说：这"手表太炫了。"看着小明这羡慕的眼神，我心里不禁洋洋得意。后来天黑了，小明就回家了。可是小明走后不久，我就发现我引以为傲的手表不见了，这真是一个晴天霹雳！我第一个怀疑的就是小明，因为只有小明碰过我的手表。

　　第二天，我一进教室就冲到小明的面前，怒目圆睁，吼道："亏我还把你当作我最好的朋友，你这个小偷，我要跟你绝交！"说完，我瞥了小明一眼，只见他涨红了脸，眼泪在眼眶里打转。后来，我没跟他讲过一句话，小明后来几次看到我，张了张嘴想跟我说什么，我也都转身离开，再后来他转学了。

　　前几天，妈妈在打扫床底的时候发现了那布满灰尘的手表。顿时，我的心里像打翻了五味瓶——酸、甜、苦、辣、咸一起涌上心头。

如果时光可以倒流，如果我还能见到小明，我会对他说："对不起，朋友！我不该怀疑你、怀疑我们的友谊。"


# 猫和老鼠

蒋瀚洋　上外附小三（6）班


已经12点了，夜深了。一只小花猫一动也不动地趴在一个小小的老鼠洞口，瞪着一双雪亮的、闪着绿光的眼睛，等待着老鼠出洞……

这时候，坐在洞口的小老鼠心想：我今天已经饿了一整天了，不如现在去偷一大块奶酪来填饱肚子？但是如果猫在洞口可就不好办了呀！于是，它探出头来东张张，西望望，没有发现猫。又竖起耳朵听，也没有一点动静。于是，小老鼠就大摇大摆地走出老鼠洞。不幸的事情发生了！它刚走出洞口，小猫"喵"的一声，后肢一蹬，前肢一伸，"啪"的一声，就把小老鼠按在了自己的手掌心下！

小老鼠心想：糟了，糟了，看来我今天得死在猫的"五指山"下面了！得赶紧想个办法逃走才行啊！接着，小老鼠眼珠子"骨碌"一转，想出来一个好主意。它说："亲爱的猫大姐，今天栽在您手里我也认了，不过请您先别吃我，我死之前有一个小小的心愿，您能让我唱首歌吗？"小猫心想：真是怪事儿，老鼠都会唱歌，我倒要听听它唱得有多好听，反正它今天是跑不掉的！于是，小花猫松开了爪子。

就在这一瞬间，小老鼠像一支离弦的箭一样逃进了鼠洞。小花猫气得胡子直翘，但后悔已经来不及了。这时，老鼠洞里传来一阵声音："猫小姐，你这叫自作聪明，拜拜！"

# 谁的本领大

雷坤瑾　第二实验小学四（3）班

晚上，活动了一天的人们都进入了甜蜜的梦乡，小区里已经静悄悄的。就在这宁静的夜晚，传出了一阵阵窃窃私语，渐渐地声音越来越大。咦？这是谁在说话呢？原来是争吵声，是我的五官正在比"谁的本领大"呢！

嘴巴最会说话了，它唾沫横飞地说："咱们今天来比一比，谁的本领最大，为主人服务得最好，它就是本领最大。"眼睛不甘示弱地说："好，比就比，我不怕你！"耳朵也附和着说道："看我的动耳神功，这下冠军非我莫属了！"耳朵骄傲极了。鼻子动了动它那圆圆的身体，说："别看我长得不好看，我的本领可大了。"

比赛正式开始了。嘴巴叽叽喳喳地说："我的本领最大，要是没有我，我的小主人瑾瑾吃东西怎么办？要是没有我，她就不能和别人说话了。"

高高在上的眼睛耐不住性子了，它使劲挤了挤眼睛说："五官中我最高，我的本领也最大，如果没有我，瑾瑾能看得见东西吗？看不见东西，你嘴巴老弟不是在瞎说话吗？"

"小主人瑾瑾没有了我，就听不见声音。"耳朵说，"怎么去和别人说话呀？"这时，耳朵已经不满意了，它愤愤地说，"再说了，要是没有了我，瑾瑾也听不到老师在讲课，也增长不了那么多的知识。"

"你们让不让我说话？"圆圆的鼻子大声说，主人没有了我，她就闻不到世"界上所有的味道，那可怎么行？""就说小主人每天吃饭吧，要不是我闻出了饭菜的香味，她能吃得那么香甜吗？她要是饭吃得不多，会长那么高的个子吗？"

一直不吭声的眉毛，也不服气地跟着说："你们可别听眼睛的胡说八道，我才是五官中最高的。我还可以保护眼睛呢！"

嘴巴、眼睛、耳朵、鼻子、眉毛吵个没完没了。这下可糟糕了，大家的吵闹声把大脑先生给吵醒了。大脑大声说道："你们吵什么吵？害得我不能睡觉。"它语重心长地对大家说："我们有一个共同的主人，我们是一家人，大家各有各的本领。"

听了大脑的话，大家都感到惭愧了，异口同声地说："我们懂了，我们要团结一致。"从此，他们再也不争谁的本领大了，各司其职，成为好伙伴。

# 魔盒·磨合

倪贝丫　九峰实验学校七（1）班

圣诞节，我们班收到英语老师从美国寄来的礼物——一个魔盒

（Magic Music　Box）。打开魔盒，赫然是两个可爱的小人儿，只要改变他们之间疏远或亲近的距离，调整他们相背或相对的姿态，就会发出截然不同的音乐。奥秘在于下方与小人相连接的许多大大小小齿轮咬合的程度与角度：当两个小人互相背离疏远时，下方的许多齿轮处于畸形咬合状态，会触发十分刺耳的音乐，如怨如泣，令人心碎；当慢慢拉近他们的距离，调整为握手言欢，相拥相抱状，下方的所有齿轮便最佳磨合，亲密无间地融合，这时如同燃起曼妙的烟花，悦耳动人的旋律刹那释放五彩缤纷的音符，如诉如慕，令人心醉。

这真是一个神奇的魔盒，小伙伴们惊呆了。

一年前，送给我们这个神奇礼物的那个神奇的老师，去美国接受培训做飞行员了——我们换了英语老师。事发突然，他只匆匆道别便收拾东西离开了，只在临走时暗示"会给你们换个美女老师"。当时我想，我不要换老师——即使是美女老师也无法接受。

毕竟事出有因，我也并非那种偏激的少年儿童，只是生来适应能力差。刚上小学那会儿，开学第一天所有人和我一样哭爹喊娘；一个礼拜后，只有我还等着午睡、下午茶。人们总需要时间去习惯一件事，需要更长的时间改变习惯去适应另一件事。

第二周，新老师终于来了，果然是美女老师，个子高挑、发音标准、爱笑、喜欢讲笑话，还自己先笑得前仰后合。多数人一眼就喜欢上了她，我是个例外。第一节课老师讲述一些课堂和作业方面的要求，我对这个"不速之客"心存违和，故意尽可能扭身背对讲台，百无聊赖地趴在桌角发呆，甚至浮想联翩地在英语书封面上写下了原先英语老师的名字。抬头时听见她要求：以后每个礼拜都要摘"抄一篇英语短文"。我内心郁闷，叛逆作祟，觉得这老师跟我太不合拍。

一段时间下来，"受不了""无法接受"等字眼被我日日挂在嘴边，连母亲都感到厌烦。

直到某天阳光明媚，这位新来的老师讲评试卷时说起题外话，居然和我们这些小巴辣子分享起自己的学生生涯。她眉飞色舞，声音爽朗，讲起故事来就像豆豆姐姐，全班都听得津津有味，笑得拍桌跺脚的也大有人在。我原先绷着的脸不经意漾起了笑意，第一次觉得老师身上有一种力量在把我拉近。

冬去春又回，教室窗前香樟树梢绽出一层新绿，鹅黄的向日葵迎着朝阳在煦风中频频点头。

总是心不由己，我也还是会在六一时咧嘴笑的少年儿童，不知不觉间，我上课时抬头挺胸的状态比了鸡血还凶猛；下课的时候也偶尔和老师用外语插科打诨，不亦乐乎。原先熊市的成绩也开始牛气冲天，之前忍不住反感的短文摘抄都倾情对待。如果母亲留意的话，她会发现我与其交流时话题逐渐转向了英语老师。

有一次和老师谈山海经，末了老师开玩笑地问："Do you love me, darling？"我沉思了一会儿，说："Of course I do."这不是敷衍而是真情，不是感慨而是承诺。

是的，老师，不知不觉我对你的态度已经一百八十度转变。因为爱，即使是不喜欢的也变得可爱，即使是难以习惯的也在磨合中融合……

科学老师说，适应环境是生物的本能。

我想，人类的本能不仅是适应，还有爱的磨合与滋生。

如今，当我再次打开这个魔盒，聆听那熟悉的旋律，如同聆听纶音佛语，内心瞬间拥有了魔力。

# 云间静心好去处

彭晨 松江一中高二（3）班

在松江，你能够找到醉白池、广富林遗址、方塔等名胜古迹。而这些逸处又不得不提起那些文人雅客们的逸事。杜氏便是其中一家，他们在云间落了根，得以尽情享受那极具徽派建筑风格的杜氏雕花楼。

见雕花楼，眼前是一扇扁平的大木门，走近后，可以看到前庭的顶罩宽而广，向前伸起的样子，慢慢走进内里，昏暗的光线便开始渐渐丰富、敞亮了起来。蓦一回首，那代表整个雕花楼精髓的牌匾"紫气东来"跃入眼前。据说，这匾将为整座楼带来吉祥美好的福气。不仅如此，在雕花楼内，随处可见颇具风雅之气的盆景，一桌一椅，一台一砚，其摆放方位和雕纹都是有讲究的，这些讲究无不暗示了这家主人的为人谨慎且富有雅致的风格。而这种风格也奠定了雕花楼整座建筑那典雅细致的主题基调。

深入雕花楼，悠扬的琴声便渐入耳边，再细嗅，是浓郁的香气，沉稳而又不失一丝妩媚。随着视线的转移，能看见那烟静静地飘荡在台前的香炉炉口边缘，散开，不见。这堂内的光线，正巧将那把台前的古琴照亮了。

啊，不觉此次访迹之行，竟还能够一览古典音乐艺术的大家们汇集在此的景象！那雕花楼内，分明是一位身着黛色裙裾的女子。

她坐在堂前，横了一把古琴，微微低头，指尖在那雪弦上来回拨动，弹奏着。琴声沉重，绵长，音调如波浪般缓缓散开，远去。合着这古朴的琴声一同配合她一起演奏的，是一位长衣女子，正站在她的身旁沉醉地吹箫。多美的一幅画卷，使人感觉自己仿佛置身千百年前，而眼前的，不正是文人雅士们一同"雅集"一同交流自身技艺的场景吗？

雕花楼的最内里处，是探寻历史，研究古物的聚集处。要了解古朴民风，便在于这些内房了。雕花楼内里，不仅仅有古时的药柜，灶头，床板，踩踏式缝纫机，还有古时的一些农具，和早期制作农副产品的一些奇特而又精美的机器。有时，你不得不为古代人民的智慧结晶而发出由衷的钦佩之声。

仅凭雕花楼是看不完松江的，但通过雕花楼，却能看遍大半个松江。你能寻找到自己的根，知道自己从哪儿来，从而静心，致远。

# 生病的文章

## ——读《咬文嚼字》有感

沈群　九峰实验学校八（3）班

什么？文章也会生病？是的，你若用错了词句，那岂不就是让文章生了病吗？若是想给文章好好治个病，那《咬文嚼字》是一份不错的药方子。

与《咬文嚼字》的初识，源于一位老师的引见。而后，在朝夕相处中，渐渐生了情，潜心阅读起来了。

"咬文嚼字"这书名，流露出来的是对文字的尊敬，包含的是多少学者对于汉字的执着。

它主要分为三个部分。第一，辨字析词，对于易错字词的分析，如"象牙筷上扳的是 què 丝吗"，其中"què"的写法倒是难倒了不少英雄好汉，常常被写作"雀"，其实最正确的写法应是"象牙筷上扳皵丝"，意为故意找碴。第二，纠错指正，它既能及时指出如"春晚""人民日报"等在播放、刊登中有误的地方，又有文坛大家的经典之作中鲜为人知的不妥之处，如周国平曾在《宋人弦歌》的解说词中称千古词帝李煜是一位后唐帝王，但经过仔细考证，他其实身处南唐。第三，向你挑战，它会刊登一篇文稿，其中有十处差错让你寻找，不仅考验眼力，更考验见识。

《咬文嚼字》给我治了不少大病小痛，也让我知道了很多新内容。六七年级时，我偶然注意到于谦的一首脍炙人口的《石灰吟》，表达了他不畏艰险、清白做人的高尚情操。其中我最爱"粉身碎骨浑不怕，要留清白在人间"这两句，但吟了几遍都觉得有些不对味儿，凭着浅薄的知识暗自揣测了一番：按照七绝的格式，它的第三句平仄要求应是仄仄平平平仄仄，即便一三五不论，"身"也是平音，且非入声字，岂不是不妥吗？我毕竟没有做学问的那种勇于质疑的精神，所以也没有去找老师探讨。而在之后，我遇见了《咬文嚼字》，找到了答案：原文乃是"粉骨碎身浑不怕"，但在引用时可能由于大意或直觉改成了"粉身碎骨"，这么一解释竟与我之前所想相符，不觉莞尔。

咬文嚼字往浅了讲，就是给文章治治病，改改错，但若是往深了讲，就是对母语的探索、保护和创新。文化是一个国家的命脉，首先要做到的便是让文字不生病，如果有病，则一定得治。

# 小熊过桥

沈笑容　方塔小学二（3）班

一天，阳光灿烂。小熊要去看外婆，高高兴兴地背着小包，走出了门。

他走着，走着，看见前面出现了一条小河。河上只有一座独木桥。小熊看见桥下的河水很深。他很害怕，不敢走过去。这时，小鱼看见了，说："不要害怕，大胆走！没事的！"小熊慢慢地迈出脚步。一只小鸟飞过来，看见小熊晃悠悠地走在桥上。小鸟鼓励他说："别怕，你一定行的！"于是，小熊鼓足了勇气，站在小桥上，一步一步向前走。当小熊走到桥中央的时候，他停了下来，往下一看，顿时心跳加速，每一步都走得那么艰难。小鱼说："你可以走过去的，要小心！"最后，小熊终于过了桥。小熊感激地说："有了你们的鼓励，我才走过了独木桥。谢谢！"小鱼和小鸟看见小熊顺利地走过独木桥，开心地向小熊道别："再见，小熊！"小熊又继续向外婆家走去。

# 那片竹林

盛瑞祺　茸一中学七（2）班

一尝到腌笃鲜中鲜嫩的竹笋，我就会想起乡下奶奶家屋前的那片竹林。

春天来了，春笋小心翼翼地探出头来。我和奶奶手持一把小铁铲，一同去竹林挖笋。厚厚的竹叶覆盖着土面，找到微微隆起的笋尖尖。我小心翼翼地学着奶奶的动作，先把笋周围的枯叶扒开，用小铁铲挖出一圈土，再抵住笋的根部，用力一铲，"咔嚓"一声，笋被我挖了出来，看，小笋的外衣上还带着一些黄泥，新鲜着呢！

我越挖越起劲，恨不得挖光所有的竹笋，奶奶制止了我，最终留了几棵"病秧子"。这不，过了一段时间，竹笋吸收了雨水滋润，也开始挺着胸膛迅速蹿高，后来居上，跟其他当初壮实的几棵竹笋毫无异样了。

七八月的盛夏季节，嫩嫩的竹笋早已长成新竹子了，尖而细的竹叶在竹林的顶端拢成了一片绿荫，竹林变成了一个清凉世界。强烈的太阳光此刻也无计可施，只能勉强地从一大簇绿荫中透过几丝微弱的光来。我和小伙伴们从家里"偷"来几段绳子，牢牢地拴在较粗的竹子上，做成秋千，荡呀，摇呀。奶奶摇着一把大蒲扇，给我们讲故事。我们认真地听着，抬头数着从竹叶中依稀可见的星星，它们在俏皮地眨着眼睛，那里藏着我们未来的梦。

秋天的竹林别有风味。竹叶开始变色，呈绿黄色，竹林中似乎失去了往日的色彩。我和小伙伴们在竹林中玩捉迷藏，这是我们童年时常玩的游戏。随着倒计时，我们很快潜进了"战场"。我四处躲避，尽力逃脱小伙伴的法眼。呵！在落叶丛里，偶尔也会发现几个鸡蛋，因为奶奶家的那只不听话的母鸡总是爱把蛋下在竹林里，我如获至宝，捧着捡到的鸡蛋兴高采烈地回家。

冬天的竹林富有诗意。飞舞的雪花渐渐堆积在林梢，把竹子都压弯了腰。我和小伙伴们闯进竹林，握住冬竹使劲一摇，"哗啦"一声，簌簌的雪花如天女散花般飘落下来，溜进我们的脖子里，凉丝丝的，竹林里回荡着我们咯咯的笑声。竹林外面银装素裹，我和小伙伴们从外面抄起白雪，捏成雪团，打雪仗，堆雪人，静寂的竹林顿时热闹了起来。

那片曾经的乐园——竹林，如今已经杳无影踪了，但心底里欢乐的记忆却永远也抹不去。

# 开门与暖手

谢盼盼　佘山学校八（1）班

我生活在一个普通的家庭里，爸爸妈妈每天为了生计奔波忙碌，生活平淡得似一杯白开水，但这平凡的生活中，我处处可以觉察爸爸妈妈为彼此着想、不平凡的一点一滴……

我家住在五楼。爸爸每天下班很晚。当他踏上楼梯时，妈妈都会准确无误地断定这是爸爸的脚步声，不管在做什么，她都会放下手中的事情，站在门口，待到脚步声在门外停止，她就会微笑着打开门，接过爸爸手中的公文包，及时将拖鞋递给他。我过去想不通，为什么我就听不出呢？我问妈妈，她笑而不语。现在我知道了，楼上楼下这么多人的脚步声妈妈都闻若未闻，但爸爸的脚步声那么远她就听到了，是因为别人的脚步声是踩在楼梯上，而爸爸的脚步声是响在妈妈的心坎上。

到了冬天，妈妈由于经常用冷水洗衣服、洗碗，致使手上长冻疮，手指肿得像胡萝卜。我也长过，知道冻疮很难受，又痛又痒，还不能抓。爸爸会每天晚上帮妈妈暖手，还会用温水小心地擦拭妈妈的手，眼中包含着的专注，柔情，就好像妈妈的手是这个世上最珍贵的宝贝。那时候，他还会顶替妈妈，干所有的活，即使妈妈想做，爸爸也不答应。

我问过爸爸，为什么要对妈妈那么好？爸爸说："在冬天，干家务活本身就是很累的，还用冷水，妈妈肯定会很冷，而且妈妈一年四季都在为我们劳累。"是啊，家里面的事情，我和老爸平日里都不插手，只有妈妈一个人在干，很辛苦。所以爸爸很心疼，要补偿她。爸爸还问我："有没有看到妈妈的那双手？"妈妈的手不像阔太太的手那样白净、柔嫩而富有光泽。她的手黝黑、粗糙、干枯，手背上是深深的裂纹，手掌上是硬硬老茧。这双手记录着妈妈为家庭的付出。

现在我才明白，爱并不是非要轰轰烈烈，花前月下的卿卿我我，细水长流、相濡以沫的爱情，更易白头偕老，天长地久。

# "活着"才能胜利

许天宇　东华大学附属实验学校七（5）班

参加钟书塾冬令营的一次真人 CS 野战。我们领取了头盔和激光枪，分了红蓝两队和场地。我分在蓝队，作战开始！队长史泽楷以身作则，率先冲了出去。我找到掩体，想打伏击。果然，敌军来了，我暗自窃喜，举起枪瞄准对方。为什么完全无法瞄准敌方头顶的灯！哎呀，近视眼真吃亏。算了，不管了，我索性朝对方乱扫一阵，结果一个也没有打中……

"啊！啊！啊！啊！"伴随着一次又一次的惨叫，我的生命值也只剩下了唯一的一条。我见战况不妙，便赶紧躲起来，留着这唯一的一条命，等着下一局再补充新的生命数量。如果命没了，你只能退出比赛。

双方交换了场地，再次开战！我一开始就冲了出去，想改变策略，当一回敢死队。可谁知刚冲出战壕，就连中五枪，又挂了。

唉！调整心态，进入到第三局。这一次的任务很简单，叫"斩首行动"。只要击毙对方的队长就算获胜。我匍匐前进，潜入敌方深处。我发现了敌方的队长，但由于心急，射偏了，结果反而被对方狙击手发现，把我给干掉了，就差那么一点点，真是郁闷极了。

还没有等我缓过神，最后一场战斗，已经开始了！我们采取了人海战术，一起冲了过去。可是刚冲过去就被打了下来；又冲过去，又死；再冲，再死；还是冲，依旧死。

这样漫无目的地乱冲肯定不行。我们急中生智，分成两组，一组在这掩护，吸引对方的火力，另一组悄悄地从边上绕过去，准备打他们一个措手不及。

我随同另一组队员，端着枪，猫着腰，冲过了对方的封锁线，飞奔到了敌军的后方，还没等对方反应过来，我们像天兵天将来了个突袭，一阵集体扫射，哇，太爽了，我们赢了。

每一次的战斗，都指向了一个关键词——活着，只有活着才能获得最后的胜利。

不要为了"胜利"而冲昏头脑，莽撞蛮干，所谓杀敌一千，自损八百，得不偿失。也不要认为一开始遭遇挫折或失败，就灰心丧气，要振奋精神，屡败屡战，终究会有赢得成功的机会。

冷静一下，给自己寻找一个"掩体"，这并不是胆小，而是懂得为自己留一条后路。遇到困难，善于开动脑筋，才能解决问题，甚至有可能会改变我们的命运。

# 动物就是我家人
## ——读《我的野生动物朋友》有感

薛礼承　第二实验小学三（6）班

在非洲辽阔的大沙漠里，一个小女孩在丛林里奔跑着。她与野象相亲，同鸵鸟共舞，和变色龙、豹子、狮子、狒狒成为好朋友……

她就是法国小女孩蒂皮，10 岁之前，小蒂皮一直跟随着拍摄野生动物的摄影师父母在非洲大沙漠里生活。《我的野生动物朋友》记叙了她在野生动物堆里长大，和动物交朋友的传奇故事。这些故事给她带来许多的奇趣、欢乐、惊险和幻想。

　　小蒂皮有着一颗善良的心，她从不伤害动物，把大象视为哥哥，将鸵鸟看作舞伴，和鳄鱼亲吻，就连凶猛的狮子和豹都成了蒂皮最好的伙伴。

　　走进非洲，走进那些野生的动物，许多事情叫人无比惊讶，可偏偏又那么形象生动地显现在你的眼前。她会跟动物说话，用眼睛跟动物交流，而动物们竟也能明白她的意思。蒂皮用这种奇特的方式来了解野生动物们，与它们交上了朋友。她体会到"动物世界很复杂"，"绝不要害怕，但永远要小心"，她认为"动物从来不凶恶，但比较好斗"，只要理解它，尊重它，爱护它，不招致它的误解，就能从动物那里得到善意的回报。

　　更令人震撼的，是她不能容忍人类屠杀野生动物的荒唐行为。蒂皮揭示了"人与动物"相处时的和谐关系——原来他们可以这么融洽，相互间不敌对、不侵犯、不伤害、不杀戮。在现实社会中，事情可远不是那么温情脉脉。在人处于绝对强势的世界里，人们已经习惯于动物们被关在牢笼里，被摆上餐桌，被以各种手段残杀掉。在我们与它们之间，似乎永远是杀戮和被谋杀的关系。

　　蒂皮说，"动物就是我家里人"，"我的天赋就是和动物说话"。小孩与动物之间似乎存在着某种神秘的联系。小蒂皮特别喜欢布须人，生活在非洲沙漠里的布须人是最接近动物的部落。他们很和善，他们的语言很好听，像美妙的音乐，他们非常节俭，不喜欢浪费，尊重大自然的恩赐，不到万不得已，他们绝不会宰杀动物。

就像小蒂皮在《我的野生动物朋友》这本书上寄语中国小朋友的一样：我希望全体小朋友们，团结起来，共同保护我们的星球——这个将由我们继承的星球！让我们告诉所有的大人们：尽一切努力，保护我们周围的环境，保护动物，代代传承！

# 勇气

俞艺舟　松江五中 六（7）班

"什么时候才放学啊！""别急了，还有15分钟呐。"……几个同学小心地看了看四周，压低声音，轻轻地交流着。怎么回事？

时间倒流回十几分钟前……只见我站在讲台上，无奈地一遍又一遍地叫着喊着"安静！安静！"但班里仍吵闹依旧。

一股无助感席卷而来。我努力地回想着以前瞿老师和我以前的班长是怎么管理班级的。猛地，我眼睛一亮，想起了一个办法，虽然绝对管用，但对于心软又稍有点胆小怕事的我来说，是一个十分重大的决定。我憋足了嗓门，大喊一声："安静！"我正要开始讲话，老师突然从后面走了进来，班里瞬间安静。

尽管如此，我仍旧隔着几排桌椅，大声地说："老师，刚才我们班太吵了，今天晚点放学吧！"话音未落，我就清晰地听到我的心紧张得扑通直跳。刚安静下来的同学们齐刷刷地抬起头来盯着我。老师几乎没有犹豫，果断地说："好，就这么办。"我装出一副若无其事的样子，心中却十分矛盾：同学们会不会讨厌我啊；但班级又不能不管啊！

想着，我回到了座位上。果然，我的担心成真了。没等我开始动笔写作业，前面的"沈昊吉吉"就转过脑袋朝我抱怨：班长，你怎么这样啊。自己不急着"回家就让我们一起留啊？"后面的芷延也拍了拍我说：班长，你让那些说话的人"留下来不就好了吗？我还要值日呐！"我的同桌施奕杰听了，也连声附和。

我并没有回答什么，只是默默地放下了笔，站了起来，向讲台上走去。我轻轻地对老师说了些话。只见老师点了下头，对同学们说："俞艺冉有些话要对大家讲，认真听。"我先扫了一眼同学们——有很多同学仍低着头，果然有很多同学不满到都不想听我讲话了。我稍稍理了理思绪，深吸一口气，开始讲话："我想大家可能对我的做法有点不满，但我们毕竟是个集体，如果班级吵闹，我们全都有责任。并不是说你不是班干部就可以事不关己，对周围同学的吵闹视若无睹；但请记住，只要每个人都保持安静，班级里会吵吗？而且你也有义务监督周围的同学；就算你不想，但只要你不说话，其他人有话说吗？我想我们班没有那种成天自言自语的人吧。"

一番话讲完，班级里出奇地安静。虽然这段话我讲得意外的流畅，但我仍略有不安地又扫了一遍同学们，担心看到的还是刚才他们那副爱听不听的模样。还好，这次，我看到的是一双双盯着我看的眼睛，似乎还若有所思，我这才松了口气。

一直静静地听着我讲话的李老师此时开口了："俞艺冉说得很对，我们是个集体。好了，继续写作业。"

我长呼一口气，快步走回座位。大家也没再对我抱怨。

我的心也很快恢复了平静。果然，人是需要锻炼的。现在的我拥有更多的勇气啦！

# 小白兔的生日

郁懿晴　第三实验小学二（3）班

小白兔就要过生日了，它准备了盘子、气球、蛋糕，想到好朋友要来参加生日聚会，它高兴极了！

小狗心想：我该送什么礼物呢？有了！我要送我自己心爱的食物：骨头！于是，它拿着满满一盘骨头往小白兔家跑去。"咚咚咚"小狗敲了门，说："我来参加你的生日会了。"小白兔打开门，接了小狗的礼物，说道："谢谢你！"

小猫心想：我要送什么礼物给小白兔呢？有了！我要送我最喜欢吃的鱼！于是，它拿着满满一盘鱼往小白兔家跑去。"咚咚咚"小猫敲了敲门，说："我来送你礼物了。"小白兔打开门，接了小猫的礼物说："谢谢你能来参加我的生日会。"

小羊心想：我该送什么礼物呢？有了！我要送我最喜欢的青草！于是它拿着一大盘青草去小白兔家。"咚咚咚"小羊敲了敲门说："我给你送礼物来了。"小白兔一看见小羊的礼物就大叫起来："谢谢你，我太喜欢你的礼物了。"

小猫和小狗纳闷了：我们送你的礼物你怎么没那么高兴，小羊送的礼物你就那么高兴？小白兔笑眯眯地说："我吃素的，不吃荤的，但是你们都把自己最喜欢的礼物给我，我真是太高兴了！"

蜡烛点上了，小白兔许愿：希望好朋友每次都能来参加我的生日会！


# 熟悉的光景

张乐易　九峰实验学校八（1）班


周末挑了个天气晴好的下午洗头。头发太长，好像有一年多没剪过了，以至于我自己洗的时候至少得花上半个小时，麻烦得紧。也许是留久了就有感情了，我说什么也不愿意剪头发，可又懒得只为洗个头就进浴室，便叫妈妈在梳洗台帮我洗。

上次像这样让妈妈帮我洗头似乎已经是很久以前了。那个时候，我站起来还够不到洗手台，得站在小板凳上。现在我直起腰来比妈妈高出半个多头，再也不是以前的那个小不点儿了。

妈妈常说我的头发颜色比别人深，用水打湿以后就显得更黑，所以洗头我是乐意的。当感觉到有水沿着眼角流下来，我便用力闭上眼睛，免得水流进去。小时候一次洗头，混着洗发露的水流进眼睛里，那种刺痛的感觉我至今还心有余悸，于是每次洗头的时候都会条件反射般地闭紧眼睛。妈妈对这时候我扭曲的表情形容为"像是吃了一整个柠檬"。

洗发露在我的头发上摩擦出泡泡，很快就起了白花花的一大团。以往洗头的时候，我总喜欢把泡沫聚在头顶，用手指拨来拨去捏成不同的形状，软绵绵的煞是好玩。

妈妈的手指用力适中，她按住我的头皮，来回揉了两遍就开始冲洗泡沫。我微微睁开眼睛，看见池子里漂浮着的我的落发，黑黢黢的神似某种藻类植物，有几根头发还滑进了下水道里。

洗完头以后，很讨厌的事情就是吹头发。每次想把头发吹干都要吹好久，可是我没那耐心，常常是头发半湿就上床倒头睡着了。这次我把湿答答的头发甩了给妈妈，坐到太阳底下任她吹拂。

我看着对面镜子里，妈妈手握吹风机吹我头发的样子，觉得好像有些熟悉。童年的光景似乎还没变，我还没有长大，头发没有变长，还是一个小不点儿，趴在凳子上等着妈妈把我的头发吹干。我支着头慢慢地想着，不知道下一次，妈妈这样帮我洗头吹风，会是在什么时候。而那个时候，我又会变成怎么样呢？

# 拥抱心底的彩虹

张怡宁　东华大学附属学校七（2）班

"阳光总在风雨后，请相信有彩虹……"已经是第四天了，在安吉，顶着炎炎夏日，背着一身臭汗，跟着夏令营的小伙伴们来到了"藏龙百瀑"的山脚下。抬头仰望，映入眼帘的仍是绿森森的一片，可养眼了。

景色虽美，打动了我的心，也迷住了我的眼。漫山遍野的竹子为我们遮挡烈日的折磨，一地绿荫洒在心底，顿时少了几分燠热。

但还是无法接受这蜿蜒曲折的山路，不仅累，还十分陡峭，不禁倒吸一口冷气。

队伍在向前走着，脚下是由石头组成的阶梯，蜿蜒向上，犹如一条慵懒的沉眠之蛇。山风举着细小的手指为我们带路，走了一程，还是避免不了汗流浃背的狼狈样。

这样的路对我来说，是一种考验，也是一次锻炼的机会。走数百层的台阶，微胖的我，自然已是气喘不已。当然，好处也还是有的，能减个肥、瘦个身。挺好！

终于迎来了我最惧怕的——镂空钢管阶梯，这种台阶之间是虚空的，每一阶都有不小的间隙，脚甚至可以伸进去要是稍不留神，不小心一脚踏空，那就悲剧收场了。我紧跟在队伍后面，当踏上台阶的第一步，就已有些心惊胆战了，小心翼翼地抓紧扶手，死死拽住不放手，好像它就是我的保护神。每往前走一步，手心就冒出一层汗，扶手上也变得汗淋淋的，像是涂上了一层润滑剂。

大概走了一半路程，低头俯瞰，下面是潺潺溪水，清凉中闪着阳光的碎片。我不禁打了一个寒战，脚也愈发软了，深吸一口气，抬头看看蓝天白云，让"突突"的心跳慢慢平静下来。

水声在耳畔弹奏着夏日的奏鸣曲，仿佛在我的心里注入了一份清凉。我定了定神，鼓起全身勇气，准备一鼓作气，走到底。

甩开疲惫与恐惧，一步一步往前走，终于走完了最后一步台阶。瀑布不负有心人，终于在一阵阵壮观的声音里看到了"藏龙百瀑"的神秘面纱，水流自山顶倾泻而下，如彩虹般挂在心底，震撼的感觉自是不必说。四散的水珠如雾般散开，湿润了我的脸庞，凉丝丝的，很是惬意！

阳光在茂密的树枝间忽闪着，面对着奔腾的瀑布，禁不住思绪

# 有一种美，叫宽容

周雨欣　上外附小四（11）班

看着弟弟的被我洒上酱油的书包，听着弟弟安慰我的话语，我突然发现，我的弟弟真美。

从小，亲戚朋友们都夸我长得真美丽。瞧我，淡色的眉毛，挺秀的鼻梁，淡红的双唇，淡静的眼睛里流露出智慧的光芒，爸爸妈妈都非常喜欢我。可是，我是一个爱发脾气的小女孩，常常为一些小事和别人争吵。

长大些，妈妈却常常说我不美，弟弟才美。那时，我还不知道是什么意思。每次一听到妈妈这么说我，我总是闷闷不乐的。为什么呀？我不是很美吗？怎么妈妈还说我不美，我总觉得弟弟才一点也不好看，根本没有我美。我忍不住把心里的想法告诉妈妈，但她一直对我笑而不语，只对我说了一句意味深长的话："你要去思考，去观察，答案就在其中！"

终于，在那一刻我真正地明白了，弟弟真的比我更美。

一天晚上，妈妈捧端着丰富的晚餐放在桌子上，并大声对正在做作业的我和弟弟说："快点吃饭啦！"我俩听了，忙跑过来。看了饭菜，哇！还有羊肉啊。可是，酱油呢？没有！于是，我便去柜子里拿出了酱油瓶。可是，刚跑了两步，我就被地上的一摊水滑倒了。

酱油瓶从我的手中掉落下来，砸到了地上，瓶子碎了，酱油也洒了一地。正巧，弟弟的书包就在旁边，我生怕书包被洒上酱油，就伸手去摸摸。可悲剧发生了，书包真的已经被染上了酱油。书包湿了，里面的书本也湿了，还散发着酱油的酸味。我的心里忐忑不安，心想：怎么办呀？如果明天被同学发现了，弟弟不是要很惭愧吗？我仿佛看到了弟弟对着我暴跳如雷，对着我大吼大叫……

谁知，弟弟走过来了。他看见了自己心爱的书包洒上了酱油，又看看心情不安的我，说："怎么回事？""我……我把你的书包洒上酱油了。"我结结巴巴地说。谁知，弟弟不但没有责骂我，反而对我说："没事的，洗一洗不就得了？我不怪你！"我大吃一惊，双眼紧紧地盯着他。我想，要是换我的话，肯定会大发雷霆的，弟弟真的不生气？妈妈走过来，对我说："看到了吧！这就是答案！"我听了，突然之间似乎明白了什么。

经历了这件事，我才知道，妈妈说的"美"是心灵的美，而不是外表的美。从那时起，我真正感到了世界上真的有一种平凡而又伟大的美，它的名字叫——宽容。


# 再见了，人乐

周芷萱　九峰实验学校八（2）班


这是最后的一顿晚餐，最后一次在这阳台上眺望美丽的夕阳，最后一次在这栋楼下欣赏无花果树，最后一次漫步在花园的小桥流水之上，最后一次爬上林荫小道边的假山，最后一次到这个报摊买杂志……

因为爷爷同意把人乐的房子卖了，人乐小区的房子就不属于我们了，得知这个消息，我有一种遗憾，十分不舍。我坐在阳台上，看那落日余晖，依然那么美，闭上眼睛想起了小时候的欢乐时光。

童年暑假，一般都在这里度过。楼下有棵无花果树，我偶然扯断过果树的叶子，发现一种像牛奶一样的汁水从叶子的断口处流下来，我和哥哥一开始以为是牛奶，还计划着尝一尝这"树叶牛奶"的味道呢。现在想来忍不住要笑。

不远处有个小花园，和哥哥姐姐常到小花园里玩，我们经常在一个小广场——因为有许多人在那儿跳舞，被我们称为"跳舞广场"，现在看来其实也就是一块铺了大理石的空地罢了。在那儿我学会了打羽毛球，我们仨经常玩得满头大汗，于是哥哥就会带我到湖中的小亭子里乘凉，我们一起喂鱼，看着鱼儿聚集过来，心中就会有一种成就感。

花园里有一条林荫小道，通过小道，就可以看到一座假山，假山中间有一条"深渊"，那时候要跳过去，需要很大的勇气，在我的印象中，假山之间的间隙很大。如今再一次爬上假山，我才发现，原来只要轻轻一跨步就能过去了。不知不觉中，我长大了；不知不觉中，小花园已经陪伴我走过了12个春夏秋冬。

小区大门口有一个报亭，小时候出去玩，总要路过报亭前。我和报亭的一对老夫妻"混"得很熟，每次看见他们都会叫一声："阿婆好！公公好！"听到我的招呼，他们总会乐呵呵地回应，笑成了眯缝眼儿……

人乐，我永远不会忘记你！

2016

# 两只趣龟

曹天翔　中山小学三（6）班

大家知道吗？我家有两只有趣的乌龟，一只叫冬冬，还有一只叫丁丁。下面我来说说它们的长相、来历和趣事吧！

冬冬和丁丁的样子很像，头顶平平的，脖子长长的，身体胖乎乎的，四只小脚粗粗短短，后面有尖尖的小尾巴。但是，它们也有不同之处：冬冬的鼻子是尖尖的，而丁丁的鼻子是圆圆的；冬冬的壳是圆圆的，灰褐色的，纹路很清楚；而丁丁的壳是椭圆形的，深褐色的，纹路不太清楚。所以，我不会把它们搞错。

小乌龟冬冬是刁爷爷送给我的，而小乌龟丁丁是我的好朋友玥玥送给我的。告诉你一个小秘密，以前刁爷爷送给过我一只小乌龟，名叫丁丁。但是在一个冬天，它在冬眠的时候死掉了。我伤心了好一阵子。为了纪念丁丁，我把好朋友玥玥送给我的小乌龟，也取名为丁丁。

我很喜欢给小乌龟喂食。每次我把饲料放到它们面前时，冬冬总是欢快地游过来，四肢摆动，把水泼得到处都是。它不等游到撒下龟粮的地方，就扑腾着四肢，看也没看清楚目标，就扑上去，张嘴狼吞虎咽，但是往往吃下去的都是水，吃不到几口饲料。丁丁则很腼腆，小心翼翼地躲在角落里，伸伸脑袋，看看四周有没有危险。当它确定周围是安全的时候，再慢慢地游过来，吃饲料。它像个神

198

射手，一仰头就能吃到一粒饲料，每次定位都很准确。冬冬忌妒丁丁，就游过去故意抢丁丁的食物。它用硬壳推开丁丁，用脚去踢丁丁，想把丁丁嘴边的饲料全吃掉。我很怜惜丁丁，有时就先喂丁丁，再喂冬冬，好让丁丁多吃一点。冬冬瞪着小眼珠望着我，好像在对我说："小主人，你偏心！"看着它可怜巴巴的样子，我忍俊不禁。

这两只小乌龟真有趣。我真喜欢它们啊！


# 我在岳家军的日子

陈诺　上外松外学校三（5）班


"怒发冲冠，凭栏处，潇潇雨歇。抬望眼，仰天长啸，壮怀激烈……"晚饭后，我和爸爸比赛诵读古诗词，我挑了我最喜欢的《满江红》。

这首词太精彩了，以至于要睡觉了，我还在心里默默地念着。念着念着，我就进入了梦乡……

"咚！咚！咚！"突然，我被一阵急促的鼓声惊醒了，我睁眼一看，咦？我怎么睡在军营的帐篷里？此时，我身边一群士兵正在慌乱地穿着铠甲。我拖住其中一位问道："我这是在哪呀？""你是不是睡迷糊了？这儿是郾城，金兵又来攻打我们了！"他说。

我简直不敢相信自己的耳朵，急忙跑出帐篷，只见四周飘扬的战旗上都写着大大的"岳"字。"天呐！"我忍不住惊叫了一声，我怎么会在南宋？还来到了岳飞的军营里？

"郾城？"还没从惊讶中缓过神来，我脑海里又会闪过那位士兵的话，使劲让自己冷静下来，揪住一个匆忙跑过的士兵，问道："现在是哪一年？"那士兵像看到了外星人似的，半天才开口："绍兴十年。"我顿时明白了，大步向将军的营帐走去。

这时，迎面走来一位高大威武的将军，跟我心目中岳飞的形象简直一模一样。他身边有位军官正在汇报战况："将军，金军的重甲骑兵刀枪不入，弓箭也射不透，我们的精锐骑兵伤亡惨重……"岳飞听着眉头紧蹙。

见状，我鼓起勇气，走上前说："将军，我有办法可以击退金军。"

"哦？是吗？"岳飞将信将疑地看着我。

"嗯！"我肯定地回答，"如果让金军的重甲骑兵失去了马，就好比是失去了履带的坦克……"

"坦克是什么东西？"旁边的军官打断了我的话。

岳飞怒道："别打岔！"

我又说："我们可以用绊马索把马绊倒，重甲骑兵一旦失去了马，就失去了战斗力。"

一旁的人都纷纷点头。岳飞道："快叫步兵设置绊马索！"

不久，就有士兵前来汇报："敌军大量士兵和马被俘获。"

就这样，我用学到的本领和知识，为岳飞出谋划策，协助他取得了一场又一场胜利。

当我们攻下了最后一个被金兵占领的城池后，岳飞终于实现了"收拾旧山河"的梦想！

我跟所有的将士一起唱啊，跳啊，欢庆着胜利，这时，耳边突然传来了一声："快起床，要迟到啦！"唉，原来是一场梦啊！

我多希望能帮助岳飞实现他的梦想啊！

# 我爱课本剧

高畅阳　上外附小四（8）班

我爱课本剧，不但爱看，而且爱演。

吴老师教好 25 课《猎人海力布》后，就对我们说：25 课要排课本剧，最终表"演时间定在下周五，请大家都准备好。"

到了周五，我们在中午抽出时间来表演课本剧。我们这一组，海力布（我）、小白蛇（吴景茜）和旁白（刘佳怡）每人带上一个小蜜蜂，然后拿出道具，开始表演。

表演时我生怕说错台词，先做了一个深呼吸来放松一下，想一想再说。我先手里拎着几袋猎物（装作拎着，实际上根本没有）送给村民，然后拉着空的弓去深山里（小型树林，位于操场后方）打猎，突然听到有喊"sos"的声音，抬头一看，一只老鹰抓着小白蛇飞过（是走过），我急忙搭空气箭开弓，对准老鹰射去，老鹰捂着肚子跑开了。小白蛇（吴景茜）为了报答我，把我领进龙王家的宝库（小白蛇是龙王的女儿），可我要了龙王的一颗"翻译宝石"，因为只要带着这颗宝石就可以听懂各种动物说的话。

有一天，我又去打猎，听到几只鸟正在说："咱们快飞走吧！这儿的山要崩塌，洪水要涌出来了，不知会死多少人呢！"我听到后，马上回村子让村民们搬走，但乡亲们不肯搬走。我只有说出事实，才能救乡亲们，虽然说出来会变成石头，但乡亲们要紧啊！于是，我把事情从头到尾说了一遍，对乡亲们说：今晚，这"里大山要崩塌，洪水要没过大地，大家快搬走吧。"话音刚落，我就变成了石头。

乡亲们看我变成了石头，都相信了我的话，马上搬走了。半夜里，大山崩塌了，地下涌出洪水，把他们住的村子淹没了。（幕落）

最终，课本剧在欢声笑语中结束了，我希望周周都排课本剧，让我们受到锻炼，并从中获取快乐。我爱课本剧，有时自己觉得有兴趣的课文都想排一排呢！

# 相由心生

李可航  松江二中高三（11）班

高僧佛印曾与东坡下棋时夸赞东坡道："我看你像一尊佛。"东坡却趁机损了佛印。苏小妹评论："他看你像一尊佛，是因为心中有佛。而你呢？"相由心生，正如"我见青山多妩媚，料青山见我应如是"中所蕴含的深意：人眼中能看到的景色，往往取决于人的态度与境界。

相由心生，为人处世的困境之时，人能否剔除不和谐的因素，以德报怨，在于人的态度与境界。如鲍叔牙和管仲，鲍叔牙不因管仲贪便宜而责怪他，不因他被囚禁于狱而耻笑他，不因他辅佐公子小白而排挤他，反而举荐他为国相，甘为管仲之下。鲍叔牙处处看到的"青山"是管仲的才能，次次看轻的是自己的名利，却恰恰因此得到了国民的敬佩。鲍叔牙宽以待人，唯才是举，他的眼光早已超越世俗的评判标准，皆因他以国为重，淡泊名利的境界。这是人与人的和谐所在。

然而人与人内心的和谐更难能可贵。相由心生，在人生不得意的时候，人能否换一个角度审视困境，在于人内心的力量。如刘禹锡，"惟吾德馨"的人生态度让他毫不避讳以"陋室"形容自己的书房，从而《陋室铭》得以千载流传；如陆游"僵卧孤村不自哀，尚思为国戍轮台"，双鬓已白，支撑他数十年如一日的报国热情，是"处江湖之远则忧其君"的内在忠诚与爱国；又如沈从文，在"文革"中受到打压，却能以悠然自得之态，在信中写出"这儿的景色真美啊"，这源自"大丈夫能屈能伸"的人生境界，一代大家得以留下更多的经典。

而寓言故事也曾提到，一只狗在河边照镜子，它冲着水中的影子吠叫得越是凶猛，看到的回应也越是强硬。人如果时常以小人之心猜测别人，以利益作为衡量标准，那么他眼中的景色便都是丑恶的。怕扶起摔倒的老人被讹，怕救起倒在路边的病人被追究责任，感叹师德沦丧，医德沦丧……也许事情本没有这么复杂，社会也没有这么险恶，没有"老人变坏了"，没有"不敢当好人"，是我们自己预想了假想敌，是我们以小人之心度君子之度。

龙应台的《野火集》批判社会种种现状，却在《目送》里倾注无数对家人对社会对国家无声的小爱，大爱；李承鹏在《全世界人民都知道》写道："我批评这个国家，是因为我热爱这个国家。"……人批评社会不和谐的现状本身无可厚非，但不能因这些缺点就对社会失去信心，以此作为借口去伤害他人，随大流地成为曾经口诛笔伐的那一类没有良知的人。如果每个人都伸出手，都敞开心，看见"青山的妩媚"，看见人性本善，那我们也正在创造"妩

203

媚的青山"——和谐的社会：在雨中为倒地老人撑伞的护士，在刮伤汽车后留下纸条的环卫工人，在飞驰的卡车前毫不犹豫推开学生的老师……我们所感受到的温馨场面不正是"青山"回应给我们的如斯妩媚和如此好处吗？

当然，人也不能一味地以宽容、乐观的态度去看待一切景色，甚至过度地美化它，那样，"我见青山多妩媚"就会变成了一种逃避，一种伪饰。我们必须正视法律的雷池，道德的底线，国家的尊严。

正如诗人卞之琳写道："我站在桥上看风景，看风景的人也在看我。明月装饰了我的窗子，我装饰了别人的梦。"正是相由心生的体现，"我见青山多妩媚，料青山见我应如是"。人与眼中的景相互依存，人看景，景是人，能否享受美景，取决于人。


# 拼装给我带来的乐趣

闵理　民乐学校四（2）班


我是一个爱拼装的男孩，因为我在拼装的过程中能享受到无穷的乐趣。

暑假里的一天，我看到妈妈骑着电瓶车去菜场买菜，我突发奇想：我要用乐高的零件拼一辆高科技的电瓶车，等我长大了再反它设计出来送给妈妈，那该多好呀！

说干就干，我就搬出了我的乐高零件，开始了我的创作之旅。我先找出两根长条形的零件，又找到两块底板。我把两根长条形的零件上下夹住，车的主架就应运而生了。然后，我再拿两根闩把轮胎固定上去。这时我突然发现，无论我这么转，轮胎像熟睡的孩子，就是纹丝不动。

我左看右看，反复琢磨，啊！我一拍脑门，原来闩的摩擦力太大，卡死了。我灵机一动，想到轴可以减少摩擦力。于是，我又重新把它装了一遍，一试果然轮子转了起来，此时此刻我心里别提多高兴了，夏天的闷热似乎一下消退了很多。这真是"山重水复疑无路，柳暗花明又一村"！

在电瓶车基本成形的基础上，我精心地搭车头和车尾了。为了使它更加的漂亮，我用了不同颜色来拼装，还给车头装上了两个蓝色的大光灯。不一会，一辆新颖别致的"小绵羊"电瓶车"诞生"了。

妈妈买菜回来了，看到我搭的电瓶车，拍着我的肩膀对我说："孩子，你真能干！赶快长大，以后制造出来，我第一个骑！"我心里听了美滋滋的，暗下决心：加油，早日把这辆高科技的电瓶车创造出来。

此后的日子，我乐此不疲地拼装乐高，它不仅丰富了我的暑期生活，还提高了我的动手能力，让我变得更加自信。


# 假如我是一棵小草

钱漪诺　中山小学三（5）班


一句古诗叫作"野火烧不尽，春风吹又生"，小草有顽强的生命，假如我是一棵小草，那会是怎么样呢？

假如我是一棵小草，春天来了。我揉揉眼睛，打打哈欠，伸伸懒腰，用足力气往上钻，看看外面的世界，啊！多么美丽啊！我叫醒了柳树，美丽的迎春花，可爱的小燕子，向春姑娘打招呼："你好呀，春姑娘！"

假如我是一棵小草，夏天来了。我变强壮了，脱下嫩绿的外衣，穿上帅气的西服。看着人们在我身上玩耍。老年人在打太极，年轻人在散步，小朋友们在追逐嬉戏，每个人的脸上都洋溢着愉悦的神情，我也感到很开心。

假如我是一棵小草，秋天来了。我开始变得虚弱了，有气无力，闻闻桂花的清香，沉沉入睡。这时，一阵风吹来，落叶如同蝴蝶般落到了我身上，我和它成为大地母亲舒适又温暖的棉被。

假如我是一棵小草，冬天来了。我瑟瑟发抖，又回到了温暖的泥土里，等待又一年春天的到来。

假如我是一棵小草，那该有多美呀！

# 打造自己的乐园

徐炜茜　佘山学校六（1）班

我的乐园是一个个用画笔勾勒出的神秘世界。我在自己打造的乐园里，时而跳入兔子洞，在秘密花园欣赏大自然的神奇与美妙；时而登上阳光万里号，同草帽路飞一起冒险去；时而……

有空闲的时候，就会不禁想起孤独地躺在柜子里的画笔和画本，只要想到了她们就难以割舍。所以每天花在学习的时间位居第一，其次就是绘画了。每当发生了让我产生各种情绪的事情，我总会以写日记的形式把它画出来；在悠闲的下午，坐在阳台的躺椅上，沐浴着温暖的阳光，画着让人陶醉的画，又是何等的惬意啊……

那天刚好想起来了，就翻着从前画的人物，总是喜怒无常，一会儿你笑了一会儿他哭了。突然一个笑眯眯的可爱人物，占据了我的全部视线——一张胖嘟嘟、圆滚滚的小脸，一头蓬松的短发，一双笑眯眯的眼睛弯成了两条线。没错！他就是我"儿子"！我为他取名叫"方糖"，是另一部漫画"同学关系"的男主角的名字。我特别喜欢我这个"小方糖"。

今天就让"小方糖"做主人公吧。可画什么呢？画一篇漫画？画他和他朋友的合照？画他做各种职业的样子？……都被我一一否决了，一个七年级的姐姐仿佛与我心有灵犀，因为正当我绞尽脑汁的时候，"嗡嗡"地发来一条消息，是一个表情图，一个动漫版的小女孩手指着我问道：在否？

灵感！来了！可以画表情图。我当然要感谢她啦：尤里卡，"尤里卡，我知道啦，谢谢！"发完便迫不及待地画了起来。原来画的是喜，现在只要画怒、哀、乐就可以了。……时间很快就过去了，我把"方糖"的喜、怒、哀、乐都画出来了，他一会儿笑得眯起了眼睛，一会儿嘟嘴生气；一会儿哭得冒鼻涕泡泡；一会儿又乐得合不拢嘴。看看这小人，感觉真的有这么一个古灵精怪的小人站在我面前。

很快，表情图画完了，我又没头绪了。"嗡嗡"姐姐又心有灵犀发来：抽什么风啊！呵呵，虽然感觉跟我想的不一样，但她还是在我需要的时候出现了。我就把刚刚的问题发给她，只可惜她对画画一窍不通。

要不画插画吧。我忽然又有了灵感……我想把他变成"海盗"，就把他送上海盗船，戴上海盗帽"丢"上"万里阳光号"，并拜托"路飞"照顾好"小方糖"。只见"方糖"站在甲板上，目视前方，一脸严肃，使我吃了一惊。然后由于船只遇到了暴风雨，"方糖"被刮到了一个树洞，然后脚一滑，滑了进去，又与龙猫共舞；龙猫飞到天空，空中有几大块陆地，龙猫回去了，"方糖"又与天空之城结缘；空中奇异的飞行器着方糖飞到了一个古庙，里面冷飕飕，到了晚上，出现了数不胜数的鬼魅；灯火辉煌的轮船的"方糖"到了……

一幅又一幅漂亮的插图，从画纸上连续不断地出，是多么令人开心的事，每一个人物都可以产生无尽的故事，每一个故事都那么生动。

这就是我的乐园，一个自己一手打造的世界！

# 走近唐诗宋词

徐慧群 松江四中 高三（4）

"山光悦鸟性，潭影空人心""飞流直下三千尺，疑是银河落九天""衣带渐宽终不悔，为伊消得人憔悴"……一句句唐诗宋词，或幽静，或宏伟，或忧伤，将人们带入了一场场梦幻的奇妙之旅。

细细品味历史传承下来的优美诗韵，似幻化出来一个个不可思议的梦境。

仿佛看到它们静静地躺在那里，走近它，我听到了"随风潜入夜，润物细无声"般的倾诉，我看到了 1000 多年前的智慧光芒。

品唐诗宋词，接受了一次心灵的熏陶，当我合上那微微泛黄的书本时，我发现它并不朦胧，并不难以领略，但，他很高尚，很深奥。走近它，其实很简单。

迎着春而来。"万紫千红总是春"，花儿是它甜美的笑；"草色遥看近却无"，绿草是它明亮的眸；"春风吹又生"，和风是它柔顺的发；"春来江水绿如蓝"碧水是它俊丽的嘴。春之美，即是唐诗美。

送着秋而来。"寂寞梧桐深院锁清秋"，寂寞梧桐是它难言的凄凉；"人有悲欢离合，月有阴晴圆缺"，满月是它对亲人的思念；无可"奈何花落去"，败花是它沉默的无奈；"衡阳雁去无留意"，北雁是它思乡的苦涩。秋之悲，即是宋词悲。

听他说，"慈母手中线，游子身上衣"，我感悟到母爱的伟大；听他说，"夕阳无限好，只是近黄昏"，我感悟到时间的流逝；听他说，长风破浪会有时，直挂云帆济"沧海"，我感悟到一往无前的勇气。

听他说，"大江东去，浪淘尽，千古风流人物"，我品味到苏东坡的狂放，豪迈；听他说，"抬望眼，仰天长啸，壮怀激烈"，我品味到岳飞的英雄气概；听他说，"衣带渐宽终不悔，为伊消得人憔悴"，我品味到柳永的执着。

它是平凡的，它又是深奥的；它是开心的；它又是惆怅的。走近它，我看到了春之美，秋之悲，战场上的英雄豪情，士兵们的思乡盼归。

唐诗宋词，中华之财富，世界之绝唱。正是 1000 年来的智慧结晶，缔造了无数的绝词妙句；留下了令人称道的千古奇词；贡献了百读不厌的人文经典；传颂了永不褪色的中华笑颜。

走近唐诗宋词，如畅饮沁人心脾的甘泉，我们的内心会变得澄澈而明亮；走近唐诗宋词，如感受熏人心醉的海风，我们的内心会变得纯净而宽敞；走近唐诗宋词，如领略令人心折的白雪，我们的内心会变得安静而平和。

唐诗宋词的美让人流连忘返，唐诗宋词的韵让人沉迷探索……

# 下水管为什么是弯的

沈书逸　上外附小四（10）班

树上掉下来的苹果使牛顿发现了地球引力，一锅冒着泡沸腾的水让瓦特发明了蒸汽机，鲁班被带齿的植物割了一下，发明了锯子……而我，不久以前用我那双聪颖发亮的眼睛发现了一个奇怪的现象——所有的下水管都是弯的。

我马上把这个发现告诉了同学，他们七嘴八舌地讨论了起来。最终，得出的结果是——下水管做弯一点比较漂亮。而我对这个答案却半信半疑，到底原因是不是这样呢？于是，我只能用"最靠谱"的方法——百度一下了。

结果，百度告诉我的答案是：下水管做弯一点是为了防止下水道里囤积的污水散发出来的臭味蔓延到水池外边来。到底是不是这样呢？一定要自己动手试验过了才知道。俗话说得好："实践出真知"，不一会儿，我就动起手来，在外婆的技术支持下，我们把洗手池下面的管道换成了直的，结果没一会儿，就有一股恶臭从水池里散发出来，真难闻。实验证明，百度上的答案没错。下水管做成弯的是因为在弯曲处会积存一些水，那些水会像盖子一样挡住臭气。终于知道了这个为什么，我真高兴！

我们带着一颗好奇心去探索世界，带着一双耳朵去聆听世界，还带着一双眼睛去观察世界……此刻，我发现：生活中处处有科学，科学世界真奇妙！

# 放学小镜头

沈奕尧　上师大外附小四（6）班

放学了，教室里从原来的鸦雀无声变得吵吵嚷嚷了。

大家慢悠悠地理着书包，老师在一旁催促，排队速度加快了。等大部分同学排好队准备向校门口走去时，只听几声"等等，等等"。队伍停了下来。这突然的"急刹车"使几个同学站不住脚跟，连累了后面的同学。顿时，大家慌乱了起来，尖叫声，责怪声混成一片。过了一会儿，"战争结束了"，大家又恢复了平静。

我走出教学楼，只见一个西装革履的学生爸爸将车开到校门口，挡住了校门口的通道，然后下车将女儿搂在怀里，问东问西的；一位高龄老人着急地望着教学楼，似乎在担心孩子迟迟没出来，是不是留学了；还有一些老人听到孩子告诉他们在学校发生的"喜讯"后，喜滋滋的。

没有家人接的同学就找了人结伴同行，独自走路回家的同学在我们眼里就是天不怕、地不怕的男子汉、女汉子了！

211

这就是放学后的小镜头了，虽然小而平凡，但令我印象深刻。

# 万鸟家园

沈兆骋　民乐学校七（1）班

一进万鸟园大门，头顶上的一群大白鹭飞过，把我们带进了鸟儿的世界。

首先来到鸟类科普馆，眼前的各种鸟类，五彩斑斓，令人眼花缭乱。逼真的实景模型十分精致。一片碧绿的森林中，鸟儿们快乐地飞翔，孔雀开屏，鹦鹉鸣叫……演奏的交响曲让我为之陶醉。

之后，随着导游的讲解，我们探访各类飞禽，有的单脚站立，有的自由飞翔，有的悠闲自得，动物世界的韵味真是神奇。

接着我们走进了温室，各种珍稀之鸟在此汇聚一堂，怪不得要花重金在苏州建专门的鸟类温室，原来就是为了保护这些珍稀鸟类。

铁丝网围绕，围帐包围的笼子中，鸟儿们生活着。工作人员为了它们，可谓是尽了最大的努力。两旁还有各种温室植物，逼真地模拟了鸟儿们的生存环境。可是，我看到的：鸟儿们在铁丝网中，好像并不自在，也许我们的工作人员给了它们一流的居住、食物，但它们似乎缺少什么东西。听导游说，曾经在黑天鹅自由生长的地方，两只成双成对的黑天鹅生活在一起，每天都是那么美好，令人充满遐想。可是那一天的一声枪响，彻底改变了他们的命运，它们

212

中的一只当场死亡，另一只陪伴到最后，也伤心致死。

也许猎人们的开枪只是为了多挣点钱，可是，这一声枪响，击破的不仅是两只黑天鹅的恬静。不久的将来，由于滥杀，黑天鹅将会灭绝。曾经那有着一身美丽无比的羽毛，作为爱情美好象征的黑天鹅消失了，它们真的永远留存在了照片里。物种的灭绝，令人痛心，令人悲伤。到那时，随着一个物种的消失，会有"蝴蝶的翅膀"的效应，整个生物链会失衡，会遭到破坏。

这些温室里的珍稀鸟儿们，它们多么美丽，令人心醉，可一想到不久的将来，这些美丽的面孔，5只，4只……1只，渐渐消亡，怎不令人痛心？

万鸟园是鸟的天堂，金刚鹦鹉、巨嘴鹟鸮、蓝绿鹊……也许它们可以在这繁衍生息，游人们在这里探奇。但是还有更多的鸟类正在危险的边缘，面临灭绝，一个个生态场所被破坏，鸟类真的将就此消失？希望不会。

万鸟园鸟儿们的一声声鸣叫，激起了我内心的声音，也或将是我们所有人的声音——保护鸟类，建造更多的鸟类家园！

# 筑桥

宋锦阳　民乐学校七（3）班

猴子先生和兔子先生同毕业于动物大学的筑桥系，但是猴子的毕业论文分数比兔子先生高并且老师的评价也比兔子先生好，所以森林的动物对猴子先生的赞叹胜过兔子先生。

清晨的阳光照进一片木质的小屋区，显得一片温馨。兔子先生和猴子先生是邻居，但每次猴子先生总会一眼未瞟地路过兔子先生的家门，神情很是孤傲，好似目中无人⋯⋯

兔子先生打开了电视机，一个悲惨的消息传了过来，原来是因为森林中的一座桥，因为桥基长久被水腐蚀，有些森林居民在桥上走，桥承受不住重量，塌了下来，因为他们不会游泳，最终溺死在河里。

在兔子先生知道这件事的同时，猴子先生也知道了这件事，心中暗想：如果我是桥梁专家，我一定要去设计一座高质量的桥。

建桥需要资金，还需要外面的支持，猴子先生立即打电话给动物媒体总管马先生，马先生知道了猴子的计划后说："猴子先生！你的为民心理可嘉，作为对你的佩服，我将免费为你宣传。"

很快，猴子先生要修桥的计划几乎传遍了森林的每一个角落，也惊动了森林国的行政人员，国王为了满足猴子先生筑桥，特批给了他100万森林币，还有豪华别墅和汽车，猴子先生一家欢天喜地地放了鞭炮，搬了新家。兔子先生看在眼里，心想：为民做事，对！我也修一座桥，一条河上两座桥不是很好吗？居民碰到突发情况也可以选择另一座桥。但猴子先生已经拿到经费，国家不可能再给我呀！但⋯⋯

兔子先生开始行动了，他将自己唯一的一套房子出售了，又向亲朋好友借了几十万，自己出钱买建桥用具，石砖块、水泥⋯⋯兔子先生筑桥的消息很快传开了，青蛙、蚂蚁、梅花鹿⋯⋯都来帮忙，工地上一派繁忙的景象。

再瞧瞧猴子先生，虽然已经宣传了，但他迟迟没有开工，自己一个人待在空调房里玩电脑，和别人聊天，丝毫没有着急的意思，他想：建桥是迟早的事，我何必要这么快呢？先享受一下再动工也不迟。

过了几个月，兔子先生通过自己的努力终于在河上筑起了一道彩虹，但猴子先生才刚刚开始设计。在无比羞愧的情况下，猴子先生向居民承认错误，可早已没有用了。兔子先生不仅得到了筑桥的钱，国王还将所有给猴子的待遇给了他，而猴子先生只能默默待在小木屋里。

其实，猴子先生完全可以筑好桥，但因为他只顾享受，才怠慢了工程。


# 三株"仙人球"

孙毓翎　泗泾小学 四（4）班

我们家有三株可爱、幸福的"仙人球"。爸爸是一株朴实无华的"草球"，妈妈是一株美丽珍贵的"龙王球"，我则是一株动人可爱的"菲花玉"。

草球会生长出许多小球。爸爸对我的爱就像这些长出来的小球源源不断。每当爸爸在我耳边不停地唠叨"眼睛一睁，开始竞争。累死你一个，幸福全家人"这类的话时，我总觉得不胜其烦。后来仔细想想，虽然话里带点"刺"，但这不正是对我的关爱吗？这不正是爸爸对我的殷切期望吗？这不正是爸爸希望我将来有所成就吗？

让我印象深刻的一件事，是上二年级时的冬天，我摔断了手，起初没有告诉大人，半夜很疼，实在忍不住了，当时妈妈正出差，爸爸一个人帮我穿好衣服，跑了松江的三家医院，但是晚上骨科停诊，爸爸最后开车到了上海儿童医院，一个人跑上跑下，折腾了几个小时，到家已经凌晨四点了。爸爸让我睡一会，又去帮我准备早餐，一夜没有合眼。我心想："这就是爸爸对我无私的爱！"爸爸对我的爱不就像不断生长出来的小球吗？

龙王球的珍贵在于能同时开好几朵美丽的花，而且每天接连不断地开。这显得龙王球异常美丽珍贵。妈妈每天下班回家，总是带着亲切的笑容和关爱的语气，想着法子做出美味可口的饭菜让我品尝，还不间断地给我买漂亮衣服和鞋子，无意间给我阵阵惊喜。记得去年夏天，妈妈带我去日本旅游，实现了我的梦想，增长了我的见识，亲身体验了一回异国的风土人情。妈妈对我的爱就像龙王球，显得十分珍贵，有一首歌唱得好，"有妈的孩子像个宝"，一点也不假。

菲花玉开出的花朵十分艳丽，十分动人，十分可爱。我在爸爸和妈妈的关爱下，快乐生活，茁壮成长。我的成长离不开他们辛勤的浇灌。每当我取得进步，他们就十分欣喜。每当我遇到挫折，他们就鼓励我。我知道正是有了他们爱的浇灌，我无忧无虑，能像菲花玉开出的花朵，十分艳丽，十分动人，十分可爱，过着有滋有味的日子。我要努力学习，以此来回报关心我的人和家的甜蜜。

这就是我们家的三株"仙人球"，你说可爱吗？幸福吗？

# 饭后，换一种方式

汪秉睿　九峰实验学校七（2）班

这是一个与平日一样的周六晚上。我和爸妈吃完晚餐，收拾完桌子，照例都回到自己的"岗位"。

我捧着平板电脑看着玄幻小说，不知不觉中感到眼睛有些疲乏。抬起头，看见爸爸拿着手机刷屏刷得正欢，妈妈则盯着电视屏幕，恨不得钻进去和演员来个互动。我的心忽有所动，很想改变下现状，于是大声说："我们出去散步吧！"爸妈一听，迟疑了一会儿，还是同意了。

夜晚的小区很宁静。走在小区的柏油路上，两边的路灯放出柔和的光，树叶婆娑，像在微风中舞蹈，刚好与草丛中的虫鸣配合默契。我走在前面，爸妈相伴在身后。爸爸难得没拿手机，惬意地走在时浓时淡的树影中。我们都把心静了下来，听着偶尔传来的一两声蝉鸣，也不带炎热的感觉，我说："这样多好。"走了不久，看见小区中的一架秋千，正好没人，我们就优哉游哉地走过去坐下了。

我们一起发力蹬地，秋千一下子摆向前方，接着靠着惯性来回摆荡，仿佛要甩去我们心中的重荷，与在家里各自做低头族相比，无疑是沉浸在美妙的感觉中了。我忽而想起一事，便偏过头来说："爸妈，最近学校要求写一篇主题为亲情的征文，可自拟题目，你们有什么建议吗？"爸爸皱眉思考，随即不急不缓地说："我认为啊，一定要立意新颖，抓住老师的眼球，千万别和他人写的一个套路。"我沉吟了一下，字斟句酌地说："我原本的构思是写我在暑假中贪玩，不写作业，你看到后，把我骂了一顿，后来……"话音未落，性急的妈妈已经提出了异议，"儿子，你这样写就落入俗套啦，你想想，肯定有许多人写父母教训自己，你能博得老师的青睐吗？"我一听，有道理，可是被全盘否定又有些不服气，便将她一军："那你提一个方案啊！"妈妈想都不想，张口就说："嘿，这还不简单？只要把你爸爸骂你一顿改成他什么都没说，只是叹了口气，让你再想想……然后你自己悟出道理，这样写，岂不是上了个档次？"爸爸略带不满地说："说得不错，但这不是弄虚作假吗？"妈妈一听不乐意了，辩论道："这是艺术加工！本来写作就是源于生活，高于生活的呀！"我直击根本，对妈妈说："写作文高于生活是不错，但不是像你这样凭空捏造，生编个故事。这种作文写得一定要真实，题材不好就换个题材，绝对不能胡编乱造。"妈妈听后，觉得有理，点头附议。

　　我们的讨论告一段落，此时，弦月当空，似乎把我的思绪也照亮了。我很快想到了一个新的题材，向爸妈寻求帮助。他俩的意思是，今晚回去好好想一想，明天再交流。于是，我们踏月而归。这样的饭后散步，比宅在家里各自低头，有意思多了。

# 敲胡椒

王凯锋　上师大外附小五（2）班

今天一大早，爸爸让我去买胡椒粉，结果我买回家的却是圆圆的胡椒颗粒，于是爸爸给我下达了一个我从没做过的任务——敲胡椒。

家里没有专用工具，我只能用锤子来完成此项任务。我找来一张矮凳子坐了下来，将胡椒装进一个袋子，接着我右手握紧锤子，左手按住袋子。万事俱备，准备对它们发起"第一波攻击"。我深吸一口气，右手猛地往下挥动锤子，接着传来"砰"的一声，不知是因为我的胆怯还是紧张，第一锤敲下去偏了，居然没有击中目标。后来我又试了几次，还是不行，我有些不耐烦了。

爸爸见我一副愁眉苦脸的样子，对我说："怎么了？是不是遇到什么困难了？"我用手指了指那袋胡椒，爸爸立即知道了我的用意。"做事要有耐心，不能因为一点点困难而放弃，我现在教你方法，你按我说的方法做一遍！"爸爸语重心长地说："敲胡椒要有一定的顺序：从左到右，从上到下，也不要敲太用力了，要做好一件事情重要的是方法。"

我听完爸爸的话，用起了这套方法。我右手握住锤子，把胡椒袋摊开，用中等的力度从左边一直锤到右边，再从上边锤到下边，按这方法反反复复地敲着。这方法果然有用，过了一会，胡椒袋越来越扁平了，我已经可以闻到胡椒袋里散发出来的香味了，我满心欢喜，以为可以大功告成了。我把胡椒袋子打开，出现在我眼前的是：袋子里原先那圆圆的胡椒大部分已经成为粉末，但粉末之间还是存在一些没被敲打到的漏网之"鱼"。当我准备继续把胡椒袋包起来敲打时，爸爸止住了我，对我说："先把这些胡椒全部倒进碗里摇晃几下，在摇晃过程中，粉末会下沉，颗粒会留在上面，然后再把上面的颗粒装进袋子。"我将信将疑，但还是照做了。我把胡椒倒进碗中，拿起碗摇晃着，随着不断摇晃，果然粉末在慢慢下沉，而那些颗粒留在了上面。我再次将这些颗粒装入了袋子，重复着前面的步骤敲打起来。功夫不负有心人，这次有了前面的经验，我很快就把它们彻底变成了粉末状。

看着我的胜利成果，我心里开心极了。今天敲胡椒好有趣，同时也让我体会到了：科学知识无处不在，在学习和生活中运用好科学知识，掌握好的方法，往往能够达到事半功倍的效果。

# 小草颂

王乐怡　茸一中学六（4）班

"野火烧不尽，春风吹又生。"这是诗人对小草的褒赞。

初春，地上还有一层薄薄的积雪在慢慢融化，小草已经开始努力用它那针头般大小的头冲出大地妈妈的怀抱。此时此刻，她们已经不需要大地妈妈的保护了，凭借着顽强的毅力坚持往上钻，冲出地面，脱颖而出。也许，这些小草在人们的眼中是那么的渺小，无法与花相比。她没有牡丹的高贵气质，也没有水仙花的洁白高雅，更没有茉莉花的香气迷人。但她始终屹立，春回大地时呈现出一片生机勃勃的景象。她那柔弱的身躯，向人们展示着她的坚韧不屈，那浓绿的外衣昭示着她对生命的顽强追求。她们越长越密，渐渐由浅绿色变成了青绿色。此时，小草已经像一张绿毯，覆盖原野，准备着迎接夏天的到来。

夏天说到就到，烈日炎炎给小草带来了一些挑战。常常，我们能在一片泛黄的地上，找到一片战胜了炎热而十分浓密的小草，这一片绿是那样的耀眼夺目。然而，那些太过名贵而娇气的花草，似乎早已被这酷热炙烤得奄奄一息，失去了昔日的光彩。唯独那小草依然茂盛，依然翠绿。

秋天来了，小草换上褐黄色的大衣，开始有点枯萎。是风把她们吹得渐渐变黄，绿地变成了金色的海洋。田野里、小路边、角落里，不管是什么绿的植物都快要枯萎了，但她还能从那枯黄的母体上又抽出星星点点的绿，嫩绿嫩绿，又短又细，像是几根很短的绿丝线簇成，仿佛那么弱不禁风，一口气都会吹倒一样。这一片片颜色不同的小草连起来，赛过了织女们携手织的花毯，这又给大地披上了一件花衣，活生生的，自然而又美妙。

冬至，气温骤降，下起了纷纷大雪，银装素裹，寒风凛冽，当其他的植物都选择了凋零，这些小草在冰雪中还是泛着绿色。冰天雪地中，她们用最朴素的方式，回答了生活中最为深奥的问题——是什么让它们如此坚强？是生命，对，是生命！恶劣的环境并没有泯灭小草对生命的渴望。她们宁可在严寒中顽强生长，也不轻易放弃生命，因为它们知道，春天终会到来，寒冬过后必会迎来温暖的春天，必会出现灿烂的阳光和美丽的彩虹。

小草的生命，何等的脆弱，却又何等的顽强。我爱小草，爱它那顽强的毅力和生命力，勇于面对困难，挑战它。

# 奔流不息的小溪

吴笛达越　实验小学二（5）班

有一条干净的小溪，在森林里的一处角落里流过。小蜜蜂看见了，对它说："小溪，小溪，你嗅嗅我的花粉，多香啊！"小溪并不说话，因为它正招待老黄牛喝水。过了一会，飞来一只蝴蝶，对它说："小溪，你看看我的翅膀多漂亮啊，有红、橙、黄、绿、青、蓝、紫、粉、白、黑！"小溪说："对不起，我没时间看，我要赶到大海里去，跟成千上万的兄弟姐妹在一起，把身体锻炼得棒棒的！"小溪说完就流走了。

小溪在路上遇见了泉水和池水，对它们说："我要去大海锻炼，我们一块儿去吧？"泉水说："我也要去！"但池水默不作声，它睡着了。溪水和泉水等啊等，可是池水一直不醒。它们终于等得不耐烦了，对池水说："池水，你走不走？我们要走了！"池水睁开睡眼，懒懒地说："你们走吧，我不走，我待在这里很舒服。"

于是，溪水和泉水快乐地朝大海奔去，和成千上万的兄弟姐妹汇在一起，变成大海的一分子。

# 狐狸摆摊

吴悠然　第二实验小学四（4）班

有一天，狐狸因为不满意每月三百元森林币的收入，决定辞了森林公司的工作，想要自己做老板——摆个地摊。听说那可是很赚钱的啊！

第二天，狐狸一大清早就进了许多货，琳琅满目的瓜果，各式各样的衣服。太阳刚出来，狐狸就开始用他那尖嘴拼命地吆喝着。

兔宝宝看中了一个胡萝卜状的发卡，便对兔妈妈说："妈妈，我想买一个发卡。"兔妈妈抬眼一看，见满面笑容的狐狸，就对兔宝宝说："狐狸是最阴险狡诈的，没安什么好心，我以前差点被他吃掉呢！"兔宝宝听完惊恐万分，二话不说马上跟兔妈妈跑了。

狐狸看着她们远去，愤愤地想道：我当年好心放过你，你现在却不买我的东西。

忙了一个上午，可还是没有一点儿收入，狐狸就给自己打气，继续吆喝着。

狮子大王来买东西了，他在狐狸的摊位上左挑右选，狐狸看着着急，但又不敢说出来，只能婉转地对狮子大王说："狮子大王，您想要买什么？"

"我要买新鲜的水果，荤的吃多了，换种口味试试。对了，你这里有没有新鲜水果啊？"狮子大王大声地问。

狐狸一怔，他心虚了——他的所有水果都是不新鲜的，他怕惹恼狮子大王，便撒谎说全是新鲜的。狮子大王挑了一个吃，结果味道还可以。正想买时，猴子大哥突然跑过来，对狮子大王说："大王，这千万不能买啊！这都是不新鲜的，我吃了这么多年水果了，难道我会有错吗？大王，您一定要相信我呀！"

狮子大王又吃了一个，他相信猴子大哥的话了，因为这个是涩涩的！他二话没说，顺手把水果一股脑儿摔在地上，愤怒地走了……

接下来好几天，狐狸连半毛钱的收入都没有。狐狸亏本了，生意是做不下去了。森林公司他是回不去了，只能又去找工作，历经千辛万苦，总算找到了，但每月只有 100 森林币。

狐狸垂头丧气，说："我以后再也不冲动地做事了，'冲动'让我丢失了一个很好的工作。"

# 不说话的朋友

吴鋬熠　第三实验小学四（1）班

我的不会说话的朋友是家里那只陪伴了我几年的可爱的小乌龟。

那只小乌龟的细长脖子上顶着一个小脑袋，平时总是眨巴着一对珍珠似的小眼睛，四条小腿上长着十六个尖利的爪子，只要一爬动，长在屁股上的那条短短的尾巴，会随着它的步伐左右摇摆。背上的壳，犹如盔甲一般，一旦有危险，小乌龟的头、尾巴和四条腿就躲在"盔甲"里，所以，我叫他"盔甲勇士"。

记得把小乌龟买回家的第一天，妈妈把它放在一个十分精美的鱼缸里，里面只有一点点水。我心想：小乌龟的鱼缸放这么少的水，一定很快就会干死的，而且天气这么冷，它会冻死吗？不行，我得给我的朋友加点热水。说干就干，我捧着放着乌龟的鱼缸来到卫生间，把鱼缸放进水池，调好温水打开龙头，"哗哗哗"，一会儿，水就漫过了它的盔甲，我关掉了水龙头。这时，我猛然发现，"盔甲勇士"不断地在水中挣扎，四条小腿也在使劲地划动，拼命地想把头探出水面呼吸。"妈妈、妈妈，快来看看，小乌龟怎么啦！"。看着惊魂未定的我和正在"享受温泉"的盔甲勇士，妈妈一边哭笑不得地对我说："你这是要做乌龟汤吗？乌龟不需要这么多水，而且热水会烫死它的！"一边赶紧和我一起，把热水倒掉，再放进冷水。一次超级大"乌龙"，在妈妈的帮助下，总算有惊无险地被化解了。

这之后，我对小乌龟可上心了！每天早上起床后，我总是要和它玩耍一会儿才去上学；放学回家后，我总是来到鱼缸边，逗弄一会儿小乌龟，才去做作业。有了它，我觉得生活都充实了很多。渐渐地，我觉得小乌龟好像认识我了，我一来到鱼缸边，它就会探出小脑袋，眨巴着那对小眼睛，像是在跟我说话似的，样子有趣极了。现在，每当我遇到烦心事时，我总是会来到鱼缸边，向小乌龟诉说，它摆动着笨重的身体，似乎在开解我，顿时，我的烦恼抛到了九霄云外。每当我遇到高兴的事情，我也会来告诉小乌龟，让它分享我的喜悦。

这就是我的不会说话的朋友，在与它的相伴中，我经历了许多十分难忘的事，这些事使我记忆犹新；在与它的相处中，也使我学到了一些课堂上所学不到的知识，这些知识给我增添了很多乐趣。

# 妈妈，我想对您说

杨湘雅　东华附属实验学校七（5）班

**亲爱的妈妈：您好！**

我在窗前写下这封信，偶有凉风丝丝地吹着，像是一步步缓缓地从我身边走过的您，用温柔的手轻抚我的脸颊。星空下的树叶"沙沙"作响，细细听来，仿佛是您因为超负荷的工作后、疲惫而又轻柔的嗓音，呼唤着我的小名。抬头望星空，思绪万千……

从我呱呱坠地的那一刻起，您教会我牙牙学语，蹒跚学步……含辛茹苦养育我，而今，我已12岁了。

我应该有多一些的自由空间。直到现在，您还和我一起睡，晚上会起来为我盖被子，每次在睡意蒙眬中看到您起身，为我掖好被角。

妈妈，我想对您说："如今，我已长大，您可以考虑让我一个人睡一个房间，让我渐渐学会照顾自己，学会独立。您和爸爸老是说我不独立，依赖大人。我认为我不独立，有一部分原因是自己本身依赖性较重，但另一部分原因是您对我的过度担心与不信任。"

我并不是因为长大了，翅膀硬了，就不听大人的话。您不让我加其他同学的QQ、微信，也不让我去同学家玩，甚至连好朋友的生日会都不让我去，您说这些浪费时间、毫无意义。但我认为适时适度的活动，也是一种增进同学情谊的渠道。

我知道您是爱我的，但我希望您能多一点"放手"。在日常生活中，您帮我打理了一切，家务活几乎不让我插手；在学习上，您尽自己最大所能，帮我解决疑难。这一切的一切，我都看在眼里，记在心中。结束了一天的学业，放学后，您会快步走上前，递给我一块蛋糕，帮我解下红领巾，从我瘦小的肩上取下沉重的大书包，用慈爱而又怜惜的眼神，注视着我吃完点心。走在回家的路上，您原本瘦弱的身躯在书包的负担下显得苍老、矮小。我多次想对您说："让我来背吧！"但每次看到您那毅然的眼神，我一次又一次欲言又止。

妈妈，我想对您说：我已长大，真心希望你能对我多一点放手，多一点信任。

爱您的女儿

# 孙悟空开店

俞书建　新桥小学五（4）班

孙悟空、猪八戒、沙和尚三人跟唐僧取完经后，都做起生意

227

来。猪八戒开了一家肉店，沙和尚开了一家送水店，孙悟空决定开一家百货商店。

孙悟空用金箍棒划了一块地，说声"变！"，一家轩敞的商店便展现在眼前，上面有六个烫金大字：悟空百货商店。接着，孙悟空批发了一卡车西瓜，放在店堂中。

猪八戒卖完肉，见孙悟空的店里只有西瓜，便笑着说："猴哥，你这店里只有西瓜，哪能叫百货商店呢？"悟空听了，莞尔一笑，却什么也不说。八戒见悟空无话可说，笑呵呵地走了。

不久，第一位顾客企鹅来到店里，问道："老板，店里有滑冰鞋吗？我要参加第一届动物滑冰大奖赛。"悟空听了，忙说："有，有。您先吃西瓜，我给您量一下脚的尺寸。"说完，悟空拿尺量了企鹅脚的尺寸，将两块西瓜皮削了削，说声"变！"一双崭新的滑冰鞋展现在企鹅面前。企鹅付好钱，乐滋滋地走了。第二位顾客小熊也来了，他要买一顶安全帽。悟空切了一大块西瓜请小熊吃。等小熊三下五除二吃完西瓜，悟空拿起这块西瓜皮，又削了削，说声"变！"一顶安全帽就呈现在小熊面前。小熊付好钱，喜滋滋地走了。瞧，第三位顾客山羊也来了……

# 门外与窗前

张培雯　松江四中　高一（3）班

背上行囊，踏上远行的路，回首看看身后的门，父母倚门挥手与我告别，也许再相见就是下一个春天。走进车厢，坐在座位上，看看窗外熟悉的场景和与我依依惜别的旧时好友，下一次相见又会是什么时候。

其实，每一个在外求学的学子和在外谋生的人都会对家乡抱有浓浓的思念，特别是在那些容易想家的日子里，当那一轮圆月高高挂在夜空里，总有人会在这片星空下泛起想家的情绪，望着那夜空，仿佛那夜幕的背后就是他的家。

从古至今都不缺少那些在外思乡的游子，"枯藤老树昏鸦，小桥流水人家，古道西风瘦马，夕阳西下，断肠人在天涯。"不知道那时写下它的马致远到底是怎样的心情，我想在外游历的他那时候也应该是挺想家的，他是否在想家乡的一花一草，或者他是否也会想那一对曾在他离去的时候在门外望着他渐行渐远的背影的父母。夕阳西下，走在古道上，看着渐渐被拉长的影子。每一个在外的人都会懂那种落寞，那种思乡的情绪。"桃花潭水深千尺，不及汪伦送我情。"想必李白在离开的时候也是对那片土地有着浓浓的不舍，有着对友人汪伦的惜别。当登上船的时候，望着岸边送别的汪伦。李白也难免情不自禁地感慨不及汪伦送我情。

看看当下，那些繁华的城市里总会充斥着一些背井离乡在都市里谋生的人。他们出现在那些公司里，其实更多的是出现在那些工地里，在烈日炎炎下挥霍着自己的汗水。在这个离家乡不知多远的异地工作着，其实他们也想家，不过为了生活，为了生计，为了父母，为了在家的妻儿，他们不得不在这个城市生活着工作着努力着。生活在这个社会底层的他们也许一年才回一次家，更有甚者一年都回不了一次家。每年的春节假期前后总有那么一群人在车站的候车大厅排着那望不到边的队伍，只是为了能够买一张回家的车票，在这大家都能团圆的日子，自己也能和父母妻儿一起坐在桌前吃一顿团圆饭，看看家乡的景，感受一下家乡的情。

其实，思乡是印在每个人骨子里的一种情绪，没有人喜欢浪迹天涯，四海为家。中国人有一种传统理念那就是叶落归根。前几年有很多的居住在台湾的老人在台湾与大陆全面通行后，迈着蹒跚步伐也要回大陆寻找自己的根。家，在一个人心目中永远是最美好的，它是心里的慰藉，是避风的港湾。你开心的时候想要第一时间分享的地方，也是你难过的时候想要第一时间倾诉的地方。有时候，会有人想要离家出走，耍耍小性子，不过谁都不能否认心中最难以割舍的还是家。

视线顺着窗望向远方，山的那头是什么。也许是我的家，那个心中最明亮的地方。

# 学懒

张正萍　方塔小学一（1）班

从前有一个人。他听说很远很远的山上住着一个非常懒的人，就想：那个懒人究竟有多懒呢？我得向他学习学习懒的本领。于是，他就雇人把他抬上山，看到一间小房子。他想：这应该就是那个懒人的家吧！他叫人把他抬到房子前，就给他们付了钱，让他们下山了。那个人对着房子喊道："有人吗？"里面的人大声回答道："有！"那个人又问："我可以进去跟你学懒吗？"里面的人又说："可以，进来吧！"那个人很高兴，说："你帮我开门吧！"里面的人说："门没锁，你自己进来吧！"那个人想了想，说："你过来帮我推开门吧！"里面的人却说："不，你自己推门！我可不想走到门口去。"那个人有些生气，说："我也不推门了，等你想出来时，我再进来！"他俩等啊等啊，没有一个人去推开门。结果到了傍晚，里面的人说："你学懒的功夫到家了，可以回去了！"

# 小镇面馆

朱润泽　九峰实验学校八（4）班

小镇的面馆在城区中心一条熙熙攘攘的街道上。这条街上车水马龙，十分繁华，只有这家面馆被一排灯火霓裳的店面排挤着，蜷缩在街角。

所幸，虽然店面简陋，但这里生意着实不错。每到晌午，面馆前门庭若市，即使到了晚上，店里依旧热闹得很，毫无冷清寂静之景。

我第一次知道这家面馆，是在一个周五的晚上。那天晚上，我从市区学习回来，饥肠辘辘。因为这个原因，我爸驱车前往面馆。地铁站与面馆之间不远，不多时，便到达了。

店老板是一位略胖的中年男子，衣着简单，脸上始终挂着恰到好处的微笑。毕竟是晚上了，面馆的人并不是很多，有些许空的位置。我走到一张挨着窗户的桌子旁坐了下来。

这时，爸轻车熟路地向店长点单。当他们交谈时，我观察着面馆的装修，没有太多绚丽灯火，只有素朴。面馆的木桌上刻绘着面馆的年轮。听爸说，这面馆已悄然度过了二十余个春秋了，他年轻时就常来这家面馆吃饭。如今这么多年过去了，无数人在我们身边经过，这家面馆依旧在同一个地方等候，真是令人唏嘘不已。

说话间，一碗热气腾腾的牛肉面上桌。碗里赤红色的汤汁上卧着淡黄色的面条，旁边点缀着几大块红褐色牛肉和青翠欲滴的菜叶，红里带绿，视觉效果让人食欲顿生。

这面和这家面馆一样，没有太多修饰的佐料，只有对于牛肉本身的追求。我敢肯定的是，这碗面和20年前的面并无太大差别。

正是这一碗简单的面，冒着热气，夹杂着牛肉、青菜、白面和汤料的清香，打动了无数像我这样的食客。就像《舌尖上的中国》中的这句话：半生闯荡，带来家业丰厚，儿孙满堂，行走一生的脚步，起点，终点，归根到底，都是家所在的地方，这是中国人秉持千年的信仰，朴素，但有力量。

我想，这便是面馆能够长盛不衰的缘由吧。这家面馆是否会一直存在？或许某一天，他也会消失在人们的视线中。但我认为面馆所代表的"舌尖中国"的内涵已留下了独属于他的印记。因为：无论人和食物走得有多快，无论走得有多匆忙，不管聚散和悲欢，来的有多么不由自主，总有一种味道，以其独有的方式，每天三次，在舌尖上提醒着我们，认清明天的去向，不忘昨日的来处。

# 海洋馆之夜

朱斯晨  上外附小四（8）班

电视上见过鲨鱼有啥了不起，我可是与鲨鱼共眠过的！就在这个暑假的某个傍晚，我来到了海洋馆，开始了"海洋馆之夜"的活动。

箱鲀，长得像一个正方形的小箱子，不过，这个箱子很小，不超过一小包纸手帕（它们不会像河豚一样吸水变大），有毒。淡水魟鱼身体为圆形，尾巴为长条形，尾部有刺，有毒。狮子鱼浑身毒刺，连鲨鱼也对其敬畏三分，有毒。海胆，一身毒刺，如一只刺猬，有毒……它们都是毒中高手，毒艺难决高下啊！

娃娃鱼，因叫声像婴儿的哭声而得名，为世界上最大的两栖动物。扬子鳄，生活在世界第三长河——长江中，性情温顺，它的游泳方式很特别，休息时为竖直状。胭脂鱼，小时身上为横向条纹，长大后会变为纵向。还有白色的胭脂鱼呢，那是"白化病"的变异，发生概率为千分之一。中华鲟，出生于长江，生长于大海，生育时会重返长江。

它们可都是我们中国特有的珍稀鱼种哦！

我们洗了手，准备触摸鲨鱼。我看到有一条白色带斑点的鲨鱼，身长与我的小腿一样，这就是白点竹鲨。我看好时机，伸出手，摸了它一下。它的皮肤可真柔软、却又有点粗糙。呀！不好，我摸了它的头，这下完蛋了，讲解员说这样会激怒它们的。哎——还好，

233

它没放心上。不过见它没反应，我胆子可大了许多，趁它游回来之时，再次伸手。我摸了一条正在游动的鲨鱼啦！

摸好了鲨鱼，我看到左边的展示缸上写着"鲨鱼孵化过程"，仔细一看，原来每个小缸里都有一条正在孵化中的小鲨鱼。1-10天的鲨鱼卵在一个袋子里，这个袋子被叫作"美人鱼的钱包"，鲨鱼要在这个"钱包"里一直待到孵化完成才会出来。11—20天时有了一条小鱼的样子。我看见鱼还和卵连在一起，一定是卵还在持续为小鱼提供养分。21-30天时，卵小了，鱼大了。之后鱼越来越大，卵越来越小，直至卵消失，小鲨鱼也就要破"袋"而出啦！

时间飞快地过去了，我们也该睡了。先去刷牙吧。咦，这是什么？有两个三角形的"翅膀"，身体呈菱形。让我找找，解说牌呢？哦，原来它们分别叫蝙蝠鲼和鹰鲼。呀！有条鹰鲼身上有个缺口，不知它痛不痛，真可怜。

洗漱完毕，我们在一个隧道中铺好睡袋，我躺下来。哇，头顶都是鲨鱼！看，沙虎鲨正在游来游去，还不时张开嘴，向我炫耀它的尖牙。鳍上有一点黑色的是黑鳍鲨，它们两鱼一组，一前一后，一左一右向我游来。有黑鳍鲨当然也有白鳍鲨啦！它们正与黄褐护士鲨们一起趴在水底。它们可不是在睡大觉，这是护士鲨的习性，而白鳍鲨只是来歇歇脚的。

哦，来了两条身体为圆形的鱼，大的加上尾巴足有两个我那么长，小的也有一个半我那样，我想：它们是妈妈和宝宝或者是爸爸和宝宝？还是一对情侣？冷不丁又见一个头呈三角形的大家伙正趴在我头顶上方，用充满好奇的眼神看着我……

我拼命忍着睡意，却不知不觉睡去。

# 挑战

庄之梦　东华附属实验学校六（1）班

人的一生中必然会经历许多挑战，每一次挑战都是对人生的一种考验，在我的生活中也充满了挑战。

小学三年级时的一次偶然机会，我写的一篇文章被当作范文登在了学校的《习作园》上，班主任老师便一个劲儿地推荐我参加各种作文比赛。而那时的我，根本不喜欢写作，跟别的同学一样，我也认为这是一项既枯燥又乏味的爱好，因此对于老师每次的"邀请"，我都以各种借口推辞了，但直到有一天——

那是一个阳光明媚的周日下午，我懒洋洋地坐在沙发上看电视，"丁零零……"是班主任姚老师："小庄同学，最近学校正在举办'写作大赛'，老师帮你报名了！你一定要好好表现哦！"挂掉电话后，我的脑子一片空白，半响，我无奈地起身关掉电视。

我坐在写字台前，尝试写各种各样的文章，但是怎么也写不出像上次那样的好文章。我灰心了，心想：其实我根本就写不出好文章，这种枯燥、乏味又抽象的东西根本不适合我，也许那次只是一个巧合吧！我厌烦地推开纸笔，可是抬起头来，却一眼望到了我在墙上贴着的几个字——海伦·凯勒，心中不禁浮现出她的故事：

在凯勒很小的时候，因为一场大病，她丧失了视力，成为一名盲人，但她并没有灰心，凭借自己的毅力，学会了盲文。长大后，凯勒爱上了写作，她口述，由别人代写，她的每一篇文章都让人惊叹，其中就有大家非常熟悉的《假如给我三天光明》。这部文学经典使这位可怜的失明女孩一举成名，获得了很大的成就！

我不由得惭愧起来：我比凯勒幸运多了，她都能坚持不懈地努力，克服了常人难以想象的困难，那我为什么不能呢？于是我又重新摊开纸笔，耐心、认真地写起来，在文章中融入了自己的生活和体会，写完后，我感觉自己的文章又有了进步，写得甚至比那篇范文还要好！

比赛的那一天终于到来了，我尽自己最大的努力，结合自己的真情实感，完成了那篇名叫《勇气》的竞赛作文。没几天结果出来了，我以一等奖的优秀成绩完成了人生当中的第一次挑战，从此，我便深深地爱上了写作，以后只要有关写作的活动，我都毫不犹豫地报名，渐渐地，我发现自己写文章越来越轻松了。

挑战，是把一件看似不可能完成的事完成了，挑战的背后是对目标的坚持和不放弃，我用自己的不懈努力诠释了这个字的含义！

# 2017

# 在路上

陈硕　茸一中学预初（1）班

在小学的那段时光里，可能有很多同学都不怎么了解我，尤其是上学路上的囧事。

我爸是一个小老板，说是老板，不过是一个小公司，手下没几个人，有时还得自己去送货。他整天开着那辆二手面包车，一路上晃晃悠悠的。

我妈是老师，上班早，不能送我，于是我爸就承担了送我的任务。我总是把话藏得很深，嘴上不说，其实心里很不情愿坐他那辆小破车。

第一次坐的时候，我也没想那么多，没想到一上车，就被满车的灰尘呛到了。

"这车这么破，怎么坐啊？我还要坐它去上学？"

我爸冷冷地回了一句："那我每天还开这辆车去上班送货呢？你就给我老老实实地坐好喽。"

坐在已经旧到没有弹性的座位上，我心里满是愤愤不平，一边发怒，一边望着窗外。马路上公交车的喇叭声显得格外难听，刺耳。我想，这已经是够倒霉了的吧！可别再有其他什么事了。

每次，我爸硬是要把我送到校门口，说马路上不安全。我每次忍着怒，不说话，到了门口，赶紧下车。可是这破车关门声太响，很多人都往我这边看，我感觉脸都丢完了。就在这时，我爸又火上浇油："慢点，你的门还没关好呢！"

我听了，二话不说，飞也似的跑进了学校，等到没人再盯着我看了，才松了口气。

以后的每一天，我都是这么度过的，每天的上学路上，如坐针毡。下车的时候，更像是个贼似的，从校门口一路小跑，低着头，红着脸，一路跑进教室。等到在凳上坐稳了，脑子里还留着那几张嘲笑我的脸。

日子就这样一天天过去，而我积蓄的火却越来越大。终于在一次上车的时候，我忍不住了——

"这样怎么行！我面子都被你丢光了，今天你在路口就把我放下来。"老爸一愣，没有说话，默默地在路口停下了车。当他连再见都没来得及说的时候，我已经跳下车，关了门，扬尘而去。

那天晚上，夜静得很，月光穿过半透明的窗帘照在床上。我听见门轻轻地推开了，一个声音在我耳边轻轻响起："也许是爸爸没考虑到你的感受……"门轻轻地关上了，月光轻抚着我的脸。我发现不知什么时候，眼眶已经湿润了。

那一夜，我看着月光，想起了每天在路上的情景，想到了爸爸的辛苦。我擦干泪水，一份内疚涌上心头，再也睡不着了……

# 霉与酶

陈思妤　中山小学三（10）班

"吃苹果啦！"奶奶吆喝着。我和妹妹闻声而来，拿起苹果咬

239

了几口，觉得不怎么甜。我就把苹果放进了一个罐子里，顺便加了点糖水。妹妹见状，也像模像样地拿起罐子，把苹果放了进去，可是却没有放糖水。过了一会儿，邻居的小袁喊我们出去玩，我们忙把罐子放在橱柜的某个角落，兴冲冲地出去玩了，玩得忘乎所以，早就把苹果的事扔到九霄云外了。

过了十天半个月了，苹果在橱柜就这样度过了这些天。某一天，妈妈在打扫厨房的时候，无意中发现我和妹妹放在橱柜里装着苹果的罐子。我看了看妹妹的苹果，绿点点、黑点点、红点点遍布全"身"，还长出了一层"小毛毛"。妹妹看了，吓了一跳。妈妈说："这苹果发霉了，不要吃了，有很多毒素和细菌的，吃了会拉肚子，严重的有生命危险。腐烂发霉的东西你们不要吃哦。"我们点了点头。我再看了看我罐子里的苹果，发现没有什么变化，也没有妹妹那个苹果的状况。我拿出来半信半疑地把苹果舔了一下，却发现放了糖水的苹果没有变甜，反而变得有一点酸酸的。"真是难吃，妈妈这是什么？"妈妈用电脑上网查询了一下，告诉我："苹果和糖在近乎密闭的空间下进行了发酵，其原材料和存在的环境下，由酵母菌、乳酸菌、醋酸菌等三个族群主导，经有氧无氧发酵最后形成的产物，就是酵素，俗称'酶'"。

由于对"酵素"的好奇，我又上网查询了一下。用新鲜的水果与蔬菜做的酵素是可以进肚子的，不同水果做出的酵素有不同的功效，有的可以排毒，有的可以美容，有的可以减肥等等；用不怎么新鲜的水果与蔬菜做的酵素，是可以用来做清洁剂的，是不含任何化学物质的天然清洁剂，可以用来洗碗、刷地板、洗澡、洗头等等。

真是小酵素，作用大！这件事使我又增加了新的知识，酵素真是奇妙！

# 陕西博物馆记

成殷君　东华大学附属实验学校八（7）班

今之陕西博物馆，于西安也。今西安者，古长安也，一十三朝之帝都。馆集万古之萃，聚万年之史。

馆遵总理遗愿，锦秋院士设计，于大雁塔西北隅，辛未年落成。其秉遗唐风，中央殿堂，四隅崇楼，主次井然，高低错致。

入馆，一雄狮踞，乃女帝为母所筑，置于陵。余尝见石狮许，或伏或卧，而此异焉。四足起，立于地，昂首仰视，神色傲然，似走欲趋。

又见一大鼎，余驻足观之良久。其曰多友鼎，余谓鼎之奇焉。何为鼎者？鼎置三足，立国重器。何为奇者？此鼎有铭文百字许，为史者以为一字值千钱，十字值万钱，百字之鼎，无价之宝也。何为字者？旁史也，盖曰：昔有将，曰多友，出关塞，击敌寇，收失地，龙颜悦而赐。

行百步有余，余见一壶，此壶亦绝，余以为此壶乃王壶也。其通体翡绿，上雕狮二，下镂牡丹，又塑凤一。狮者，兽之王，雄也；牡丹者，花之王，贵也；凤者，鸟之王，祥也。一壶聚三王，岂非王壶哉？

又观历代陶俑千姿百态，金银玉器独步，唐墓壁画无双。思其邈远万年，藏宝37万余件，目不暇接，大为裨益。其实乃古都明珠，华夏宝库耳。

# 事非经过不知难

高慕然　松江六中七（3）班

　　今天的我们，可以说是幸福的花儿。粗看"五个一"，似乎显得微不足道，是件小到不能再小的事情。但细细品味，实践"五个一"，其根本要义是让我们学会感恩、懂得感恩。

　　在"五个一"活动中，令我感触最深的是为父母做一顿饭了，让我真切感受到了"事非经过不知难"这句话的含义。

　　今天爸妈出去办事，到了晚饭点还没回来。我想，何不试着为父母做顿饭？

　　现在的我真幸福，有一个和谐美满的家庭，我时刻徜徉在被爱的点点滴滴中。没上幼儿园的那几年，父母不在我身边，是姥姥带着我。那个时候也没有什么电子产品，印象最深的就是姥姥家对面的那所高中，每天清早的校铃响起，把我从睡梦中唤醒；而午饭时，则是伴着贝多芬钢琴曲《给爱丽丝》从教室里涌出来的学生。那个时候觉得上学是一件很漫长的事情，也许一辈子都上不完吧。小时候那个天天趴在窗户上等着父母回家的小女孩现在已经变了，今年又长一岁了。我想，生活也好、学业也罢，需要我以追求的姿态、实践的勤奋来对待每一件事，只有这样才能一步步达到自己的目标。

　　我收回了思索。说实话，在做饭这件事上我还是有点勉为其难的。

今天晚上为父母做顿饭，从何处入手？

我忽然眼前一亮，把中午剩下的饭菜热一下，不就好了吗？于是，我把煲里的米饭倒进燃气灶上的锅里（其实可以在煲上直接热的，可我不会），拿起菜铲，便炒了起来。这让我不禁想起了四年级我写过一篇描写母亲炒菜的作文，把母亲手中的菜铲比喻成指挥棒，今天我也要让饭菜在我的铲子下跳起交响曲。

想着想着，饭在我的手上竟炒成了"锅巴"。唉，顾不上其他了，我"慌乱"中忙将鸡蛋、香肠、青菜全部倒了进去。此时正好父母回来，我也做完了这份炒饭。父母看到我端上餐桌的饭，不免有些惊喜。看着父母吃上我做的饭，虽然我把它自嘲成"黑暗粮食"，可我还是有成就感。

只是烧个饭，就感觉很累，也就在这一刻，我懂得了为人父母的那份辛苦。父母的辛劳操持又何止做顿饭？"爱是人间最美的情感"，父母对于我们的爱，是一种大爱。人的一辈子就那么长，我要在生活、学习上，及至今后的工作中，以自己的实际行动报答父母的养育之恩，关心和体贴父母长辈。

# 司机叔叔，真帅

顾思妍　上外松外学校五（2）班

有这样一位司机叔叔，30多岁，中等个儿，微胖，看起来外表十分普通，但那双不大不小的眼睛却炯炯有神，射出真诚而又犀利的光彩。

一天放学，突然天降大雨，无数条雨线从天空上射下来。我冒雨跑到车站去乘车，去佘山奶奶家。过了一会儿，一辆大巴到站了。驾驶室里坐着一位微胖的司机叔叔。只见他稳稳地把车子开进站，慢慢停了下来。没有溅起一点儿水花。停好车以后，他打开车窗，对正在上车的乘客们喊道："各位乘客，请注意！由于场地湿滑，大家上车时按照秩序，千万别挤！"他往下扫视，发现有几个提大包小包的中年男子怕乘不上车，正插了队，用力往上挤。他马上大声提醒："这几位师傅，不能再挤！前面有孕妇和孩子！请到后面排队！"说罢盯着他们。犀利的目光逼得这几个"插队者"退到后面去排队了。

这时，一位老奶奶拄着拐杖非常缓慢往车站这边走来了。眼看着乘客们一个接着一个上了车，她离车门却还有 10 多米远。她急坏了，连连说："等等我！"司机叔叔看到了，连忙下了车，一溜小跑，到了老奶奶面前，扶住了老奶奶，真诚地看着她，亲切地对她说："阿姨，我来扶您上车吧！"老奶奶连连道谢。

司机小心地扶着老奶奶，慢慢地走向车门。

这时，车上的乘客被这一幕感动了，有的啧啧称赞，有的竖起了大拇指，有的掏出了手机，拍下了这一感人的场面。

司机扶着老奶奶上车了，扶老奶奶坐稳后，看了一下表，对乘客们笑了笑，说："还有一分钟到点，马上开车。请大家坐稳了。"说完，他回到驾驶座上把车门关上，车子轰然一声发动了，缓缓地向站外驶去……此时此刻，叔叔那真诚的目光，感人的举动已刻在我的脑海之中了。

这一幕已过去许多日子了，但那位司机叔叔充满了善良和诚意的目光，倾心关爱乘客的场景依然时时浮现在我眼前。虽然我只见过他一面，但他的一言一行让我由衷地赞美：司机叔叔，真帅！

# 放弃也是一种快乐

侯飞羽　民乐学校四（2）班

那天，我们四人下飞行棋。

飞行棋的走法主要是依据扔骰子的点子大小，这个真有点运气的成分。我们下得兴高采烈，骰子在我们手中不停地转着，各方的棋子在争先恐后地飞奔着，我们玩得不亦乐乎！

可到了白热化阶段时，我们便为一个游戏规则争了起来，我理直气壮地说："规则是这样的。"但另一个小伙伴辩驳："规则不是这样的。"我们争得面红耳赤。另外两个小伙伴面面相觑，显得左右为难。我心想：他蛮不讲理，我不和他们下了吧。但转念一想，虽然我的规则比较公平，但是规则也是人定的，下棋本来就是放松心情的，何苦弄得不愉快？于是，我放弃了自己的规则，同意了他的规则。他高兴得不得了，乘胜追击，我不习惯他的规则，很快败下了阵来。

他在一旁欢呼雀跃。而我看到他兴奋的样子，也忍不住笑了起来。我不由得庆幸这样做，虽然输了，但是得到大伙的快乐，值得！我忽然明白适当放弃，不仅使自己解除烦恼，而且给别人带来快乐，何乐而不为呢？

245

# 黑暗中的一支蜡烛

胡思甜　佘山学校六（1）班

在小学那段最黑暗的时光里，是林老师陪我度过……

数学小测又一次没考好后，我好像"心态爆炸"了，接连不断地上课走神、不认真做作业、测验考砸……大考临头，我却一蹶不振。老师的批评，同学的质疑和自己的神伤，似乎成了火源，把我心里的炸弹点燃了。不出意料的，我果然还是没在大考中取得理想的成绩。

作为班长的我，没考好也让同学们大跌眼镜。本来我的心里就有一块大石头，加上这些足以压垮当时承受能力差的我了。我的眼前似乎只有一片黑暗。

然而一向看好我的林老师，没有对我绝望，没有放任我失魂落魄。在一个周五的下午，林老师把我叫了去。

我的内心十分忐忑不安，头也不敢抬。我微微一瞥，看到林老师站在走廊的尽头，我便踏着小碎步，挪到她面前。我的双手紧紧攥着衣角，牙齿把下唇咬得生疼，自己却没有一点感觉。我弱弱地叫了一声："林老师……我来了。"林老师用她一如既往的温柔目光注视着我。须臾，林老师终于温和地开口道："你最近状态不好吗？怎么出了那么多小问题？"我想到最近的种种事情，不禁红了眼眶，轻轻地点了点头。林老师纤细的手沉甸甸地压在我的肩头，又说："你一直很优秀，我相信你可以变好的，你一定行！跌倒了，爬起来！

林老师觉得你只要再努力一点，再细心一点，再勇敢一点，下一次一定可以考出理想的好成绩的！不要灰心！"在黑暗的走廊尽头，林老师的话好像一抹烛光，散发出柔和的光芒。

等到《成长记录册下发》的那一刻，我又湿了眼眶。数学一栏上赫然写着几个大字："跌倒了，爬起来！你一定可以的！"我好像又听到当时林老师亲切的叮咛，又见林老师温柔似水的目光。

那一次谈话后，我又变成了那个面带微笑、充满自信、充满力量的我了。

林老师在我考了年级第一后，只淡淡地说："还有进步空间，不能骄傲。"林老师在我挽起裤脚时，关心地说："小心着凉，快放下来！"林老师在我生病后，温柔地说："如果还没好，那就多休息几天吧。"

林老师照亮了我的黑暗，有着几十年教龄的林老师，在我记忆中似乎成为一抹柔和的烛光，永远在我心中燃烧。

# 难以割舍的旧物

华思宇　东华大学附属实验学校七（1）班

不经意间打开抽屉，我又看到了那只铁皮罐子，不禁想起了往事。

我记得小时候，粉红色的小书桌上永远精心地摆放着一个铁皮罐子，这铁罐以前是用来装水果糖的，等吃完了糖，我看着那么精美，就把它收藏了起来。久而久之，里面简直可以说是包罗万象——

247

三两根彩色的毛线头儿、四五个废弃的啤酒盖儿和其他许许多多我不知从什么地方搜集来的千奇百怪的小玩意。尽管在爸爸妈妈的眼里看起来都是些微不足道的破烂儿，可那时的我，却将它视为珍宝！可不是嘛，里面装着的，还有我珍贵的童年啊！

对啦！这里面也有小芳的一份功劳！小芳是我最最要好的朋友，小学的语文老师管我俩叫"姐妹花"。她为人心地善良，平时我遇到什么麻烦事儿，全都是她在旁边帮我出谋划策。小芳，成了我小学时代里的一束光，铁罐成了我们友谊的见证。

小学毕业的那一天，我把那个宝贝的铁皮罐子送给了她，虽然心里还是很舍不得，可又怎能敌过小芳和我之间友谊？

整个暑假，我们都各自在家里温故知新，鲜少见面。快要开学了，迎接我们的，将会是崭新的初中生活！我们会遇到新老师，我们会结识新同学，我们会交到新朋友。我们，还会记得彼此吗？

最期待的初中开学来了。我换上了最喜欢的衣服，将头发梳理得平平整整，落落大方地走进了新教室，却意外地发现了你！心里的惊喜好像要跳出来，再也顾不得什么"优雅"，大步跑到你的跟前。没想到我们又能在一起喽！

一日不见，如隔三秋。我们是多么想念对方啊！又有多少新鲜事迫不及待地想要分享啊！最终，都化作了一抹淡淡的笑容。这，大概就是知己吧。

小芳神秘地从背后掏出了一个东西，定睛一瞧，哟，是那个铁皮罐子！"早就看出来你舍不得这个罐子了，还硬要送给我……"小芳还是那么善解人意。我的脸上泛起一阵红晕，不好意思地接下了那个铁皮罐子。

回到家，我神使鬼差地打开了铁皮罐子，还是那几根毛线头、几个啤酒盖……但是我在里面看到了一张小芳和我的合影，那是春游欢乐谷时照的，那是她特意存放进去的。照片里我俩紧挨着，笑得像花一样。

童年已成过去，连同那个铁罐，当一切变旧了，这段值得珍藏的记忆，恍若昨日，难以忘却。

# 歪脖子树

木李子禾　九峰实验学校七（2）班

在我3岁的时候，就与外婆随着爸爸妈妈来到上海。

初来乍到，没有了熟悉的玩具小床，也没有了一起玩耍的小伙伴，我不喜欢这个新环境。白天爸爸妈妈去上班，我便缠着外婆讲故事。就像赵丽蓉与侯耀文演出的小品《英雄母亲的一天》里面讲的那位母亲一样，外婆总给我讲各样的故事，过些日子又把讲过的再讲一遍。就这样，在外婆的陪伴下，我要上幼儿园了……

幼儿园离家不远，每天我都和外婆一起步行过去。路边有一棵树，离地约莫半人高的树干歪向一边，外婆和我把这棵树叫作"歪脖子树"。外婆怕我累着，想背着我，便抱起我，让我站在歪脖子树的弯曲的地方，再把我背起来。从家走到歪脖子树时，已经走了一半路，外婆背着我走完剩下的路，每回都是这样，从幼儿园回家也是这样。有一次，我嚷着要买幼儿园门口的玩具，可外婆说家里有，不能再买了。我又哭又闹，最后还是被外婆拉走了。一路上，我气呼呼的，不理外婆。到了歪脖子树时，我已经累得不行了，外婆要我让她背时，我心里还是跟她赌气，不回答她，但靠自己的力量站了上去。外婆不再说什么，只是像平常那样，背起了我。在外婆的背上，我感觉放松极了，眼皮越来越重，不知什么时候，我睡着了。后来，在室外的一阵犬吠声中，我醒了，已经在外婆房间里了。只见外婆正艰难地往自己的背上、腰上贴膏药。我只觉心里酸酸的。我走下床，向外婆承认了错误。外婆愣了一下，眼神里有着明显的欣慰与满足。就这样，外婆背了我三个春秋之后，我开始上小学了……

上了小学之后，仍要走过那条路，当经过歪脖子树时，我坚决拒绝外婆背着我。但上了小学，书包一下沉了起来，外婆便每天帮我背书包，我看着书包一点点压弯外婆的脊背，很心疼，想要拿过书包自己背，却被外婆拒绝。我便缠着外婆答应，妈妈也帮我说了话，结果达成了"分担协议"。于是，每当经过歪脖子树时，我便让外婆将书包放下，自己背。然而，有时候外婆耍赖，只管往前走……

就这样，我与外婆度过了快乐的几年时光。

现在，我读初中了，而舅舅家的妹妹没人带，外婆必须回去照看妹妹了。我十分担忧，外婆年龄大了，不能再劳累了，我想让外婆留下，但也没有办法。临别时，外婆放心不下我，我也舍不得外婆。为了不让外婆担心，我极力忍住眼泪。外婆临上火车时，还在不停地嘱咐我，从生活小事到学习，我与外婆似乎有说不尽的话。当火车开动的那一刻，泪水从我的眼眶里滑落……

如今我每天上学还会路过那棵歪脖子树，只是，只有我一个人……

# 我身边的科学

沐佳怡　叶榭学校六（3）班

以前，我会认为科学离我们是很遥远的，而经过那次意外的发现，我才明白：原来科学离我们这么近！只要拥有一双善于观察的眼睛，你就会知道生活处处有科学。

那是一天晚饭后，因为家里来了客人，爸爸也难得抽了几根烟。等客人走后，爸爸拍拍我的肩："来，帮爸爸做点事，把烟灰缸洗了吧！"哇！好脏啊！几个已经熄灭的烟蒂浸在水里，都已经浮了起来。我拿起烟灰缸，一股刺鼻的烟味进入鼻孔。"爸爸，你干嘛要往烟灰缸里倒水，弄得这么脏？"爸爸不好意思地挠挠头，冲我笑了笑。我气呼呼地拿起烟灰缸去清洗，顺手把烟灰缸里的水倒进了花盆里。

第二天，我意外地发现：花盆里没有一个小虫子。定睛一看，黑黑的小虫都死了，一个个躺在花盆里。我不禁产生了疑问：为什么会这样呢？难道是因为我把烟灰缸里的水倒进花盆里了吗？

为了证实我的猜想，放学一回家，我就主动申请去洗烟灰缸，然后像昨天那样，我把烟灰水倒在一棵有虫子的花盆里。我便目不转睛地观察它们。刚开始，这些虫子并没有什么反应，依旧悠然自得地趴在枝叶上；过了一会儿，他们似乎有些躁动不安。等过了几个小时后，那些虫子便都死了。有些倒在花枝叶上，有些躺在花盆

251

中。原来烟灰缸里的水可以杀虫！我为自己的发现感到高兴和兴奋。但同时，我又产生了新的疑问：为什么烟灰缸里的水可以杀虫呢？

于是我便想到了上网查。说干就干，我跑进房间，打开电脑，在键盘上噼里啪啦地打出了疑问。不一会儿，便有人回复了我："有两个原因。一是因为烟灰中含有残留的焦油，焦油有毒，所以会杀虫。二是因为烟灰是烟丝烧剩的，而烟丝是用烟草制成的，烟草来源于茄科烟草属植物烟的全草，这种草本来就有毒，能消肿解毒，杀虫。"我这才恍然大悟。

现在，只要家里的花上有了小虫子，我就拿烟灰水喷一喷，比专门杀虫的药剂还要有用！这个意外的发现让我明白了生活中处处有科学，只要用心观察，它就在你的身边。指导教师：卢亚如

# 春天在哪里

盛语晨　方塔小学二（2）班

春天在马路上。人们脱去了颜色单一的冬装。穿上了五颜六色的春装。有太阳一样的火红，有大海一样的湛蓝，有小草一样的嫩绿，有麦子一样的金黄。马路上的颜色立即就丰富了起来，人们就像盛开的花朵。

春天在树梢头。远远看去，就像一群洁白的蝴蝶在树枝上嬉戏，一阵微风吹过，带来了一股淡淡的清香。走进看，才发现是玉兰花绽放了。它的形状像一只只站立着的酒杯，亭亭玉立好看极了。它

是报春的使者。

春天在校园里。最近，我们学校正在开展温馨教室的创建活动。很多同学都带来了植物，我也为班级出了份力。现在坐在教室里，我们的眼前满是绿色，仿佛就置身在春天里。

春天在哪里？春天在哪里？春天就在我的眼睛里！

# 无字情书

宋熹晟　中山小学三（10）班

5月20号。"520"，"我爱你"。

我的爸爸是一个电子工程师，因为工作关系，经常出差在外，我和爸爸似乎少了些交流沟通的机会。这天我便突发奇想——制作一封"无字情书"送给爸爸。

我曾看过一本书，说无字书源于英国，当时因为战争形势严峻，一位情报员无意中发明了无字密信，所以就有了"无字书"的说法。

于是，我准备好一支圆珠笔、两张纸和一个盛有水的盆子。我先将其中的一张纸放到水里浸泡，再把干燥的纸铺在上面，接着用圆珠笔在干燥纸上写上我想对爸爸说的话，最后把浸泡的纸晾干，在这个过程中，刚才写的字渐渐消失了。

傍晚，终于等到爸爸回来了。我迫不及待地把"无字情书"递给爸爸。神秘地对爸爸说："这上面有我想对你说的话，你要想办法解开这个谜团，才能看到我对你写的内容。"爸爸对我笑了笑说："你这小子，现在也会来考我了？"于是，他仔细地研究起这张纸来……不一会儿，爸爸便端来了一盆水，他把我送给他的情书，小心地放入水里，瞬间，我在纸上写的内容便鬼使神差地再度显现出来——"爸爸，您为了这个家不辞辛劳，经常出差在外，您辛苦了！现在我已经是个男子汉了，您不用担心，我会照顾好这个家的，520，爸爸！"这时，我看到了爸爸的手仿佛有些颤抖，他的眼眶渐渐湿润了……

我的话打破了这个僵局："爸爸，你怎么解开无字情书之谜的？"他立刻回过神来："我刚刚发现你给我的纸是被弄湿过的，我想这纸肯定被你这小家伙在水里折腾过，你现在再过来看看。"爸爸让我蹲在了他的旁边，指着已经湿润了的纸，继续对我说，"当我们用圆珠笔在铺有湿纸的干纸上写字时，在那些写有字的部位，笔芯就会将下面潮湿纸张上的纸纤维挤压在一起。因此，只要纸是湿的，光线就很难穿过这些部位，我们就能清楚地看到纸上的内容了。"爸爸的解释使我恍然大悟，让我再次对科学产生了浓厚的兴趣。

# 上海的味道

孙婕　东华大学附属实验学校七年级（4）班

作为一个土生土长的上海人，我最怀念的就是童年那一份上海的味道。

说到上海的味道，就不得不说田子坊了。印着复古图片的雪花膏，用白瓷罐装的老酸奶，有些发旧的连环画，又抑或是洋气的英式下午茶，土耳其拉长冰激凌，印度飞饼，再是国味十足的古风服装，悠远绵长的熏香，一条条弄堂中，开着一家家小店，满满的文化底蕴。田子坊西洋与东方的碰撞，可谓是中西合璧。

当然，我最爱的，还是那一碗由上海阿婆舀的弄堂豆花。店铺很小，只是一个窗口，上面挂着一些木牌，分别写着"弄堂豆花""葱油拌面""自制米糕""传统包脚布""酸梅汤"……店铺虽小，但排的队伍依旧很长，人们买了一碗小吃后，有的边走边吃，有的就直接找了个长椅坐下来。

弄堂豆花是咸口的，只见阿婆从一个装豆花的木桶中舀出些许，淋上酱油，撒上葱花，香菜，紫菜，虾米和蛋皮，放上一些油条碎，最后豆花之所以能拥有那让人魂牵梦绕的香味，就是因为白瓷碗中那一小勺阿婆自己熬的猪油。豆花口感顺滑，没有一点点豆卤的味道。丝滑的豆花与香脆的油条碎，迸发出强烈的味觉冲击与嗅觉冲击。没有加一粒味精，却让人感到像是用鸡汤吊过鲜味一样鲜。一碗小小的豆花，虽不是山珍海味，却让我感觉比那些大鱼大肉舒服。这一碗豆花，承载了无数人对童年弄堂里的回忆。

后来，我们又去了田子坊对面的日月光。里面有一家店，叫"桃园眷村"，主打上海传统小吃，店里的装修风格，也可以说是现代与传统相结合。吸引了不少年轻人。

在那儿，我也买了一碗咸豆花，可味道却不一样了。同样的白豆花，酱油，葱花，香菜，紫菜，虾米和蛋皮。显然，这里是更加精细了。可能是缺少了那一勺灵魂之处的猪油，又可能是多加了一勺辣油。上海的豆花应是一滴辣油也不加的，最多也只是放一点点芝麻油，不然就完全不是上海的味道了。辣油掩盖了豆花本来的清淡。这里的豆花，让人感到不似之前那般顺滑了，总让人感觉缺了一份味道，缺了一份上海的味道。

　　一碗热腾腾的弄堂豆花，一份小时候的味道，一份上海的味道，一份传统的味道。


# 生火

陶君仰　三新学校四（5）班


　　"呼！呼！"一阵带有一丝沙哑的声音从我的口中传来。干嘛呢？我正在鼓着腮帮，往灶膛里拼命吹气来着。

　　今天是夏令营的第三天，为了锻炼我们自食其力的能力，中饭要自己做。我们分工有序，个个忙里忙外的，很快就准备好了食材。可就只有一个十分严重的问题——火，真是万事俱备，只欠"火"。

　　也不知是倒霉，还是幸运，我担任生火工作。看起来很稀松平常的事，谁知因为生不起火而焦头烂额。要知道大家都已经做完了自己的工作，就因为我没有把火点起来而拖了后腿。该怎么办呢？

　　我如热锅上的蚂蚁，急得团团转。拿起火柴盒，不停地摩擦着，急切想要点起火来。火柴一下子着了，可惜，那柴火受天气潮湿的影响，无论怎么努力还是徒劳无益，毫无进展。好不容易总算燃着了一点，却没有及时点燃木屑，瞬间就被风吹灭了，还是无用功呀！这样下去可不行啊！好在万分紧急关头，救星来了——老师。她夹来了一块烧着的木头塞进了灶膛里，没多久，那些木头仿佛点燃了生命之火，重燃了起来。看着火苗蹿起来，我悬着的心才放了下来。

可是，好景不长，刚燃着的火渐渐地小了下去。"快来啊！火要灭了！"我大声喊了起来。我的眉头立马变成了"川"字形，十分疑惑。为什么火又要灭了啊？刚才还很旺，现在怎么说没就没了呢？真是奇怪。

没办法，再次搬来救星，请来了老师，她照旧给了我们一块其他组的已燃烧的木块。有了火种，这下有希望了，火势渐渐地旺起来，差点从孔里蹿出来一条"火龙"。得赶快叫"大厨"同学抓住时机动手烧菜。希望火不要再灭了，我心里暗暗祈祷着。过了一会儿，火苗又变小了，我定睛一看，原来有几块木头已经快化为灰烬了。我立刻夹起一块小木头塞进去，还不能着急，慢慢地添加着木柴，火又变大了许多。就这样，我摸着了门道，那火开始听我话了，要大就大，要小就小，操控自如。

这次野炊别忘了我的一份汗水，当然，更少不了同伴之间的友谊，尤其是老师的"雪中送炭"。

这次野炊，我明白了父母每天为我们做饭是多么不容易啊。许多事情看起来很简单，很平凡，司空见惯，可真做起来就没那么简单了，应了陆游的话："纸上得来终觉浅，绝知此事要躬行。"

# 战狼（2）观后感

王隽凡　松江实验小学三（1）班

狼，是群体、团结的动物。那天，爸爸妈妈带我去看了电影战狼（2）。我以前和爸爸看了战狼（1），让我记忆最深的一句话是"犯我中华者，虽远必诛。"这句话让我感受到了我们中国人的霸气，我非常喜欢。

电影开始了，主人公还是冷锋，他是一名优秀的中国人民解放军，战狼特种部队的一员。由于他为了保护那一家老小，踹死了一个恶霸，而被关进了监狱并被军队开除了。

三年后出狱，他得知他的女朋友龙小云，前任战狼副队长被人杀害，他得到了一枚现场留下的子弹，据说这枚子弹在非洲出现过，于是，他带着这枚子弹来到了非洲，打算找到凶手为女朋友报仇。

他来到了一个黑人国家，正巧这个国家在发生暴乱，他为了救当地的中国人，与气势汹汹的红巾军展开了生死搏斗。不幸感染上了致命病毒，幸亏被他救出来的医生陈博士用刚刚研制出的解药救活。在继续的枪战中，他被打中了防弹衣。他拔出子弹，发现和打死他女朋友的子弹一模一样，最后他用一把小刀戳死了对手。

当他们回来经过一片战区的时候，冷锋举起了五星红旗，非洲士兵看见了五星红旗，立马停战，并让开了一条通道。这时，我觉得我们的祖国十分强大，我作为一个中国人，感到十分自豪，希望我的祖国越来越强大！

# 老师，妈妈

王倩莹　松江实验小学五（5）班

我有很多令我敬佩的老师，但今天，我要写一位特殊的老师，因为她既是我的妈妈，又是一位尽职尽责的好老师。

"丁零零……"正在给我讲睡前故事的妈妈立马抓起手机。"喂？张怡嘉？你怎么啦？啊！别着急，我马上赶过来！"

妈妈立马跳下床，一边穿外套，一边对我说："宝贝，你自己先睡觉，妈妈学校里有点急事。"没等我回答，妈妈就匆匆忙忙地下了楼。"呼"的一声，偌大的屋子里就剩下我一个人了，爸爸出差好几天了。我顿时感到了孤独和害怕，睁着眼睛盯着天花板，怎么也睡不着。

不知道过了多久，在半梦半醒之间，我听到了妈妈那熟悉的脚步声。我连忙问道："妈妈！学校里到底发生什么事儿了？"妈妈拖着疲惫的声音说道："我们班的张怡嘉得了急性阑尾炎，她是住校生，她家里人住在泗泾，一时间赶不过来。幸好我们及时把她送到中心医院了。"我既为姐姐感到担心，又心疼妈妈。因为妈妈最近忙于准备公开课，已经连续熬夜好几天了。

第二天早上，我还没起床，就隐隐约约听到妈妈在打电话询问张怡嘉的妈妈。妈妈告诉我，她的学生因为治疗及时，不用开刀做手术了。

教师节那天，妈妈收到了很多学生的祝福，特别是有几个多年前的学生也发来了祝福。一个同学说："老师，节日快乐，遇到您是我高中三年最幸运的事情。"另一个姐姐说："老师，当年好喜欢您的课，今天一定要向偶像表白一下。"还有一位在美国留学的姐姐说："因为您，我喜欢上了英语，老师，节日快乐！"

妈妈读着学生们的祝福，笑了。这时，我想起了曾经听过的一首歌《长大后我就成了你》，歌词是这样，"长大后我就成了你，才知道那个讲台，举起的是别人，奉献的是自己……"

我长大后也能做一位像妈妈那样深受学生爱戴的老师！

# 姥爷的小板凳

王润慈　九峰实验学校八（3）班

闲来无事打扫车库，无意间瞥到角落里搁置了许久的板凳，我的思绪一下子就被拉回到了八九年前——我还没上学的时候。那时候姥爷姥姥在家照顾我。

一般来说，老一辈照顾孩子都小心仔细得很，不让干这，不让干那，生怕有什么磕磕碰碰。他们不，他们觉得多些体验总是好的，将我当个小男孩养，所以，姥爷带我的时候居多。

还只有三四岁吧，夏天打着赤膊在车库门口玩，姥爷就坐在车库里干活，制作家具。不得不说姥爷的手很巧，脑袋很灵光，做出来的家具不比市面上的差。

他教我做了一张小板凳。拿来锤子钉子教我敲打，我硬是将几块木板凑成了张小板凳。

当时真是把我开心坏了，毕竟我一直觉得自己是个"破坏王"，想不到还能做板凳。其实，姥爷对我的启蒙在我更小一点的时候就开始了。姥爷让我看他用钉子钉木板，他将钉子一个个地钉到木板上。当钉子直直地立在了板面上，他又一个个拔出来，这么新奇的玩意将小小的我吸引住了，我也有点跃跃欲试。可我当时不知深浅，有一天竟然自己干起来了。记不得是从哪儿找来了一块薄薄的木板，放在地板上，将钉子立好，抡起锤子就敲。一个两个三个……钉子全都立在了木板上。

正当我美滋滋地想拿起木板去向姥爷报喜时，却发觉木板拿不起来了。

花了很长时间才将木板拿起来。一看，钉子都将木板扎穿了，钉子钉出来的坑留在了地板上。

姥爷不久之后就发现了我的过失，令我奇怪的是，他没有说什么，一点不满也没有。几次都觉得他要发火了，却没有，我便打消了"负荆请罪"的念头，只是从那以后，我不敢随便用锤子钉钉子了。这件事也就渐渐忘了，待到钉好了板凳才想起。

我做的板凳与姥爷做的板凳一比，简陋不说，还是歪的，坐上去一点都不平稳。我很担心，生怕姥爷会把它扔了。然而，他非但没扔，此后在车库里干活，总是坐在我的小板凳上，仿佛是个什么宝贝，逢人还显摆："这是我外孙女做的！"真是让我不好意思。

他总是说："孩子不能惯着，总是惯着，就是'溺爱'，时间久了肯定会出问题。"

我知道，他将我当个男孩养，让我干点活儿，就是不想惯着。

我也知道，他只是惯着的方式不一样，仍然是个惯着我的姥爷。

# 老房子

吴佳盛　茸一中学七（5）班

写下这个题目，心中的悲欢记忆，又无可奈何地被提起，笔下的文字像涓涓细流般流出，脑海中的思绪也如墨般一点一点晕染开来。

小时候，爷爷奶奶的家——一幢普普通通的老房子，坐落在有着淳朴泥土气息的乡下，但它却是我儿时的乐土。

不必说春天后院里那一大片金灿灿的油菜花，一个个都涨着金黄色的小脸蛋，满世界地流光溢彩；不必说门前那一条清澈的小溪，总唱着欢乐的歌谣；不必说种满鲜果蔬菜的"百果园"，到了秋季，番茄藤就吃力地提着一个个红艳的灯笼，满足地等待我们来摘了。只是屋旁一个小小的荷花池，就有无限诗意，虽没有"接天莲叶无穷碧"，但也称得上是"映日荷花别样红"，一朵朵荷花带着清晨的露珠，傲然绽放，个个都如画上的仙女，衣袂飘扬地降临了，一时红粉飞溅，连路过的人，似乎都成了画中之人，时光一下子变慢，朦胧了一个夏季的邂逅和梦中之情，连那时不解风情的我，心中都泛起温柔的涟漪。

再说那老房子，简简单单的白砖黑瓦，倒有一种素朴的气息，我喜欢在二楼的窗户旁看书，让风把手中的书页吹得像花开一样。

"汪汪！"哦，那是小黑在叫，记得它刚来我们家时，还是一只圆滚滚的小狗崽，老房子门前有一段有坡度的台阶，它刚爬上去，又"咕噜"一下像个皮球一样滚下去，显得狼狈不堪，把一旁的我们逗得开怀大笑。我清晰地记得，每当我们抽空回到爷爷奶奶家，没等到我从车上下来，小黑就迫不及待地扑上来，后肢点地，前爪搭在我的膝盖上，舌头伸得老长，显得激动不已，尾巴摇得像朵盛开的菊花，让我忍不住要摸摸它，拍拍它。有时我会招呼它和我一块玩儿，我站在老房子前院的一端，扬起爷爷烧火留下的木柴，木柴像磁铁般吸引着小黑的眼睛，随着我的动作，它的眼珠也一上一下地转动着，泛出机灵的光，我一挥手，将木柴扔出去，小黑拔腿就跑，一转眼就窜到木柴前，一口叼住，又甩着头兴奋地跑回来，吐在我脚边，我抚摸它的头，以示嘉奖，它就兴奋地"呜呜"叫。

一年年，春去秋来，这里记录了我播种和收获，也记录了我的成长和欢笑。可是忽然有一天，母亲告诉我，老房子那儿面临着拆迁。我一下子怔住，说不出一个字，不舍的情绪占满了整颗心，后来才微微宽慰地想：也好，新房子在镇上，干净，宽敞，在乡下苦苦劳累了近一辈子的爷爷奶奶也总算能休息一下了。

那天，最后一次在老房子里，我轻轻抚摸它粗糙而斑驳的身躯。印象中，我从未如此仔细过。你这样坚韧，是经历了岁月的洗礼了吧？等到有人来拆卸你的时候，你会疼吗？我隐隐地生出不安与心疼。手指间的对话，一场无声的告别。哦不，或者说，是诀别吧？

我坐在车后座上，目送老房子远去，喉咙好像有些哽咽，昔日的一幕幕像放小电影一样浮现在眼前。别了，我的老房子；别了，我亲爱的小黑；别了，我可爱的童年！

一晃半年多，在我的提议下，母亲带我去看老房子，一路上，心中涌动着抑制不住的激动和急切。老朋友，老房子，你还好么？

而真正站在故土之前，一下子受到的心灵冲击，很大很大：老房子，没有了；百果园，没有了；小溪，也没了往日的生机，流着泪在唱悲伤的歌。

老房子，没有了，永远没有了。现在的我，还会去梦中，寻找你不变的模样，旧时的你，是爷爷奶奶和村中的人一手一块砖盖起来的，现在的你，是我用思念一丝一缕建起来的。

# 感觉春天

吴一帆　九峰实验学校八（1）班

天突然温暖起来的时候，就要把床上的厚棉被收起来了。陪伴整个冬天好梦的被褥，要选一个春和日丽的大晴天，晒得香喷喷，暖烘烘的，再放进储物间里，等明年开始刮西北风的时候才有它的用武之地。

我家紧闭了一冬的门窗也在这个时候打开。有风有阳光的日子，看着窗帘在风的吹拂下一下一下地拍着窗户，风吹过来是不冷的，好像还带着点花香似的。

春天的时令菜品不少，我最喜欢的有蚕豆，竹笋等。有时候在单元楼里闻到炒蚕豆的味道，身体里就像有个馋虫在又叫又跳，嚷嚷非要吃蚕豆不可。于是，接下来一周的餐桌上都会有蚕豆。用油

264

炒过，一粒一粒浑圆饱满，别的什么配料也不放，就足以让人心醉。至于时令的嫩笋却是要搭配的。去菜场买来新鲜的小排，与冬天腌好的咸肉同煮，就是一锅腌笃鲜，真是要"鲜掉眉毛"哟，觉得人间至味不过如此。

春天，用不着刻意地去赏花。马路旁、校园里，抬眼一望，海棠花、樱花、桃花、梨花都不知从哪冒出来了。经过爱花朋友的指点，你方才恍然大悟，哦哦，这棵是海棠，那棵居然是桃花而不是樱花啊……只有白玉兰我不会认错，它是落了叶子长花，花落了长叶子。等到牡丹发、芍药开，花世界就更热闹了。而鸟世界的热闹似乎与花没有多少关系。鸟与蜜蜂不同，它们喜欢在树上热闹。每天似乎都能听见它们在楼前那几棵香樟树上嬉闹。与麻雀的忙碌一样，昆虫也出来觅食郊游了。什么生命都急着展现，谁都忙得不可开交。

古诗说："儿童散学归来早，忙趁东风放纸鸢。"春天是放风筝的季节，虽说秋天也可以放，但毕竟是另一种心境。放风筝颇需一些技巧，决不能急的，升空的时间，力度都要抓得刚刚好，拉着风筝跑起来的时候一定要够快，不然自以为风筝已飞上天，风筝却直挺挺地躺在地上颠簸，于是只好再飞一次。而风筝飞不起来，有大半原因是风不配合。

春天的天气多变。俗话说："春天孩儿面，一天变三变。"也许有些夸张，但变化快却是事实。前一天还紧裹着毛衣，第二天就热得受不了，第三天及以后又可能是阴雨绵绵，春雷滚滚。有一次觉得燥热，忍不住去买了一支冰激凌解馋，却被一下凉到，也许是因为还不到吃冰激凌的时候吧。

写到这里，忽然想到已经临近春季的尾巴，春天一忽儿就要过去了，想到夏天的蚊虫叮咬，闷热难耐，心中便不由自主地恋起春来。

# 那一刻，我停下了脚步

杨艺雯　松江七中九（2）班

静静地，我走在美术馆里，津津有味"品尝"着艺术家的名字名画，感觉着那"朝书暮画，斯如骑战马。激情笔笔注点划，应知情义无价"的意味。书画都是有灵魂的，有的清新淡雅，有的古朴自然，有的浓墨重笔，有的纵横交错，各有各自独特的味道。

一幅幅画卷令人赏心悦目，一张张字书动人心魄。

但人们往往在观赏书画时，只是走马观花，并非都是用真心去感受、去感悟的，观后也不会再去回味和思考，更不会理解那些色彩与色彩的碰撞，墨与墨之间的对话。"笔墨挥洒韵味，捷思闪烁光泽，不拘随意取势，流露彰美不奢，气度蓄发内涵，点醒亮相传情，刻画民俗情趣，柔和古今自然"。这就是书画之间简单的对话。

对于字画，不了解的人们只是把它们当作装饰品，甚至是当作庸俗之物看待。当然，这只是我粗浅的看法。人们看待事物的眼光和心理不同，见解也就会不同。

在美术馆里，人们总会发现有几张"躲"在角落里，无人问津的字画，我们往往也总是会忽略它们。可那一刻，我停下了脚步，我感觉那一刻，是我见过的最美好的画面。

那一刻，一位清秀的少女站在一幅在角落的画前，静静地欣赏着。我也因为她被吸引到那幅画前，凑近一看，是一幅很小的画，看看作者，貌似并不知名。但我还是很好奇，自问道，为什么这个女生只对这幅不知名的小画感兴趣呢？有那么多画工精良，名家名师的画，怎么就被这张简单而又不知名的小画所吸引呢。

我带着疑问的心情，也同她一起静心观赏。慢慢地，我也沉浸在其中，仔细品味起来。从画面上看，它的确特别简单，就是那寥寥几笔，可在细细品味后，我突然发现它是如此的优美，柔中带刚，画面中有江上小舟几条，渔民几人，飞鸟几只，柳树几棵，虽不如大家画得气势磅礴，但也独有特色，那清新淡雅的画风，如此美妙，那红霞照在水面上，简单几笔，却画出了多姿美景。

我闭上眼睛，融入画中，忽地，感受到江上的风儿迎面吹来，江面呈现出波光粼粼，无限风景尽收眼底。

我觉得这幅画如此美好。当我把目光从那幅画移开时，那个清秀的少女已经不见了，我心中不由得一紧，转过身去，四周寻找她的身影。可是过了许久，也没有找到她，我的心里即刻充斥着失落。我默默转过身，又看向那幅画，想起我与那陌生的女生一起观赏画的情景，心里又即刻充实了起来。我们没有任何交流，可我却感觉我们说了许多话。想起我刚开始看见她观画时，她那认真的神情，那一刻，我为她停下了脚步。

多么美好的一幅观画图呀，我与她，无形无影地交流，那一刻，深深记入了我的脑海里，并作为最美好的"历史资料"保存起来。

# 听风

郁诗惠　上外松外学校五（4）班

莫名地，不知从何时起，我竟喜欢上听风。那是一种享受……

"呼——"风响起来了，我走向窗边，打开窗子，清凉的风吹进来，遍布在我房间的每个角落。我深深吸了一口气，口中顿时凉丝丝的，即使在夏季，也一点不觉得热。

记得，我小时候对风没有一点兴趣，晚上，我刚躺下睡觉，风就吹了起来，我竖起耳朵听，"呼……呼……"风很响，里头还伴杂着风掠过树叶花草的声音。我静静地听着，对风产生了浓厚的兴趣。

每当风一起。我就兴奋，忘记了一切所发生的事，全心投入在了风中，风，轻轻拂过，就像在抚摸我的脸，我感到痒痒的；风把落在地上的叶子吹起来，顶到空中，那景象壮观极了。我和那些飞舞的叶子一起翩翩起舞，欢乐地享受着，尽情地玩耍着。

有时一到家，听到风"打"着窗户，声音时慢时急，时高时低，时响时轻，时断时续；有时如弹琴，有时如霹雳，有时如百鸟齐飞……我浮想联翩：人们是否在享受风带来的凉爽，是否有人和我一起在聆听风的声音？

风就像一位演奏家，演奏各种奇特的音乐，风又像一位母亲，亲吻着孩子们的脸颊。我爱着风，它总是在我身边，陪伴着我。有时，风也很调皮，把地上的和空中的尘土全都吹起来，扑了我一头一脸。

风尽情地吹打着，听着听着，感到疲乏，感到昏昏欲睡，可我依旧打起精神，全神贯注地听着，听着……

# 格林一家

袁也　松江七中六（6）班

门开了，门外站着同样惊讶的格林一家。

"啊！你们这几个克隆人是怎么进来的？给我出去！"门外的格林先生脸上露出了难以置信的神情，手马上拉住格林太太和他们的儿子。啊！相信你们一定是从研究"所中心回来的吧！"屋内的格林先生也拉住妻子和儿子，低声说：小心，"千万别弄混了！"两个格林太太几乎同时抱起惊恐万分的吉姆。而吉姆"们"喃喃自语："这……不可能，我们都有一身的人造皮肤……不可能。""一定是科学狂人莱特博士干的！"两家异口同声地叫道。

时间过去了两个小时，双方还是僵持着。反克隆小组带着一个个大包小包的高级专用克隆电子仪器里里外外地检查。一个工作人员，手拿本子和一支笔，腰间别着一把 G2510——世界第一种杀伤力大却无声的小型手枪，他说："我是发克隆人员，要询问一些问题。"他说着又拿起六个脑电波真伪器说："为防止你们瞎说，请戴上这个仪器。"等两家人都带好之后，工作人员翻开本子，拿起笔问了起来："格林太太，你的强项是数学，那么 398797.97 乘以 979.9 再除以 9169 等于几？"过了一秒同时传来两个声音。她们回答都正确。

此时吉姆瞪大双眼，他从来不知道自己的妈妈还有这样的能力！工作人员又对格林先生说："你的记忆出众，那说说看，你们的儿子什么时候出生的？""2004年10月10日晚上八点十九分零三秒。"格林先生们也异口同声。"很好，那你五岁时最后一次去看你爷爷时，爷爷对你说了几个字？""一共157个字。"吉姆突然对自己的父母陌生起来。一个数学大神，一个记忆高手。工作人员点了点头，又对吉姆问了一些问题，回答都是同时的，而且也都全对。工作人员皱了皱眉，跑到几个科学家旁边，低声说了几句，然后跑过来说："跟我来。"在路上，他们拿出几粒糖说："吃了它，等一会要用的。"车又开了一会，到了一个基地。进去之后，工作人员又给了他们一个脑电波机器，说："刚才给你们吃的是恢复记忆糖。好了！说吧，你们都从哪里回家的？"这时一家人说："研究所。"所有人马上带走了克隆人，这时又有一个好消息：已经查出来，这些都是莱特博士干的，他也被带走了。

格林一家从此过上了幸福的生活。


# "抠门"的班长

张晨　第二实验小学五（3）班


我们的班长可不一般，她可是班上有名的"抠门"鬼，不信？你瞧——

那次在"东方绿舟"秋游，午餐时间到了，大家纷纷拿出自带的食品，津津有味地吃了起来。可班长却一个人坐在一边，吃着白馒头，而且已经又冷又硬。我邀请她过来和我们一起吃，她笑了笑，婉转地拒绝了。

就在大家吃得正高兴时，有一枚一角的硬币从她的裤袋里不小心溜了出来，她发觉后，赶紧俯身捡起。她以为没人留意这个细微的动作，可还是被眼尖的同学看到了，并且还喊出了声："林盈羽同学，你也太抠门了吧？一毛钱的硬币还要去捡回来！"

对于同学的揶揄，班长只是报以淡淡的一笑，继续啃她的白馒头。

上个星期，学校举行为贫困山区捐款活动，班上的同学大都捐了五元、十元，谁都想不到，她却是捐　　得最多的一个。

只见她把一个鼓鼓的信封交到组织委员手里，大家一看，都愣住了，组织委员说："班长，不用捐这么多，你家里也不富裕，平时对自己都那么抠门，你不捐也行的，大家已经捐挺多了。"

"不，这是我的一片心意，山区里的孩子比我们困难，他们需要帮助。"班长笑着说，洁白的牙齿像一片洁白的羽毛，闪着迷人的光。

没过多久，我们收到了来自贫困山区的信，字里行间充满了对我们的感谢。这时，我发现听到这个消息后笑得最开心就是班长，灿烂的笑容像一只裂开的石榴，让整个教室充满了温暖的感觉。

看到了吧，这就是我们的"抠门"班长，像一朵不一样的花儿，独自绽放着。

# 特别的朋友

　　它，是我一个特别的好朋友，当我遇到困难时，它就会立刻伸出援手，帮助我脱离困境。千呼万唤始出来，犹抱琵琶半遮面。我这个好朋友，你们绝对想不到是谁，它就是"米兔定位电话"。

　　米兔定位电话，是爸爸送给我的生日礼物。收到礼物时第一感觉就是小巧，是一个十分精致的定位手表。我心花怒放，很是喜欢，握在手心里舒适自如。还是看看米兔定位电话的真容吧。通体白色小巧的外观无可挑剔，磨砂质感的外观手感也相当到位。外壳上有一个功能键按钮，这个按钮可以拨打电话，接收电话。上面还有一个小灯，当来电话时，它就会闪烁，提醒主人。定位电话虽然很小，但功能却很多，既可以打电话，又可以定位、记步数等。

　　当我带着米兔定位电话，在同学面前炫耀时，有人问我："你为什么不让你爸爸买一块电话手表呢？"告诉你，虽然电话手表还能看时间、拍照、发SOS求救信号等功能，但是电话手表的辐射很大，那会对人体产生伤害。而米兔定位电话使用时没有辐射，而且携带方便，设计得如同一个装饰物，既可以选择挂在脖子上，又可以选择放在裤兜里。无论你怎样佩戴，定位都非常精准，同时是一键高清的双向通话，使用方便。

　　自从有了它，我一直带着它，它跟我成了形影不离的好朋友。

有一次，我和爸爸一起到超市里去买东西。超市里顾客摩肩接踵。虽然爸爸叮嘱我要紧紧地跟着他，不要自己乱走，但我想自己已经大了，没有把爸爸的话放在心上。开心地东窜西跑，寻找着自己喜爱的东西。当我转到饮料区域时，贪婪地寻觅着自己喜欢喝的饮料。我找了几种美味的饮料，想叫爸爸帮我拿时，却发现不见了爸爸的人影。

这下我慌了手脚，心里十分害怕，大声叫着爸爸，可还是没有看到爸爸。"怎么办？怎么办？"我又怕又急，生怕有坏人把我拐走。这时，我的手触摸到了胸前挂着的好朋友——米兔定位电话。我惊喜地看到了希望。"对呀，我可以用我好朋友打电话给爸爸呀！"我激动地打开了我的宝贝，长按了按钮，接通了爸爸的电话，告诉他我所在的位置，爸爸很容易就找到了我。

自那以后，我越发喜爱我的好朋友——米兔定位电话了，它真是我生活中忠实的小帮手啊！米兔定位电话，天涯海角跟"定"你！

# 难忘小雪人

张心悦　中山小学五（10）班

时光飞逝，那些难忘的事，点点滴滴散落在心底。已过去好几年了，那个雪人，仍旧坐在记忆深处，仿佛就在昨天。

记得那一年冬天，雪下得特别大，地上厚厚的一层，走上去脚会埋得很深。我和小伙伴们如约来到河边的雪地上。我们都穿着厚厚的衣服，走起路来一摇一晃的，远远看去像一群可爱的小企鹅。我们都带了玩雪的工具，很快就堆起雪人来了。大家拿起铲子把雪往中间推，你一句我一句，每个人都有不同的想法，争论间，一个小雪人就已经堆成了。在她的身上，有我们每个人的智慧和创意。

"哦，雪人堆好了，真漂亮，真漂亮！"看着自己的杰作，小伙伴们高兴得手舞足蹈，围着小雪人又蹦又跳，引得周围的阳台上不时有人推开窗户来看我们。我们每个人的小脸都已经冻得红彤彤了，嘴里不停地哈着气，脸上都挂着快乐的笑容，每一个都像小雪人那么可爱。

那天晚上，我做了个梦。梦里，我又看见了小雪人，她好像在对我说："谢谢你，让我也成了你们的好朋友。"

第二天一早，我睁开眼睛，穿好衣服，急忙往楼下跑。一缕阳光照在我的脸上，哦，太阳出来了，我的小雪人还好吗？当我跑到河边的时候，小雪人已经开始慢慢融化了。只见她的脸，都有些模糊了，那个高高的鼻子也已经不见了。我仿佛感觉到了她一脸痛苦的样子，看着她，我也伤心极了，多么想让她一直在那里陪着我。从那以后，每当冬天下雪，我的脑海里都会出现那个小雪人的身影。

岁月匆匆而过，很多点点滴滴的美好记忆，都随风而去了，只有那个可爱的小雪人，一直留在我的心底……

# "U"形下水管的奥秘

张欣仪　中山永丰实验学校四（1）班

　　天空为什么是蓝的？汽车的轮胎为什么有花纹？窨井盖为什么是圆的……这些看似简单而又常见的问题，却充满了科学的奥秘。

　　确实，生活是多姿多彩的，科学如同空气，充实了我们的生活，静静地等待我们去发现……

　　一次很偶然的机会，我在洗脸时，听见下水管有滴水的声音。我打开下水管的柜门，发现下水管弯曲部分的底部在滴水。咦？为什么下水管不做成直的呢？这样就不会出现漏水的情况了，而且做成直的水管不是更节省空间和材料吗？

　　我像发现新大陆似的带着这个问题去找爸爸问个究竟。爸爸听了我的提问后，就和我一起做了一个实验。他先找来一根塑胶管，把它弯成"U"形，再往管子的一端注入一些清水，很快"U"形管的两端水平面保持相平。随后，他不停地扯动两端的位置，"U"形管的两端的水平面始终保持一致。接着，爸爸不停地往"U"形管里注水，只见"U"形管一端的水被压下去，另一端的水流入水池。一旦停止注水，我发现"U"形管中的水就截留了一段，两端的水平面还是相平，和初始一样。这种现象令我啧啧称奇。

　　爸爸似乎明白了我的心思，就很耐心地给我讲解了其中的原理。原来，下水管一般呈"S"形或"U"形。下水管做成这样，管壁就不容易受到磨损，从而防止水管损坏；"U"形管中截留的水还可以阻止下水道中的污水上升，使得屋内没有异味；当水龙头使用时，"U"形管两端会产生压强差，使得污水更容易流入到下水道。听了爸爸的话后，我才恍然大悟，原来下水管里也隐藏着科学秘密。

# 自行车和汽车

张远帆　实验小学四（3）班

在某户人家的车库里，停着一辆崭新的汽车。每天，这户人家的主人都会开着它去上班、接孩子、购物……感觉似乎时时刻刻都离不开它。于是，这辆汽车变得骄傲起来。

在这辆汽车的旁边，是一辆很旧的自行车。汽车瞟了它一眼，非常傲慢地说："自行车老弟呀，你也太破旧了，主人肯定会把你扔掉的。你以前是主人的交通工具，可现在不一样了，科技进步了。你看，自从买了我，主人的生活不是方便快捷多了吗？我既能为主人遮风挡雨，速度也比你快多了，你还是早点下岗吧。"

自行车听了，语重心长地说："可你也有你的缺点呀！很多人买了你，就什么都依赖你，这样就变得懒多了，身体也不健康了。而且，你发动油门时排放了很多有害气体，对自然环境也不好。我看你现在还没有意识到自己的缺点，太骄傲了。"汽车火冒三丈，十分生气地说："就你也配指责我？主人只会用我，不会用你，总有一天你会被主人当作废品处理掉的。"自行车听了，没有吭声。

有一天，这户人家的主人开车去公司上班。刚开到小区门口，就见道路堵得不可开交了。原来正是早高峰，车辆排成一条长龙，看起来非迟到不可了。正在主人感到郁闷的时候，他突然想到放到车库里的自行车。他立刻把汽车开回车库，推出陈旧的自行车，熟练地骑了起来。自行车道不拥堵，畅通无阻。没过多久，他就骑到了公司。汽车因此悻悻然，羞愧地低下了头。

随着人们生活水平的提高，汽车逐渐走进了家庭，自行车似乎也下岗了。可是，城市里的交通阻塞有时也让汽车难以发挥作用。我们应该尽量用环保的自行车出行，有时它能起到汽车所达不到的实际效果呢。

# 美丽的池塘

张紫琰　中山小学二（8）班

一个夏天的傍晚，池塘里有许多粉红色的荷花，亭亭玉立。池塘里还有许多碧绿的荷叶，荷叶上的小雨滴正在跳舞。荷叶就像刚剪下来的圆盘。荷叶旁的莲藕，就像是小朋友用铅笔戳出来的。蜻蜓在池塘边飞舞就像在说：啊！夏天到了，就要下倾盆大雨了。

# 粥的味道

赵佳语　松江二中集团初中八（1）班

　　我的奶奶，有一双仁慈的眼睛，黑漆漆的很深邃，好像总是盼望着什么。可是，从我记事起，奶奶就是个盲人了。

　　每逢双休日，我们就要回乡下住。小时候还不懂事的我总是会拿小把戏耍奶奶，而奶奶也总是望着我声音的方向"呵呵"地笑。

　　"又是粥啊！"已经吃惯了大街上的肯德基、麦当劳的我，面对着这白花花一片中飘着几点黄绿色的粥而感到厌烦。我就这样想着，用勺子"叮叮咚咚"地敲打着饭碗，奶奶却总像是能看出我的神情，深邃的目光冲我一笑，说："不喜欢吃啊？奶奶帮你吃掉好了。""好啊！"于是就顺理成章地把粥推给了奶奶，就跑出去玩了。

　　到将近日落时才会想起要跑回家吃饭，冲着门外还在干农活的奶奶大声一喊"我回来了"，便匆匆跑进家里。奶奶闻声抬起头笑着看着我，眼睛弯弯的，依然慈祥而又深邃。

　　直到后来，我才知道奶奶是多不容易。一次上课，老师正在教我们一首古诗。"谁知盘中餐……"老师一句我们一句地跟读着，不用费任何劲。"你们知道吗？农民伯伯是有多辛苦……"奶奶？我的思绪一下子就飘到了窗外。每次看奶奶，总是很轻松的样子，用铲子一来二去，笑眯眯的。可是呢？奶奶额头的一滴滴汗水我又曾注意？她只是用袖子一抹，累了就抬起头歇会儿，别人轻而易举的事或许她要在土里摸索半天才能完成。我又何尝注意过？

又是一个双休日，早晨，摆在桌上的依然是一碗热腾腾的粥。我闻了闻，淡淡的清香，很暖，轻轻喝了一口，缓缓地顺着食道滑下，一样的锅煮出一样的粥，却味道大相径庭。我越喝越入口，仿佛有股奶奶的味道。奶奶用她弯弯的黑眼睛笑着望着我，透露出来的是满足、是欣慰。

晚上特地早了一点回家，脚步轻到奶奶都听不见。我看着奶奶，奶奶突然停住了，放下工具，用袖套抹了一把额头，两手又在腰间，向天空长叹一口气。在阳光下，奶奶短发发梢的汗珠格外晶莹剔透，积攒多了，就圆滚滚地滴到土上，渗透进去。一阵鸟叫，奶奶休息完了，又精神抖擞地开始干活。这土里积攒着奶奶很多的辛劳，小麦、蔬菜长得很壮实，奶奶的铲子一上一下，一来二去，眼睛里透露出来依然是慈爱与深邃眼神。

直到现在，依然每天早上一碗粥，淡淡的、微甜的奶奶的味道，胜过任何薯条、炸鸡……

2018

# 小花园里的笑声

白滢滢　松江七中六（8）班

　　小时候，外婆家门前有条小路，家就建在斜坡上，很高，很高。每次，我和小伙伴们都蹦蹦跳跳地从斜坡上跑下来，绕远路，穿过一片菜田，来到小花园。

　　那时候，我们特别爱去那里玩。我们总喜欢围着石桌坐成一圈，分享自己的所见所闻，聊一聊大家彼此的心事，经常一玩就是一天。直到傍晚，我才和小伙伴们踏着自己的影子，边走边笑，依依不舍地回家。

　　每天，小伙伴们都会来敲外婆家的门，"咚咚"，急而有力。我从楼上小跑下来，打开门，咦？怎么一个人都没有？定睛一看，小伙伴们已经跑下斜坡，奔向小花园了！我匆忙拿了一片面包塞在嘴里，穿好鞋子，跟妈妈和外婆打个招呼后，奔向小花园。

　　待我气喘吁吁地赶到那里时，却没看到小伙伴们，而是被眼前的景色惊呆了：小花园美得一发而不可收——

　　春天像画家拿着画笔，先在画布中央画了一条线，线的上方，是天空；线的下方，是草地。然后他画的用色不同，笔触的细微差异，光线和留白，让这幅画拥有了饱满的生命。于是我看到，浅蓝和灰蓝涂抹的天空里，云卷云舒的生动痕迹，由近及远，从靛蓝、蔚蓝过渡到一望无际的青青草地，和万紫千红的百花争艳。

如果说春天是画师，那么外婆家门前的小花园就是画卷。而我们，那群欢笑的孩子就是画中的主角。

　　"嘿！"小伙伴们不知从哪儿冒了出来，打断了我的思绪，让我猛地一惊。"你们，你们……"不用说了，又开始追逐打闹了，笑声回荡在小花园里。

　　我们笑着，跑着。我们在树荫下玩"狼人杀"，在空地上玩"老鹰捉小鸡"，在草丛中玩"捉迷藏"。人在变，环境在变，游戏在变，唯一不变的，便是那永远响亮的、永远清晰的笑声。

　　然而，如今一切的一切都变了。去年回家，我与小伙伴们相约一起去小花园玩。我们依然笑着走过了田间的小路，可脚步停了，笑声停了，眼睛却模糊了——我们的小花园呢？我们儿时最快乐的天地呢？取而代之的是一家小型超市，和来来往往的行人……

　　一分钟，两分钟，三分钟……

　　一切都静默了……

　　幸好，那几张石凳还在。以后的每天，我们还是来到这里，围坐着石凳，聊天，偶尔会发出笑声，可谁都知道，这笑声不再是以前的笑声了，不再是以前小花园里的笑声了。


# 荷花

蔡谙枫　民乐学校三（1）班


　　有人喜欢艳丽无比的玫瑰，有人喜欢百花之王牡丹，还有人喜欢娇艳的月季。而我却喜欢亭亭玉立、清香四溢的荷花。

荷花又名莲花、水芙蓉，常年生长在水中，就像凌波仙子。我站在荷花池边，一眼望去，荷叶连连，满眼碧绿。清风徐来，阵阵淡淡的幽香，沁人心脾。

荷叶大者如盘，小者如钱，挨挨挤挤的，大小不同，高低不一，层层叠叠，参差不齐。在这绿色的画面背景中，最吸引我的自然是那令人目不暇接的荷花了。你看，这一朵粉红，宛如妙龄少女，娇艳欲滴；那一朵雪白，宛如白衣天使，冰肌玉骨。有的羞羞答答地躲在荷叶的后面，含苞欲放；有的俏皮地歪着小脑袋，只露出半个笑脸；有的已经忍不住了，亭亭玉立，婀娜多姿。

荷花全身是宝。它的果实叫莲蓬，把它剥开，里面是莲子，莲子苦中带甜，清热解毒。其茎横于泥中，挖出来就是我最爱吃的藕，白白胖胖，把藕切开，里面有大大小小的孔，慢慢地渗出许多丝，真可谓"藕断丝连"。如果来个糖醋藕片、糯米塞藕，绝对是消暑解馋的美味。如果有心摘下新鲜的荷叶，把鸡包裹起来烘烤，那可是做叫花鸡的独家秘方，那清香独一无二，是没有什么东西可以替代它的。

看着，想着，我仿佛走进了荷花仙境：蜻蜓飞舞着，累了，立在荷花上休息；荷叶上滚动的水珠，晶莹闪亮；接天莲叶随风跳起了集体舞蹈，翻卷的荷叶就像裙子在摆动；小鱼在水中快活地游来游去，追逐嬉戏。就在这时，我才想起来，我原来是正在看荷花呢！

我爱荷花，爱她的淡淡清香，爱她的多姿多彩，更爱她的出淤泥而不染的高洁品质。

# 水乡仓城

曹翔怡　上师大附外中高一（1）班

　　大仓桥，位于松江城西，是一座高10余米，跨度50余米的五孔拱形大石桥，是上海地区著名的明代大石桥之一。桥原名永丰，因桥南为松江府漕运仓城，故俗名大仓桥。仓城、仓桥及桥下奔流而过的市河水，虽已历经数百年的风雨侵蚀，在城市逐渐陷入钢筋水泥丛林的今天，仍可一窥江南水乡"水网纵横、桥梁栉比"的面貌。高大雄阔的石桥，更可见当年"苏松税赋半天下"的盛景。而我的祖辈，乃至爸爸的家，就在仓桥下、市河边。

　　很小的时候，我跟爷爷奶奶住在仓城，每日在仓桥边上玩耍，最喜欢看桥和桥下泊着的那艘小船。长辈们则常常念叨，在他们小的时候，仓桥河水清见底、鱼蟹成群，孩子们日常在河中游泳嬉戏、捉鱼摸虾，"一个猛子下去，从大仓桥游到秀野桥"。据史书载，在以前这里是漕运要道，每日进出船只不知凡几，"衣被天下"的松江布由此被运往各地，河中"巨口细鳞"的松江鲈鱼蜚声天下。可是，在我的记忆中，美好多见于长辈的描述和凭空的想象之中。在现实里，居民家中的生活污水、菜场里的垃圾等脏物被直接倾倒至河中，河道上漂浮着由塑料制品、水生植物组成的"浮岛"，眼见得河道阻塞、河水污浊，渐渐地桥下泊着的小船也盛满了垃圾，常散发出阵阵恶臭。大仓桥下，河道越来越窄，水流越来越缓，水乡已是气息奄奄的样子，"莼鲈之思"的佳话于我也只存在于传说之中。古朴的大仓桥，见证了仓城曾经的辉煌，也亲历了仓城"母亲河"的污染。河岸两侧车水马龙，但人们的生活环境却越来越差，年轻人逐渐搬离……

近年来，在"青山绿水就是金山银山"的号召之下，人们逐渐认识到了生态环境的重要性。听说，仓桥周边已被规划为"仓城历史风貌区"，河道生态系统面临重建，老旧房中的居民要有计划地搬迁，"母亲河"正在焕发新生，昔日的漕运要道即将成为一条名副其实的景观河。前几日，我又回去兜兜转转，逛逛街，瞅瞅桥，看看水。往日阴暗狭小却又热闹的小弄堂如今已是冷冷清清，街上的旧屋多数正待拆除，只有零星几家还住着人。散乱的砖石之间，有几处"古宅"正在整修；街上那曾经"一手遮天"的老榆树们似乎也没了精神；老菜场里一片寂静，只有几只老猫懒懒地摇着尾巴。眼前的一切，仍然很难与记忆中的弄堂、小街相重叠。但是，市河两岸新建了驳岸，河道已经过疏浚，景观设计初见端倪，古仓城又在悄悄发生着变化，这也许就是古城改造的"阵痛"吧！

我相信，不久的将来，蓝天绿水将重现，古城仓桥必将换新颜。


# 忙碌着，快乐着

曾一蒸  三新学校七（3）班


每个周末都会像一个神秘的仙子翩然而至，毫不例外，我的周末要面对补课班和不算少的作业，让我忙碌不堪。

周五放学，我们几个"快乐中文"社团的同学，一起相邀去参加古文活动，一路上有说有笑，从那桂花香的深处都透出愉悦的气息，路上的行人脸上也似乎洋溢着欢乐，这正是忙碌的周末的前奏！

　　周六，我可根本没有睡懒觉的机会，要早起写会儿作业，作业才写了冰山一角，妈妈就叫我上"学而思"了，在去上学的车上急匆匆把午饭吃好，连着数学和英语两门功课，一下子上到晚上，一刻不停，但我反而十分享受！

　　我和伶伶在匆匆上车后，手上就传递来阿婆的暖心饭盒，饭菜甜甜的，在微冷的秋天，有这样温暖的盒饭，心中也会暖一点呢。我俩吃着饭，还时不时盯着今天要默写的单词。嘴里吃着，眼中看着，心里默默记着，丝毫没有感觉乏味，反而背得又快又好，车里很静，我们的心也好沉下来。背好，吃好，还有点时间，我们就聊起各自学校的事情，聊着聊着，就会笑出声来。

　　如果说之前背单词的静谧是像一棵慢慢成长的小树，那现在就是风中疯狂摇摆的大树。沉浸在这种快乐的氛围中，连上课都会开心着。

　　回来的路上，我们这两棵树仿佛是结出了果实，每颗果实都是新学的知识点，沉甸甸的，也疯不起来了，随意坐在车上刷着手机，放松着。这种丰收的安静，我很享受！

　　到家虽然还有作业等我，但是有了果实，我毫不犹豫地奔向了作业。疲惫的大脑在一路的休息后，又重启了，写作业也感到活力十足。

　　接下来的周天也是忙的，可我不想抱怨。既然改变不了忙碌，就试着让自己享受每一秒吧！

# 校园秋天有诗意

陈璐　九峰实验学校七（1）班

若论秋天的诗意，其实只要在校园中就能随意找到。漫步在校园，你会发现，昨日还碧绿的小草今日却已泛黄，整片草地绿中带黄，黄中夹着绿，俨然一幅画。

我走到了教学楼前，刚靠近，便闻到了桂花香。新种植的几棵桂花树，此时已开满了金黄色的桂花，香气扑鼻，沁人心脾，每次下楼，都会让学业忙碌的我，突然间忘乎所以，使劲地吸一口气，好香呀！仿佛渗到嘴里了，像吃了糕一样的香甜。树上的桂花挨挨挤挤，这儿一堆，那儿一丛，引得我不由得在花下多站会儿。

绿色的草皮上，已铺满了金黄的梧桐叶。它们被雨水滋润，被雨水呵护，原本鲜亮的叶片上已布满了晶莹剔透的雨滴，走近它们，顿时感到耀眼夺目，充满了秋天的气息。

不知不觉间，走到了那棵引人注目的梧桐树旁。一只只"大手"随风飘落，铺成了一条梧桐小道。轻轻踩上去，只听见"窸窣"的声音，又像是叶子精灵们"咯咯"的笑声，让我不敢将全身的力气压在它们上面，因为我怕它们会疼，或许有的还会被点中笑穴。每逢秋天，我总能收获到许多片不同的梧桐叶，有的大，有的小，有的圆，有的尖，有的鲜艳，有的已经枯黄。

我弯下腰，捡起一片梧桐叶，把它捧在手心，端详了很久……

这一幕，仿佛似曾相识，去年的这个时候，我也在这里捡了一片梧桐叶，至今还珍藏在我的笔记本里。

秋姑娘的心事也多，小雨隔三岔五地下，像是蓄了一个夏天的雨，现在全部送给秋姑娘了，而秋姑娘又不太舍得用，今天下一点雨，明天天晴了，可后天又下起了小雨。

天空中飘着蒙蒙细雨，我撑着伞，漫步在这朦胧的秋雨中。走到水池旁，不由自主地停下脚步，想看雨水滴落在池塘时，溅起调皮的水花，溅起、滴落，又溅起、又滴落，它们在雨中忘我地嬉戏，重复不断，循环不停……

"自古逢秋悲寂寥，我言秋日胜春朝。晴空一鹤排云上，便引诗情到碧霄。"一首刘禹锡的《秋词》，将我引向了多情的秋天。漫步校园，飘飞的秋叶多了几分潇洒与诗意，犹如辉煌过后美丽的谢幕。它们的飘落，绝非没有意义：来年的春天，新生的幼芽必因它们的归根而萌发生机！

# 假如我是一棵蒲公英

陈宇轩　实验小学四（1）班

窗外，冰雪在消融。天空澄澈得只有几丝白云在漂浮。小河解冻，正唱着新编的歌谣。春天来了，"蒲公英"的春天悄悄地来了……

一天，妈妈把孩子们叫来，说："孩子们，你们都长大了，应该像妈妈一样，自由飘散了！"

"记住，千万不要落在沙漠和海洋里，一定要像妈妈一样，落在树林里。好了，让风姐姐带你们一起去旅行吧！"没想到风姐姐一吹，就把我们给分开了。

"哎哟，这儿怎么这么热啊！"我立马喊道，"这儿是哪里呀？"我催促着风姐姐把我往下吹一点，越来越近了，只见遍地是黄黄的沙子，堆积如山。我想起了妈妈说的话，如果看到有沙子的话就是沙漠，沙漠是热的。"不可以降落，不可以降落！"我大叫着。风姐姐只好把我又吹了上去。

咦，无边无际的蓝色，真好看！我开心地叫风姐姐下降，怎么下面有那么多的"蚂蚁"？千万不要怪我视力不好看花了眼，实在是太高了。我一个劲地叫嚷着风姐姐帮忙，下降，下降，再下降。这回总算看清楚了，所谓的"蚂蚁"原来是人，太多的人。我好奇心起，飘荡在空中竟然"1、2、3……"地数了起来。谁知，数了半天也没数出来。不是我数学不好，关键是他们在动，一会儿躺着的，一会儿又跑了起来；一会儿钻水里不见了，一会儿又突然间从水里冒了出来。

"这是海洋。"风姐姐大声告诉我。一听到"海洋"两字，我立马想起了妈妈的教导。"不可以降落，不可以降落！"我拼命地大叫。

我们费尽了九牛二虎之力，飘过了海洋。"应该快要到了吧！"我着急地问。过了半天，风姐姐也没回答我。我开始有点泄气了，又饥又渴，昏昏欲睡……"注意，危险！"风姐姐大喊一声，干嘛呀，原来是有人在放爆竹，差点把我炸得粉身碎骨，幸亏风姐姐的提醒，我东躲西藏，才得以脱险。

终于，我们到了森林。我欢呼着，原来这里才是我的家。一望无际的绿色，美不胜收。我张开降落伞，在这片绿色的大地上落地，生根，开花，结果。

我也会像我的妈妈一样，让我的子女自由飞翔！

# 舍与得

龚天翼　上师大附外小五（4）班

假期里的一天上午，我做完了作业，带着一包鱼干兴致勃勃地出来玩。忽然背后响起了沙沙声。我回头一看，哦，原来是一只小猫。

它真可怜！身体瘦瘦的，身上的毛也失去了光泽，一双大眼睛绝望地看着我，透着几分凄凉。"喵呜——"它无力地叫了一声，就虚弱地躺了下来。

它一定好几天没吃东西了，我心想，那我就给它点吃的吧！我望了望手里的鱼干，一股诱人的香味扑鼻而来。我开始迟疑了，这么好吃的零食，要不要给小猫吃呢？我也只有一包啊！我又看了一下小猫那憔悴的身影，怜悯之心油然而生。我知道，在这场心理斗争中，"给"的一方胜利了。我确信，挽救一条生命比享受一包美味重要许多，而且刻不容缓。就这样，我做出了正确的决定。

我缓缓俯下身，把一个鱼干放在小猫面前，轻声说："吃吧！吃吧！我知道你很饿了。"小猫感激又温柔地对着我叫了一声，好像在说："谢谢你！"我的心都醉了。它艰难地起身，仿佛用尽了全身力气，爬到鱼干跟前，一口一口，咬、嚼、吞，津津有味地吃着。

我笑眯眯地看着它吃，快乐的心情好像自己也在吃一样。它吃完一个，我就再给一个。

终于，它吃饱了。这时，它叼起一个鱼干向旁边的草丛走去。它要干什么呀？好奇心驱使我一直跟着它走过去。原来，在那片草丛后面还有三只小小猫，它们也都瘦骨嶙峋，我毫不犹豫地把鱼干分享给它们。

一转眼，我手里的鱼干所剩无几了，但是我真的很高兴，因为我挽救了四条生命。我希望始终有好心的人家喂养它们，我希望它们每一天都过得无忧无虑。

虽然我"舍"掉了嘴巴的快乐，但是我"得"到了内心的喜悦。


# 幸福是什么

顾琦磊　第三实验小学五（2）班


吱吱，吱吱，那蛐蛐儿的叫声就是幸福的声音。幸福其实就是这么简单，也无处不在。

离我外婆家一箭之遥的地方有个山坡。山坡长满了青翠欲滴的野草，草丛中还有星星点点的野花，不少蜂蜜蝴蝶盘旋飞舞，就像一幅美丽的画卷。

那时候的我们正值七八岁，用大人的一句话说，就是"连狗也嫌弃"。一点儿也没错，我和小伙伴早出晚归，回来不是变成"泥孩儿"就是成了"落汤鸡"。大人们也无可奈何，但告诫我们不要去那山坡。

一天，在好奇心的驱使下，我和小伙伴们趁大人们午睡的当儿，悄悄地溜了出去。正值初秋，蛐蛐儿这时叫得最欢。那声音此起彼伏，错落有致，像一首交响曲，委婉动听。我们各自拿了一个瓶子，准备捉蛐蛐儿。到了小山坡，我们仿佛置身于"蓬莱仙境"。不一会儿，我们便开始了自己的"伟大工程"。

瞧，有的左右开弓，一手握住瓶儿，一手呈罩状，眼睛紧紧地盯着草丛，可还是徒劳无功；有的扒拉着草丛，猫着腰，瞪圆了双眼，放轻了脚步，小心翼翼地寻找，也无功而返；还有的干脆直接不管三七二十一，一把儿直接抓，也都扑了个空……小伙伴们都有些扫兴了。

我呢？也没有抓着。不过，我并没有灰心丧气，仍旧屏气凝神地找着，并鼓励大家不放弃，继续找。终于，我看见了它，只见它脑袋乌黑，两只触角不停地抖动，一对锋利的门牙像两把尖刀一张一合，发出阵阵咔嚓声，好不威风！我得意地想：这回我总该抓住你了。我的两手猛地一合。可抓着的只是几根杂草罢了。突然一个小黑点在草丛中一掠而过。我悄悄地尾随着它。大概是累了，这蛐蛐儿停了下来。我趁机抓住了它，并把我的"小俘虏"放进了瓶子。小伙伴大多都抓着了。我们满载而归……

傍晚，我坐在后院里听着蛐蛐儿的叫声，那吱吱声时常回荡在我耳畔，一种幸福的感觉在我心头涌动……

# 在奔跑中成长

韩佳昊　三新学校七（2）班

　　小学二年级，经同学介绍，我第一次接触到了足球。那时，只是几个星期才练习一次，并不像现在，一个星期就要训练两次，而且还是高强度的。当时的我，并没有想到要把足球当成一个爱好。在球场上，我最喜欢在阳光下、在风雨中努力奔跑、奋力进攻的感觉，那才是一个男子汉所追求的。到了四年级，爸妈也觉得我踢得不错，似乎还有那么一点小天赋，便全力支持我加入足球队，去做自己喜欢的事。随着在俱乐部的不断努力，我最终顺利进入了校队，对我来说，这可是一件值得炫耀的事啊！

　　刚进校队那时，老师把我与同龄人安排在板凳上做替补，看比赛。说实话，心里还是有那么一点不乐意的，但也得忍着，因为这是每个新队员必经的过程。看着队员们驰骋在球场上，每一个都像一头威风的小狮子，潇洒地进攻、围堵、传带，直看得我脚发痒，真恨不得一个箭步冲上去，酣畅淋漓地踢一场。

　　随着五年级那一批老队员进入初中，我们也升上了五年级。等待着我们的将是激动人心的比赛。到了寒暑假，每周一次实训，让我们开心不已，整个五年级假期，都是在足球的陪伴中度过的。虽然一次次经历汗水的洗礼，但现在回味那些在阳光下奔跑的岁月，还是觉得意犹未尽。

升入了初中，我们的学业越来越紧，甚至还有一段时间想要放弃足球。但在家长、同学以及老师的劝阻下，我依然选择了足球，而且还是压力特训班。一开始，我的技术并不是很好，六升七暑假中，跟着张教练努力学习技术要领，逐渐找到了自信的感觉。在第一次代表俱乐部的比赛中，我担任了中后卫，虽然只得了第七名，却还是得到了张教练和部门经理的大力认可。当我从场上退下来，看到他们对我竖起了大拇指，还大声喊道："韩佳昊，好样的！"那一刻，我觉得那些努力的奔跑和汗水都值了！

现在的我，已经被教练打磨成了一个铜墙铁壁的左后卫，还曾在国庆的比赛中获得第一名。妈妈把我的获奖消息发到朋友圈里，获得了极高的点击率和一大波好评，就连平时从不点赞的三爷，都给我点了个赞，姑奶奶还称我是家族的骄傲呢。

就像人生一样，成长路上始终要保持向前奔跑的姿势，越过一个又一个的坎，才能领略到更多亮丽的风景。

# 舅舅的心事

胡奥　上师大附属外国语小学四（1）班

我的舅舅在部队搞军工研究，很少回家与家人相聚，更没法照顾外公外婆。

一天下午，趁舅舅回家探亲，我和妈妈、爸爸和舅舅一起去康复院探望外公。外公70多岁了，患了老年痴呆症，记忆力严重衰退，不知道等会见了面，他还认不认得我们吗？

穿过康复院一条长长的走廊，来到尽头的那一间病房，见到了半躺在床上的外公。"爸爸""外公"，我们一声声地叫唤，外公却木然地看着我们，似笑非笑，"啊，啊"地发出轻微的声音。妈妈告诉我：外公不仅失忆还失语了。我十分不解地问妈妈："你不是在上海临港健康医疗卓越中心工作吗？凭你们具有国际一流的医疗条件，也不能治疗外公的病吗？"

"目前世界上尚无有效的药治疗老年痴呆症，只能通过营养细胞的药物和亲情的关爱，来缓解症状。"妈妈无可奈何地说。

外公神情木然地在我们几个身上来回扫视，突然，他把眼光停留在舅舅身上，手指着舅舅，嘴里"啊，啊"地叫个不停。也许是父子的亲情唤醒了外公深处的记忆，也许是舅舅的印象在他老人家脑海中呈现，外公显得有些不安和激动。此时此刻，舅舅似乎感悟到了什么，紧紧地抱住了外公，真是父子情深啊！

来康复院的路上，听舅舅说，他马上要到南海岛礁参加战备值班，他是研究导弹专家，这回一去，恐怕一年半载不会回家……自古忠孝难两全，怎样了却舅舅的心事呢？一个大胆的想法在我心中酝酿。

走出病房，我向舅舅、妈妈、爸爸提出了一个两全其美的好办法：爸爸在上海临港中美中心工作，那里具有国际领先的技术和设施，我们完全可以借助虚拟现实，通过 3D 打印，仿造一个外形一模一样的舅舅来。以后，舅舅没法探望外公，我们带上 3D 打印的"舅舅"去探望外公，如果他每次能看到"舅舅"，也许能减轻他的病情，给他的心灵带来慰藉。

"臭小子，亏你想得出这么个金点子。不过，要打印一个 3D 的真人秀，要付不少钱噢？"爸爸笑着说。

"用我的压岁钱基金！"我毫不犹豫地表示。

"好儿子！""好外甥！"我被他们夸得有点飘飘然了。

沐浴在夕阳下的康复院长廊，墨绿的藤蔓绕着长廊的支架，交错着，攀缘着，构起一片绿荫，在余晖里俘获温暖⋯⋯


# 要不得的"谦卑"

胡佩瑶　九峰实验学校八（4）班


做古文训练，看到一篇《黄公好谦卑》。

文章讲的，大致是一个名叫黄公的齐国人特别谦虚，他有两个女儿，都长得国色天香，全国找不出第三个能与她们比美的。然而黄公在外面却经常贬低她们，说他们长相丑陋，不堪一见。一传十，十传百，闺阁女子不方便出门，自然难见其人，稀里糊涂的国人更是信以为真。于是，这两个"奇丑无比"的美女过了婚嫁年龄，却没有一个上门提亲的人。后来，真相大白，黄公成了笑柄。

我也不禁想笑。笑完了，又特别为这两个大美人的遭遇叹息不已。按理说，黄公的谦虚是美德，为什么成了天下的笑柄，还害惨了自己的两个女儿呢？

想到两个成语——物极必反，过犹不及。

当年，子贡问孔子，他老人家的两个学生哪个行周礼更好，孔子道："师也过，商也不及。"子贡想当然以为"过"的那一个更好。

没承想，孔子却回了一句"过犹不及"。啥意思呢？就是说，事情做过了头，和做不到位是一样的，不存在谁优的情况，都存在着问题。这不就是黄公事件的最好注释吗？

很明显，黄公的谦虚过了头。曾听过一句话："过度的谦虚就是骄傲。"这句话有它的道理，这里不做分析，只说黄公的"谦虚"。他的谦虚，是与真实背离的，将美的说成丑的，与一些人把对的说成错的一样，都是与"实事求是"的本质背道而驰的，怎么能说他"谦虚"呢？也许他是故意这么说，反衬女儿的天生丽质，结果走向了反面，造成了爱女一直待字闺中。

再看看神医扁鹊的谦虚。齐国国君要封他为天下第一神医，他却坚决不受，说别的医生且不必说了，就自己的两个哥哥都比他医术高明。齐王可不就纳闷了，你说你两个哥哥厉害，可咋名不见经传事不闻遐迩呢？扁鹊于是解释，二哥可以治大病于小恙，在变成大病之前就及时将病根除去了，所以只在家乡中小有名气。大哥更是了得，可以防病于未然，只要看人一眼就能判断出可能得了什么毛病，所以只有家里人才知他医术出神入化。只有他扁鹊，既不能治大病于小恙，也不能防病于未然，等到需要他妙手回春的时候，病人已经病入膏肓了，所以他担不得这个名号。

扁鹊的谦虚与黄公的谦虚显然不同，一没有脱离兄长的事实，自己两个哥哥的确各有所能，说自己技不如兄也没错，只不过指某个方面罢了。二没有违背自己的真实，分析了自己名气大的原因，可以说实事求是，令人信服。

试想一下，如果扁鹊把自己说得一文不值，而把自己两个哥哥赞得天下无人可比，齐王会信吗？弄得不好，齐王认为他"糊弄寡人"，定他个"欺君之罪"，落个华佗被曹操灭了的结局。

读了《黄公好谦卑》，想想真是大受教益。"好"，喜好的意思，这样的喜好要不得。

# 小草

胡馨匀　第二实验小学五（2）班

它没有郁金香那样高贵，没有荷花那样亭亭玉立，也没有水仙那样高尚纯洁，它很平凡，却常常给人们带来快乐，它就是大自然中最为低调平凡的小草。

春天来了，小草变得绿油油的，它是第一个把大地从沉睡中唤醒的"人"，它让大地变得更加生机勃勃。从远处望去，就好像是一片绿色的海洋。瞧，孩子们在那片草地上追逐嬉笑时，像一条条小海豚一样，遨游在绿色的海洋里，脸上洋溢着快乐，加上这绿油油的嫩草，这样的春天真是美极了！小草就这样默默地把快乐带给了人们。

夏天里，它给炎热的大地带来一丝清凉。酷暑难当的夏日，人们的心情不免会很烦躁，但当你看到这青青的、柔柔的小草时，心中的烦恼顿时跑到九霄云外，心情也会变得格外舒畅。小草给人们带来清凉，让人们不再心烦意乱。

秋天到了，许多小花都已经开始凋零，可是小草则是换上另一种颜色呈现给大家——绿黄色。你看，暮色暗淡，残阳如血，小草和橙黄色的夕阳相互衬托，这时的小草胜过一切婀娜多姿的鲜花，它的美是那么平凡，却又是那么让人无法忘怀。小草把美丽带给大家。

冬天，寒风刺骨，只见天地间白茫茫一片，雪花也纷纷扬扬地飘落了下来。当你扒开一堆雪出来时，你会惊讶地发现小草并没有死去。只是雪姑娘给它穿上了一件厚厚的衣服。小草在这寒冷的冬天里，还是坚强不屈地生存着，难怪古往今来那么多诗人夸赞小草顽强的品格。

小草给人们带来快乐，给人们带来清凉，给人们带来美丽，更告诉人们不要被困难打败，一定要坚强不屈地面对一切！小草是那么平凡，却有着坚韧不拔的品格，值得我们每个人学习！

# 小狗球球

胡一君　上师大附属外国语小学四（10）班

它有着圆滚滚的肚子，米黄色的毛发，乌溜溜的眼睛。有时候它眉头一皱，显得无辜呆萌；有时候它咧开嘴巴，露出粉红色的大舌头，显得笑得那么开心。这就是我们家的小狗"球球"。

球球是我九岁生日时，爸爸妈妈送我的生日礼物。刚到我们家时，球球才两个月，它简直就像一个毛茸茸的小球，因此我们叫它"球球"。它到处跑啊，闻啊，咬啊，一刻不停。尤其是当我们带它出去散步时，对它而言一切都是那么新鲜，它的小眼睛永远四处张望着，好像永远都看不够这个世界。爸爸对我说：球球是拉布拉多，大型犬，"很快球球就会长得比你还重呢！"怎么可能比我还重，我才不信呢！

可是，真的呢！等到球球1岁时，我才65斤，它已经75斤了。不光长得壮实，球球还学会了很多本领。它会听从我们的指令，我们说"坐"，它立马坐下。我们说"握手"，它会抬起它的一只前腿，就像人们伸出手握手一样。球球还是游泳高手，每次它去河里游泳，总有很多人过来围观，拿出手机对着球球不停地拍照，我感觉球球就像是明星一样。

最神奇的是，球球居然会捕鱼！前两周，我们带球球去公园玩，它看见旁边有条小河，就撒了腿地往前跑，奋不顾身地跳入了河里，越游越远。我们叫它回来，过来一会儿，它才往回游。等它游近了，我们惊呆了，它嘴里居然咬着一条鱼，足有30厘米长！爸爸解释说："拉布拉多本来就是属于水猎犬，会帮助渔夫捕鱼的，因此球球有这个天性会捕鱼！"可是，我还是觉得太神奇了，它可是我的第一只也是唯一的一只会捕鱼的狗！

球球最让我感动的还是它对主人的忠诚。有了它，我真的体会到了那句话："狗是人类的好朋友。"有时候我们一起玩的时候，我不小心把它弄疼了，它只是轻轻叫一下，绝不会生气。我知道球球永远不会咬我，绝不会伤害我。去年暑假的时候，我去沈阳参加"和平杯"足球赛，两个星期后才回家。当我回到家，球球就朝我飞奔过来，不停地摇动尾巴，围着我转圈，好像在说："小主人，我好想你！"又咬住我的裤管，好像不让我再离开他。我摸着它的头说："球球，你真是一只好狗！"

# 请给小鸟一个家

蒋雨菲　中山小学二（8）班

小鸟和大树一起生活在树林里，大树最高的那根树枝的最高处就是小鸟的家，电闪雷鸣的日子，大树用茂密的树叶为小鸟遮风挡雨，大树心情不好了，觉得很闷的时候，小鸟就唱好听的歌给大树听。今天是小鸟的生日，一大早小鸟就飞出去了，她要找一朵美丽的花儿给自己当礼物，大树等待她的回来，给她庆祝生日。正在这时，一群伐木工拿着锯子来到树林里，不由分说就把森林里的树全砍光了，大树流着泪看着自己的身躯变得又矮又小，却一点办法也没有。傍晚，小鸟飞回森林，却发现她再也没有家了。小鸟哭着飞到城市里找地方住，最后只找到了电线杆。刮风下雨，没有人给小鸟挡风雨。小鸟再也不唱歌了，她整天整天地哭泣。请给小鸟一个家吧！

# 给自己的一封信

梁瑞丰　上师大附外小四（7）班

瑞丰：

　　你还好吗？时间过得真快，现在你已经10岁了。这些年里，你取得了一些成绩，也闯了不少祸。听说前几天，在你的班里发生了一件令人难忘的事呢。

　　那天，一个同学叫你到语文老师陆老师的办公室去。当时你想：不会吧，难道是我的语文回家作业卷错得一塌糊涂？还是……唉，这段时间确实有点贪玩了，一些生字都没有好好背，上次考试只得个"C"。这次，该不会又是？平时，你都是快步走到四楼陆老师办公室的，但这次你却像个"探险家"，一步步艰难地爬上"山顶"。最后，还是下定决心硬着头皮来到老师面前。陆老师向你招招手，笑盈盈地说："梁瑞丰啊，你真棒！"当你丈二和尚摸不着头脑的时候，她又说："你看看这张《松江报》寄来的汇款单，写的是不是你的名字？"你仔细一看，可不是吗？于是点点头。"这是谁帮你投的稿？"我想一下，回答说："是舅舅。"他是个党校老师，两个月前到我家来，看到我的作文本，发现了《我爱你，小雪花》这篇文章，就说："写得不错，我帮你投到《松江报》去。"没想到真的发表了。

陆老师高兴地说："这可是我们班的大喜事呢，我要帮你在班级群里炫耀一下。"说着，她在 QQ 群里写了几个字，把那篇作文和汇款单的照片都传到网上了。语文课上，陆老师卖了个关子："今天，我的办公桌上出现了一张报社寄来的稿费汇款单，它是寄给——梁瑞丰同学的。请梁瑞丰同学到讲台上领取三枚学习币。"于是，你在同学们羡慕的目光中走上了讲台。

梁瑞丰啊梁瑞丰，只要你付出了努力，取得了成绩，老师和同学都会看在眼里，表扬你，鼓励你。你要坚持下去，可不能骄傲啊！

# 平潭的石头

林俊佑　上外松外七（3）班

"平潭岛，光长石头不长草，风沙满地跑，房子像碉堡⋯⋯"古老的民谣诉说着平潭岛前世的寂寥。我的家乡就是福建平潭。

据说这里以前是一座火山岛。石头，千百年来与平潭人民生活息息相关。平潭岛上多产花岗岩石，我们聪明的祖先用这些石头搭起了一栋栋"别墅"——石头厝（石头房子），这些石头厝犹如画中景物，分布在海岛的各个角落，从高处望下来，像童话一样色彩缤纷。

大多数石头厝都是两层楼，冬暖夏凉。这些石头厝都是由杂乱的石头拼接而成的，与大自然融为一体。这里四面临海，终年风大浪大，普通的建筑材料根本经不起"折腾"，而石头盖的房子不易被海风侵蚀，为了防止瓦片飞起，屋顶上也都压着许多石头。否则大风一刮，你就会住"露天房"了。碉堡般的石头厝，它不仅是风情浓郁的独特民居，也是海岛祖先"斗天战地"生存智慧的结晶，承载着海岛儿女的浓浓乡愁，成为平潭旅游的新名片。

平潭因为四面环海，海风又十分大，所以在海滩上或海面上你能看到一些礁石，其中最出名的要数石牌洋，远远望去有一个圆盘状的大礁石，托着一高一低的两块碑形海蚀柱。整个礁石像一艘大船，两块巨石像两面鼓起的双帆，似乎正在乘风破浪前进。

平潭还有许多由石头组成的山，山上的植被十分稀少，有些山甚至是"秃顶山"——山顶没有任何植物，因此才被称为"光长石头不长草"。但现在许多地方都种上了树，绿色点染，有了生机。

最著名的将军山是因为有数百名将军同时登上而得名。将军山有许多天然形成的石路，人们沿石路而行，就能来到最著名的景区"一线天"，两侧是壁立的山石，抬头仰望，天空只有一线光亮。在那里，最窄处只能侧身过去，多个包也不行。曾经有一游客，人胖，想硬挤过去，结果卡在了那里，动弹不得。前面的人和后面的人又拽又推，扯破了衣服才过了卡。最宽的地方也才够一辆摩托车能过。

《平潭石头会唱歌》，这个极具平潭特色的节目登上了2017华侨华人春节联欢晚会的舞台。现在平潭已经有很多人慕名而来，成了一座独特的旅游岛。

# 等待

凌子宸　上外松外四（8）班

昨天傍晚，我在小区里学骑自行车时，目睹了一件不寻常的事儿，让我十分感动。

那时，我正坐在小区道路的边沿上休息。突然，我看见一个快递小哥骑着电瓶车在离我不远处，为了避让迎面驶来的小汽车，不小心碰撞了路边停放的小汽车。只见他十分慌张地下了车，右手不停地挠着头，一会儿蹲下来看看被撞的小汽车，一会儿又站起来盯着自己车上满满一筐的快递包裹，显得既紧张又六神无主。这时他的周围没有一个行人，如果想溜走的话，那是轻而易举的事儿。可他并没有这么做，而是打电话叫来了他的同事，拿走了他未送完的快递。之后，他静静地站立在车旁，默默地等待着车主到来。

一小时，两小时……

最终他还是在保安叔叔的帮助下联系到了车主。当年轻的车主来到现场后，听完快递小哥的描述，车主被快递小哥的举动感动了。出乎所有人的预料，他竟然不再追究快递小哥的责任，更不要什么赔偿。快递小哥连声道谢，带着一脸歉意离开了。

虽然快递小哥经历了漫长的等待，但他的这种遇事不逃避、勇于承担责任的做法深深地感动了我。

快递小哥，你是好样的！

# 春柳

凌子钰  上外松外三（8）班

古代有很多诗人写过柳树的诗，写得最好的我觉得就是唐代大诗人贺知章写的《咏柳》："碧玉妆成一树高，万条垂下绿丝绦，不知细叶谁裁出，二月春风似剪刀。"如果不是亲身感受，我是无论如何也体会不到这首诗的美的。

那天傍晚，我随爸爸妈妈来到大学城文汇路散步。最吸引我的是路北侧河边的垂柳，那飘逸的婀娜多姿的春柳，整齐地排列在河岸的两侧。我情不自禁地跑过去，认真地观察起来。只见那一根根细长的柳条上，缀满了细细尖尖的、翠绿的柳叶。那垂下的柳条就像小姑娘的辫子，微风轻轻吹过，细细的柳条随风飘荡起来，就像一位绿衣仙子的裙带在空中忽上忽下，漂亮极了！我久久地立在它身旁，感受着春天的气息。

啊！春柳，虽然你没有姹紫嫣红的外表，也没有玫瑰花的香气，但你在我的眼里，我的心里，塞满了春天的讯息。

# 松江，我的第二故乡

父母是台湾人，在达丰电脑公司工作。我年幼时随父母来到上海松江。记得我刚踏上松江的土地时，看见了耸立的高楼，林立的商铺，与台北一样繁华，心中感到亲切了许多。

在小学一年级刚开学的时候，我早早地来到学校，想和新同学交朋友。可是我的心中也有点忐忑：我是一个台湾人，别的同学应该都是大陆本地的，同学们会不会排挤我，不和我交朋友，把我从班级这个大集体中排斥出去？但同学们没有那样，反而积极地跟我交朋友，我心中的一颗大石头也落下了。我很好地融入了班级，和同学们打成一片。

时间飞逝，转眼读四年级了。

四年级刚开学的时候，我们班新换了一个班主任，看见了生物角空荡荡的，于是对我们说："美化教室从我做起，明天同学们带一盆植物来美化生物角。"放学后，同学们议论纷纷"明天我带一盆仙人球"，"明天我带一盆绿萝"，"我带一束花"……

校园也是我的家，我要美化我的"家"，给教室带来一点绿色。我说干就干，晚上写好作业后，就把我家阳台上的吊兰、绿萝、仙人球都摆好，准备第二天带到学校。本来我也准备把我家的小红枫树带过去的，但因为太大、太重了。第二天，我提着绿萝，爸爸提

308

着吊兰和仙人球艰难地向学校走去。九月的太阳早已高挂在天空，阳光火热地照在我们身上，没走几步脸上就露出豆大般的汗珠。我刚想休息，爸爸就对我说了一句令人回味的话："坚持就是胜利。"所以我咬牙坚持，硬是背着沉重的书包，手里抱着那一大盆绿萝走上了四楼教室，把绿萝放在植物角里。一片绿色在微风中荡漾，我瞬间觉得教室里的空气清新了许多。

在这小学四年的时光里，我感谢老师，把我这个台湾小孩从一个不懂事的小男孩变成了一个能独立思考、积极进取的学生；从一个调皮贪玩的孩子变成了一个勤奋好学、努力上进的好学生；感谢同学们，他们让我学会了关心集体，团结助人。

现在我在松江已经生活近十年了，我早已把松江当成第二个故乡了。在他乡生活，我总是会想起一句诗"九月九日望乡台，他席他乡送客杯"。

# 那些错过的风景

陆凯芸　三新学校七（6）班

"哎，同学，到站了！"13路公交车正开得摇摇晃晃的时候，售票员尖锐的声音将我从书海中抽离了出来。

"哦，好！"我匆忙合上手中的英语书，从这有点闷热的车厢里滑了下去，像一条快要脱水的鱼，奋力扑进水里。

呼！外面的空气好多了，随手又打开了英语书，边走边背，直到在十字路口停下来，猛然发现周围的景致和往日骤然不一样了。头一惊，不好，下错站了！

看着周围陌生的一切，我头一次感到了迷茫和紧张。头顶的太阳也似乎在嘲笑我，心里没来由地烦躁起来。往前走了几步，映入眼帘的却是一大片绿色，一阵微风拂来，树叶摇摆起来，哗哗声敲打着我的心窗。

明艳的阳光透过枝叶间的缝隙倾泻而下，粉红的娇滴滴的花朵，在阳光下微笑着。小草绿得晃眼，那些不曾见过的植物，也在享受着美好的生活，这一片意外相遇的风景可真美啊！嘿，这真美啊，我不由得感叹道。俗话说得好，心静自然凉。看着那些绿得发亮的树叶，烦躁的心也渐渐平静下来了。

缓步走进那片草地，一步，两步，三步，直到自己融入这绿色的世界里。耳边的喧哗声也淡去了，自然的歌声包围了我，鸟鸣那么动听，让我觉得真是一种享受，那声音就像夏日里的一股清流淌过心间。这不正是我一直梦想的心灵的栖息地吗？这些生命旅途中一再错过的风景，其实，和我们经历了无数次的擦肩而过……

我一时找不到合适的文字来表达她的美，只有用心去体会，去感受。我能看到那小小的虫子正在吮吸着大自然泥土的芬芳；能看到树叶间隙里鸟雀跃的身影，以及那清亮澄澈的叫声，划着漂亮的弧线，掠过树梢；能看着老人牵着的小狗，在草地上蹦蹦跳跳，他眼中的笑，让我感到人世间的美。那一片片树叶在阳光的照耀下，变得有些透明，叶脉变得特别清晰，树叶在风中的沙沙声，细微的声音对我来说简直就像天籁一般。心，在飞扬！

身处一片绿色，我竟忘却了时间，忘却了忙碌，有那么一刻，我甚至忘却了那些密密麻麻，如蚂蚁一样的英语单词，也同样忘却了那个喧哗的世界。

是啊，在匆忙的生活中，我们曾经错过了多少美丽的风景，错过了多少世间的宁静。让我们走出喧嚣，拥抱大自然吧，做一次畅快的呼吸，让心跳都变成绿色的节奏……

# 微笑的苹果

孟祥舒　第三实验小学五（6）班

很久以前，有一个废弃的地下室，里面住着好几筐苹果。地下室的主人是一个很不友好的老太太，森林里的动物、植物都不愿意靠近那间小屋。

一天，一个淘气的小苹果背着妈妈偷偷地跑进了那间阴暗的地下室。一进去，它就听到了吵闹和谩骂声。它悄悄地跑过去，只见好几筐烂苹果在吵架，这些苹果都萎缩了，浑身上下几乎都是霉菌，身体还被蛀虫啃了洞，一看就知道好久没有见到阳光了。小苹果仔细听了听它们的谈话。"喂，你又挤我了！""一边去！你再过来，小心我把你揍扁！"……小苹果听不下去了，一下子跳到筐上，大声说道："请大家停一停！"烂苹果们仍在吵架。"请停一停！"大家依旧不理它。小苹果运足力气，猛地一喊："大家不要吵了！"这时一个老苹果却一脚把小苹果踹了下去，并说："你个小屁孩，才多大呀，就要掺和我们的事。"大家也纷纷起哄："想掺和我们的事，门都没有！"小苹果揉着自己的屁股，过了好久才站了起来。

311

这群苹果的脾气可真暴躁呀！它心想，我要让它们微笑起来。

　　过了好一会，它终于想到了一个好办法。小苹果又跳到筐上大喊："你们见过外面的世界吗？"烂苹果们顿时议论纷纷："外面的世界？""你见过吗？"……一个长者模样的苹果说："我都已经快忘记外面的世界了。"小苹果又说："外面的世界很精彩，有许多美景、明媚　的阳光、嫩绿的枝叶、湛蓝的天空、美丽的鲜花……这些美好的事物，能让人变得快乐，大家跟我出去走走吧！"经过几位长者的讨论，大家准备跟着小苹果出去看外面的世界。正当大家准备出去时，一阵大风刮了过来，门关上了。烂苹果们认为出去不了，又都纷纷跳到了筐中。小苹果心想：我一定要帮助它们看到外面的世界！于是，它猛地一跳，可是门把手比筐高了好多，它重重地摔到了地上。但它并没有气馁，它又站了起来，拼足全身的力气，猛地跳起来，门把手够到了，门打开了……它们赶上了日落，夕阳安宁地站在山顶，红光把整片天　都染红了，真美啊！

　　当夕阳照在烂苹果的身上时，奇妙的事发生了，烂苹果们变成了健康快乐的红苹果。红苹果们兴奋极了，它们不再发出毫无意义的抱怨，而是谈论着快乐的事情；它们也不再相互打架，而是在唱歌跳舞；它们不再是令人讨厌的烂苹果了，它们变成了幸福的红苹果。

　　同学们，让我们远离暴躁，和快乐做好朋友吧；让我们学习小苹果，做一个热爱生活，积极向上的好少年吧！

# 走近沪剧

潘瑜清　九峰实验学校八（4）班

奶奶极爱沪剧，我从小就和她一起听、一起唱，伴着一只老式的红色收音机，祖孙俩可以听上一下午。从陆雅臣听到《借黄糠》，从《卖红菱》听到《阿必大》，一曲比一曲精妙，一曲比一曲优美。陆雅臣赌债卖娘子闹出的笑话，《借黄糠》中"穷人不知富人的苦"的荒谬，《阿必大》里两人对白的生趣，引人入胜也引人思索，而最可看的是一演三个钟头的《雷雨》，若三天打鱼，两天晒网是不能过瘾，不得要领的，只有耐耐心心地从阴差阳错开始直到一场雷雨劈死三人的惨痛结局，一幕幕看下来，才能一点点揣摩悲剧的主旨所在。我发觉沪剧的题材几乎都取自于现实生活，离奇的情节又全在情理之中，不仅内容精彩，而且各种民乐的伴奏能把听戏时的氛围很到位地烘托出来。

对于沪剧的喜爱，大约就是从那时开始的。直至今日，还在脑海里存有当时的场景。我依然可以自信地背唱最爱的《阿必大》唱段，可以自己吹吹打打撑起一台戏，可以报出一串沪剧名家的流派。

最放不下的，要数沪剧的音乐。开头多是一阵琵琶笙笛一类乐器响亮的开幕，或是幽幽地从远方传来，近了、近了……接着是主唱极好听的男声或是女声，很像酷暑中润入一股清流，脆生生凉丝丝的，一下子就让人提神醒脑了，后台的铜锣玉笛扬琴二胡，还有木鱼和大鼓，也一齐响开了声。主唱的声音被淹没了一会儿又浮出水面，或绵长、或灵动，节奏明快，其他的声音都暗下来，惟丝竹之声如几股清泉轻泻而出，抽丝般起伏、婉转，渐渐场子上只剩下主唱之音，那苦苦倾诉、字字泣血足以令人心碎神醉。这是女声。若是男声，最好的效果是让观众慢慢振作起来。记忆特深的是"邓世昌"，只台上一人，便如金戈铁马般，有了激烈，有了节奏，配了琵琶或大鼓结合着敲。唱一句，敲一下，正觉短促有力、壮志满怀，却一下停住，余音绕梁，过了片刻，那绵长的二胡又出来了，悲壮凄美，博得一片喝彩。

这里还想特别提一下传统名剧《阿必大》。从前我总只听精彩部分，其余铺垫伏笔等一掠而过，为写走近沪剧的文章，才一字不落地从头至尾听了一遍。发现那些掠去的倒也是生活细节。尤其开头那段独角戏，石筱英饰演的婆婆在台上叨叨了近十分钟，没有伴奏，没有对唱，只是不厌其烦口若悬河地讲家里的事儿，说到引人发笑甚至不好笑的事儿，我总吃不住地笑起来。就这样，那怪大的冷冷清清的戏台，她却撑得有声有色。

接下去与阿必大的对手戏，一句对一句，一碴儿接一碴儿，妙趣横生："婆阿妈，鸡蛋补。""死货色，鸭蛋大。""婆阿妈，花箕柴火力旺呀。""死货色，稻草灰多呀。"……

如此种种，就算演唱的人过世已久，只需设想她们当年的音容笑貌，还是不禁让人莞尔，令人佩服。

沪剧是上海戏剧文化的结晶。生在这片土地的人更为感受深切。其他地方有人学沪剧，终究有点"水土不服"。也有人说"上海的沪剧，过时了。古调虽自爱，今人多不弹了"。即便真的如此，"我也会别人不弹，我弹！"因为我对它喜欢得紧。

# 一只蜗牛的美好生活

沈佳慕　中山小学三（6）班

　　记得一个阳光明媚的上午，我和妈妈去菜地摘菜，无意间发现了一只小小的蜗牛正慢慢地在绿色的草丛中爬行。它背着一个比自己身体大的壳，缓缓地向前蠕动，柔弱的身体紧贴着地面，留下一条清晰的线。出于好奇，我把蜗牛轻轻地放在手里，它像受惊似的把整个身体缩了回去，似乎这样才觉得安全，叫人同情。过了好长时间，见没有什么动静，它才悄悄地伸出了小脑袋。我出于不舍把它带回了家。

　　小蜗牛喜欢住在潮湿的地方。我把它放在了阳台的小水池里，静静地观察着它的一举一动。有一次，"唰唰唰"一场大雨尽情地冲洗着窗台，看到雨停后，蜗牛有了小动静，沿着小水池的边慢慢地蠕动着，估计此刻也想吮吸一下大雨临走后的气息吧！那么娇小的蜗牛竟然要爬到玻璃的顶部，我想，那只是一个遥远的梦吧。窗台上一点一点的水珠，大的小的，圆圆的，亮晶晶的，对于那只小蜗牛而言，那就是一座座困难重重的小山。要越过它是多么不易啊！

　　夕阳西下，黄昏临近，小蜗牛实现了它的梦想最终爬上了它要努力的地方。在人们不经意中，小蜗牛有它自己的生活方式，行动时没有声响，只是默默地生活，从来不会被陌生的环境吓倒，也从不放弃任何机会。虽然行动迟缓，又那么柔弱，但它目标明确，锲

315

而不舍，坚信道路的尽头便有自己想要的美好生活。

此时，我想到了现在的自己，该怎么走接下来的路，一切都是如此的美好，没有谁会想到一只微不足道的蜗牛正在努力奋斗着并经营着自己美好的生活。


# 我爱词语接龙

沈舒颖　泗泾实验学校六（2）班


"哈，哈，哈……"从我家传来了欢乐的笑声。怎么回事？原来是我们在玩游戏——词语接龙呢！

我和爸爸妈妈规定了游戏的规则：每人说一个词语，每个词的开头第一个字必须是上一个词的末尾最后一个字。由于爸爸妈妈担心我接不下去，便降低了一下难度，音同字不同也可以。哈哈！那可是我的强项了哟！

就这样，我们开始了第一场战斗。我先说："太空。"妈妈接着说："空气。""气体。"爸爸抢先说。于是我又开始想了，便说："体形。"妈妈又接道："形态。""抬起。"爸爸自作聪明地说出了一个，我和妈妈互望了一眼，一起反驳说："不！这不是一个词语啊！你说错了！"本以为能够蒙混过关的爸爸输了。

我很得意地笑了笑说："嘿嘿！爸爸，你输了得接受一个小小的惩罚哦，这是规则！""啊？什么时候又多出了一条规则？"爸爸张大了嘴巴。看着爸爸一脸的迷惑，我便大声地说："哈哈！这是多加的，谁输了就记下一笔，最后笔画最多的人要给笔画最少的人买一件礼物。"爸爸听了，脸上露出了苦笑。我看了得意扬扬，认为胜利永远都会是属于我的。

于是，第二场战斗开始了。我又是先开头："大人。"妈妈马上接着："人类。""类别。"爸爸十分机灵，马上接住了。我经过一番思考，说："别来。""错了，错了。"爸爸像个孩子似的叫了起来，别来不是一个词语。于是，我也输了一场，这令我有点儿生气，鼓起了嘴巴，无奈地给自己记下一笔后，便又开始了一场战斗。

这次换妈妈开头："色彩。""彩虹。"爸爸又一次接住了。"洪水。"这次，我也不甘示弱，小心翼翼地说："水花。"妈妈接着。"花朵。"爸爸也接住了。"躲避。"我一下子也接住了。"避……避……"妈妈有点儿支支吾吾说不出，最后，也只能无奈地摇了摇头，说："哎呀，我说不出来了！"于是，我便也给妈妈记上了一笔。游戏还在继续下去。不过我可以给你透露一下游戏结果了，哈，当然是我赢了，爸爸输了，他还给我买了一本书作为奖品呢！

哈，玩词语接龙不仅让我学到了很多知识，还让我体会到了胜利的喜悦和家的温馨呢！我爱词语接龙，你也来玩吗？

# 手机啊手机！

施陈宇　上海对外经贸大学附属松江实验学校七（6）班

历史和现实总是有着太多惊人的相似。

我曾经在网上看到两张图。一张图是古人躺在床上吸鸦片，而另一张图则是一个现代人躺在床上玩手机，这两者的位置、动作竟然一模一样，如此地神似。

或许，我们真的该反思一下了。

不得不承认，手机确实是信息时代的产物，携带方便，功能繁多，使用便捷。一个智能手机，游戏、QQ、微信……简直就是无所不能，堪称"掌上电脑"。但是，它只是一个工具。我想发明手机的人也不会想到手机会影响到人们的交流、思想情感和观念意识。假如爱迪生来到21世纪，也定会为此震撼。

当我们在用手指划手机的同时，又失去了什么？

一次周六的同学聚会，大家都埋头刷着手机，或在打游戏，或在聊QQ，或在玩抖音。他们全都沉迷于手机的虚拟世界里，面无表情，拒绝和坐在身边的人聊天。我尝试着去打破这沉闷的气氛，到头来却发现只是徒劳。大家不是因为好久不见而嘘寒问暖，拥抱击掌，而是被"手机"控制了心魔。即使我们的距离是那么近，但彼此的心却又是那么远。

曾经有一个调查，是关于朋友之间的交流方式的。100名学生中有三分之二选择QQ或视频，三分之一选择出去玩，并美其名曰增加彼此的感情。可，玩什么呢？聚到一起，居然是忙着打游戏。

《国民家庭亲子关系报告》显示，17.8%的父母在与孩子共处时也时常手捧手机，记者采访了多位家长，超过一半的家长承认回家看手机时间远超于对孩子的陪伴。

这引起了我们的共鸣。家长们总是会找出玩手机的万千理由，工作、生意、关心国事，哎……父母和孩子的距离就隔着一部手机啊！

走在大街上，不管是男女老少，都沉浸在各自的手机小天地中，就算宇宙是多么的辽阔，天空是多么的湛蓝，也不及手机的吸引力。

古人写出留恋不舍、插柳欲留的文章时没有手机；毛泽东延安窑洞饱读诗书时，没有手机；陶艳波陪读，将孩子养大成人，同样也没有手机。但他们有的是这份温情、这份专注、这份坚持、这份人间的真情。

手机无形中成了现代社会中的"鸦片"，慢慢地吞噬着人类。

所以，放下手机吧！别再被控制，别再成为它的"奴隶"。多花点时间与朋友交心，多花点时间去陪伴孩子。用自己的爱，用自己的温情去对待这个世界。我们可以一起手拉着手，躺在柔软的草坪上，眺望星空；我们可以面对面，心连着心，谈着文学，谈着青春，谈着温情。

# 一颗璀璨的明珠

汪陈禾　茸一中学八（5）班

一座现代化的建筑，配上深灰色的墙，明媚的阳光映照着，安谧，显得它这么从容不惊，这么沉稳大气。建筑四周也是静寂的，同时许多车辆停放着，停放得井然有序，为建筑添上一抹井井有条却错落有致的美丽风景。建筑的两旁分别伫立着"九科绿洲"和"临港松江科技城"，两所大楼好似它的两个气势磅礴的保镖，紧紧地挨着它。它就是松江人的骄傲，它就是松江人进步发展的体现，它就是我们身边的G60科创走廊。

那么什么是"G60科创走廊"呢？"G60科创走廊"是以G60高速公路为中轴，构建以松江新城为核心的"一廊九区"空间布局和"科创承载、总部研发、高端制造、服务集成、商业商务及现代物流相辅相成"的功能布局。

进入展厅，机器人个个热情极了，殷勤地招呼我们。大屏幕上播放着G60科创走廊的整体规划以及各级领导的视察录像，这里是松江水平的体现，同时充满了领导对G60的热切关注和热忱关心。

走进其中，各种展品琳琅满目，使人叹为观止，让人遐想。展区中令我印象最为深刻的是，玻璃帷幕内的舞台。其实是以投影投射出来的，可总让我们有一种错觉，使得我们难以判断是否以假乱真，总感觉演员真的在舞台上挥舞水袖，轻歌曼舞。从侧面看，形象确是投射的，而我们正面看到的却是立体的比实景效果更加光彩夺目的情景。

三D打印展台前，陈列着各种精巧玲珑的精美塑料的物品。三D打印将复杂结构的物件制造起来变得那么易如反掌，一切困难的，在三D打印面前，是多么的简单。其中一个三D展品让我大开眼界，就是一堆鸡毛，松，蓬松得像炸开来似的；薄，薄得好像没有厚度一样，轻，轻得似乎吹口气就会飞掉。

再走过去就是机器人展示区。一个玻璃柜内的机械臂，瞬间反应、灵活摆动、精准对位，而且可用于工业制造的各个领域，可以减轻许多人力的付出。这些机器人都是科创人员的得意杰作，同时又都是科创人员的辛苦付出，他们心血的凝聚，彰显机器人的进步发展，同时说明社会也越来越注重AI智能。

规划馆运用高科技的元素，还原了"松江制造"向"松江创造"转变过程。展厅共有两个楼层，展品数不胜数、无奇不有，没有我们人类做不到的，只有我们想不到的。

晚上，灯火通明，在漆黑夜空的映衬下，显得这么的夺目，这么的明亮，G60 科创走廊真是一颗璀璨的明珠！

五千年来，中华民族不断奋进，造梦追梦，踏踏实实地走向梦想，大胆勇敢地创造未来。

今天，这里，松江，展示了自己技术的魅力，展现了日新月异的变化，诠释了创造的重要性。

创新是推动人类社会发展必不可少的马达。中国的悠久历史，如果没有前人的创新与发展，怎么会铸就如今的辉煌。

作为一个松江人，看见松江的科技在蓬勃发展，取得卓越成就，我由衷地感到自豪。身为一个中国人，看见中国科技在不断地发展，社会在不断地进步，中国在不断地强大，我深感荣光。


# 秋日物语

谢雨潼　民乐学校六（1）班


秋天来了。花草树木渐渐褪去了夏日的聒噪，迎来了静静的浅秋。经历了春雨的洗涤，夏日的炙烤后，我可以在静静的秋日里品读，读懂了一些秋日物语。

秋风永远是秋天的急先锋，风起，叶落。萧萧秋风，将耀眼的绿色悄悄带走，沉淀下来了成熟之美，就连那路边的一蓬衰草也如此漂亮。当褪去了浓妆艳抹，舍去了那争奇斗艳的岁月，现在的它才是最朴实最清纯的那一个。

一个人漫步在梧桐树下，习习秋风为这景象平添了几份浪漫之情。你瞧，这落叶随风缓缓落下，枯叶似蝶般翻转舞动。这是生命的结束还是生命的开始呢？我不知道。但我知道这是生命的轮回。我俯下身拾起那片叶，捧在掌上，仔细地观察。谁曾想，竟发现有一只小蚂蚁在叶片中心转着圈。它仿佛迷失了方向，我把树叶放在地上，它居然又找到了前行的方向，乐滋滋地溜走了，而我看着它渐行渐远，久久不愿离去……

小蚂蚁走了，它消失在这茫茫叶海中。而我却陷入了沉思。记得人云："人生难得几回搏，此时不搏待何时。"是啊，我们正处于这拼搏的年纪，成长中偶尔的迷茫，学习中碰到的挫折，不正都有我们的父母我们的老师在一步一步正确指引和谆谆教导吗？那我们又有什么自我放弃的资格呢！像小蚂蚁一样，坚持到底，找到正确的方向，砥砺前行！

继续往前走，听着脚下落叶发出的沙沙声，顿时觉得秋天的意境是那样闲适，淡泊宁静。走着走着，一片菊花园呈现在我的眼前，一抹清香顺风飘来，它不浓郁却独具特色。春夏两季百花绽放，而在这季节，它们大多枯败凋零，唯菊盛开，悄然散香。我爱这香，爱它的清香四溢；我爱这菊，爱它的与世无争；我爱这秋，爱它的厚积薄发。

秋天的植物献出了果实，火红的石榴、青绿的柚子、金黄的橙子、小而可爱的金橘，个个香气扑鼻，令人垂涎欲滴。这累累硕果是秋天的奉献，也是人们辛苦一年的收获！

抬头望天空，蓝得迷人、透彻，就像一块空灵的蓝水晶。"晴空一鹤排云上，便引诗情到碧霄。"我虽没看到刘禹锡诗中的"鹤"，可我看到了浮云点缀下大雁南飞的情景。

一风，一叶，一果，一蚁，一鸟，一人。不知有谁在倾听？秋日物语——生命的意义！

# 拜年

徐世杰　仓桥学校六（1）班

"当！当！当！"我们约定拜年的时间到了。大年夜晚上6点钟，爸爸准时打开了三台电脑，开通了视频。云南大姨奶奶一家八口人，穿着漂亮的春装，排成一行，拱着手，操着典型的云南口音，笑盈盈地说："祝各位新春快乐，身体健康！"重庆的舅爷爷家里九个人，穿着漂亮的冬装，满脸笑容地说着浓厚的重庆话："过年了，祝家家过个快乐年，个个身体棒。"达州小姨奶奶一家八口人，穿着毛茸茸的冬装，满面春风地说着达州话："大家好哦，拜个年哈。"我们全家老小都穿上了新年衣服，喜上眉梢地向大家拜年。妈妈用浓浓的客家话说："捉拿新年垮落哦！"大家都听不懂，我们又用普通话说了一遍："祝你们新年快乐！"大家笑得前俯后仰，笑声直冲云霄。我们上海也有特色小吃：生煎馒头，南翔小笼包，三丝冷面，三鲜小馄饨等。

四家的桌上都摆好了团圆饭，那真是各具地方特色。云南大姨奶奶家餐桌上，摆满了各种菌肴，还有热气腾腾的过桥米线。最引人注目的是"孔雀开屏"——一只蒸好了的鸡，活灵活现地蹲立在大盘前部分，后面用翡翠般的蚕豆，红红的胡萝卜粒摆成了孔雀的花尾巴，漂亮极了。"手好巧，云南真是孔雀的故乡。"大家高兴地说。我望着"孔雀开屏"，馋得垂涎三尺。重庆舅爷爷家的菜真是丰富呀，桌上摆了腊肉，香肠，炒素菜，当然缺不了盛名天下，风靡全国的火锅，正中摆了一大盆亮着红油的美味蛙鱼头，真是一道美味的佳肴。达州小姨奶奶家的餐桌上也摆满了佳肴。有一盘"开屏鳊鱼"，做工特别精致，与云南的"孔雀开屏"遥相呼应。那宽窄一样的鱼条组成了开屏的图案，个个都夸刀工好。轮到观看我家的年夜饭了，大家异口同声地喊了起来："哇，有鱼，有虾，有扇贝，还有好大一只红彤彤的帝王蟹呀，吃海鲜火锅好安逸哟！"

视频的敬酒开始了："嗨嗨，水水水！"云南话的意思是"喝酒吧！"小姨奶奶是个文艺活跃分子，举着酒杯唱起了《祝酒歌》。刹那间，歌声，掌声，碰杯声，一浪高过一浪，快乐极了。

虽然远隔千山万水，网络却让我们近在咫尺。喜气洋洋的拜年和除夕团圆饭真是别具一格。


# 露珠

薛松月　新桥小学四（2）班


清晨，我来到小区花坛前，发现许多花的叶子上都有晶莹剔透的露珠，仿佛一颗颗水晶球，晶亮中泛出一丝丝淡绿色。

微风过处，只见露珠从一张叶子上滚落到另一张叶子上，好像在跳舞。麻雀在树枝上叽叽喳喳地叫着，蟋蟀也鸣叫起来了，加上其他不知名昆虫的叫声，凑成了一首交响曲，似乎在欢迎露珠的降生。

太阳升起来了，金光四射。各种花儿绽开花骨朵儿，竞相开放。露珠在艳丽花儿的映衬下，显得更美了。

一阵大风吹过，露珠被吹到了大地上，渐渐地渗入泥土中，只留下淡淡的水痕。露珠的生命消逝了，但是，它的生命却在花草树木中得到了永生。


# 两会采访日记二则

*颜和愉　三新学校四（5）班*


**2018 年 3 月 6 日　星期二　晴**

"嗯，大家今天的表现都不错！吃完晚饭，我们还要再拼搏一下！"饭桌上，带队老师对我们说，"晚上，我们的采访对象是来自家乡上海的全国人大代表……"

话音刚落，我顾不上吃饭，便立马掏出笔记本、手机和笔，打开手机强大的搜索功能，查找这位沈代表的资料：村支书、市劳动模范、2017 年感动上海年度人物等，网上的材料不多，但一位优秀共产党员、一位扎根农村的村支书形象已经跃然眼前，于是便在笔记本上写了几个准备采访的问题……问题想好了，我和身边的几位小记者讨论，尽可能想得到位、问得出彩，并进行模拟采访。

我们坐上车，前往代表驻地。兴奋之情先被门口的保安熄灭了一半，因为没有邀请函，不能入内，连大堂都不能进。我们只能在瑟瑟的寒风中等待。春寒料峭，北京夜晚的气温更是低到了零下5度，带队老师帮我把帽子戴上，我们几个小记者则抱团取暖。此刻，我的肚皮咕噜咕噜地叫着，想起晚饭只吃了一半，饥寒交迫的感觉实在和记者光鲜的身份不匹配啊。整整45分钟过去了，我们依然还是没有见到这位代表。一位老师把我们带到附近一个咖吧小坐，刚刚坐定，留守的老师打来电话说，代表来了。我拿起书包，一路狂奔。见到沈叔叔后，我们握了手，合了影。可是，老师说沈叔叔因为还有重要的任务，无法接受我们采访了。我非常失落。可转念一想，面还是见到了，事迹也学习到了。比起很多大记者蹲在酒店驻地外面一整天，只为了抢一个镜头、一个采访机会，我们还是幸运的。

### 2018 年 3 月 7 日　星期三　晴

今天真是太幸运了，回宾馆的路上，步伐轻盈，疲惫全抛。

下午的采访对象是一位来自上海的政协委员，我迫不及待开始搜集资料：教授、律师、民主党派、关心妇女儿童……随后，照例开始在笔记本上构思采访的问题，和其他小记者互相模拟采访。

在搜集资料的过程中，我记下了一个小细节，她会唱京剧。

见到这位政协委员，她亲切地招呼我们，让我倍感温暖。同去的小记者有七八位，个个争先恐后想要采访，黄委员就把她宝贵的休息时间都留给了我们，耐心地回答每一个问题。我问完，意犹未尽，寻思着再问一个。我刚巧坐在她身边，便悄悄地问她，黄阿姨，我能再问一个问题吗？她笑着应允。"听说，您会唱京剧，尤其拿手《穆桂英挂帅》，能给我们来两句吗？"话音刚落，全场便响起了热烈的掌声。

黄阿姨给力，当场给我们哼唱了一段。这对我来说，简直是一场奇妙的采访体验。

# 留住这份小美好

张可　三新学校六（3）班


去年暑假，我去了乡下泖港奶奶家。那是一个傍晚，因为刚下完一场雨，看似身边的一切都被薄薄的白纱给笼罩了，像一幅水墨画，天然去雕饰，美丽极了！

田间地头里，一眼望去，朦朦胧胧；旁边树林里，悉心聆听，知了声阵阵……顿时，一个念头在我脑海中浮现：捉知了！

于是随意扒了几口饭后，我就飞快地跑出家门，去找儿时的小伙伴们一起捉知了！

我们商议好晚上6：30在我家集合（因为乡下吃饭早，基本5点就吃好了）。决定好之后，我又快速跑回家准备好抓知了的工具。其实这个工具很简单，只要一根特别的竹竿就行了，这根竹竿顶头是丫形的，再在上面缠上细细的捕鱼网，大功就告成了！

一切都准备就绪后，我们就朝着旁边树林里狂奔而去，奔跑中，夏天的风在我们脸颊上拂过，伴着泥土的清香，让我们更加放松和舒畅。我们一边享受着大自然赠予我们的美好，一边开始在涵养林附近寻找目标。

不一会儿，一位眼尖的小伙伴在一根并不高的树枝上发现了一只知了，于是，他急忙向我们招手，示意我们过去。我们蹑手蹑脚地挪到了树下，踮起脚尖，看到这只知了正安静地躲在树枝上，似

327

乎并没有发现我们。就在此时，其中一位小伙伴举起手中的竹竿，以迅雷不及掩耳之势用网套住了目标。"捉到了！捉到了！"

他高兴地大喊。当我们看到网兜里的"成果"后，也都高兴得像三岁的孩子，手舞足蹈起来。

一阵兴奋劲过后，我也发现了一只知了，我冲着小伙伴们摆了摆手，悄悄地靠近那根树枝，举着竹竿朝知了身上一扑！"嘿！我也捉住一只知了了！"我高兴地边喊边展示着我的"成果"，正当我得意时，却听见了同伴的笑声，"你看看你真的捉住了吗？哈哈！"我回头一看，网兜里空空的，这只知了还真是聪明，居然给它跑了！

随后，我们总结了一下经验：1.找到目标。2.慢慢靠近。3.把竹竿轻轻举到知了前面。4.快、准、狠地一扑。完美！

有了经验总结，我们便信心大增，用娴熟的姿势和技巧在树间穿梭，一只、两只、三只……一会儿的工夫，我们已经捉了很多只知了。看着这些"劳动果实"，我们心里既满足又骄傲！

但是最后，我们还是把知了都放了，让它们回归大自然，为美丽乡村增添一道风景。

这是一段珍贵的体验，不仅享受到了过程中的快乐，更是一种乡愁。我将把这份美好深藏心中，若干年后，回想起来，依然我心悸动，嘴角上扬！愿永远留住这份小美好！

# 紫藤记

张雨谦　茸一中学九（2）班

在放学后的闲暇时光里，同好友一起漫步在校园里，感受着这个我们已经生活学习了三年的校园的气息，而我最喜欢的就是小鱼塘旁的那条幽静的长廊。

我特别喜欢抛开所有学习的压力静坐在盘满紫藤的长廊下的石凳上放空思绪，想一些天马行空的事情。花架下很安静，只听得风吹动树叶的沙沙声，抑或是鸟儿几声清脆的鸣叫声。三五成群的学生围坐在一起，有的绘声绘色地讲述着自己的奇遇，有的在手舞足蹈地回忆着老师上课时精彩的一幕幕，有的甚至在激烈地讨论着各种难题怪题……柔和的阳光透过稀疏的树叶折射出那斑驳的树影洒落在他们的身上，多么专注有活力，多么温馨和谐的景象啊！

有些干枯的老藤紧紧地缠绕在木桩上，错综复杂，难舍难分。他们没有鲜艳的色彩，没有挺拔傲人的枝干，即便他们是那么的不起眼，但正是他们为枝叶提供的养分，他们瘦小的干枯的藤蔓得以撑起一个绿荫地。这仿佛也在告诉我们，不管是学习还是生活，基础知识必须扎实，只有打好了坚实的基础才能更好地学习新的知识，新的事物。大大小小的枝叶遒劲悠长，向着阳光的地方奋力蔓延，就像我们莘莘学子对学习的热爱和对知识的强烈渴望。如同挂在树梢上的摇摇欲坠的豌豆荚似的果实，仿佛一个个正在被孕育的娃娃，奋力吸收着养分，等待来年的春天里开出一串串迷人的紫藤花，再把自己的香气散播到校园的每个角落。

这仿佛悄悄地提醒着我们，在剩余不多的一年时光中，要蓄积力量，用知识填充自己，武装自己，强大自己，在2018年的那个六月，绽放出绚烂的花朵，展现自己的能力，做一个不一样的自己。

# 校园秋色

张芝瑜　上外松外学校七（2）班

秋天带着一身金黄，迈着轻快的脚步，悄悄地来到了校园。

微凉的秋风不时吹过，她拂落了枝头的叶子，一只只"金蝴蝶"随风飘舞，缓缓降落。有的，飘落在水面上，像只小船一样漂着；有的，飘落在小路上，斑驳陆离，就像斑斓的迷彩服；有的，飘落在同学们的手心里，我们轻轻地合上手掌，生怕她逃跑，把它像珍宝一般地夹在书页中……我们的欢声笑语，在秋风的伴随下，弥漫在校园里。

不觉间，时令已是深秋了，校园平静而朦胧的秋色，应该说是从教室旁的树开始呈现出画面来的。

原本挺直坚实的大树，沐浴着柔和的阳光，宛若闪烁着珠光的新衣，也多了几分成熟。沙沙作响的树叶，用飘逸的舞姿向大树母亲告别。看着脚下，早已是一条金黄的被树叶铺满的路，我轻手轻脚，生怕惊醒了地上一张张酣睡的树叶。

花坛里的菊花，不甘示弱，俨然成了秋天花卉的盟主。这一朵，那一朵；这一丛，那一簇，远远望去，如同一条绚丽的地毯。桂花星星点点地挂在树上，这沁人心脾的幽香让我忍不住常做深呼吸。

足球场上的小草有点儿黄，又有点儿绿，它们的细腰压弯了，也没有反抗，等风过了，它们又重新站了起来，它们是多么坚强呀！

随之而来的秋雨，沙沙地下着。淡烟疏雨，朦胧中给我们添了些许愁绪。

我认为秋是诗的季节。不，秋就是诗！如果它用文字来表达，便可以是一首首动人的诗篇。

此时的我，徜徉于秋天的校园，我写不出诗来，便情不自禁地吟咏起诗人笔下秋的唯美诗篇，王绩的《野望》"树树皆秋色，山山唯落晖"；杜甫的《登高》"无边落木萧萧下，不尽长江滚滚来"；杜牧的《山行》"停车坐爱枫林晚，霜叶红于二月花"；李白的《宣州谢朓楼饯别校书叔云》"长风万里送秋雁，对此可以酣高楼"；刘禹锡的《秋词》"山明水净夜来霜，数树深红出浅黄"；马致远的《天净沙·秋思》"枯藤老树昏鸦，小桥流水人家，古道西风瘦马。夕阳西下，断肠人在天涯"……

我已沉浸在这深深的秋色之中，欲罢不能。这就是校园秋景，这里是我们学习的地方，是我们的母校，是我们成长的地方。

一把伞，撑了很久，雨停了，也舍不得收；一朵花，艳了很久，直到谢了，也舍不得丢；一种情，陪伴了多年，直到毕业，也不会散……

# 没想到，真没想到

周淼　三新学校六（1）班

雨，还在下。

嘀嗒，嘀嗒，墙上的时钟在提醒我，快九点了。沉沉的黑夜马上要翻过今天这一页了，那快递员却迟迟没将包裹送到。

上个周末，老师要求大家订一本课外辅导练习书，周一就要用。一放学，我就让妈妈在网上订好了。包裹跟踪显示，周日早上能收到。周日刚吃过午饭，快递员打电话过来确认下午家里是否有人，说包裹会在下午五点左右送到。老妈挂了电话，对我做了个鬼脸，我也开心地跑过去和她击了一下掌。

一个下午很快在期待中溜走了，傍晚时分，下起了小雨。我一边做作业，一边盯着墙上的钟，时针已经划到了六点，可是包裹还是没有送到，我的心开始隐隐地不安起来，每一滴雨仿佛是时间的沙漏，一滴一滴地滴进心里。

"快递怎么还没送到啊？不是说五点肯定能送到的吗？"我开始发急。

"不急，再等等，他既然答应了，应该会送来的。"妈妈一边安慰着我，一边也开始看着窗外的雨出神。

雨点越来越粗了，敲击着玻璃窗。时间在一分一秒地过去，妈妈也有点忍不住了，终于拿起电话打了过去。嘟嘟嘟嘟，电话一直没有人接。妈妈朝我摇了摇头，脸上堆起了失望。

"这是什么快递员呀？这么不负责任，讲话那么不算数。"我咬牙切齿地说，"竟然还不接电话，真是太不像话了。"时针在我的煎熬中走近了十点，从窗外看去，一片黑沉沉。凌乱的雨声塞满了心，我仿佛掉进了一个绝望的深渊，想着明天该如何向老师解释。

叮咚，叮咚，突然响起了门铃声，对讲机里传来快递员的声音。我和老妈喜出望外，一口气冲下了楼。就在打开门的一刹那，我惊呆了，只见快递员双手托着包裹递过来，他的一只手上缠着白白的纱布。

"不好意思，送晚了，让你们久等了，今天下午本来能送到的，但是不小心和别人擦了一下，摔了一跤，手机也坏掉了，你们一定等急了吧？"他憨厚地笑道，"上午答应你们的，我就一定要送到，这也是我们每个快递员的职责，一定要履行自己的承诺。"

雨打在他的雨衣上。我这才看见他的脸已经被雨水包裹，眉毛上还挂着水滴，嘴唇已经冻得有点发紫了。他转身融进雨幕的背影，我和妈妈目送了好久、好久……

没想到，真没想到啊！

# 幸或不幸都是生命的云彩

朱逸轩　松江二中高二（11）班

雨随云至，云过雨停。

我伏在窗台上，眼前的过云雨又让我想起了你。

已记不清是哪天，当这个消息一个字一个字从妈妈嘴里迸出时，我似乎感觉心跳停止了——懂事以来唯一震惊的一次。我不是没有听闻过亲人生命垂危的消息，我只是没想到的是你，至亲的你。

脑血管爆裂！听名字就让人不寒而栗，却在你的身上发生了。无意中听到妈妈对这种病的描述，我紧张得把手心都捏出了汗，心脏强烈地撞击着我单薄的胸腔，甚至觉得希望是如此的渺茫……

苍天为何将不幸降临在你身上？

我打开窗户，感受过云雨后空气中的湿润，心头也似乎漫上了雨水，潮湿又压抑。

雨终究还是停了。是的，雨终究是会停的！

如果说突发脑血管爆裂后还保持意识清醒是个奇迹的话，那么在你昏倒的瞬间，同事及时送你到医院也算是上天再一次地为你伸出了幸运之手。

手术很成功。

妈妈所担心的一系列高概率的后遗症暂时也没有出现。

听到这些好消息，我一直惴惴不安的内心终于稍稍缓和了一点，由衷地为你感到开心。

抬头，九霄云外，望眼欲穿。

我无法来到你的身边。你在海峡的那头，我在海峡的这头。但我想，心是没有距离的，祝福同样能够逾越空间。

还记得那一天，我们在公交车上分别。你说，你要好好学习，考上理想的学府，相约在暑假；你说，你会很想我，在海峡的那头；最后，你扬起略带羞涩的笑容，轻声问我，会不会想她？我笑了笑，给你一个不置可否的答案——当然会！

我目送着你的背影，柔弱中带着坚强，虽然年岁已有，脊背却骄傲地挺直着，有着一种不可侵犯的神圣。那是一种对生命的执着和热爱。因此，即使你正被病魔折磨，我依然相信你能坚强地挺过来。

回过神，又想起前几天和你的视频：我已经很难在你憔悴瘦弱的脸上找到之前你圆润的脸庞；黯淡的眼睛里早已失去了之前的神采；你看着我，努力地想在嘴角挤出一丝笑容，却露出了一个比哭还难看的表情；你舔了舔干涩起皮的嘴唇，想开口和我说话，发出的却是你无助绝望的哭声……

我的心再一次为你颤了一下，神经又一次绷紧。

幸运之神不会弃你而去，你看那些每天为你祈祷和陪伴的朋友们，那些时时把你系在心上的家人们，还有那些拼命把你从死神手里抢过来的医生们。这何尝不是一种幸运呢？纵然病魔再可怕狰狞，只要我们永不言弃，那么病魔都会为你让步！

一个珍惜生命，绝不会和命运妥协的你，怎么会输给病魔呢？你的内心有太多的放不下，膝下的一对儿女，已是耄耋之年的老母亲，还有我这个在海峡这头总让你牵肠挂肚的侄子，又怎么会向不幸低头呢？姑姑，别忘了我们有个共同的约定——暑假你在台湾等我，我会去台湾见你。

　　人总是要遇到很多不幸的变故，但在变故之后还是原来的你，这又何尝不是幸运呢？幸与不幸，只是你生命中不同颜色的云彩，带来风雨，同样也会带走风雨。

# 2019

# 别了，旧时光

曹雯静　立达中学八（4）班

趴在窗台上，撑着头，听细雨敲打树叶的声音。树梢蒙上了一层面纱，刚才还挺着头的叶子就垂下了，雨滴落下，时光便旧了……

曾经的我，总在下雨时，盼望着雨能快点停下，好早些跑出去，叫上伙伴一起玩耍。我们家后面，有一条泥路，我们自然也成了那儿的常客。

路左边，生长着一簇簇红花。我们不知道那叫什么，大人们也只说，那花蕊里有蜜汁。每朵花的中心，抽出一条如蟹爪的长条形花心，用手轻轻一拉，被拉出的那头，白白的，散发缕缕香甜，手留余香。那花在雨水的冲刷后，也显得挺拔不少。

红花间夹杂着几株蔷薇，凑近后，一股淡雅的香味扑面而来。正值春季，枝干上的尖刺还不太扎手，那种触感让人上瘾。粉色的花朵，像极了一位姑娘，笑花眼线。枝条上，抽出的嫩芽，嫩得似乎可以捏出水来。掐下一段，小心翼翼地剥去表皮，露出晶莹剔透的果肉，忍不住咬上一口，虽然有些涩，但别有一番风味。

泥路尽头，有一座小土坡——我们的秘密基地。时常，我们深一脚，浅一脚，慢慢爬上坡顶，就会找到一块风水宝地。四周，一丛丛白色的小雏菊，互相推推搡搡着。花瓣间，点缀着一颗鲜黄花心。蜜蜂和小粉蝶绕着它们，跳起了圆舞曲……

不一会儿，天暗了。大人们在暮色里叫我们吃饭的声音远远地传来，我们便大手牵小手，与雏菊道别，与蔷薇和不知名的红花道别，与这里的欢乐道别。

再次回到老家，看着崭新的商业广场，之前的泥路和小土坡都消失了。心中不免有些难过，不舍。老家也已经拆迁了，小土坡和泥路也消失了。伙伴也长大了，我们已经懂事，不再到处乱跑。可是曾经五彩缤纷的趣味，一去不复返。

生活条件变好了，泥泞的小道变成了宽敞的柏油马路。每次进城购买家居用品，总会花一整天。到家时，不免显得些疲惫。现在的新生活，似乎也不赖。告别了曾经的缤纷生活，跟随着时代的脚步，悄悄向前走。

曾经，躺坐在院子里小憩，总能听到小虫在耳边哼哼，脸上也总被叮得苦不堪言。每每醒来，雪白的皮肤上，就会冒出一块块红色的小包。如今，住上高层，再也不用遭受它们的侵略。

时光在雨滴中走得不急不缓，回首间，才发现那些再也回不去的日子，都成了旧时光……

# 无声的陪伴

付明泽　东华大学附属实验学校八（1）班

那天晚上，我独自一人，练着球，而球场上的那盏灯，给了我温暖而又无声的陪伴。

我是一个爱打篮球的少年，每周日晚上，是我的训练时间，雷打不动。但是，随着天气逐渐变冷，冬天即将来临，天，也会黑得更快。

　　那天，我照常来到球场，开始了固定的训练项目：先慢跑热身，再训练技巧，最后和一群小伙伴打一场比赛。

　　随着时间的推移，天逐渐黑了，我已累得大汗淋漓，拿起水瓶，"咕嘟咕嘟"地大口喝了起来。

　　天越来越黑，我已看不太清楚手里的球了，一起打球的小伙伴也一个个地回家了，篮球场上只剩下我一人，看着黑魆魆的天，感到了前所未有的孤独。这孤独，在夜色里无声地放大，像一个无形又巨大的漩涡。心想：天这么黑了，都看不清球了，今天就到这里吧。可看看手机，才6点多，实在有一些不甘心啊！我不愿就此结束训练。

　　很快，就伸手不见五指了，无奈，只好收拾训练袋，骑上车，准备回家。可就在这时，我的眼前突然亮起一道刺眼的白光，它照在我脸上，竟有了明星出场时的那种范儿。我下意识地闭上眼睛，待适应后，慢慢睁开——原来是篮球场旁的路灯亮起来了。夜晚，被白光笼罩的篮球场，透露出一股神秘的色彩。黑暗中，球场因灯光的照耀而变得熠熠生辉，如果从对面楼上的某个窗口看过来，那个手拿篮球的少年也一定因这灯光的照临，浑身散发出迷人的光彩年少的活力。

　　我嘴角一勾，又拿出篮球，开始练起来。此时，空无一人的篮球场上，我并没有感觉到孤独。灯光照在我身上，映衬出训练时的每一个动作，也将我额头上滑落的每一滴汗水，照得闪闪发亮。那盏灯，就好似一个人，在我感到孤独时出现，给我无声的陪伴。就像一个人走夜路，无边的黑夜将你笼罩，却突然出现了一个朋友，与你结伴而行，让你不再感到孤独。在空旷的球场上，在一个人的夜晚，无声的陪伴，如一种久违的温暖包围着一个少年的心。

不知不觉，已到了8点许，而我仍不知疲倦，一遍又一遍地练着，直到看门的老大爷来篮球场外提醒要关灯时，我才意犹未尽地骑车离去。

直到晚上躺在床上，还回想着今夜的球场，心中对那路灯充满了感激之情。是它，在我最孤独的时候出现，给了我陪伴，给了我动力，给了我暖意。

时光飞逝，岁月如梭，那些给予你的陪伴，不管是什么形式，都值得珍惜与回忆。

# 槟榔谷联欢

顾心悦　岳阳小学五（2）班

漫长旅途的劳顿，第二天恢复得差不多以后，我们前往富有民族特色的槟榔谷一探究竟。

一路上，满眼都是槟榔树。走进槟榔谷，黎族人用他们特有的方式热烈地欢迎我们。我们在黎族阿哥的带领下，参观了黎族祖先打猎用的工具的博物馆，参观了用世界上最毒的树——"见血封喉"的树皮制作的衣服的展览馆，又去了黎族村寨，了解了当地的风土人情，真是让我大开眼界！

正午时，我们来到了黎族簸箕饭餐厅，服务员热情地招待我们。

饭店里有一排排整齐的长桌椅，我们入座后，一盘盘饭菜就端上来了。不过不同的是，这跟我们一般的碗不一样，原来这就是簸箕饭，用当地的一种小簸箕装着饭菜。满满的一簸箕，有鸡肉、罗非鱼、紫米饭，相当新鲜美味。

正在我们品尝着黎族大餐时，几位热情的黎族大妈和阿哥走了过来，为我们敬酒。他们排成了一行，给我们唱起了黎歌。虽然我们听不懂他们唱的意思，但他们的歌声激昂高亢，委婉动听，阿哥吹的乐器也悠扬清越，反映了黎族人民淳朴、乐观、耿直、刚毅的性格，也体现了黎族人民热爱生活的真实写照。

在黎族人民的热情邀请下，我也跃跃欲试。刚好导游董叔有一副耳麦，便递给了我。我虽然有些紧张，但还是鼓起了勇气，唱出了我心中的歌，赢得了同学们和黎族同胞的热烈掌声。

这次的槟榔谷之行，不仅观赏了槟榔谷的自然风光，还了解了黎族的民俗风情，也让我更大胆地表现自己，真是让我难以忘怀！

# 大仓桥

金卓仪　第三实验小学四（6）班

我家附近有一座桥，它就是大仓桥。它是一个明朝建筑，位于松江城西，是一座高 10 余米，跨度 50 余米的五孔拱形大石桥，为上海地区有名的明代大石桥之一。桥的原名叫永丰桥，因为桥南为松江府漕运仓城，故俗称为大仓桥。

记得小时候，我经常去那里玩，因为爷爷奶奶的老房子就在桥的不远处。

有一次爸爸问我："大仓桥是什么时候建的？"

"清朝建的！"我毫不犹豫地说。"哈哈，仓桥才不是清朝建的呢！是明朝建的！"爸爸大笑起来。而我，尴尬得满脸通红。

第一次爬大仓桥时，我发现大仓桥的台阶又长又宽。每走一个台阶，都要走两步，我便觉得古代桥的台阶都是这样的。现在，我只要一脚就跨过去了。

站在桥上，往周围看，有许多老旧的房子，那些房子大多是木头的，再加上木板个个摇摇欲坠，我真担心一个雷电就能把它给劈了。那可得有多吓人呀！周围还有些房子，上面画着老虎，古代人物等，画得活灵活现，让人觉得眼前看到的一切都是真实的。

在大仓桥旁边，还有一座桥，它就是市河桥，它和大仓桥不一样，大仓桥是拱形的，它是直直的。上面刻着很多动物，有马呀，凤凰呀等等。

大仓桥南堍西侧有座"孟姜亭"。它有一个尖尖的顶，支撑它的是四根柱子，石柱上有一副历经沧桑的对联：青石有情怜弱女，寒"衣无处觅离魂"。传说孟姜女寻夫，就是从这里乘船北上的。现在成了人们休息的地方，夏夜里，更是老人们纳凉的好去处。

阳光很灿烂的时候，水面上会出现另一个大仓桥——那是美丽的倒影，它们合在一起，就变成了三个圆，远远看去，特别壮观。一阵微风吹来，水面上波光粼粼，一闪一闪的，偶尔可见小船驶过，有趣极了。

现在，虽然很少再去那里玩了，但儿时的欢乐时光，还是深深刻在心里……

# 行走的苏轼，行走的我

孟乐山　三新学校六（5）班

我很小时便爱上了苏轼诗词。去年暑假里，我和志同道合的师友们一起访苏游学，追随东坡先生足迹行走，幸甚至哉。

故乡飘已远，往事浩无边。没错，我们首先来到苏轼总是牵肠挂肚的眉州。苏轼出生在这里，学习在这里，这里就是如今的三苏祠。一进三苏祠，我就被满眼的绿色包围，朝四周望去，古树参天，翠竹子成片成片的，苏家的园林里，不仅有茂林修竹，还有小桥流水潺潺的，他家有20余座小桥，4座小山，真是个大园林啊。跨越几座小桥，一凼黑乎乎的水，映入了我的眼，"这水为什么这么黑呀？"我这个小问号缠住了妈妈。"这可有个故事哦"，妈妈笑着对我说，"苏轼小时候和其他孩子们一起玩，挖到了一块像砚台的石头，那石头'如鱼，肤温莹，作浅碧色。表里皆细银星，扣之铿然'，是一块上好的砚，于是苏洵就刻字后把它送给了苏轼，以激励他读书。得到这砚后，苏轼果然发奋苦读，每次吟诗作赋后，就在这里洗笔洗砚，久而久之这凼池水就变黑了。"听了妈妈详细的讲解，我恍然大悟，怪不得苏轼自己也说，"门前万竿竹，堂上四库书"啊！

大江东去，浪淘尽，千古风流人物。这是苏轼在黄州写下的《念奴娇·赤壁怀古》。那时的他人到中年，穷困潦倒，却才思如泉涌，望着赤壁，望着山，望着水，望着月，吹着风，写出了前后《赤壁赋》《念奴娇》这般脍炙人口的佳作。我也来到了赤壁，望着裸露出褐红色的赤壁岩石，望着江水，望着水中庄重的石龟，望着斑驳的二赋铭文，吹着风，我也学做小东坡，体会当年苏轼的感受，并写出了一首小诗，名曰《苏子赤壁》：文赤壁下江水幽，昔日苏子携酒馐。举樽吟歌箫声在，二赋名文千古流。师友们听后拍手称赞。

从眉州到黄州，苏轼带着砚台，带着故乡的万竿竹、四库书行走，他带着父辈的鼓励和坦荡洒脱的情怀向前走……我带着苏轼赠给我的心灵感动，和师友们一起，在祖国的大好河山中向前走……

# 开在记忆深处的"花"

宁诗源　茸一中学七（3）班

5年前的暑假，我跟着爸爸妈妈搬家到松江，对周围的环境很不熟悉。9月份开学不久的一天早上，暴雨如注，妈妈和我在公交站台上等了好一会，公交车迟迟不来，妈妈说："来不及了，我们打车吧！"可是，来往的出租车要么有人，要么是别人电话招来的。眼看着过7点了，真是急啊！

终于一辆出租车停下来了，我们赶紧拉开车门进去，没想到这也是别人电话招的，司机可能想半路拉个生意，还没走出一站远，订车的人打电话来催了，司机很不客气地催我们下车。妈妈央求司机带我们再过去一段路，好歹到前面的站台，也不耽误订车的人。但司机还是调头开走了。下了车，没有站台，没有出租车，倾盆大雨很快就将妈妈淋湿了，湿漉漉的花裙子紧紧地贴在妈妈瘦小的身子上。我抬头一看，原来妈妈把伞全部移到了我的头上。

一看时间，都7点15分了！我担心迟到了要被老师批评，急得只想哭。妈妈一边安慰我，一边伸长了胳膊不停地挥动，只盼着疾驰而过的出租车能停下来。就在我心急如焚的时候，一辆白色的小轿车停下来了，我心里一阵狂喜，紧盯着那辆车，在巨大的雨幕中，它仿佛一朵盛开的莲花。车窗被摇下来了，司机是一位叔叔，他大声地问我们："要去哪里？快上车吧！"妈妈犹豫了一下，像溺水的人抓住救命稻草一样，拉着我冲向小轿车。上了车，妈妈充满感激地问叔叔："真是谢谢你肯停下来啊，我们等了很久都没打到车呢。这到绿城路谷阳北路，请问多少钱？"叔叔哈哈大笑："我不是开黑出租的，我也是送外甥到花桥小学上学，不要钱，看你们的样子，就猜你们是要去学校。"妈妈十分感激地说："幸亏遇到你了！根本打不到车啊！"7点30分，准时到达学校门口，我的心里长呼一口气。妈妈执意要付车费，司机叔叔坚决不要，更让我意外的是，他对妈妈说："你是住在莱顿吧？雨太大，你等会去也不方便，我在路边等你一下吧，你送孩子进学校后赶紧出来，我再送你回去。"妈妈连声说着谢谢，催我下车。打开车门，我怀着无比的感激之情对司机叔叔说："谢谢叔叔！再见。"司机叔叔笑呵呵地："举手之劳，不用谢！小朋友下车当心点。"那一天，在我的眼前，一直有一道影子在晃动，那是一朵盛开在雨中的纯白的花，因为大雨的清洗，显得格外的清新美丽……

# 一枚发卡

沈含彧　松江七中六（5）班

刘海有些过长，寻找发卡时偶然瞥见了那枚旧得长锈了的小发卡，不禁思绪万千……

那是我上幼儿园大班时发生的事。说来惭愧，那时的我真的很小气，连笔借给别人都暗觉不爽。偏偏我最好的朋友君君弄坏了我的一个发卡。其实也不算坏，只是热熔胶上的小图案掉了下来，烫一烫就没事了。可那时的我哪里懂这些，只知道一个劲地哭。我哭了好久，抽抽噎噎，连老师都说我"像一块嫩豆腐，一碰就出水"。

我的哭声把君君给吓坏了，她面如白纸，惊慌失措。后来她主动来拉我手，却总是被我用更响亮的哭声赶回去。老师知道后，把我俩喊了过去，希望我俩能恢复友谊。只可惜老师对于你们快点和好吧之类的话，我只是嘴上答应，可心里还是特别较真。我和她之间丝毫没有真正和好的迹象。

第二天，我的夹子修好了，和往常一样别在头发上。君君看到了，就想来和我聊天，却不料我的小心眼又发作，竟然爱理不理地甩手走开了。擦肩而过的瞬间我偷瞄了几眼，看到了她沮丧的表情，却忽视了她手里握着的新发卡。

唉，就以当时的情形而言，说实在的，只要她跟我道个歉，我肯定会原谅她。可是我等了一整天，一个人孤零零的，也没等到她对我的一声诚恳道歉。

俗话说，失去了才觉得宝贵。一点没错，我很后悔，后悔之前对她的态度冷漠，后悔为了一个几块钱的小发卡而和好友闹崩，后悔自己的心胸狭窄，小家子气。于是，我做出了一个重大决定。

第二天，我早早来到幼儿园，远远看到君君站在老师旁，手里紧紧攥着一样东西。"含含，你看！"最终还是老师先开了口，她示意让君君摊开手，啊！是那枚新发卡！

"含含，对不起！我不是故意弄坏的，这枚发卡送给你！"她有些紧张，又有些害怕，我知道她在怕什么。其实，这天我早已改变了心意。我使劲地点头，一把抱住了君君，在她的耳边轻轻说道："对不起，对不起！谢谢你，谢谢你！我们能永远做朋友吗？"我小心问道。

"嗯！永远！"

回忆到这，我有点想骂自己白痴，如此重要的回忆你却把它放在记忆最深处的小匣子里，如果没有这枚发卡，你肯定忘了个干净。

我用油一点点除去上面的锈迹，把它擦拭干净，对着镜子，把发卡轻轻地别上，冲自己扮了个鬼脸。


# 公无渡河，公竟渡河

沈小鸥　松江二中高二（10）班

2019 年 8 月，我来到安徽寿县报恩寺，一块残损的墓碑躺在僧

348

人饭堂外的墙角，冷清得让人感到凄凉。走上前，隐约能看出荀彧墓碑上的落款时间是 1938 年 10 月。

从上海到寿春是四个小时，从 2019 年到建安十七年是 1807 年。历史本是空间与时间两个维度的碰撞或交叉。历史是温暖而柔软的，向我们剖陈现象和现象背后的过去，它同样是冰冷而坚硬的，让人在时空之外恨我非时人，而这或许恰恰是历史的魅力所在。

不记得第一次得知荀彧此人是在何处，也不记得是怎么喜欢上历史的，或许书柜和床头满满的历史书籍是最好的见证，父母从不限制我对历史阅读的偏好，徜徉在历史书籍的海洋中，尽管会"浪费"很多的时间，但也让我见识到更高更远的中华传统文化坐标。在不同的阶段，对不同历史事件和历史人物的喜爱，都建立在无目标繁杂的阅读之上，无论是尽显盛唐气象的《贞观盛世》，还是回荡晚明悲歌的《崇祯帝传》，家里每个角落的书籍都有我阅读的自由，因此，我也深深感到，对历史的触摸和感知，不仅仅在书本里，不仅仅在课堂上，更是在历史事件的现场带给我的内心震颤。父母从不拘束我追寻历史遗迹的选择，这种包容体现在：为了昭明太子萧统，寒冬料峭时分登上栖霞山；为了唐太宗李世民，酷暑时节攀登人迹罕至的九嵕山昭陵；为了汉尚书令荀彧，盛夏时前往寿县报恩寺。我们的所谓"旅游"，严格意义上都是一次次与历史对话的长途跋涉，但每一次我都是兴致盎然，完成一个又一个与文化标本的近距离接触，这既是我精神的寄托，也是对我心灵的抚慰。或许，这就是历史的魅力所在。

今年暑期，站在报恩寺的千年银杏下，荀彧墓碑就在眼前。他或许不是一个功德圆满者，他的理想被时间消磨，终于在建安十七年被击得粉碎。初平二年，36 岁的东郡太守和 29 岁的王佐之才在兖州相逢，是共同的理想让他们走到了一起。可二十年过去，两人却是渐行渐远，虽得"子房"之誉，荀彧却终没有张留侯那般的结局。面对荀彧这样明知不可为而为之的选择，身为局外人，也不得不叹一句"公无渡河，公竟渡河。渡河而死，其奈公何！"

历史不是枯燥的，它因为事件的扑朔迷离而引人入胜，荀彧的死因就是一个引人探究的未解之谜；历史不是单一的，它因为人物的立体丰富而错综复杂，荀彧的进退失据就是一次耐人寻味的境遇之变；历史不是凝固的，它因为规律的延绵不断和螺旋上升，而给我们带来很多现实的启示，荀彧的弃袁投曹就是一场感人至深的毅然之决。再详尽的史书，也总有未至之处，再长的篇幅，也难以描绘一个鲜活的生命。

大抵世间不合时宜者，或为世谋道，或为世殉道，前者定倾扶危，后者遂平生志。

荀令君二者皆是。

# 青山间的感悟

石川　东华大学附属实验学校八（1）班

这一次，跟随赵老师造访保安乡，我很受教育。

上镇小学是保安乡农村小学中的一所，现任校长一直坚守在自己的岗位上，要知道他本来可以调到城里去，享受更安逸的生活。先来说说他们的学生，每周日下午要到校报到，周五下午回家，周日到周四住校，上学回家基本都是徒步，走普通的公路，打底需要一个小时的时间，甚至更久，爬山抄小道可以快个二十分钟左右。他们的学校总面积还不足我们学校的一个足球场大。他们的校舍很简陋，二十个人要挤在我们一间卧室那么大的小房间里，还没有空调，小一点的孩子要两个人挤一张床。小学的食堂只能做饭，没有地方供学生们坐下，大家打好饭后只能自己找空地，或蹲或坐或站。食物也很单一，午餐和晚饭，一勺饭，一勺青菜炒猪肉之类的菜，混合在饭盒里。他们一个年级一个班，课程里从来没有副科，六年级才接触到英语。老师也不多，而且有时缺人手，一个老师就得承包一个班一天的课。

随赵老师一同去学生家里家访，一走就是一个多小时的山路。踏着勉强形成台阶的嶙峋的石头，忍受着路边杂草对我小腿的切割与"热情"的蚊子对我的侵扰，我们跟在学生后面翻山越岭。我们来到几个女生家里，在她们睡觉的地方，我可以这么说，就是几块木板垫地上，几块木板围一下，再拿一块防水的布遮一下。地上的木板空隙很大，底下的泥土、垃圾清晰可见。学生们家里都很缺水，所以他们很少洗澡，很节约水，要知道对方可是女生啊。

一般到学生家里去，都是家长忙里忙外招待老师，而这几次的家访，都是学生招待我们，有时还是由学生来做饭。他们的主食不是米饭，而是一种玉米糊糊，跟稀饭似的，首先那黄黄的颜色，我看着就没了食欲。这几次去，桌上都还有肉，另·道则是纯天然的绿色蔬菜，这些菜里基本没放盐，更别提味精了。做法也很简单，都是水煮。我的二哥曾告诉过我，NBA 球星的营养套餐就是这个做法，健康但难以下咽。

这些孩子有些是单亲，有些是孤儿，还有的一年才见一次父母。

而就是在这种种的艰苦下，他们依然开心快乐，依然热爱着生活，对未来憧憬着。我无法想象，我如果每天生活在这般艰苦的环境中，我想我一定会崩溃的。这些孩子不知道山外面的生活要比他们好得多……

我敬佩保安乡的学生，物质上的匮乏磨炼了他们的意志，双亲的离别造就了他们坚强的内心。

有一次吃午饭，我正要打饭，一只有我43码的脚那么长的蜈蚣，向摆在地上的饭锅飞奔而去。一个男生见状，一脚踩了上去，另一个男生走上去，让前一个男生抬一点脚，接着把那只蜈蚣抓了起来，没有一丝犹豫和恐惧。也就是这一次，我开始敬佩这些勇敢的学生。

我在上海的生活，与保安乡的生活相比，每一秒都是享受，我会珍惜今天的生活。如果再有机会，我一定要带上我的挚友，一起去体会这份藏于山间的快乐、坚强。

# 每个人都是奇迹
## ——《奇迹男孩》观后感

孙小茜　泗泾实验学校六（1）班

《奇迹男孩》讲述了一个有面部缺陷的小男孩如何进入普通学校，并重拾自信、积极面对生活的励志故事。

有的人生来就与众不同，奥吉的出生就注定是不平凡的。他患有"崔契尔柯林斯症"，经过了27次整容术后，与常人相比，依然

352

五官不够端正，留下一张让人一见惊心的脸，面部皮肤干枯、双眼耷拉、瘢痕明显。

在温暖的家中"安全"地度过了九年，在第十年时，奥吉最终迈进了学校。他与众不同的长相引来了同学的异样目光，讽刺与嘲笑，甚至还被称为"瘟神"。

但他心里仍揣着梦。因为他知道，命运本就不公平。母亲对他说，每个人脸上都有印记，而外貌"这张地图，则记录我们走过的路，并且这张地图从来都不丑。"或许是他天生的不同，以至于他对梦想格外认真。奥吉的科学课非常好。他的教师自豪地说，校园科技比赛奥吉肯定是第一名；在第一堂科学课上，老师以为没有人知道牛顿第一运动定律的前提是什么的时候，奥吉说出了正确答案；在最后的科技创新比赛上，奥吉带着他的作品名副其实地获得了第一。这是一个十岁的、与众不同的男孩，勇于追梦，与众不同的优秀。

奥吉和同学杰克的友谊也是一波三折。一次考试时，奥吉看到身旁的杰克被题目难住了，于是热心地帮助了他。他们课后一起玩，午饭一起吃，甚至一起回家玩最喜欢的同一款游戏。那时候，奥吉不知道这是不是上天发善心赐予他的美好的友谊，他很快就沉浸在其中。

但是，杰克还是伤害了他。万圣节那天，每个人都穿着不同造型的服装，装扮成别人不认识的样子，这是奥吉最喜欢的节日，他与每一个人热情地击掌，蹦蹦跳跳来到教室。谁知刚踏过门槛，就听见杰克在和其他同学议论自己，"我要是长得像他那样，我就去自杀"。杰克的话深深地伤害了奥吉的心，他哭着奔出教室。鬼脸的面具下，流下了两道深深的泪痕。

后来在科学活动中，杰克主动与奥吉一组，打了嘲笑恶作剧的朱利安，在被七年级同学欺负的时候保护了奥吉。奥吉原谅了他，他感受到了杰克的真心。

在五年级毕业典礼上，校长亲自将学校最高奖项的徽章颁给奥吉。奥吉成了学校里的"万人迷"。

奥吉不仅仅是医学界的奇迹，更是我们心中的人生奇迹。生活就像一面镜子，你怎么对待生活，生活便怎么回赠你。每个人都值得别人鼓掌一次，哪怕是一次，也足够了，不是吗？

# 遗憾地错过

孙艺馨　中山小学五（3）班

那天是个令我感到沮丧的日子，由于妈妈的自作主张，使我与盼望已久的科技小制作比赛遗憾地错过了。

早上，班主任朱老师又一次强调："报名科技节制作的同学今天回去把作品再完善一下，星期三之前交给我。"我听后，心想：我报名的是"变废为宝"，我之前上网查过资料，学会了做一个既简单又美观的小船。只要把三个空易拉罐粘起来，用竹签做成栅栏和帆架，再用废纸板贴在帆架上，作为船帆，最后再写上"艺馨号"，一个完美的帆船就做好了！

盼啊，盼啊，放学的铃声来了。一贯磨磨蹭蹭的我一反常态地快速收好书包，朝妈妈的办公室跑去(我的妈妈也是学校的老师)。"妈妈！"我推开门，兴奋地对妈妈说，"我们回家后一起做'变废为宝'

354

的科技节作品吧！这次制作过程还能成为我今天写日记的素材！我连主意都……"我话还没说完，妈妈就瞧了我一眼，淡淡地说："妈妈这几天要上公开课，没时间陪你做，我已经和老师说过了，这次你不参加了。"说完，居然不再理我，回头做自己的事去了。妈妈的这番话犹如晴天霹雳一般，我的心情瞬间坠到低谷！我忍不住生气地说："你没时间我可以自己做呀！我连主意都想好了！""但我已经跟老师说了，你就下次再做吧！"妈妈边说边整理着材料，看都不看我。"可是……可是……"我急得直跳脚，泪水盈满双眶。"别可是了！快去写作业！"妈妈依然不看我一眼，并且以不耐烦的一句话结束了我们的这次对话。

就这样，我遗憾地错过了"变废为宝"的机会。我在心里说：妈妈，以后无论什么事，都请先问问我，征求我的意见好吗？别再这样自作主张了！


# 我眼中的周瑜

汤韵玥　松江四中七（2）班


想来大家都是在《三国演义》中认识的周瑜吧，也只是觉得他是个自私且气度小的男人，最后是被气死的。然而真正的周瑜却截然相反，现在就由我来为大家展现我眼中的周瑜吧！

首先，他并不是被诸葛亮活活气死的，而是病逝的，这是大家对他最深的误解。因为写《三国演义》的罗贯中是一个名副其实亲

355

刘备的作者，为了衬托诸葛亮的才智，自然就将周瑜写成心胸狭窄的形象，黑了周瑜。

据历史记载，周瑜是东汉末年最为出色的集政治和军事为一体的人物，更是一个品德高尚、忠义两全、足智多谋、精通音律，顾友情、重爱情，长相帅气的完美男神形象。就算放在现代，也是个有颜值有灵魂的男神，绝不亚于诸葛亮。我们所熟知的赤壁之战，大败曹军，其实就是周瑜杰出智慧的点睛之笔。

刘备称他"文武筹略，万人之英"，孙权称他有"王佐之资"，苏轼《念奴娇·赤壁怀古》中写道"遥想公瑾当年，小乔初嫁了，雄姿英发，羽扇纶巾，谈笑间，樯橹灰飞烟灭"。可见周瑜的才华横溢。另外，在《三国志》和《资治通鉴》中对他的评价也是极高的。

周瑜其实心胸宽广，并非小肚鸡肠。当初说的一句"既生瑜，何生亮"让他成为心胸狭窄的代名词，可这句话的下一句却是"君未归，孤何安"。这又是何等的大气啊，只是我们断章取义，片面理解罢了。"三气周瑜"不过是《三国演义》的作者罗贯中自己虚构的情节，不过是为了迎合匡扶汉室，匡扶正统的主题而已。

周瑜刚做大都督的时候，被东吴老将程普看不起，处处为难周瑜，但周瑜并不与他计较，最后令程普折服，并感慨："与周公瑾交如饮醇醪，不觉自醉。"

周瑜气度非凡，英俊潇洒，被人称"周郎"，这是对男人帅气的最高称呼吧！而且他对爱情十分坚贞，一生只娶了小乔一个妻子。要知道，像他这样的地位和才貌，在那个年代，有个三妻四妾，也属正常。

所以，《三国演义》中的周瑜绝非真实的他，只是作者的艺术加工而已。今天，我要为周瑜这个古代男神正名！后来又在电视上看了几期《易中天品三国》，才终于坚定了自己的信念，更加肯定了自己心中的那个周瑜。

如果我是一个男生，我会努力成为周瑜那样的人。


# 我养仙人掌

田翔　华实初中八（6）班


去年暑假，外婆送给我一盆仙人掌，她说是公司里送的，她没空养，所以送给我来照料了。

这是我平生第一次养植物，我很开心。仙人掌长在一个黄白条纹相间的陶瓷盆里，里面铺有沙子和一些小碎石。它立在正中央，通体碧绿，露出淡白色的刺，奇怪的是它顶部刺的颜色是橙色的。外婆说它会开花。我真希望看一眼仙人掌开出的花，那一定很好看。

因为是暑假，所以我有很多空闲的时候，一有空就千方百计地"伺候"它。我把它放在阳台窗户的边上，因为奶奶怕它伤到弟弟，再三说不能放屋里。夏天炎热，我每隔三天按时浇一次水，但慢慢地就嫌烦了，开始掉以轻心。有一回我整整十天没有管过它，谁知它的生命力十分顽强，竟然一点也没事。我去浇水，打算浇多一点，以弥补之前的损失，直到水从盆子里溢出来了才停。

如此这般的精心"照料"，不知道重复了多少次。在暑假快结束的时候，发现仙人掌不再像以前那样紧紧地抓住沙子了。我一晃盆子，它就摇晃几下。我十分好奇，把盆子倾斜得更厉害点，没想到仙人掌从盆子里掉了出来。我十分惊讶，急忙喊奶奶过来，奶奶看了一眼，叹了口气，对我说："死多活少，命不久矣！"我垂头丧气，直埋怨这仙人掌真难"伺候"。

不久开学了，我管它的时间也越来越少了，我索性置之不理，把它放在那边，让它自生自灭，偶尔才会给它浇点水。

它的花我始终没看到，先前碧绿的颜色，变成了一种难看的黄色，这是从根部开始的坏死。不久之后半株仙人掌都成了这种颜色。随后，仙人掌"安详"地离我而去了。它的刺不再坚韧了，变得脆脆的，稍一用力就折断了。它也轻了很多很多，只剩下一层皮，里面是空空的。奶奶把它用报纸包住扔了出去，只有那空荡荡的花盆还静静地躺在那。

我心中感到一丝无奈和难过。在仙人掌快死的时候我真的很想挽回，还特地上网查了一些资料，可最终还是束手无策，无力救活，眼睁睁地看着它渐渐死去。

有一些失败，真的是无法挽回的，为了避免这样的失败，所以我们一定要小心谨慎，细致入微，发现错误要马上抓紧时间改正，以避免再次的失败。


# 大美如初，千年建盏

王一冰　上外松外八（5）班


螺钿珠玑宝盒装，玻璃瓮里建芽香。……

宋徽宗这首《宫词》中写的就是故乡留给我的遗珍——建盏。

以往，我只粗浅地知道它的名字和它是烹茶茗具。但自从那次邂逅舅公之后，我终于懂了它，它是闽北人心中的那片美丽的天空，大美如初，千年建盏！

迎春探亲时，我与父亲去看望许久未见的舅公，他是一个爱喝茶也十分懂茶的人。一进大门，一股清淡的茶香便扑鼻而来。来来来，正"好一壶新的武夷岩茶已经泡好了。"舅公还是跟记忆中一样的热情，我们都还来不及脱鞋就被招呼进去喝茶。

我其实还不是很懂饮茶之道，但在舅公的教导之下，也渐渐品到了真正的"茶"。慢慢饮一口，微微发涩，但抿口细品，便会有一股回甘的风味。渐而唇齿生香，徘徊良久，萦之不去。

"啊，好香的茶啊！"我不禁为这醇香的岩茶而赞叹。"不错吧，这可是我们闽北才有的武夷岩茶！"舅公一边解释一边露出了自豪的神情。"嗯！真的很好喝！"我情不自禁地赞叹，端详着手中的茶具，碗口大，圈足小，状似漏斗，不禁又产生了一个疑惑，"舅公，这个叫建盏的茶具也是来自我们这的吧？""没错！既然你有兴趣，我就再送你一个'新年红包'！"舅公一谈到这个话题似乎一下子年轻了不少。

"茶与建盏，相濡以沫。醇香的岩茶，盛放在相得益彰的器皿里才显得圆满。而精美的茶盏，也只有经过茶香的滋润它的生命才算完整……"舅公侃侃而谈他对建盏的理解。所谓建盏，顾名思义，特指的是建州窑烧造的茶盏，建州是指今福建省南平市建阳区一带，这种黑釉瓷茶具为宋朝皇室御用茶具。禅"茶之味，在清和寂静。而这刚好与建盏的色泽相得益彰。茶本为清心怡情之物，所谓人在草木间。你看这茶涤荡凡尘，如果配上五彩青花，就似老妪上妆，不大和谐了……"听完舅公的话。我才发现，这建盏黑釉为底，随窑变而曜变。有天目，有兔毫。直为天公所造殊非人力所为矣！盏出建阳，茶来东南，二者相遇，当是高山流水，前世知己！

茶香做伴，盏得此汤，引无数文人骚客竞折腰。唐代诗人王建《宫词一百首》中，就有"天子下帘亲考试，宫人手里过茶汤"的描述。大美之物，万里成一。建盏，如今既是茶具，也是收藏的艺术品。建盏之美安静而不张扬，这种美绝没有姹紫嫣红，而欣赏其美的人会深陷其中。因为，这样的美关键是靠天成，可遇而不可求。

待眼前，兔毫连盏烹云液，目微瞑，能解红颜入醉乡……

# 不要再这样做了

谢昌琚　第三实验小学五（1）班

这是一个发生在森林里的故事。你看，狐狸们多自在啊，有的在嬉戏玩耍，有的在晒太阳，还有的在觅食。可就在这时，厄运来临了！

一天，在它们玩耍的时候，一声枪响，一只成年狐狸应声倒下，其他狐狸吓得四处逃匿，它们看到一个五大三粗、背着猎枪的汉子偷偷地走过来，拎起那只被打死的狐狸往车上一扔，开车走了。自从这事发生后，狐狸们不敢在外面游玩了，可有几只狐狸妈妈为了不让孩子饿肚子，只能出去寻找食物，但是只有一两只狐狸能侥幸回来。一对狐狸夫妇又害怕又疑惑，妻子问："你说那些人把我们的同伴打死拿去干嘛呀？""我上次听那老杰兄弟说，那些人是为了赚钱，为了好看，在做一些非法交易。"妻子问："是什么非法交易？""听他说，是把我们同伴连皮带毛一起剥下来，也有的是活剥，把皮和毛做成衣服，拿去卖钱，可以卖好多钱。老杰是一只有见识的老狐狸，不会错的。"丈夫说。

妻子说："真希望人们不要再这样做了。那我们赶紧和其他亲戚朋友说吧！"这一传，所有狐狸都知道了，甚至连狐狸王也知道了，他想：这样也不是办法，我得给人类写一封信。于是，他找来知识渊博、精通四国语言的山羊博士，用人话写了封信：人们，你们好，我是狐狸王，最近我们过得很不太平，就是因为盗猎者见到我们就抓，吓得我的子民都不能随意走动，但是又要觅食，所以在觅食的时候很容易被打死，因此，我们狐狸的数量越来越少，希望你们能管管这些逍遥法外的人，不要让我们活在失去亲友的痛苦之中！他让森林快递员——杰福狗去给警察局里的警犬送去，再用狗语让他们把信交给警察。

我真希望警察快点抓到这些逍遥法外的人，不要再这样猎杀动物了，动物是我们人类的好伙伴！

# 那些旧照片

许逸　三新学校七（7）班

往事如深深浅浅的线，记忆的白纸上，一笔一画，流星般滑向天际。

那天放学回家后，我正在做作业，奶奶推门进来，把一本厚厚的相册放到了书桌上，熟悉的封面一下子打开了记忆的阀门。从小到大，妈妈给我拍下了无数照片，每一个动人瞬间，都留在了光影之间。每一次"咔嚓"声，都是记忆里最动听的回声。

"奶奶，你把相册给我干嘛呀？"看着相册，我疑惑地问道。

"过一段时间我们要搬新家了，刚才在整理时，看到了这本相册，里面有你很多小时候的照片，你留着吧。"奶奶的脸上挂满了笑容，那熟悉的笑容，曾几何时，也和我一起定格在照片上，一想到那些，都是满满的回忆。

我跑上楼，把相册放在床上，一张一张拿出来，很快就铺满了整个床，一张张童年的记忆，五彩缤纷。在凌乱的照片里，有一张一下子吸引了我的视线，这一张，是和奶奶的合影。那时我还小，奶奶抱着我，满脸笑容，我僵硬的小手打着一个"V"字，同样也是笑容满面，可我已记不得那一天是哪一天。时光匆匆，无数美好的瞬间终将成为一些模糊不清的过往。

随手拿起一张，那是我和阿姨在方塔公园游玩时拍的，身后的竹林昂首挺胸地站着，苍翠的绿意生动着一段快乐的午后时光。还能隐约看到不远处的小河，河面波光粼粼，阳光照在上面，碎金子一般，跳跃着，晃动着。

我又随便拿起一张，那是我趴在奶奶家的芭蕉树上，太阳正火辣辣地烤着，在巨大的叶子的阴影里，我获得了片刻凉爽。躺在芭蕉的树干上，跷着二郎腿，我正悠闲自得地看着书呢……

看到这儿，心里像打翻了五味瓶一样，往事如潮水般涌上心头，泪水悄悄从脸颊上淌下来。

突然明白，成长其实就是不断告别的过程，告别曾经的天真无邪；告别恍若在眼前的细碎时光；告别那些美好的陪伴。那一幕幕镌刻于心底的动情时刻，也终将随着时光的列车一去不复返……

# 沟通

杨昊　九峰实验学校八（3）班

我从小到大，爸爸没有打过我一次。在三年级之前我一直都认为自己是世界上最幸福的孩子。

二年级暑假的一天，我看见他早早地下班了：他在下午一点鸣着喇叭以超限速的八倍一路开到家门口，扬起一阵尘土，然后依次把车门、栅栏门和家门"摔"了一遍。上楼梯时他把楼梯踩得咚咚响，到房间里把包往床上一扔，狠狠地啐了一口："呸，不干了！"

从那以后我感觉他变了很多。他不像从前那么快乐了，经常红着眼睛使劲抓自己的头发。他依然不打我，但没那么善解人意了。他会找各种机会来教育我，说我这样没做那样不好，我每次争辩一两句，他总会板了面孔用力地一拍桌子："这不是重点！"也不管这句话跟我的辩驳有没有关系，久而久之我也就对他的训斥不再说什么了，任由他双眼布满血丝，狂躁地扯自己的头发。但每次他教训我时，我还是感到委屈，甚至希望他能痛痛快快地给我一巴掌，心里也能舒服点。

那段时间，我总觉得家里的灯不够亮，特别是他坐在书桌上向

363

我怒吼时，房间里的两盏日光灯无论怎样发光，我的眼前永远是一片漆黑。

学校里刚开始组织学毛笔字时，老师在群里分享了笔画的练习视频。我看了一遍又一遍，但仍然不知道怎样写好，横与竖写得就像两条歪歪扭扭的蛇。

晚上，爸爸来检查我的学习"成果"。果然如我所料，他又开始冲我发火："你学了一天就写成这样？老师发的视频你看了没有！""看了。"我小声争辩。"那你怎么还写成这样？是不是没看？还撒谎！"我受不了他的无理取闹，提高了嗓音："我真的看了！""好啊！"他的眼睛又变得血红，举起我的 iPad 就往地上砸。"我叫你看了！我叫你看了！"他卡着我的脖子把我扔到阳台上，过了好久才放我出来。

那天我实在委屈，便发了一条信息给他：最近你的脾气不太好，老对我发火，不知道你发现没有，你所谓的"不是重点"对我来说真的很重要，那证明了我有做，我有努力，而不是像你说的什么都没干。有些事我做得不好……

那天晚上，爸爸走进我的房间，抱着我，哽咽着："对不起，以后不会这样了，爸爸保证，对不起……"

沟通其实并不难，可以以很多方式来实现，有了沟通，人与人之间也就能互相了解，相处得更加融洽。

# 中秋月明

杨家珩　第七中学六（1）班

夜深了，月亮升起了。今日的月亮比以往任何时候都要明，都要圆，因为友情的碰撞，使这一天变得不同。

上午，九峰、茸一、七中等众多学校的学子相聚在华实初中，一起度过这个团圆的节日。五年的小学生活积攒下来的友情在这一刻爆发，所情所触，只能用笑声形容。在打了一会儿篮球之后，不擅长足球的我们，竟要拿篮球举行一场足球比赛，这让家长们万分吃惊。我们开心、搞怪地把篮球胡乱瞎踢，边踢边笑，一点都不正经的、撒欢儿的我们给整个中秋节添上了一笔美丽欢快的色彩。

比赛欢声笑语地进行到了尾声，对方守门员小乐的精彩防守让我队以 0：1 落后。小乐明白，只要最后这球不出现失误，他们队就能将胜利收入囊中。只见他鼓足全劲，大力开球，想让球飞得更远，可万万没想到，他一脚球踢偏离，这球竟鬼使神差地撞到了我的腿上，反弹进了球门。1 比 1！比赛结束！虽然结果出人意料，是个平局，但所有的人紧紧地抱在了一起。

中午，我们吃上了老妈亲手做的煎饼。这次的煎饼，比以往的任何一次都要圆，也都要好吃。

饼端上来时，大家虎视眈眈。只见这饼金黄色，圆圆的，上边还点缀着葱花和芝麻，闻着香酥。我们都目不转睛地盯着，妈妈刚把饼端上桌放好，我们就抢开了，每个人都狼吞虎咽，吃得津津有味，就连那些平时不喜　欢吃煎饼的人都　觉得妙不可言。或许，友谊能让饭变得更好吃？谁也说不清楚。

　　天慢慢地暗下来了。我透过窗户，望着天上的明月。小伙伴们下午已经各自回家团圆了，但是现在，此刻，大家都在微信里发来照片，一起欣赏着共同的月亮。今晚的月亮，我们也以这种方式"团圆"地欣赏了！在寂静的星空中，不时从天上飞过的小点——飞机，还有那比任何时候都圆的明月。它散发的光芒是多么耀眼，光圈是多么明显。小伙伴们在微信群里叽叽喳喳讨论着："今天的月色真美！""果然很圆！""明天的月亮才叫圆！""没错，就跟你脸一样圆！"……

　　时间一分一秒流逝，伴随着夜的逐渐深入，中秋节也就渐渐地落下了帷幕。这一日，有欢笑，也有不舍，有欢聚，也有别离，也许，中秋节就是这样。

　　何为"圆"？它是一个图形，是个特殊的标志，也是一个美好的象征。团圆，不止限于亲人之间的团圆，同学之间，朋友之间的团圆也十分美好。"圆，是终点，也是新的起点。"虽今日之曲已终，伙伴各分东西，但伙伴之间美好的回忆，会跟随着我们，走完一个又一个周期。明天，太阳照常升起，而新的起点，其实已经到来。新的学期，又将把我们人生的方向指引到何处呢？如果下次相聚是在多年以后，我们还是否记得起上次相聚时的欢喜呢？

# 芦絮飞

余卞申　茸一中学六（2）班

深秋，芦花开了，站在河边，芦絮如雪绒般漫舞，隐约间，蓦然回首又看到了那慈祥的背影，定下神来一看，才知道是那漫天飞舞的芦絮。我上前折下一枝芦苇，望着那如旌旗一般灰褐色的毫不起眼的芦花，不禁追忆起往事。

往事如烟，风一来便吹散了，散不去的那片，让我难以忘却，让我追悔莫及，让我痛心疾首。掐指一算，外祖母的去世，已有三年之久了。

外祖母在世时，家的左边有条河，长满芦苇，外祖母很喜欢芦花，好像芦花是她的孩子一般。我常常在深秋时，走到河边，看看那些芦花。我总能看到，一个佝偻着身子的慈祥老人，站在那芦花前，周围全是芦絮在旁边飞舞。

外祖母曾给我做过一双高木屐。

高木屐是用还未开全的芦花编制而成的。用两个很高的木板支撑一个用芦花编的鞋，在冬天穿很暖和。下雪时脚也不会陷进雪里，很舒服。因为还未全开的芦花很舒软。

外祖母很宠我，我说的，只要能做到的，她一定做到。我很喜欢芦花，就叫外祖母给我折，外祖母老了，腿脚不灵活了，在折芦苇时摔了一跤，却紧紧攥着一束芦花，慢慢爬起来，把芦花递给我。

我问外祖母有事吗，外祖母说没事。我便拿起芦花自个去玩了，不知道外祖母的膝盖已经擦破。

　　我把芦絮吹得满院都是，很美。因此，每到秋天，院子里就常常像下雪，下褐色的雪。

　　外祖母经常问我，"到你家去好不好啊？"我总是给不出一个答案，然后跑出去玩了。我那时候不懂事，不知道外祖母一直想去我家，外祖母从来都没有去过我家。我在外祖母的问话中，度过了童年。

　　时光飞逝，人生是何其短暂啊，就如同昙花一现。

　　难以忘却的 2015 年，外祖母去世了。我们心急火燎地赶回家乡，想再看外祖母最后一面。迎接我们的，只有闭上眼睛，安详地躺在棺木里的外祖母，外祖母看起来就像和衣而睡了一般，慈祥而安静。

　　那一夜，我守在棺木前，整夜无眠。想着外祖母还没去过我在城里的家，悔意油然而生，恨自己为何没有让外祖母去一次？如果还有如果，我一定会毫不犹豫地拽她去一回。可是，一切都晚了，没有如果，没有我重来一遍的机会，没有我和外祖母说这些话的机会了。想着想着我就哭了。

　　第二天，我来到河边，一望无际的芦苇依旧，芦絮飞舞依旧，我仿佛又看到了外祖母弯着腰在折芦花……

# 春天来了

俞斯涵　第二实验小学五（3）班

草长莺飞的二月，万物生长，是大自然最美好的时候。

虽然没有繁花似锦，但初春的花最为坚强。她们在西风与东风的战争中绽放，不畏寒冷。她们可能随时凋零，但她们不怕；她们可能随时被遗忘，但她们不管；她们好像不知道什么是死亡，却在死亡边缘徘徊，与死亡搏斗，无视死亡的存在。这感动了西风，化作天空之泪——春雨，滋润了她们，而东风又化作春泥呵护了她们。在春雨和春泥的守护下，她们一刻不停息地生长、绽放，向人们展示着她们坚强的样子，好让人们记住她们光荣的事迹，最后又在春风和煦中结束她们英雄般的使命。

虽然没有绿草如茵，但初春的草芽最为婀娜。她们在春日暖阳之下展现自己那嫩绿的新裙与黄皮旧衣，看起来黄黄的又绿绿的，再配上摇摇摆摆的舞蹈，美极。雾雨中，在远处，一个个小小的身影团聚在一起，依偎在一起，窃窃私语，取暖。行人来了，又互相避开，为行人让路。多么可爱，多么生机勃勃的小草啊，你只要看一眼就会爱上她们，爱上这片"草色遥看近却无"的景致！

虽然没有绿柳成荫，但初春的柳是最独特的。正所谓"最是一年春好处，绝胜烟柳满皇都"。她们抽出芽儿，准备迎接绿叶和柳絮的到来，为"万条垂下绿丝绦"的美做最充分的准备。微风徐来，她们用细长枝条轻轻地将几片嫩芽儿拂向水面，那嫩芽的翠绿与可爱粉饰了春波荡漾的河面，似一只只梦中的小船驶向想象与梦幻的仙境……安琪儿将爱与信心装在船舱中，让它们为她撒播纯洁与童趣到每个角落。它们从不辜负自己的任务，把春的消息带给每一个人，每一个动物，带给他们美好的幻想与纯真的心灵。

虽然没有骄阳似火，但初春的阳光最是温暖人心。她既不耀眼，也不会过度地热情，但她恰恰是一年中最有活力的阳光。她唤醒了冬眠的植物、动物，乃至于每一个沉睡的心灵。她穿破云层，渗透泥土，金灿灿的阳光给予了花草树木温暖和力量，使她们发芽、生长，从此披荆斩棘，迎接大自然的各种考验；温暖的阳光带给人们光明和舒展身心的喜悦，让他们重新抖擞精神，迎接新一年的轮回和挑战。

初春，一个短暂而又美好的开始。让我们一起细细去品味，静静去享受，慢慢地去融入这初春之景吧！

# 温暖

袁辰欣　九峰实验学校七（4）班

2018年的第一场雪，罕见地落在了十二月，又是我去市区补课的那天。

下了地铁，看了眼时间，早就过了饭点。除了几步开外的那家便利店，似乎并没有地方可以收留我。

裹紧外套，长吁一口气，一缕缕的白气，伴着雪花，消散。

我在人行道上走着，望着店铺门口一个又一个的"休息中"，不免惆怅。最终，我推开了一扇门。

那是家牛肉面店，以前没见过，看这模样，也许是新开的。招牌挺大，店名简单而直接，店里也算亮堂，让人觉得舒服，算是我兜兜转转之后的慰藉吧。

服务员亲切地为我引路，坐定之后，我听着各种推荐只是一个劲点头，待她心满意足地离开，我才舒了口气。

面前的一切摆放得家常而整齐，方桌角上的点单付款二维码一个不落。正中的花瓶里有几枝花，我不认识，但看着亲切。每桌上方都有暖黄的小吊灯，色块拼接的墙纸亦是暖色调。墙上没有挂饰，布置尽量从简。这里的一切竟然如此温柔。

暖空调吹起遮掩后厨的帘帐，奔腾的热气一涌而出，缭绕着服务员满面的欢喜。快速准确的动作将一碗招牌牛肉面摆在我面前。浓浓的水汽模糊了眼前的清晰。我摘下眼镜，用袖口拂去水雾，抽出一双筷子。

香气和暖意一同迎接我。我挑起几根面条，还挂着汤汁和豆角，送入口中，唇齿留香。

"面不够可以再添的哦，喊我就好啦！"服务员从我身边经过，声音亦如她家的牛肉一般酥软。

店里音乐开始响了，是我最喜欢的歌手的歌。

吃着面，不知怎的，觉着满满的温暖。

父亲打来电话，说是天冷让我早些回家。我满怀不舍地起身付账。收银台旁，老板一边和客人聊家常，一边让老板娘给一对老夫妇算账，算着算着，她抬起头问了一句："您二位今年高寿？"两位老人笑吟吟地说了岁数，老板娘便在账单上打了对折。然后，一边接钱，一边告诉老夫妇，70 岁以上的老人在这里打对折。

我付了款，店里放起了那首《为了遇见你》。

想不到此地竟然有这样一份温暖。

# 和穆教练一起走过的日子

张乐婧　九峰实验学校七（2）班

望着书桌旁的球拍，已破旧不堪。轻抬起，扶着手柄处已脱落的橡胶，跟随错觉，时光一下穿越到三年前。

"穆、穆教好。"我低着头，颤着说。跟前这老头，脸上爬满了皱纹，厚厚的镜片下藏着一双似乎能洞悉一切的眼睛。"面相不善"，我想。没想到这老头还挺喜欢我，一上来就让我带班。他满头大汗抱来一堆球拍，先拍了拍我的头，说："丫头，加油啊！"顺手递给了我一把崭新的球拍。

时光飞逝。一转眼，两年过去了。我从那个黄毛丫头，变成了姑娘，穆教也开始叫我姑娘了。

"姑娘，今年我们要打比赛啦。"那天训练结束后，穆教把这个消息抛给了我，我心一颤，连忙推辞。他一下子握住我的手："姑娘，你可是这几个小子里面最厉害的啊，别以为自己是个女孩子就不行了！"不知这话蕴藏着何种魔力，我一听，心中就燃起了莫名的斗志。得嘞，备战！

几个月的训练中，我从班里较弱的，打到了最强的，每个人都对

372

我避让三分。穆教也是逢人必夸我："这姑娘厉害啊，第一就是她了。"

比赛当天，球场上静得出奇。我捏着手，望了望四周，昔日调皮的男孩子此刻都盯紧着球场。穆教更是紧张，口中不停念叨："打打打！杀球！防！哎……"仿佛上场的是他。突然，他朝我看了一眼，笑容爬上他的皱纹，笑里有话："姑娘，靠你了！"该我上了。看似十分镇定，其实心中乱得像一团麻缠在了一起，赛前定制的战术，此刻早已荡然无存了。

前几个回合，失球无数，愈发焦急。汗一层接一层沁出来。中场休息，穆教走过来，拍了拍我的头，就像第一次见面那样："姑娘，你脑袋精，走，咱拿战术取胜。"我这个蔫了的皮球，又重新鼓足了劲。下半场，我如有神助，以最后一球时用的小伎俩赢得了这场比赛。

"太棒了，我就说嘛，这姑娘可以的！"回头望见穆教正开心得又蹦又跳，一副欣喜若狂的样子。这次，笑容爬满了我的脸，还不禁笑出了声。无声的甜蜜，潮水般在心底涌动……

后来，我因时间不够结束了羽毛球课，生活中少了那份"穆"味，就像心中的森林少了一抹绿……但我忘不了和他一起相处的时光。

哦！穆教，好久不见，现在可好？

# 科技改变生活

张悦　九峰实验学校八（3）班

暑期里，学校组织全体同学去参观了G60科创走廊。参观过后，我感触颇深。现代科技不论在生活便利方面，还是在医疗方面，在各个领域都取得了瞩目的成就，不禁令人感叹现代科技发展之迅速。

上海作为 G60 国道的沿途城市，科技水平自然不必说，松江作为上海的一部分，自然从未落后。

在菜市场买菜，商贩在摊位前都使用起了微信、支付宝付款；到医院就诊，总能看到一排排自动挂号、缴费机器，为不少病人节约了排队的时间；行走在城市中，到处可见各色各样的共享物品：共享单车、共享充电宝、共享篮球……科技，它正悄然无声、潜移默化地改变着这座城市。

近来，松江的有轨电车已进入了试运营阶段。以前松江在上下班早晚高峰期间总是会交通大堵塞，随着有轨电车的投入运行，这一情况一定会有很大改善。更重要的是，有轨电车十分环保，在这个温室效应日益严重的时代它可谓是绿色出行的很好选择。

松江，因科技发展而变得欣欣向荣。当今科技又岂止局限于生活交通为人们带来了便利，在医学方面也有非凡的成就，造福于千千万万的病人。我作为一个普通的公民，一直以来对先进的医学发展心怀感激，这得从人造血管技术说起。

人造血管是用塑料制成的。它非常坚韧稳定，可以制成人工骨骼、人造关节，植入人体不会有排异作用，已为数百万心血管病人带来福音。

9 岁那年，我被查出患有先天性心脏病，主动脉缩窄。由于发现过晚，许多手术方案在我身上都不适用。那时我由于上肢血压过高，许多血管都已破裂，无法输送血液。医生们最终商量出的治疗方案是切除缩窄部分的血管，但剩下未被切除的血管过短，所以得补上一段人造血管。幸运的是，手术非常顺利，如今我已与正常孩子一般，跑跳皆已无碍，也不必服用药物。这都是人造血管这项科技给我带来的福祉，给了我第二次生命。在未来，医学方面的科技一定会越来越发达，人的寿命将会得到延长。

当然，科技不仅仅在这些领域有着杰出的贡献，在其他诸多领域也大放异彩。

在享受科技给我们带来的美好生活的同时，大家是否又想到过我们父母小的时候，科技并未如此发达，他们没有互联网筛选信息的便利，没有享受交通网络的迅捷……所以生活在这个时代是我们的幸运。只有知幸与不幸，方能对科技怀有一颗感激之心，怀有一颗敬畏之心。

14年来，我见证着科技对松江这座城市的影响。它改变着我们的生态环境，拯救着千万生命。世界因科技而变得更加美好，松江正因科技发生着日新月异的改变，科技改变生活！


# 那一天，我与蜗牛相遇

张芝瑜　上外松外八（2）班


六月的天，说变就变。快放学时，教室外突然下起了倾盆大雨，整个世界黑压压的。

"糟了！没带雨伞呀！爸爸妈妈会带伞来接我吗？"想到这，我写作业的心思全被门口挤满了撑着雨伞接孩子的家长们干扰了，看着同学们都在家长们的庇护下渐行渐远，而我却没有看到爸爸妈妈的身影，心里倍感失落。

我站在教学楼门口静静地等着，希望他们能在第一时间看到我。时间一分一秒地过去，希望也随着时间的流逝而破灭。雨越下越大，四周开始暗淡下来，只有几盏微弱的灯光为我照明。我无助地靠在墙上，举目张望。

突然，草丛中一只蜗牛闯入了我的视线。蜗牛，一个可爱的小精灵，全身是褐色的，粗一看，像一块不起眼的小土粒。至于它背上那重重的壳，就应该是它的家了。

它高昂着头，缓慢而又优雅地扭动脖颈，短短的触角，在灯光下清晰可见，仿佛是从它的肉身中刚刚萌生的两根新芽。听说，长触角相当于人的眼睛，短触角相当于人的鼻子。柔软的身躯下，有扁平得像吸盘一般的足，缓缓向前蠕动。

好一会它才爬到一片草叶前。我想大概它也想在草叶下避避雨吧。它终于接近了草叶，可那无情的雨点却将它打翻在地，重重地摔在泥泞中。我的心一下子揪了起来。刚才的努力看来都白费劲了……，我哀叹着，愣愣地看着它。

谁知，那只小蜗牛缓缓地翻过身来，伸出两只小触角，又继续向前爬去，就像没事一样。可它还没爬多远，狂风又把它吹翻在地。我一动不动地紧盯着它。顷刻间，它又伸出了两只小触角慢慢向前爬去。我发现它比我刚才看见它的时候移动了一段微小的距离，目测大概才有几厘米。

就是这几厘米，和我们人类的脚步相比，它一夜所走过的路，丝毫不亚于我们走过的万里长征。怪不得人们都说，能够到达金字塔顶端的只有两种动物，一是雄鹰，靠自己的天赋和翅膀飞了上去，而另外一种动物，那就是蜗牛。

雄鹰能够达到金字塔的顶端，对大家来说，一点也不用好奇，因为它有飞翔的本领。而蜗牛之所以能够爬上顶端，依靠的是不断往上爬的毅力，也许是一年、两年，也许是若干年。

是啊，有很多蜗牛式的成功人物，他们都是靠意志和毅力爬到了金字塔顶端。司马迁、海伦凯勒、霍金……莫不如此。

感谢我与蜗牛的相遇！我鼓起勇气，径直冲向漆黑的风雨夜。


# 父爱无声

张朱涛　东华大学附属实验学校九（1）班


表达爱的方式很多，有声的言语或是无声的陪伴，可流露出的情感是一样的。

爸爸的职业很特殊，经常出海跑船，与人交流的机会很少，渐渐变得特别不善于表达。每次回到家，就迫不及待地将海上的经历分享给我，我嫌他讲话啰唆，一直早早结束聊天，他也渐渐意识到这一点。

步入初三，学业压力很大，他很想帮我分担，却又怕给我添堵，便以他的方式一直陪伴着我。

平日的早晨，他会偷偷溜进我的房间，把闹钟关了，让我多睡一会儿，之后又和声和气地把我叫醒；每当放学，他早早地等在校门口，永远都站在人群当中的最前排；我写作业的时候，他会和朋友一起去遛弯儿，有时很晚才回来，我知道他是怕打扰我……

每次当他出去，我便感到一身轻松，摆脱了他的唠叨，就好似搬走了紧压在胸口的石头。

妈妈陪伴我的方式与爸爸不同，她会把后勤工作做得服服帖帖，晚上写作业时，进出我的房间总是轻手轻脚的，想让我以最好的状态"备战"，但这只是她认为我所需要的，可我真正需要的，不是这些……

一次爸妈外出，留我一人在家，家中的冷清突然让我有些不适应，可这正是现在这个年龄段所需要的。爸爸似乎早就意识到了这一点，也曾劝说着妈妈和他一样，在客厅里安静地坐着，等我房间的灯灭了再去睡觉。

对于爸爸早上关闹钟这件事，我多次和他拌嘴，他只得应付着我，承诺不再干涉我的作息，却依旧关我的闹钟，偷偷拿走闹钟的电池。

"初二的时候你不是希望我睡得晚一点，起得早一点吗？怎么初三我照做了，你却开始干涉我？"我几乎是吼着，声音有些失控，就像一列正常行驶的火车，突然出了轨，刹不了车。

他还是不作声，回到房间，默默地把一叠纸拿出来，摊在桌上，顶格工整地写下"作息时间表"，一张一张地翻着，一边细细地给我讲解着他这几天所做的事。"这是我这些天给你列的作息表，鉴于你这几天的表现，我看你早上那么困，晚上那么累，心疼你，又结合网上的科学作息表，给你列了这么个东西。"他很投入，脸上泛着自豪。

他讲话还是有那么一点小啰唆，但这一次我不再觉得他的烦，反倒拷问自己，我那样对他吼，对得起这无声的关爱和陪伴吗？

说罢，他起身回房间了。我攥紧了作息表，两滴眼泪，重重地砸在封面上。之后的日子里，我和他的关系渐渐恢复如初，我试着和他去交流，可他还是用那份无声的爱，默默陪着我……

# 国境线之行

张拙童　上师大附外小五（9）班

今年寒假，我跟随松江区教委组织的足球游学团，参加了"勐海·全国首届校园足球嘉年华"活动。

来到勐海的第五天，教练告诉我们后面一天没有比赛，要带我们去中缅边界玩。听到这个消息，大家都欢呼雀跃。我也不例外，虽然很早就熄灯睡了觉，却怎么也睡不着，脑子里总琢磨着祖国南方的边界线会是什么景象。

第二天，经过了漫长的两个多小时行车，我们来到了"中缅第一寨"——勐景来。在傣语里，"勐"是村寨，"景来"是龙的影子。传说当年一位天子为追赶一只金鹿，来到此地，后来人们发现这里隐约可以看到一条龙的影子，就在这里建起了村寨，故称其为"景来"。勐景来是傣族传统村寨，因为毗邻缅甸，这里的居民与缅甸掸族边民来往频繁，形成了傣掸混居现象。村寨里有很多佛寺，还有塔林、菩提树、古泉，与我生活居住的上海大不相同。导游姐姐说寨子里的傣族村民很好地保留了祖先流传下来的古老的造纸、打铁、制陶和酿酒等工艺，它们都是活着的傣族民间手工艺。给我印象最深的就是制陶了。一位阿姨拿起一些陶泥放在一块转板上，紧接着，她边用左手转转板，边用右手缓缓向上塑型，大约两分钟后，一个陶罐就出现在了我们眼前。阿姨又拿起一根细长的铁丝，迅速在罐口平着一抹，罐口就修平了，接着又拿出一个毛刷，沾了点油，均匀地涂抹在转动着的陶罐的外壁上。导游姐姐告诉我们，后面还需要经过晾干和高温烧烤的步骤，这里的陶制品具有坚固耐用的特点。

了解完勐景来的风土人情，我们就向299号界碑扑了过去。终于，一个呈倒U形的石碑出现在我们眼前，是界碑！大家迫不及待地冲了过去，好奇地仔细打量着它。这块界碑虽然不大，但却庄严地宣示着我们的领土界限。导游姐姐帮我们在界碑处拍了张集体照，作为这次边界之行永远的纪念。

下一个景点就是国门了。到国门我们需要步行好几公里路。虽然才是二月，但这里已是烈日当空，太阳火辣辣地烤着大地，一路走来我们也早已汗流浃背，可我却丝毫不觉得疲劳，继续顶着火红的太阳前进。功夫不负有心人，我们看到了国门！"真壮观啊！"我不由自主地发出一声感慨。国门两侧站着威武的解放军战士，国门右侧五星红旗高高飘扬，国门上方"中国打洛"四个大字刚劲有力！

"大家看，那边就是缅甸了。那些是来中国进行买卖的缅甸人，缅甸人和我们非常友好，他们的汉语说得也很好，大家可以去跟他们打个招呼。"导游姐姐笑盈盈地说道。我看见了一名正在叫卖橙子的缅甸人，他的橙子又大又圆，我立刻拽着好朋友小龙去买了两个。"你好！"他边笑着跟我们打招呼，边冲我们摆手。

这次国境线之行，我看到了国境线的庄严，也看到了国境线上生动的人和物。爸爸曾经跟我讲过中国远征军的故事，告诉我每一寸国土都不容侵犯，也告诉我现在我们和平、幸福的生活是革命先烈们用拼搏和牺牲换来的。爸爸教导我要铭记历史，要认真上课、努力学习，为祖国的更强大、人民生活得更美好而奋斗！

# 寻找美丽的春天

褚翊凡　三新学校二（4）班

寒冷的冬天已经过去，温暖的春天正在到来，人们脱掉裹了一冬的棉衣，一起去野外寻找春天的踪迹。

有人跑到小河边寻找春天，河水发出欢笑，河边的柳枝垂到了水面；有人跑到公园里寻找春天，公园里百花齐放，争奇斗艳，芬芳扑鼻；有人跑到山坡上寻找春天，山坡上绿草如茵，开满了各种野花，一朵朵，一丛丛，一片片，姹紫嫣红。

春天就在田野上，在池塘边，在草丛中，在公园里，在小路旁……我听到有人在喊："我找到春天啦！它就在我的眼里！"

是啊！当我们走在春天的怀抱里，可不到处都是春天吗？大家看到了她，闻到了她，吃到了她，摸到了她，踩到了她……她在小鸟的鸣叫声里，在小朋友嘴角的微笑里，在杏花、桃花、梨花的枝头绽放……

小朋友们，你们可要仔细观察春天，寻找春天，感受春天，因为她是一个害羞的小姑娘。

# 不一样的声音

朱彤　九峰实验学校七（1）班

　　去年春节，我们一家随着父亲回老家看望年老的奶奶。奶奶身患重病，却不自知，只是每天痛得起不来床。作为小辈的我们都心疼不已，常坐在她身边陪她说话。而爸爸除了喂奶奶喝药，照顾她的日常起居外，极少与她交谈。家人在私底下都说他太冷血。

　　除夕吃年夜饭时，一大家子坐在一张大圆桌边，奶奶坐着轮椅也来了。大家吃着，聊着，好不欢乐。大概是喝了酒的缘故，平时沉默寡言的父亲话竟也多了起来。他是家里的第四个儿子，上中学时，爷爷早已无法挑起家庭重担了，身为公务员的三伯就把他接到县城读书。他勤奋聪慧，成为当时第一个考出县城的大学生。说到这儿，他脸上满是自豪。他又聊到我与三伯家的两个姐姐，说我们都聪明得很，成绩也优秀着呢。这还是我第一次听他夸奖我。当他聊起奶奶，眼中泛起了泪光。我们怕他控制不了情绪，便早早散了席。

　　回到他曾经住过的那间小平房，他指着地板说："就这儿，我打过地铺来着。"他又走到桌子前："我在这写过作业呢！"然后拿了纸笔，坐在椅子上，开始写写画画。我走近一看，写的是"娘"，一个，两个，三个，就这么写下去了。突然，他在我面前倒下，哭得上气不接下气，嘴里不停嘀咕着："娘啊，儿子对不起你。"带着家乡口音的话字字戳在我心。第一次看见他哭，第一次看他露出

382

内心最柔软的部分。

　　我终于明白，原来威严的父亲，平时不苟言笑，内心也如小孩一样。我不知该怎样安慰他，只好默默地拍拍他的背。他先是一愣，过了许久才反应过来，认出我是谁。他拉着我坐下，带着哭腔对我说："你一直是我的骄傲，乖女儿。"听了这句话，我心中顿时一酸，他也是一个普通的父亲呀，小时候的辛劳造就了他的优秀与少言，他不是冷血，不是无情，他不过是不愿将心中隐藏着的情感坦露出来，他不擅长表达自己的内心。

　　大人啊，总是这样奇怪。不过以后，爸爸，你的"小骄傲"会成为你最坚实的臂膀，和你一起分担这一份难以诉说的苦恼与哀伤。你的与往常不一样的声音，从此深深地烙在我心上了。

# 穿过幽暗的雨

柏逸澄　民乐学校八（2）班

　　梅雨时节，乘上车，回到承载着我童年记忆的老宅。那些遥远的记忆片段，早已化成点点滴滴的过往。

　　穿过热闹的小吃街，是一段蜿蜒的小路，第一户就是我家的老宅。走进大门，便是一副破败的景象，窗玻璃早已被淘气的小朋友打破，楼梯也已经被白蚁啃食得岌岌可危。在这下雨的天气里，看起来还有些阴森、凄凉、荒疏。

　　进入饭厅，走到最里面的一个橱窗前，抚摸着上面的灰尘，往事从指间扑簌簌往下掉。从前，我喜欢吃糖，以至于十几颗牙齿都有蛀虫，爸爸妈妈明令禁止我吃糖，我便到老太太那里告状。老太太便想出一个办法，偷偷地在橱柜里藏了一罐子糖，每当我馋得难受时，老太太便拿出糖给我解馋。老太太一边看着我吃糖，一边开心地笑着，而我也总是乐得合不拢嘴，那是属于我和老太太的一个小秘密。

　　穿过幽暗的走廊，来到小花园，疯长的杂草几乎到我膝盖高了，在细雨里，它们把寒凉递到我身上。花园旁，是另一户人家，以前窗口经常会有个大哥哥在写作业，每当他写完作业，总会来找我一起玩。我们最爱做的事就是掀开花园旁的砖头，去捉西瓜虫玩，有时运气好，还能捉到一两只金龟子或者蛐蛐。每当捉到蛐蛐，我们

386

便会拿出一只瓷缸，把它们放进去，看它们斗，为了这乐趣，我们不知掀开了多少块砖头，挨了多少次骂，可挨骂后的第二天，还是照玩不误。就这样，我在这里度过了一个快乐的童年。

踏上楼梯，来到两楼，两楼是起居室，有两间卧室与一个常年上锁的杂物间。小时候，大人叮嘱我不要去杂物间，而这次，因为老宅要翻修，那把挂在门上的大锁竟然打开了。在好奇心的驱使下，我推开门，里面是一辆轮胎已经弯折的自行车，轻轻按了一下铃，发出了锈迹斑斑的铃声。

想当初，爸爸妈妈给我买了这辆自行车后，我很是得意，到处骑来骑去炫给小伙伴们看。有一次，一只不知道哪里窜出来的野狗，追着骑自行车的我不放，我害怕得四处乱骑，一头撞到了墙上，大人们听到响声后跑过来，才赶走了野狗。我在床上躺了三天，才能勉强下床，而自行车在那次"事故"后，躺进了杂物间。

穿过一场幽暗的雨，熟悉的老宅承载了我的童年岁月，这些琐碎的时光与现实交错在眼前，恍若一场久远而又清晰的梦……

# 心中的牵挂

那个夜晚，我遇见了它，也是那个夜晚，它成为我心中的牵挂……

大街上，灯光使我差点忽略了纸箱里的它——一只瘦得只剩下一层皮的小猫。出于内心的怜悯，我将它抱回了家。从此，我对它

387

也多了一份牵挂。

"我不同意，你不准把猫带回家养。"刚把猫安置在家中，妈妈就出现在我眼前，并否决了我养猫的计划。在我的恳求下，她同意我在楼梯角落里安置一个窝，但决不能让小猫踏进家门一步。

我抱着它，用纸箱给它做了一个温馨的家。这时，我才端详起它的样子：眼睛被眼屎糊得只剩下一条缝，身上的毛也掉落了不少，活脱脱一副乞丐的模样。我用毛巾小心地擦拭了一番，它那瘦弱的模样才看上去好一点。我将牛奶温一下，端到了它的面前。此时的它，已被饥饿侵蚀，便忙不迭地舔舐起这"佳肴"。

这只可怜的小猫，不知是被哪个狠心的主人抛弃的，从这天开始，就让我来照料它吧。

每天放学后，我放下书包，第一件事就是去看它，它也在我的照料下，一改瘦弱的样子，变为一只雍容华贵的小奶猫。日复一日，它成为我心中的牵挂。

寒风呼啸，气温骤降至零摄氏度，人们都穿上了厚重的羽绒服。突然，我想起了它——那只小奶猫。我披上衣服冲出家门。果然，楼道中的温度比户外高不了多少，小猫在纸箱里瑟瑟发抖，蜷缩在纸箱的角落里，"喵呜"声也被寒流冻僵了，微弱得让人心疼。

我从家中拿出一条毯子，裹在它身上，又给它喂了点牛奶，让它能够在冬夜里维持自身的温度。它舔舐牛奶时的模样，令人怜爱。此时，我才明白，原来，曾经的那只小猫，仅仅是出于同情才收留它，现在，已经成为我心中的牵挂。

那个寒冷的夜晚，我注视着它，它也疑惑地一歪头，一双清澈的眼睛怔怔地望着我，一副感激的样子，不禁让我心头一暖。我突然觉得这期间对它的照料不是白费的，万物有灵，它弱小的心灵也盛满了感恩的光。即使窗外寒风呼啸，寒冷笼罩着大地，但在这个楼道里，两束微弱的火苗温暖着我……

就是那只小猫，让我心中多了一份牵挂，也是那一份牵挂，在记忆的宝库中增添了那一股暖流。


# 聆听张文宏教授的演讲有感

陈一鸣　华师大实验高级中学高一（11）班


那天，聆听了复旦大学附属华山医院张文宏教授的演讲，深有感触。主题是："如果致命传染病再度来袭，我们是否束手无策？"在这场演讲中，张文宏老师雷厉风行的演说风格令我印象深刻，他为我们带来的这个问题，也值得深思。

所谓传染病为何有如此大的危害性呢？因为自人类开始畜牧和农耕以来，人类与自然界中各种各样的生物接触变得十分密切，而在演讲中的一词：输入性疾病，由万物输入的疾病自然多种多样，为了生存而聚集起来的人类正好成为最适合其繁衍的温床。其实，动物或植物就算是携带病原体也造不成危害，但只要产生了跨物种传播，传染到人类的身体上，这些传染力强的疾病，也就是传染病便能大显身手了。人类大面积的聚集不仅能带来众多的感染者，而且疾病也可以因此而快速进化和变异，导致更多的传播途径，更严重的发病症状。这也解释了传染病为什么致命。

除此之外，因为科技进步而使得人类对于大自然扩张加大了，这也导致输入性疾病的传播愈演愈烈，我不禁害怕起来，如此强大又数量众多的敌人，人类真的能应付吗？

演讲视频中，张老师向我们介绍了自 2003 年以来中国医疗体系的巨大进步，对待疾病完备的医疗方案。其实，对待传染病就是一场情报战，医生需要根据所能掌握的情报进行分析判断，往往要在很短的时间内确诊，查明原因、对症下药。主要思路是隔离——分离病原体——研究病原体——采取措施。高效而精准。

这对医生的要求非常高，也证明了张老师在视频中多次说到的一句话，"岁月静好，只不过是有人为你扛着！"疫情期间，看了很多新闻报道，我衷心地对奔赴武汉的医护们寄予深深的崇敬；向在疫情中所有抗疫一线的同胞们致敬；并向为我们宣传病原体的危害性，而且使我们充满希望的张文宏老师致敬！感谢你们，是你们在负重前行，我们才有岁月静好！我们一定会在这静好的大后方努力学习，将来在祖国需要时，我们也会像你们那样奔赴一线，保卫同胞！

# 写给武汉的一封信

富络绎　九峰实验学校七（5）班

武汉：

你好！

在 2020 之前，我只在地理书本里知道你的名字，知道你是坐落于长江与汉水交汇处的明珠，知道你曾经散发着耀眼的光辉。可是，从今年初开始，我在新闻里频繁地听到你的名字，不是因为那些曾经和当下的辉煌，而是因为你病了。

好多天过去，你的病情未见好转，冠状病毒让你的双肺渐渐变白，人们的恐慌加剧了疫情的蔓延，物资、医疗的短缺为抗击疫情带来了极大的困难。还是一个孩子的我，也为你忧心忡忡。但是，好多天过去，我也从新闻中看到听到，我们的祖国、我们的人民从未将你放弃。

看，祖国最优秀的医疗队正在奔向你，为你注入最新鲜的血液；有些企业日夜不休，加紧生产，为你正常运行提供物资保障；工地上的挖掘机夜以继日，十日平地建起一座新的医院，为你带来康复救治的战场。

武汉，作为抗击疫情的中心，你绝不可以放弃希望。请你相信灾难必将过去，春天必将到来，因为站在你身后的，是亲爱的祖国母亲和14亿同胞的关切和援助。

让我们将目光放远，望向五湖四海：我们的友好邻邦也纷纷伸出援手，海外游子更是捐款捐物。

病毒来势汹汹，在与之抗争的过程中，仅靠物资是打不赢这场没有硝烟的战争的。疫情中，比物资更重要的是科学，是信念。对于医者，要用自己的所学救治病人，并坚信自己的每一次坚守都具有价值。对于病人，要积极治疗，要坚信对症治疗之下定将迎来康复。对于民众，不信谣不传谣，听从指导，科学防疫；对于武汉，对于我们的国家，我们要坚信不幸终将过去，疫情终将被克服。

武汉，你是中华历史上有着不可磨灭地位的名城。虽然你现在处于最艰难的时期，但是我在你的身上也看到了中国人最闪亮的精神——团结、勇敢、仁爱！你一定能够渡过难关！

此致
敬礼！

# 广寒宫里过一天

顾羽纶　上外松外四（1）班

一天晚上，我躺在床上，突然，一只小白兔一下子跳到我的床上，它一双红红的眼睛看着我。我好奇地看着，感觉这只小白兔很特别。看看，看着，它突然开口说话了："嫦娥姐姐请你去她的广寒宫做客。"我还没缓过神来，一朵彩云向我们飞来。我跟着白兔走上彩云，向月亮飞去。

我们来到广寒宫，最先映入我眼帘的是一座用水晶做成的宫殿，上面的牌子上写着三个大字"广寒宫"。

只见一位身穿长裙、皮肤雪白的大姐姐从宫殿里走了出来，玉兔告诉我她就是嫦娥姐姐了。我问嫦娥姐姐："你在月亮上住了这么久，不会想念人间的事物吗？"嫦娥姐姐对我说："当然会想啊，可惜我再也回不去了。"嫦娥姐姐又说："正好我园子里的桂花开了，要不我教你做桂花糕吧。""好啊！好啊！"我高兴地说。

嫦娥姐姐先带我去采桂花，然后把桂花倒进一团白花花的面团里，再揉搓均匀，最后煮熟切成一小块一小块的。我刚想吃就被嫦娥姐姐一把拦住，我正疑惑，嫦娥姐姐就对我说："我们还剩下最后一步，还要撒些桂花上去。"我们又撒了些桂花在上面，金黄色的桂花点缀在雪白的桂花糕上，煞是好看，看得人垂涎欲滴。我们一人拿起一块桂花糕咬了一口，香甜的味道沁人心脾，让人吃了就停不下来。

啊！这一天可真有趣。嫦娥姐姐教会了我做桂花糕，我以后还要向她请教做各种美食。

# 仔细观察

韩鹤宇　上师大附外小四（4）班

下课了，我坐在课桌边认真地写作业，突然小陈跑到了我的面前，神秘兮兮地对我说："小韩，你见过这么大的蜘蛛吗？"他边说边用手比画着。好奇心原本就很强的我一下子被吸引住了，加上看着他眉飞色舞的比画，我岂能不去一探究竟？

小陈领着我到了图书角，"就在那！"他边说边伸出手指，指着书架右下的角落深处。我抬起头，眯起眼睛，沿着他手指的方向往前瞄去，使劲搜索着蜘蛛的身影，可我看了半天也没看到。

这时，小陈的手又往前伸了一厘米，着急地问道："你还没看见吗？就在那儿啊！"听他这么急切地说着，我连忙身体前倾，睁大眼睛，更仔细地搜寻着这有些昏暗的角落。"还是没有啊！"小陈似乎有些不耐烦了，他从口袋里拿出一支笔，蹲下身子，点了点图书角里一个不起眼的地方。就在那一瞬间，从里面爬出一个极小的、黑乎乎的，圆珠一样的东西来——一只小蜘蛛！只见那蜘蛛身子滚圆，小如绿豆粒一样，不仔细看是很难发现。它有着八条细而长的腿，趴在一小块灰色的蛛网上，像是在等待飞虫来自投罗网。那一刻我才明白，小陈所说的"这么大"只是一种形容而已。

天呀，我看了半天都没发现的蜘蛛，竟然被小陈一下子就发现了。这该需要多么仔细观察，才能在这昏暗的角落里发现这么小的蜘蛛啊！也正是靠这种仔细观察，才能够发现——原来，在我们班的教室里还有如此神奇的一角。

我蹲在书柜旁，看了好久才意犹未尽地回到座位上。想着这件事儿，我不禁陷入了沉思：只要我们能够仔细地去观察周围，就会发现生活中有很多新奇有趣的事物。

# 时间的手

韩黄钰　九峰实验学校六（3）班

时间是样神奇的东西，它时而柔软，柔软到让人感受不到它，就轻轻地小跑去了；它时而坚硬，坚硬到可以在树上刻出一圈又一圈的年轮；它匆匆走过，悄悄离去，平等地对待每一个人。

犹记得我第一次翻开《三体》时，一头雾水，但由于妈妈的强烈推荐，我还是坚持将《三体》看完了。我仿佛看见这里面是个深渊、是个黑洞。大量的信息、值得深思的内涵，让我感受到了它的诡异与神秘。像一个预言，也像一面镜子。我不禁被深深吸引，为此着迷。

第二次合上《三体》，收获颇丰。是什么帮助我从中汲取知识啊？我想，是时间吧。时间是种奇妙的方法，它可以让人一步一步走向巅峰，也可以让人一夜间堕落进万丈深渊。它可以改变的是年岁，是脸上那一道道的褶痕。它还可以让一个人从斗志昂扬跌落到心如死灰，但是有时候，有些人、有些事是连世界上最坚硬也最柔软的时间也奈何不了的。

时间改变了我。我可以感知到，读完《三体》第三遍后，内心深处像是被重物压抑着，有些喘不过气，像是兴奋，又像是紧张，我似乎微微触碰到了《三体》的核心。那炙热的一碰，使我感觉到对事物有了另一层认知。三次读书感悟的改变，推动的力量正是时间。

时间是把剑，它可以毫不留情地将生命砍断，并且毫不留情地带走。时间是杆秤，它可以以最公平的姿态衡量你的得失和成果。时间，是最不值得赞叹的，每个人都有一大把；时间又是最珍贵的宝藏，不会因为你的改变而多给你一分一秒。钱丢了，可以赚回来；情散了，终可以释怀。但是时间冰冷无情，匆匆走过，不会回头。

时间，是单向的，它单向地流逝，单向地改变。但是，怎样去改变，决定权在于自己。我们可以依靠时间在历史上涂上浓墨的一笔，也可以选择静静等待，等待时间在自己这儿不再奏效时，毫无痕迹地离去。时间，可以改变人，至于拿着时间这把刻刀、这支水笔、这只手的我们，又会选择怎样完成属于自己的作品呢？

# 窗外

洪启航　三新学校四（6）班

新冠肺炎疫情在武汉蔓延后，全国人民都足不出户，避免和人群接触。在这个特殊时期，窗户，是我唯一的慰藉。虽然闷在家里，但透过窗户，我看到了与平时不一样的风景，想到了平时没有想到的画面。

傍晚，华灯初上，看着窗外稀疏的车辆，冷清的马路，想着往日车水马龙、川流不息的景象，真有点不习惯。小区的路上也空无一人，平日里经常看到那个喜欢滑板的小弟弟，那位喜欢遛狗的帅气的叔叔，那位喜欢站在门前大树下聊天的老奶奶，都不见了踪影。从窗户望出去，一切仿佛静止了一般。

但我知道，此刻，全国各路救援人员都在奔赴武汉防疫战场，他们面对来势汹汹的疫情，临危不惧，逆行而上。无数医护人员在坚守阵地，他们身穿烦琐的防护服，戴着厚重的防护镜，摘下口罩时，他们的脸上都留下了深深的印痕，想到这里，心底不禁油然而生一种敬意，他们不就是我心中的榜样吗？

夜幕降临，透过窗户，我看着家家户户流淌出来的灯光，如繁星点点，我想象这是天上的星星在向我们眨眼，他在为我们抗战疫情加油，愿我们能早日战胜病毒，祖国大地早日恢复生机勃勃的繁荣景象。

推开窗户，一阵清风徐来，新鲜的空气中飘溢着泥土的芳香，春天已经来了……

# 一张废纸的启示

华孜欣　九峰实验学校八（3）班

生活中常常会有废纸出现：用完的草稿纸、写好的试卷、有瑕疵的画作……有时，会让人们悟到一些道理。有一次，我就从一张废纸——有瑕疵的画作中得到了深刻的启示。

那个周末，我有一项美术作业——画校园。我用水彩在铅画纸上开始涂涂画画，一个又一个可爱、灵动、活泼的人物跃然纸上。近看，令我不禁赞叹自己"绝佳"的画工；远看，完了：一个个人物相互间完全没有联系，只是几个卡通人物。我哭笑不得：好可惜啊！这么好的人物却"跑题"了，看来只能作废再画一张了。

我抬手想把这张废纸揉成一团，丢进垃圾桶里，但又不舍得。把它放在一旁："就算'跑题'，我看着这些画心情也高兴啊。而且……"我想出了一个利用这张废纸的主意。

刷刷刷，我把这张纸裁成正方形，开始折叠、捏紧……不一会儿，一只千纸鹤诞生了。它栩栩如生，身上还有一些可爱的卡通人物，瞬间变得丰富多彩，充满了活力。那些卡通涂鸦不再显得毫无联系，有些由于折叠的关系，由背对背变成了面对面，仿佛在交谈似的……

瞧，原本一张毫无艺术价值的废纸，就这样因为一只千纸鹤而变得充满创新。

其实，这张废纸上面的单个涂鸦也是很精美的。但如果我没有做千纸鹤，恐怕这张纸就真的蜷缩在垃圾桶里无人问津了。但通过改造，这张废纸最终变成了如此可爱、美丽、有新意的千纸鹤，实在是令人高兴，也给了我许多启示。

其实，人就像这张画作一样，总会有瑕疵，有缺陷。但这些不足是可以通过努力，通过创新而改变，而变得更加美好的。通过努力，一张废纸可以成功改造：通过努力，一个有缺点的人可以变得更加完美。


# 难忘那一幕

刘一淳　华东政法大学附属实验学校七（4）班

我在船上顺流而下，转头间，看到爷爷在岸上奔走，一副气喘吁吁的样子……好几次，我在梦中醒来。难忘那一幕，一直温暖着我。

记得七岁那年的暑假，我和爷爷参加了小区组织的一个漂流活动。那时还小，也从未玩过漂流，当我看到那奔腾的水花和游玩的人群，心里不禁激动起来了。

我赶紧拉着爷爷到买票处，就在这时，漂流处的广播响了：为了您的安全，患有高血压的游客请不要参加漂流项目。

"爷爷，你有高血压，不能漂流！"我坚决地说。"那你一个人怎么玩？""再想想办法吧！但你一定不能参加！会有危险的。"

我和爷爷到处寻找。可是，同一小区的人，不是已经带了一个孩子，就是满了三个人的极限，没有人可以带我了。

"要不，我们下次再玩？"爷爷试探着问我。"不……我就要玩！"我赖在河边栏杆上，手像是被502胶水粘住了似的，死活也不肯松开。

没办法，爷爷只好找了一个工作人员，付了点钱给他，让他陪我坐船漂流。可大巴车已经开走了，我顺流下去，可爷爷该如何回到下游呢？当时的我已经被兴奋冲昏了头脑，根本没想过这个问题，只想快点去漂流。

我上了船，开始漂流，小船在河道上劈波斩浪，顺流而下，一股股水流从高处轰然涌下，将小船从上游往下冲去。当我转向岸边时，爷爷已不见了踪迹。忽然，船一拐，水流开始湍急起来，随着激流下坡一转，再一个急转，猛烈的水花铺天盖地，像冰雹一样向我冲来，太爽了！

船进入了一片平缓的水域，工作人员慢慢划起桨来。这时，边上的环湖路上，出现了一个熟悉的身影——是爷爷！我高兴得直起身，向爷爷挥手。爷爷也看到了我，面带微笑地向我挥手。我忽然发现，此时的爷爷已经是满头大汗了，身上的白衬衫也已经湿了。可他仍然坚持着，一路陪我跑着。看到这一幕，一阵感动涌上心头。

终于到了终点，爷爷也气喘吁吁地赶到了。只见他累得像一团泥，吃力地喘气，像一只破旧的老风箱。我为了满足自己的快乐，竟让爷爷跑了那么远的路，我真是太自私了！

我一下子扑进爷爷怀里，感动的泪水和汗水掺杂在一起……

# 生命的亮光

**亲爱的爸爸：**

您好！

我从未想过自己会给您写信，也从未想过会以这种方式给您写信。因为您对于我而言，就像是我的影子，无须我转身，就能看到、摸到。但是，这个新年，却让我突然产生了差点"失去您"的恐慌……

这个新年是我出生以来经历的最难忘也是刻骨铭心的新年。"新型冠状病毒"杀气腾腾地闯入了武汉，又迅速地在我国各大城市遛弯，直接打破了我们期盼已久的春节。原本我们一家人都要回老家过年的，但因为这个病毒，您退掉了好不容易才抢到的飞机票。您是医院防控新冠肺炎专家组的成员，在休息的时候也要时刻关注着手机，只要医院里有事，不管刮风下雨，都得赶去医院。大年三十和大年初一，您两次到医院会诊。您知道吗？我很害怕，因为我怕您就像电视里的前往武汉的医护人员一样去到武汉支援。

前段时间，我都是一个人在家，趁着空闲的时间也会看看新闻，关注一下这个疫情。我看到了被感染的人数不

400

断增加，其中有不少医生和护士。他们穿着厚重的防护服，捂着密不透风的口罩，戴着护目镜。一整天不能吃饭，不能喝水，不能上厕所，一是为了节约防护用品，二是为了他们尽可能挤出时间多抢救病人。一看到这些，我就全身忍不住地发抖，那种既担心又害怕的心情很难用言语去形容。

前几天，妈妈告诉我，您也写了请战书，我急得大哭起来，我不想让您去武汉，只想您每天陪在我身边，因为我怕您去了那里会被传染到。这时候，我真想变成杀病毒剂，把世界上的病毒都杀掉，这样就您不会去医院了。但看到有个十岁的男孩，父母为了疫情冲锋去了前线，他自己一个人照顾自己时，我感觉我很自私，不应该让您每时每刻都陪在我身边，而应该让您去帮助需要帮助的人，给那些生病的人带去生命的希望，给他们撑起一片安全的天空。

现在每天在新闻里看到医护人员拖着厚重防护衣疲惫奔波的模样，我瞬间明白了您，我的爸爸，您也是他们中的一员，你们都是为所有中国人点亮生命之亮光，托起生命之光的白衣天使。我在深深祈祷那些叔叔阿姨的同时，也为有您这样的爸爸感到无比的骄傲和光荣！

最后祝您：

身体健康，永远开心！

您的儿子

# 我读懂了那目光

沈晏秋　松江七中七（1）班


　　静静地听着妈妈与外公的对话，我又想起了几天前外公那耐人寻味的目光。

　　两个多月前，我与两个老哥一起回老家，那时还是暑假，在学习十分紧张的情况下，能争取到这样的机会已经很不容易了。平时，一年里也只有春节与国庆的时候才能回去，心里难免充满着兴奋。

　　不过与以往不同，老房子拆迁了，记得前几次舅舅发朋友圈，那里已是废墟，砖瓦玻璃瘫在地上，一副毫无梦想的样子。所以，我们只好先住在舅舅的新家。

　　到了舅舅的新家，一开门，外婆穿着一件小黑衫踩着小碎步迎了出来。我和外婆紧紧拥抱了一下，她还想去抱下两个哥哥呢，但他俩都长大了，不太好意思，外婆也理解，默默地感叹道："都长那么高啦。"舅舅知道我们要来，早已买好了菜。可外公呢？我寻遍每个房间，还是没见到他。外婆懂我，对我说："他呀，又回老房子那边的地里去了。"

　　当天，直到晚饭时段，外公才回来，脸上黝黑黝黑的，皱纹像连绵起伏的山川。外公老了，步子也不再像从前那样流畅了。

　　"外公！"我也想去抱抱他，但瞧他那像泄了气的轮胎的样儿，我却不敢了。平时，外公总是一副沉默不语的样子，我仔细地打量了下外公，他的目光像潭水般深邃，捉摸不透。吃饭时，也没人敢跟他说话。

没人告诉我答案，外婆爱我，给我解释，说外公是想那房子了。

几天后，舅舅发了个朋友圈，"父亲亲手盖的房子，推了还真舍不得。"我恍然大悟，原来那是外公亲手盖的房子，对它寄托的情感自然不浅。看着含辛茹苦盖起的房子，几分钟就化作成了尘土，隔着屏幕的我，也感受到了那份不舍与心痛。

后来与外公视频对话，他居然先兴奋地叫我昵称，他不是还沉浸在痛心之中吗？但屏幕中的他却似小顽童般，像换了个人似的。

"过去的总该过去。"外公总算释然了，我注意到他的目光，那是一种放下后的轻松与明亮，是历经沧桑后的澄澈与清朗。

当所有的痛心与不舍释然后，外公已理解并融入了时代发展的轨迹，我，终于读懂了外公的目光。


# 那些回不去的时光

石佳琪　上外松外七（8）班


记忆深处，有一段美好的时光，那是留下我童年时光的遥远故乡。

记得6岁那次回老家，回爷爷奶奶的小村庄，那里有碧绿的田，和一座承载着我童年的小山。光阴荏苒，白驹过隙，而那段时光，一直铭记在我心间。

等再次回到故乡时，我已经9岁了，三年时光如滔滔江水，眨眼间就过去了。又是坐车走上了那条山路，不过它的模样已大大改变了。记忆中是一条黄土路，汽车和摩托车一起开着，远远望去，会扬起漫天黄尘。如今，变成了一条整洁开阔的柏油路，到小村庄的时间也快了不少。

小村庄并没有什么大的变化，弯弯曲曲地环绕在村庄里，家家户户的门窗都焕然一新。我又来到了那片田。那是我儿时最爱去的地方。爷爷总是拎着铲子和我去挖甘草，地里种得最多的是豌豆，田大得一眼望不见边际。豆苗就在脚边，人走在地里一条条狭长的小道中，时不时还可以捡几个豆荚吃。故乡的豌豆个头小，拿在手里弯弯的，那一个弯弯的、小巧玲珑的月牙儿，煞是可爱。剥开外皮，是几颗圆溜溜的豆子。

爷爷就帮我捡几个豆荚剥给我吃，听他常说：琪琪笑起来就像"剥开的豆荚"。这句话让当时的我惊异爷爷这个庄稼人的文采。

走在田里就是吃，吃豌豆，味道甜甜的，脆脆的。还有甘草，撕了皮就可以直接吃。比蜜还要甜，常常见到田里一老一小在咬甘草。爷爷那时候力气可大了，一口气挖了一大把甘草。甘草粗糙的表皮，就像爷爷那双饱经风霜的手，无声地向我诉说着他过去的勤劳与艰辛。

现在，我眼前是一片荒地。甚至算不上是一片，只有小小的一块。原先的黑土已经变成了黄土，上面稀稀拉拉地长着几株杂草。深深地，像根针，刺痛我心。

什么也没有了，这里曾是多么美好的地方，我的一部分童年，就在那里度过。和爷爷相处的那段时光，随着田的消失，也渐渐荒芜在了记忆深处。

爷爷，走了。那段和爷爷在田里度过的时光，不可能再回去了。

只留下那段记忆，在我心中，再也没有了尘土飞扬的道路，再也没有无边无际的田野，听说小山也被铲平了。

那些回不去的时光，永远珍藏在我心中。

# 我与故乡再见时

宋思源　东华大学附属实验学校八（8）班

老家在四川，与它分别已有三年了，当我再次与它相见时，一切都已变了。时过境迁，它的变化给我带来了更多惊喜。

下了飞机，驶在高速上，两旁全然没有了城市的喧嚣，映入眼帘的是连绵起伏的山脉和几户坐落在山腰上的人家，几缕青烟，袅然升起在青翠的山林间，飘荡在这片被绿色覆盖的大地上。打开车窗，清新的空气充盈了狭小的空间。又是这熟悉亲切的感觉。哦，四川，好久不见！

到达目的地，如今的老家竟已是一个繁华小镇了，让我感到有些惊讶又陌生。晚上的四川还是老样子，天黑得比上海要晚一些。已是7点钟，天上却还是蒙蒙亮。老头们在街角打牌，老伴们就在广场上跳舞，年轻的父母带着孩子们四处游乐，推着餐车的小贩也陆续占领这夜幕，市井的亲切与热闹一片祥和，给小镇带来不一样的色彩。

一阵香气自街角传来，夹杂着辣椒和各种配料的味道。啊，多么熟悉的味道，勾引着我。寻味而去，是一个四川特有的油锅串摊车，食材在油锅里炸得金黄，在调味碟中碰撞，在行人的嘴里发出"滋滋"的声音。香气弥漫街头，周围的空气也早已熏染，这味道瞬间打开了味蕾的记忆，我咽了咽口水，毫不犹豫地走向前去。

拿了几串放入盘中，递给老板，老板笑笑，一声地道的四川话："好嘞！"他接过盘子，把串串放入滚烫的油锅中，串串在油锅中发出"滋滋"的声音，一点点缩水，很快表面变得金黄，飘出阵阵香气。

过了一会儿，只见他把串串一提，在锅边一抖，抖掉多余的油，放入调味盘中，我看他拿起辣椒粉就要往里倒，连忙道："唉，老板少加点儿啊，微辣！"

"你是外地人吧，要加点折耳根吗？"老板又笑，笑得憨厚又实在，豪放又亲切。

我很好奇折耳根是什么，便让他少放些。各种调味料包裹的串串散发出令人难以抗拒的香气，我坐下来尝一口，一股浓郁的香味让人欲罢不能。后来我才从爸爸口中得知，折耳根就是鱼腥草，本地人很爱吃。

这浓郁而热烈的味道，不仅象征着四川人民的热情，也象征了这座热情的城市。口中的串串，又辣又腥，却还想接着吃。吃完了串串，虽已满头大汗，满脸通红，但是，爽啊！一身轻松。

四川，充满魅力的故乡，当我与你再次相见，已一头醉倒在了你的怀里。

# 那一刻

宋熹晟　九峰实验学校六（4）班

"最近总在上网课，要保护好视力啊！"饭桌上，父亲边向我碗里夹菜，边嘘寒问暖，热情却掩不住他声音的沙哑。

父亲已经上班一周了。因为以前疫情耽误了工作，最近的每天加班使他原本憔悴的脸蒙上了一层黯淡。而有些沧桑的脸上依然挂着那抹熟悉的笑，仿佛冬春交替的冻土洒上了一缕阳光。许久宅在家无法出门，让我有些苦闷，也不知如何表达，随口说了声："我要上口语课了。"于是，转身回房。

回到属于我的天地，关上门显得格外冷清，只有衣服布料的摩擦在嘶嘶作响。坐在书桌前，我习惯性地戴上耳机，拿出平板，手指在熟悉的几个 App 之间游动着，漫不经心地玩玩这个游戏，看看那个动漫。

不知过了多久，随着房门被推开，一阵嘈杂从客厅传来。随即，父亲进来了："你房间的百叶窗坏了。你白天都在这儿上课，对视力不好，我来修一修吧！"他边憨笑，边将工具箱放在地上。我迅速关闭刚刚打开的几个 App，慌乱中随便打开一个英语学习的网页。这丝细微的紧张似乎早已被父亲察觉到。他脸上的笑凝固了，默不作声地从我手里拿走平板，翻看刚才的浏览记录。

那一刻，全世界都安静了，屋子里的空气在他的叹息与忧虑中

407

凝固了。只听父亲沉重的呼吸起伏着，随着他手指的翻动，那眉头也越皱越紧。我的心一颤，只觉得一股冰冷的寒流在那一瞬间袭遍全身，方才的漫不经心现在已化作手中一把把的冷汗。父亲的眼睛盯着平板页面，似乎要抬头对我说些什么，但欲言又止，只是嘴角微微抽动着。那一刹，我心中的弦绷得紧紧的。我知道，此刻就是暴风雨前的宁静。我耷拉在椅子上，深深地低下头，等待着划破宁静的那道利剑。

可是半晌，世界依旧那么安静。我微微侧身，却被眼前的一幕怔住了：沉默的父亲弯曲着腿，蹲在工具箱前，挑选着工具。我连忙起身让到一旁。父亲那微胖的身体吃力地站到凳子上。只见他仰着头，右手拿着螺丝刀，左手扶着窗帘顶部的轴不停地摆弄着。我心里一紧，多想把那句"爸，小心！"说出口。我还没有来得及开口，他便下来了，深深地叹了一口气，又在工具箱旁蹲下，拿出把钳子。这次，他干脆一脚踩到窗台上，另一脚撑在旁边的书桌上，继续摆弄起来。

当百叶窗顺畅地拉开，金色的阳光照进房间的那一霎，我的泪水忍不住夺眶而出。望着父亲黑发中的白丝，心中顷刻怅然，就算我用再多的悔恨之泪，也无法洗清深深的愧疚。父亲默不作声地站在百叶窗旁边，调整着窗叶的方向，阳光为他镶上了一圈光环，父爱在此刻熠熠生辉。

"好好学习吧！"说罢，父亲提着工具箱推门出去。此刻，我已被浓浓的父爱包裹，心里充满了内疚与感动。我开始明白，是浮躁遮住了我的双眼，蒙住了我的内心，使我差点失去了感受亲情的能力。这一瞬间，我似乎拥有了无限的动力，将父爱带给我的感动化为学习的激情。我打开了网页，全心投入学习，哪里还有什么苦闷而言？我也要做一个积极向上的人，像父亲一样。

# 中国速度，我为你自豪

谭思田　中山小学五（7）班

今年，我有幸参加松江区"新时代十佳好少年"评比，并最终入选，我更加坚定了做一名好少年、好学生的信心。因此，暑假期间我积极参加"四史"系列活动，认真学习各种书籍，充实自己。

《这就是中国走向世界的中国力量》第77页描述的关于高铁这一段，我印象特别深、感想也最多。书中说道："'八纵八横'的高铁，给中国人带来的不仅是出行的便利，而且是这种便利激发出来的超丰富的文化积淀——世界上最多姿多彩的自然景观、世界上最深厚丰富的人文景观、世界上最有滋有味的华夏美食。"是的，这样的中国速度，真让我自豪！

还记得我5岁那年回外婆家，我们一家三口是在火车上过的除夕。那个时候，除夕还不是国家法定假日。那天，爸爸妈妈下班后，就急急忙忙带着我到松江醉白池火车站赶车，列车从松江火车站出发，开了整整13个小时，终于把我们送到了家乡。我们下车的时候，已经是正月初一的早上7时了，妈妈苦笑着说："我们不是回来过年的，而是回来拜年的。"那时候，我觉得老家离我好远啊！

第二年，临近春节前，爸爸告诉我一个好消息，说今年开始除夕当天就放假了，我们肯定能回老家和亲人们团团圆圆地吃年夜饭了。我听了后，高兴得手舞足蹈。盼啊盼，终于盼到了回家的日子。

这一次，我们从虹桥火车站出发，乘坐动车组，800多公里的距离我们7个小时就到了，还真的赶上了家里的年夜饭。假期过得真快啊，好像一眨眼就到了返回松江的日子，我舍不得外公外婆，舍不得我的表妹们。外公安慰我说："没关系，松江到我们这的高铁很快就要开通了，以后你就直接从松江坐高铁回来。"高铁？高铁是什么呢？我不懂。爸爸告诉我，高铁就是很快很快的火车，以后我们回来就更方便了。

果然，再回老家过年的时候，我就乘上了和谐号高铁了，再后来是复兴号。同样的距离，我现在只需要4个小时就到老家了。而且，火车上的设施也越来越好、服务也越来越周到了，我们还能在自己座位上用手机扫码点餐呢！杭州东站的早餐、南昌西站的午餐，我都品尝过。我们再也不用舍近求远地去虹桥火车站了，松江南站就有直达老家的车；也不用只有春节长假才能回去了，端午、中秋等小长假时间也够了；妈妈有一次还趁周末回去看了外婆呢！高铁真是太神奇了！

慢慢地，我知道其实"四史"就在我们身边，正如高铁速度、中国速度一样，只有铭记历史，知道我们从哪里来，才能更好地踏着前辈的脚印阔步前行。

# 橘子树下

王苏扬　岳阳小学五（6）班

　　爷爷有个习惯，只要一有空，就会跑到院子里，给那棵又小又瘦的橘子树浇水；或是搬个小凳，坐在它旁边，静静地抽烟。

　　听奶奶说，橘子树是老太太生前最喜欢的植物，所以爷爷也喜欢。后来，老太太去世了，爷爷就在院前种了一棵新的橘子树。有一段时间，爷爷只对小橘子树感兴趣——天天给它浇水，坐在它旁边抽烟，看报。

　　时间过得很快，橘子树长大了，在院子里，成了一道美丽的风景。爷爷还是老样子，一有空就喜欢坐在橘子树下。

　　中秋节，是老太太的生日。那晚，我没睡着，跑到了院子里——我知道爷爷肯定会在那儿，和那棵橘子树在一起。我悄悄地来到院子里，坐在爷爷身边，发现清亮的光照在橘子树上，很是好看。

　　"爷爷，为什么你和这棵橘子树形影不离呢？"我小心翼翼地问。

　　"因为……"爷爷阴着脸，拿起了烟斗，微风吹过他满头银丝，仿佛这白发也是被月色染白的。

　　"因为这是一种快乐。只要能和思念的人在一起，就是快乐。"我能感觉到爷爷是含着泪说出这番话的。

　　半晌，我和爷爷都没说话。月亮静静地悬在天空，去了远方的人再也回不来了。我知道，老太太离开的那天，爷爷伤心地哭了好久。

411

后来很长的一段日子里，我都不敢再提起老太太，担心爷爷会伤心。

"我很想你的老太太，只要能和她在一起，就是一种快乐。"爷爷吸了一口烟，又说，"我小时候，她经常剥橘子给我吃。只要看到这橘子树，就会想起以前，就会感到快乐。"

月色朗照，橘子树下，一老一小两个影子拉得很长，很长，就像对老太太无尽的想念一样……

不同的人有着不一样的快乐，能让爷爷感到快乐的，就是老太太，就是这棵橘子树。

# 那盆绿意盎然的文竹

王逸之　中山小学五（6）班

绿色是生机，绿色是希望。当我读书的时候，绿色就是书桌上那一盆翠绿而又优雅的文竹。每个傍晚，风儿吹过窗前，文竹轻轻摇曳……

这盆文竹体态轻盈。茎笔直而细长，非常挺拔。枝丫高低有序，傲然挺立。叶子像羽毛一样，蓬松蓬松的。风吹过的时候，它在风中轻柔地舞蹈。我在写作业的时候，它不时地伸出手，好像想抚摸我的脸庞。

我的这个心爱之物是怎么得来的呢？妈妈喜欢养花。有一次，她带着我一起去花市。我看中了角落中不起眼的一盆小小的文竹，让妈妈买给我。妈妈答应了，还说这盆植物就由我来负责照顾。

我兴奋极了，每天一放学，就赶紧浇水。可是没过一个星期，文竹的叶子发黄，一层层地掉落，变得光秃秃的，一点都没有刚买来时的精气神。我着急地问妈妈，到底是怎么回事。妈妈说，可能是我浇水浇得太勤了。我去网上查了一下百度，果真发现文竹喜欢湿润的土壤，但是浇水不宜过多，最好每隔两天浇一次水。我懊恼极了。难道就这样看着我心爱的植物凋零吗？我又看了一下百度网页。有人说，可以剪下文竹的根部，等着发新枝。看来只能死马当活马医了。我动手把文竹剪到根部两厘米处。看着空空的花盆，我的心里失落极了，就把它放在了一个角落里。过了十多天，我差不多把这件事淡忘了。

　　一天，我收拾东西的时候，发现那盆角落里的文竹居然发了五六个新芽。我兴奋不已，连忙把这个好消息告诉了妈妈。我的文竹又"起死回生"了。这种失而复得的喜悦，让我再也不敢马虎。我下定决心，要好好养护这盆文竹。

　　从那以后，我通过读书、上网，了解了许多文竹的生长习性：文竹喜欢散射光，我就为它拉上一层薄薄的窗帘；文竹喜欢湿润，我就在它周围的土壤上喷水……每当我读书读得眼睛有点疲劳的时候，望着它，就觉得舒心又愉悦。它渐渐成了我读书时的好伙伴。

　　我爱这一抹绿色。我爱这盆绿意盎然的文竹。

# 春风

王子乔　上师大附外小二（5）班

春风，他是一位画家。伴随春天的脚步他来到了这个世界。你看，春风一吹，桃花变红了；春风一吹，小草变绿了；春风一吹，梨花变白了。春风给万物涂上了秀丽的颜色，真是一位名不虚传的画家。

# 这也是课堂

韦祎　茸一中学六（3）班

课堂，不仅仅指学校里的教室，也指其他给人启发和教育的地方。爷爷的那个餐桌，就曾是一个课堂。

几年前的一个暑假，我们一家三口回了趟爷爷家。一到那儿，一个熟悉的身影映入我的眼帘，是爷爷！他正挥着沉重的锄头，弓着背，在田间耕耘。爷爷看到我们，脸上挂满了笑容，连水都没喝一口就连忙回家给我们做饭。

过了大约40分钟，一盘盘热腾腾的饭菜端上了桌。我迫不及待地拿碗筷，等待开饭。所有菜终于上齐了，我急忙夹了一筷子最喜爱的娃娃菜，一口吞了下去。谁知，一股咸得发苦的味道霸占了我整个舌头，害得我猛灌了好几口水，又往嘴里扒了几口饭。这饭也没好到哪儿去。如果说它是粥呢，它又太稠，如果说它是饭呢，它又黏糊糊的。所有对美食的渴望瞬间荡然无存，我一气之下，直接放下碗筷，轻轻说了声："我吃饱了！"然后嘟着嘴，气冲冲地回到了自己的房间。

过了一会儿，门嘎吱一声被推开了，爸爸走进来，轻轻地坐在我身旁。他语重心长地对我说："你觉得刚才这样子对吗？"此时，我才意识到自己刚才在饭桌上的失礼，十分羞愧地静坐在那，默不作声，只是头越低越下……耳畔的话语如针刺心："你知道爷爷为这一顿饭付出了多少艰辛吗？从播种到收割，再到桌上的这些饭菜，都是年迈的爷爷一锄一锄换得的。你这样的态度，他一定会感到很伤心的！"爸爸顿了顿，继续说道："你再好好想想吧。"说完，他脸上带着一丝丝的失望走出了我的房间。

第二天，爷爷依旧习惯闻着鸡叫起床。窗外的田野、山间的树林和雾气、朦胧的天空也刚刚从睡梦中慢慢苏醒。我隔着窗，看着爷爷瘦高而略带点驼背的身影，开始忙碌着洗刷锅碗，在门前菜地摘最新鲜的青菜，升起冒着青烟的火灶……爷爷心中自认为最可口的"美味佳肴"又摆满了那张餐桌。再次看见与昨天几乎一样的饭菜，我的鼻子不禁涌上了一种酸酸的感觉，心想：我昨天的所作所为可真是不应该呀！于是，我放开肚皮，左一夹，右一勺的，满满的一碗饭都在不知不觉中一粒也没剩下，最后我还禁不住"嗝"一声，才不舍地放下手中的筷子。爸爸和爷爷听到我的打嗝声，相视而笑了起来。

这个令我难忘的餐桌，又何尝不是一个课堂呢？在这个"课堂"，它教育了我，直至如今，爷爷的身影始终挥之不去。


# 破土而出的春天

杨艺雯　立达中学高二（6）班


去年 12 月，可怕的病毒恶魔般悄无声息地蔓延，整个中国就像摁下了暂停键，一切都静止了，蔚蓝的天空没有鸟飞过，马路上、街道、公交车站，那些本该忙碌的地方，也没有了原本的景象。这时，我才发现，国泰民安指的不是高档的生活和花不完的金钱，而是车水马龙，人声鼎沸。

点开手机，就是一条条关于疫情的"战报"，看着那些抗疫在一线的医护人员，看着那些还在攀升的数字，我的心揪在了一起，当战役的枪声一响，只有前赴后继，挺身而出的人们。我们称那些医务工作者为"逆行者"，知道为什么吗？因为他们无时无刻不奋战在生死一线，无论生死地保卫家园，保卫同胞，保卫全国 14 亿人民的生命安全。

2003 年，举国上下守护着"90 后"，时至今日 2020 年，"90 后"成为守护全中国的战士。当年被称为"抗击非典第一人"的钟南山院士重回抗击疫情的战场，84 岁啊，那是一个应该颐养天年的年纪啊，他却临危受命。奔赴前线的医护人员，他们每天都要穿着不透气的防护服至少 6 个小时，在那 6 个小时里，要完成医疗护理工作，却

416

不能吃喝、不能上厕所，长大后第一次穿纸尿裤；体温、脉搏、血压等生命体征的测量，本是"家常便饭"，但在这身"战衣"下却变得没那么简单。困难重重，可他们依旧披上"战衣"，冲在第一线！

与此同时，火神山、雷神山医院也拔地而起，这速度让全世界对中国又有了一次新的认知，奥地利媒体惊叹他们花费一年多时间建造一座医院，而中国却用10天时间建造了拥有1000张床位的医院，中国的速度是在与病魔做斗争，与时间赛跑。

你见过怎样的中国？是多少平方公里的辽阔，多少年历久弥新的活力，还是灾难面前万众一心、众志成城、战无不胜的中华民族！让我们为祖国祈祷：早日见到阳光，疾病与灾难都会成为岁月的尘埃；让春风吹开这里的樱花，一树接着一树连成蔽日的云朵；疾病与痛苦肆虐过的冰冷土地上，是破土而出的春天。

# 上海的颜色

俞斯涵　松江七中六（10）班

每一座城市都有一种独一无二的代表颜色。在我去过的城市中，闪耀的金色代表着辉煌的北京，淡雅的青色代表着秀丽的杭州，连绵的蓝白相间代表着壮丽的青海。但是，我却总是想不出哪种颜色能代表我所居住的城市——上海。在一次又一次的回味中，我如梦初醒般方才领悟到了上海的颜色是五颜六色的。

难以忘怀去年暑假，妈妈带我去外滩一览黄浦江边美丽的夜景。

深邃的夜空被五光十色的灯光照得璀璨缤纷，覆盖了平日里那抹神秘又幽远的寂静，增添了一番热闹与喧嚣；星星也被强烈的光芒逼进了层层密密的云中，时不时探头窥视这繁华的魔都。

此时，斑斓的霓虹已渲染了半边天，原本夜空的黑暗色泽更是被冲刷得无影无踪了。洗去阴暗的夜色，天空变得明如白昼，却又多了几分光鲜亮丽的色彩。穿着霓裳的东方明珠塔已然陶醉在了夜上海的热闹之中。随着音乐的节奏，缤纷的霓虹也舞了起来，衬着明珠塔，显得更为璀璨夺目。许多游客沉浸在这景象中无法自拔，双眼瞪得比明珠塔中的明珠还圆，连声赞叹这东方不夜城的魅力。诸多反应比较快的游客连忙举起手机，立即按下拍摄键，咔的一声，这一瑰丽旖旎的瞬间就永远被定格，长久地印入人们的脑海中，成为永恒的记忆。

浦江对岸的夜景最引人注目的自然要数总高为632米地标式摩天大楼——上海中心大厦。它被誉为上海的高度，整体呈螺旋式上升，外形好似一个吉他拨片，随着高度的升高，每层扭曲近1度。这种设计能够延缓风流，避免风环绕建筑时导致摩天楼剧烈摇晃。灯光的色彩也不停地从浅色渐变入深色。赤橙黄绿青蓝紫，从淡雅到浓烈，从徐徐而来到酷炫而上，拔地而起的上海中心大厦仿佛那冲天的灯柱，直上云霄，迷人极了！由于色彩太多变幻，看得人眼花缭乱，流连忘返。

凭栏小憩，黄浦江上袭来阵阵清风，为炎热的夏日带来丝丝凉意。江上的美景也毫不亚于对岸林立的高楼大厦，只见那来来往往的游轮也都被灯光精心装扮着，造型各异。其中不乏被称为"浦江一号"的四层大龙船金光闪闪，古色古香，似祥龙出海；亦有海盗造型栩栩如生的现代豪华大游轮，在江面随风起伏，缓缓而行，在两岸灯光的映衬下更加显得熠熠生辉。这流光溢彩的浦江美景真是令人陶醉。

上海的颜色不是单色调，夜幕中的上海如此绚丽。我又怎能不说上海是彩色的呢？

# 芦花

张若琳　九峰实验学校七（5）班

"水滨多芦荻。秋日开花，一片白色，西风吹来，花飞如雪。"倘若有人问我最喜欢什么花，我定会毫不犹豫地回答："芦花。"

芦花没有缤纷的色彩，也没有沁人心脾的芳香，但她纯洁无瑕的白色，朴素高雅，给人以无限的遐想。

芦花虽不起眼，但她也拥有自己与众不同的花语：坚韧、低调、折不断、压不倒……她默默无闻，顽强地生长着，绽放着生命的精彩。

万紫千红的春日，她勃发翠绿葱茏；在荷花别样红的夏日，她秀叶舒展，柔情微荡；霜叶红于二月"花"的秋季，她含苞吐穗，柔美婀娜；面对烈烈寒风的冬日，她迎风摇曳，坚韧顽强！

芦花全身是宝。苇叶乃端午佳节包粽子的重要角色；蒲棒是夏夜驱赶蚊蝇的"武器"；蒲草能用来编制各种传统艺术作品，是草编艺术家们的"最爱"；芦根还是《本草纲目》的入药"首选"；苇塘成为战争年代游击健儿们的"天然屏障"；冬日，还可折枝将其插入花瓶，当作一份精致的装饰品……

真正地近距离接触芦花，缘于几年前爸爸妈妈带我去一片大苇塘附近的散步。那天，我漫步芦花小径如进入了白色的童话世界，对芦花是一见钟情——那些甘于淡泊和孤寂的白色花絮正清新明丽地伫立在习习凉风中，摸上去，十分柔顺。自那以后，我常常让爸爸妈妈带我去那里散心，去享受"蓝天碧野苇花扬"，去欣赏洁白高雅的芦花。

爸爸妈妈告诉我芦苇上的花序　可作扫帚，花絮可填枕头。过去穷人　还用芦花代絮做过冬的衣服，人称芦衣。《太平·御览》里有一个故事："子骞幼时，为后母所苦，冬月以芦花衣之　以代絮。其父后知之，欲出后母。子跪曰'母在一子单，母去三子寒'。父遂止。"因为有了这样一个故事，过去人们曾以"芦衣"作为孝子的标志。

我不由自主地停下了脚步，对这看似简单的芦花肃然起敬，思绪万千。芦花是古代诗人歌咏的对象。唐代诗人钱起的"风晚冷飕飕，芦花已白头。旧来红叶寺，堪忆玉京秋"，李白的"西望白露洲，芦花似朝露"，写的都是芦花飞舞的景象。

"芦花白，芦花美，花絮满天飞，千丝万缕意绵绵，路上彩云追，追过山，追过水，花飞为了谁？"雷佳唱的《芦花》在我耳畔响起……

# 春天终会到来

张雨婷　佘山外国语学校六（1）班

我的爸爸是大众国际会议中心的一名经理兼工会主席，同时也是一名共产党员，疫情期间，他主动请缨去单位帮忙。当我知道爸爸要去单位近距离接触境外人员时，就不安地问："爸爸，你一定要去吗？可不可以不去啊？新冠肺炎很危险，我怕……"我话还没有说完，爸爸便已经知道了我的小心思。他微笑着对我说："婷婷，我知道你是为我好，在为我担心，爸爸很高兴，但是爸爸要告诉你，我主动请缨是因为我也想为国家，为人民出一份力。爸爸单位里的一些叔叔阿姨也会去帮忙，他们也有自己的温馨小家，但是他们为了群众和国家的安全，都义无反顾地奋战在一线。之前，爸爸也和你一起看过新闻，里面也有许多叔叔阿姨，甚至是哥哥姐姐前往武汉，去支援，去帮忙。所以爸爸也必须舍小家为大家，去为祖国出一分力量了！"

听了爸爸说的话，我心里似乎泛起了圈圈涟漪，突然想到了什么，跟爸爸笑着说："爸爸，我现在明白了，你去吧，但是你要和我立个约，去检查的时候，一定要注意安全，做好防护措施！"爸爸露出了欣慰的笑容，说："好！"

那一天，妈妈给爸爸收拾好换洗的衣物，我和妈妈送爸爸下楼，看着爸爸远去的身影，我微笑着说："爸爸，希望疫情早点结束，你能早点回家！"爸爸说："好的，等我回家！"

现在，我们每天都在上网课，我也会尽量少出门，不给祖国添麻烦。每天晚上，爸爸都会给我和妈妈打视频电话，并和我们交流他在酒店的一些情况，好让我们放心。有一天晚上视频时，我看到了爸爸脸上被防护罩勒出的深深的印子和脸上的汗珠，爸爸还剪去了头发。这一切都让我感慨万千！至今，我还忘不了爸爸去单位前说的那一句话：爸爸是一名共产党员，党员首先就是要考虑群众的安全。

爸爸的信念深深地触动了我的心灵。这让我也明白了，每一名中国人，都在付出自己的那一份力！那就是中国力量！在中国，没有一个冬天不会过去，春天终会到来。我相信，新冠肺炎终会被打败！

# 就这样，埋下了一颗种子

周裔阳　松江七中八（2）班

松郡棉布，衣被天下。自黄道婆时期，松江成为纺织行业冉冉升起的一颗星星，成为棉纺织的佼佼者，甚至成为中国历史长河中闪烁璀璨的光辉。

我的外婆生于松江，居于松江，很早就开始学习棉纺织技术，织得一手好布。我自幼听着外婆织布的哒哒哒声响，耳濡目染。就这样，心中埋下了一颗纺织的种子。

我曾经在外婆的身边看过她织布。布如青云流水一般泻过织机，梭子如瀑布一样冲过。外婆时而捻线，时而查看布匹纹理，时而加一些线料。她直坐在纺机前，双手熟练地操作机身，双脚有序地踩动踏板。幼时的我看她双手翻飞，一根根棉线在她的妙手下聚集又收紧。外婆的动作像在弹奏一首钢琴曲，十分优美。随着纺织机的嗒嗒嗒嗒声，身边的布料也嗒嗒嗒嗒地诞生出来了。外婆总会用闲暇的时间，为家中多添置一两条毯子。粗布下潜藏着不同于现代快速节奏的温情。

织布实在是件气力活，织出一条完整的毯子，需要大半个月的时间。正因为如此，现在的人对此并不感兴趣，会织的人越来越少。谈及此事，外婆的眼神中不由透出一丝暗淡，失去了幸福的颜色。她常常说，自己从小学习的事物在慢慢被时代遗忘，只有她们几个亲姐妹依旧在坚持着。她想着，怎么样才能让后辈埋下一颗纺织的种子。她也时常向我絮叨，从前她与她的姐妹们在松江一个小街道合办了一个布坊，每天来买布的人络绎不绝，经常买断货。

于是，我趁着暑假之际，在外婆的指导下开始了织布的学习。一捻一放一收，配上脚踏板的声响，青涩而缓慢地打出了嗒嗒嗒嗒的声音，奏出了与外婆一样的曲子。窗上的一缕阳光打在织机上，将整个织机都照亮了，也轻柔地反射在外婆嘴角的弧度上。经过一段时间的练习，我的第一幅作品渐渐出炉，虽然线有时细，有时粗，有的翻到了另一边，但是外婆还是欣慰地抚摸了一遍又一遍，轻柔慈祥的眼神中，我读出了当初她给我做毯子时的那一番温情脉脉。

春蚕吐尽一生丝，莫教容易裁罗绮。如今我的纺织技术已日臻成熟。我所感受到的，不是纺织工作的枯燥，不是传承文化的压力，而是织布本身的快乐。每一个动作都是说不尽的历史和来源。一捻一推一收，都是中华文化的更进，都是一代又一代人的更替，甚至是人类历程的光辉。如此来回反复的嗒嗒嗒嗒声在生命中巡回了很多年，再拿出来翻看时，它们都沾满了岁月的痕迹。

我也常常像外婆一样畅想，以后的以后，我也苍老如外婆，我的孙女在旁边看着我嗒嗒嗒地奏着音乐。我轻轻地将织好的布展示给她，她也像那时的我一样，吃惊不已，坐在那时已经去世的我的外婆的椅子上，青涩而缓慢地按出嗒嗒嗒声。那时，我是否也在她的心里埋下了一颗种子？

# 相逢是首歌

朱文婕　松江七中八（11）班

9月的第一天，迎着依然带着暑气的秋风，刚步入初二的我们再次迎来开学季。抬头仰望，天空一片蔚蓝，几丝白云如纱挂在天际。耳边悠然响起"相逢是首歌，同行是你和我……"那首有着年代感的歌。伴着歌声，我的思绪，穿过时光隧道，飘然回到2018年那个开学季，遇到当年满面稚气的我们。

那年9月，我们刚踏入七中的校门。当我们走进明亮的教室时，整齐排列的课桌椅和擦得发亮的黑板呈现在我们面前。心中暖意油然而生。于是，我们揣着一颗颗新奇又兴奋的心坐在了座位上。是的！当时的我们，对新学校、新老师、新同学，充满好奇与期待。终于，伴着一缕阳光，班主任龚老师带着和煦的笑容走了进来。站在讲台的中央，她用她那清脆高昂的声音宣布：我们的第一堂课是自我介绍。我们就这样开始相识。依照学号的顺序，同学们一个接一个走上讲台，自信地介绍了自己。原来我们班同学，个个身怀"绝技"，有的拥有体育专长，有的身负艺术特质。我们班上有一半以上的同学是体育特长生，其中有足球队的，有篮球队的，有游泳队的，有皮划艇队的……这就是我们班，一个充满阳光、多才多艺的特长生班——松江七中2018届的11班。虽然那一天以前，我们彼此并不相识，但是自那一天后，我们相逢是歌。不论来自何方，自此后四年，我们就在这里，携手同行。

　　相识之后，我们逐日开始相知。日子从月到年缓缓推移——一个月，两个月，三个月……就这样，课上我们认真听讲，积极发言；课间我们欢快闲聊，互通有无；体育课上我们一起强身健体；秋游时我们相互结伴游玩。转瞬间，我们已相识两年有余。我们从了解到熟悉，同学之间也有了默契——很多时候一个眼神就懂你我他。尤其是足球队的同学们，他们用时间的累积打造出默契——平均每天 10 小时，一个月 300 小时，一年 3650 小时的相处，铸就他们今天的无声对白，因为一个手势，一道眼神，一方表情就足够！

　　翻开相簿，一幅幅温暖的画面映入眼帘——这些珍藏在记忆中的温暖点滴，是你我之间的回忆。一晃两年，日月的积累令我们成为无话不谈的好友。怀念过去，珍惜现在，期待将来，盼望美好。"相逢是首歌，同行是你和我……"或许初中这四年只是我们数十年人生中的一小段时光，但这段年少时相逢的记忆会深深嵌入心灵，值得一生守护。回忆过去，岁月如歌；沉淀友情，历久绵长。

2021

# 长在后院的月季花

　　我家后院中，种了一株月季花，前段时间正当花期，花团锦簇，一片繁茂的景象，但今日再看时，已经没剩几朵了。月季最好的，是它开花不久，朝气蓬勃的样子，不管从哪儿看它，花儿总是长在高远处的枝头，就像几位俏皮的小公主，努力地向人们展示它的美丽。但你若想摸摸它可爱的花枝，却因枝上的倒刺望而却步了。

　　早晨，太阳刚刚升起时，月季花就开始享受日光浴，舒展开它那像用毛笔侧锋染出的花瓣。在阳光下的花朵红的艳丽，粉的单薄，偶尔还会透出清莹的白色。花朵们拥成一簇一簇的，引得蜜蜂蝴蝶三五成群地前来观光。

　　放学归来后的傍晚，再看这几朵月季花，光都照在它背后，从正面看时，一层层花瓣间还透出了点点曙红。此时，再来一阵晚风，把它们沁人心脾的花香吹散在花园各处，令人觉得神清气爽。月季并不似牡丹和桂花那般浓密，也不像野花那样寡淡，它是一种因风轻轻飘入你的鼻腔，淡淡的幽雅之味。

　　最美的，却是雨后的月季花。雨不会一下浇灭它玲珑的容颜。晶莹剔透的小水珠在月季花一层又一层的花瓣之间来回滚动，大小不一的水珠在阳光下衬出一种白莹莹亮闪闪的透明，它显得更加生动与可爱了。然而雨后的月季花似乎变脆弱了，不知是水珠太重还是什么别的缘故，总是轻轻一抹就掉了花瓣，不过这并不影响它的美观，反而更能使些颜色蔓延开来，它仍然顽强地绽放着。

不知在哪读到，月季花代表顽强不屈，坚韧不拔的品格，的确，不管风吹雨打，遇到种种困难，但仍绽放着的它——真美！

# 信念的颜色

仇菀茉　三新学校七（2）班

如果每个人的信念都有颜色，那我的信念一定是金黄色的——是夏日中午太阳的颜色。

之前，考进区青少年活动中心乐团，一直是我最向往的事。这个学期，通过努力，终于收到了录取及排练通知，还有一张乐谱——《夏日骄阳》。

看到这个好消息，我立马有了干劲，打印出谱子，搁在谱架上，掀起厚琴布，搬来椅子，取出琴棒，一点点钻磨起来。这谱子可比我想象的更复杂、困难一些，渐渐地，额头出了汗，负面的情绪堆积起来。可再看一看那名字《夏日骄阳》，在这已冷风呼啸的日子里，不仅让我的身体温暖起来，也仿佛让那些负面情绪蒸发无踪影了。想想乐团里一起演奏时的情景，再次鼓起了信心。

终于，到了排练那天，一路上，兴奋又忐忑的心情在风中扩散。推门进入，人还没到齐，放好需要的物品，几分钟后，指挥便来了。说完乐团团规，排练正式开始，我举起琴棒，在心中暗念：

不要出错。

"都拿到谱子了吧，使所有乐器来一次。"指挥坐在高脚椅，手拿指挥棒，"从第六小节来，慢一点，大家听一下这个速度。"指挥拨起节拍器打开，清脆的节拍响起，如灯塔为我们指引道路。

"三，二，一，开始。"老师关掉节拍器，喊道。我紧张极了，生怕自己跟不上。这一段是快板，我瞄了一眼琴谱，快速抬手，弹下第一个音。同时，其他乐器的声音也响亮地传进耳朵，大家都在弹同一段旋律，有的低沉醇厚，像位沉稳的男低音歌唱家；有的嘹亮清透，像在月色下歌唱的少女；有的沙哑艰涩，像历经沧桑的老人。

夏日中午，蝉鸣纷纷，暑气酷热，给人不一样的激昂。

当我按下琴键的那一刻，音符从指尖飞扬而出，每一个都戴着金色的翅膀，在空气中舞动。眼前仿佛出现了一幅绚丽的画卷：夏日骄阳下，每一朵绽放的花都迎着阳光，每颗向阳的心，都在光影交错间获得了内心丰盈的梦想。

阳光是一种无形的力量，给人力量，催人奋进。它的颜色就是不屈向上的指引，是涂抹梦想的颜色，是托起心中不灭的信念的颜色——炙热、燃烧、永恒。是的，我终于在这飞扬的音符中找到了寻觅已久的信念的颜色——那金黄的颜色，烈焰中炼制的颜色。

阳光耀眼，照射在身上，给予我非凡的信心与希望的勇气。如此认真严肃的氛围，这就是我向往的，给我带来希望与温暖，就像阳光一样。

夏日骄阳，金黄的颜色，不仅是太阳的颜色，更是我信念的颜色。

# 打开

高雅文　三新学校六（7）班

　　记得上幼儿园的第一天，胆小腼腆的我躲在妈妈背后，不让她离开。是老师亲切地牵起我的小手，陪我一起画画。一个可爱的太阳跃然纸上，调皮地对着我吐舌头。我也情不自禁地拿起了画笔。稚嫩的笔触下，轮廓并不圆整，配色也不鲜亮。殊不知，或许就在那时，我不知不觉徘徊到了绘画艺术的大门边。

　　打开五岁时的涂鸦本，一个奇奇怪怪的世界铺展在眼前：长着三条腿的小鸡，脑袋比身体还大的人物，歪歪斜斜的房子……空闲时光，我最爱做的就是静静地坐在书桌前，翻开画本模仿。渐渐地，我能把生活中的场景用绘画的形式记录下来。吃自助餐、游览古镇，甚至抱着我的大熊一起玩耍等，都先后成为我笔下的素材。懵懂无知的我，踮起脚尖，总想在绘画的世界中一探究竟。每每我拿起画笔，"笃，笃，笃"的叩门声不绝于耳。门上的闷响，是在为我的绘画之路演奏一首序曲吗？

　　一步接着一步，一种形式接着另一种形式。儿童画，水粉画，水墨画，实物写生，我不断尝试着去推开那扇高大的艺术之门。

　　时光荏苒，每一次练习却都历历在目。8岁那年，我第一次坐在醉白池公园中写生，高低错落的古建筑包围着我。游人不时在我身旁走过，而我毫不理会，只一心享受着绘画给我带来的乐趣与挑战。我画了又擦，擦了又画，一座座亭台楼阁，一方方水池花木，虽然不完美，却也逐渐跃然纸上。我浑然不觉周遭的喧嚣，沉浸在绘画的世界里。"嘎吱——"我似乎听到那扇厚重的艺术之门终于在我的坚持不懈下被推开了一个小角。我好奇地睁大双眼，朝门内张望，每一眼都是惊鸿。

我跟跟跄跄，往前行去，每一步都小心翼翼，战战兢兢，直至10岁。当风姿绰约的主持人用甜美的嗓音念出"儿童组最佳创意奖——高雅文同学"时，我从礼堂的大门外，缓慢地朝领奖台走去，一步，两步，三步，每一步都像踩在云朵上一般，雀跃又迷茫。我的心像一壶烧开的水一样沸腾着，激动得要溢出来。"哐当——"一扇大门朝我敞开了怀抱，我看着被放大的画作，迈开步子，大胆朝舞台中央走去。得奖虽是一个小小的瞬间，可它却给予我勇气，促使我跨进了艺术的大门！

在偌大的艺术世界里，我又是何等的渺小啊！我再接再厉，绝不沾沾自喜。我模仿几千年前古埃及人的壁画，诠释我国古代优秀的神话故事，也怀着崇敬之情临摹意大利画家莫迪利阿尼、野兽派画家马蒂斯、疯狂的天才凡·高……

在艺术的广阔天地中，我在观察，在体验，在尝试。我将在这片天地中继续走下去，永不辜负那段奋力打开绘画之门的漫漫旅途！

# 我身边的"蜘蛛侠"

郭钰洁　上师大附外小五（9）班

一说到"蜘蛛侠"，你们首先想到的肯定是电影里那个会喷丝，天马行空、惩奸除恶、拯救世界的蜘蛛侠吧！但是我发现的"蜘蛛侠"就在我身边。

一个星期六的早晨，我正在小区里和爸爸跑步，不经意间看见不远处十几层的高楼外墙上好像有什么东西在移动，上面还有根细绳子在晃动。难道是"蜘蛛侠"？我心里一惊，再定睛一看，原来是正在清洗玻璃的工人。他坐在一个平板上，一手拉着绳子，一手拿着刷子，十分麻利地刷洗着玻璃，时不时地还从身下挂着的塑料桶里拿取其他工具。清理完了一块之后，他又向另一块玻璃移去。他这么一左一右，一上一下地移动，把我看得心惊肉跳。

这么细的绳子，那么简单的装备，他居然还能在那么高的地方擦着玻璃！要是我的话，肯定要两眼发黑，双脚发软，动都不敢动，太危险了！我对他又敬佩又好奇，想看看他的真面目，于是我就在这座楼下面等着。

等他来到地面时，出乎我的意料，我发现他脸色黝黑，还沾着尘土，汗水浸透了衣服，在他的衣角和后背上凝结出了盐霜。爸爸告诉我："他们是城市里的美容师，专擦高层建筑的玻璃。"原来他们的工作是这么的普通，又是这么的危险和辛苦，这让我深受感动，这比电影中的"蜘蛛侠"更伟大。

不一会儿，他们又去另一座高楼了。我望着他们的背影，感觉他们很高大。他们虽然没有"蜘蛛侠"的先进"武器"，却有着一颗朴实、勇敢和纯洁的心。长大后，我也要像他们那样，做个了不起的"蜘蛛侠"。

# 特别的声音

何厚恩　上外松外七（1）班

夜色浓郁。一头银发，一点微光，一台织机，编织出童年安然的梦。

小时候，我和外婆睡一张床，老人的房间里，藏着不少旧玩物。按一下就转头的龟神、比我还高大的兔子布偶、妈妈高考时的化学准考证……这些都是我闲暇时，翻箱倒柜找出来的、令我心花怒放的宝贝。房间里的尘土味儿，我也不曾嫌弃。

然而，我眼中真正的高级货，是外婆的缝纫机。它安置在床边，已上了年头。上面落满了灰，角落里结了蛛网，蛛网上，还有一层灰。附带的抽屉里，装满了破布片，还有针针线线。外婆的缝纫手艺极好，年轻时在厂里出了名的。因此，她十分宝贝这台老织机。

下午，缝纫机像一名安详的老者，浴光而立。工作起来，"嘎吱，咯噔"的声音绵绵不断。

外婆喜欢在夜里缝布，等我上了床，就戴上老花镜，踩起织机。

我喜欢听着织机的声音入睡。

听，"嘎吱，咯噔……"

这琐碎的声音极有节奏感，并与我的心跳高度契合。

夜晚，蝉鸣不断，引领着织机，孜孜不倦。时间久了，这声音也有了层次，是演奏级的学琴者也难以呈现的。

"嘎吱，咯噔""嘎吱，咯噔"……

外婆瘦弱的背影，被昏黄的微光映射在床边、床上。月光满地，好像全世界都在聆听织机的演奏。这美妙的声音成了夜的伴奏。

一天一天，年复一年，缝纫机的呵护，变成了我入睡不可缺少的伙伴。

这特别的声音，如水滴湖面，滋润着我的童年。一针、一线，缝制出一个孩子对美妙最初的体会。经常是过了几天，一件崭新的花布衣就会变魔术似的温顺地躺在床上，我小时候穿的衣服，都是外婆缝的。那织机发出的悦耳的声音，也从未间断。

如今，望着星光点点的夜空，我仿佛还能听见这特别的声音，如音乐，如水，如月光。

"嘎吱，咯噔""嘎吱，咯噔"……

这从未消逝的美妙节拍，是我童年里特别的声音。甚至还可以这样说，夜晚，外婆踏织布机的声音，就是我的童年……

# 编程中的快乐

蒋承孝　上师大附外小四（5）班

　　打开"scratch"编程软件，我便迫不及待地要制作动画了，首先是选定角色，为了快些见到我的作品，我也顾不得挑选角色了，直接就选了"scratch"中默认的小猫，反正他也蛮可爱的。然后在"事件"里找到了"当红旗被点击"，把"移动40步"放在了"当红旗被点击"下面，接着，我就试着点了一下动画制作背景上的那一面旗子。果真，猫开始不停地移动起来了，可是令我感到不解的是，他马上就撞到了白纸的边缘，而且把头都陷进去了，还不肯返回。

　　我盯着电脑屏，努力回想着信息科技赵老师的授课过程。哦，我忘了在"动作"里面选择"撞到边缘就反弹"和"左右翻转了"，于是，我赶紧把它们两个选中，并且在"控制"积木里找到"反复运行"。再把这些积木全都放在"控制运行"里，又把"控制运行"放在"当红旗被点击"的下面，可是当我再次想美美地欣赏一下自己制作的"精美"动画时，又被那死气沉沉的场景打破了我的"美梦"，看来还缺点声音呢！

　　于是我在"声音"积木里迅速找到了"喵"，并试着点了一下，他发出"喵"的叫声，着实把我吓了一大跳，这声音也太大了吧？接着我便把音量调小，并且录了"你好"的音，我真是佩服自己呀！咦！好像不对呀，这个"你好"又是在对谁说的呢？我又赶紧在角色栏里多添加了一个角色——熊。并按照制作小猫动画的过程，为小熊设置了一系列的动画，最后又以小熊的口吻录了"你好啊，小猫！"这回听上去就舒服多了。

经过我的一番努力，两个主角动画效果已全部完工，可表演的舞台却还是白纸一张，这可怎么行呢？我赶紧在舞台选项中选了"hall"。一切准备就绪，我就迫不及待地邀请爸爸妈妈来一同欣赏我的努力成果，一起分享我的快乐。

看着自己做的第一个动画，我感到十分骄傲。同时我也体会到了，为什么那些电脑高手们在看着自己制作的软件、PPT时，笑得那么灿烂了。想着想着，时间在不知不觉中流逝，该到我关电脑的时间了，但思绪仍停留在刚才的动画中。虽然过程十分艰辛，但我还是很愿意去尝试，因为我从中能收获很多乐趣。没错，下次我还要打开"scratch"并制作属于自己的动画哦！

# 这种感觉真好

蒋子妍　三新学校六（2）班

又是一年柿子红，隔壁阿婆家满树的柿子涨红了脸，特别耀眼。一阵风吹过，红柿子像小红灯笼一样摇曳，仿佛在朝我招手，心里甜滋滋的。

阿婆家的柿子树，从我记事起，就有了。那年秋天，我们几个小孩子在小区里追追赶赶，看见阿婆家院子里的红柿子，就走不动了。

柿子树那么高，怎么才能摘到柿子呢？我们几个相互对视一番后，飞奔回家。很快，我就扛着爷爷的鱼叉偷偷猫到了阿婆家的院子外。举起鱼叉，就开始敲柿子，"啪啪啪"，柿子全掉到院子里了。

"谁啊？"阿婆大叫一声。

不好了，惊动阿婆了。我猛地丢掉鱼叉，撒腿就跑，几个小伙伴也飞快地溜回家了。

"咚咚咚，有人在家吗？"完了，完了，阿婆找上门来了。妈妈去开门，我悄悄躲在门后。"家里柿子熟了，拿几个给孩子尝尝，甜着哩。"咦，阿婆不是来告状的？我简直不敢相信自己的耳朵。

妈妈撕开薄薄的柿子皮，忍不住吸了一口："好甜。"我无心吃柿子，一颗心就像悬在枝头的柿子，摇摇欲坠，担心阿婆发现那把鱼叉是我们家的。

第二天上学路过，看见阿婆坐在院子里，我正想绕道走，阿婆老远就笑着冲我招手："柿子好吃吗？"

"好吃，阿婆，其实……"我低下了头。

"好吃就好。"阿婆的笑总是那么暖。

进城后，我就很少回老家了。每到秋天，就会想起阿婆家的红柿子，还有那把鱼叉……几次央求后，妈妈总算同意带我回老家过中秋。

"阿婆，柿子红啦！"看见阿婆坐在院子里，我大老远就喊道。

"是啊，甜着哩，阿婆摘不动啦，想吃你就自己去摘吧。"阿婆笑着站起来。我站在树下，仰起脖子，看着满树的红柿子。

"给，这是你忘在阿婆家的鱼叉，正好拿来摘柿子。"没想到正当我犯愁时，阿婆递上了那把熟悉的鱼叉。再看看阿婆，眼里满是宽容的笑，爱如秋阳，一种无声胜有声的暖意淌进心底，这种感觉真好!

"阿婆,你吃吃看,甜不甜。"

阿婆摸摸我的头:"甜着哩。孩子,谢谢你回来看我,阿婆也好久没吃到这么甜的柿子了。"

"阿婆,以后我每年秋天都回来给你摘柿子。"阿婆笑眯了眼,眼里,闪着晶莹的泪花。

我咬了一口,今年的柿子比当年的还要甜。我一定会遵守诺言,每年都回来摘柿子给阿婆吃。这种感觉,真好!

# 难忘舞草龙

金靴 上外松外八(6)班

回到外婆家,远远望见偌大的草龙在田间舞动、翻腾,一年两度的舞草龙又开始了。

从屋内搬出尘封数月的案台,仔细擦洗干净,盖上一块布,放上龙王像,两旁放上蜡烛,点上,插入三炷香,三缕青烟随风飘散。人们祈求风调雨顺的愿望,也随着青烟飘升而上。

"阿弟,快来帮忙。"外婆的声音把我从忙活中拉了回来,"来搭把手。"

定睛一看,一位老艺人正带着一群满头银丝的老人和一群年轻人与孩童赶制草龙。只见老艺人双手不停地在竹子与稻草间穿梭,把老人孩子捆好的稻草联结起来——做成龙身。

我笨手笨脚地摆弄着外婆递过来的竹子稻草，瞪大眼睛看着老艺人的手——数根稻草捆成一束，几束稻草捆成一捆，再接到竹子上。乍一看简单得很，做起来却很有难度，不禁有些懊恼，但没办法，只能一次又一次地在失败中尝试、摸索。

最后老艺人把硕大的龙头与龙身联结在一起——草龙完成了，仪式即将开始！

摆上祭品后，在龙王像旁放上代表韩湘子的箫，再点上三炷香，退回台前，双手合十，微闭双眼，虔诚祷告，希望龙王大发慈悲，让庄稼再一次大丰收。

田间乐声响起，草龙进田，如鱼得水，宛若真龙一般上下翻腾，行云流水，不带一丝停顿。此时，仿佛龙的全身都散发出了灵气。路旁跳舞的人们让草龙显得更加威武。龙的鹿角、狮眼、虎口、鹰爪与人的头发、眼、口、手相呼应，整幅画面灵动、庄严。

有幸得到舞第二条草龙的机会，手握着支撑整条龙的竹竿，脑中回忆着老艺人教给我的舞龙方法，心中仿佛压着重担。龙进田，便不断地挥舞手臂，龙动了起来，仿佛随时都要脱离我的手，飞向天际，去向韩湘子禀告人们最后的心愿，让人们在旱灾之后再享受衣食无忧的天伦之乐。

龙出田，甩甩已酸痛不已的手臂，长吁一口气，心中有说不出的轻松快乐。舞龙的人负责把人们的意愿告诉上天，就像所有祭祀活动一样，祈求上天眷顾百姓的忧患，实现愿望。

舞草龙，凝聚了人们的愿望与信仰，希望有更多的人加入传承的队伍中来，让它在历史的长河中继续舞出光彩，熠熠生辉。

# 鱼缸里的发现

金泽成　方塔小学四（2）班

　　我家有一个大大的玻璃鱼缸，里面养着各种各样、色彩斑斓的热带鱼。这些鱼是我和爸爸的最爱。

　　我们给鱼缸布置了优雅的景观，种植一些海草，摆设了一些假山，还添置氧气管、温度计、加热棒和日光灯。这些鱼生活在碧草丛中，穿梭于石缝之间，每天无忧无虑地游来游去，无比惬意。我常驻足于浴缸前，欣赏它们嬉戏、吐泡、追逐、蹿上潜下。孔雀鱼摇摆着大尾巴，炫耀它的美丽；清道夫默默地潜伏在缸底，舔食青苔和食物残渣，做着清洁工作；红绿灯鱼好像鱼中的警察，指挥着鱼儿们的活动。它们乐在其中。

　　我特别喜欢几条鹦鹉鱼，红通通的，从远处看，像几片会动的红枫叶，在水中漂来漂去。它的眼睛像黑豆似的，虽小但特别引人注目。身体两侧的鱼鳍好像两把染红的羽毛扇子，在水中扇来扇去，好看极了！

　　咦？我从来没有看见过它们睡觉，它们每天游来游去，不累不困吗？这个疑团困扰着我。一连几天，我一直盯着他们的眼睛看，发现他们的眼睛始终是睁着的，我很好奇。有一天半夜，我悄悄地起床，蹑手蹑脚地来到鱼缸旁，只见鹦鹉鱼一动也不动，但两眼还是睁着的。我一惊，已经以为鱼死了，但仔细一瞧，两腮一张一合

441

轻微地动着。怎么一回事？是不是鱼儿在睡觉？

回到床上，我苦苦思索着，百思不得其解。第二天一早，我迫不及待地问爸爸："爸爸，鱼睡觉时是否睁着眼睛？""鱼是没有眼睑的，因此鱼不能闭上眼，这也是鱼睁着眼睛睡觉的原因。"爸爸解释道。我的发现得到了爸爸的证实，我像发现新大陆一样惊喜。

鱼缸是一个小小的世界。小世界大发现。生活处处有奥秘，等待我们去发现。


# 上海迪士尼乐园

靳子煦　九亭第五小学四（4）班


每个人心中都有一个沉睡的梦想，有一个地方，能够把这些梦想都变成现实，那就是——上海迪士尼乐园！

上海迪士尼乐园是中国大陆第一座迪士尼乐园，以神奇王国为主题，充满创造力、冒险精神与无穷精彩。首先映入眼帘的是一座小花园，米奇大街上到处是米老鼠形状的灯笼，它们仿佛在和我打招呼："欢迎来到热闹的米奇大街！来发现各种好玩的、好吃的哟！"

看那儿，花车巡游开始了！随着欢快的音乐声，托马斯火车也渐渐地露出了脸蛋儿。星黛露、达菲和他们的朋友们站在车上，一边跳着舞，一边笑嘻嘻地向我们招着手。花车徐徐驶过，想不到后面还有隐藏的惊喜，花木兰威风凛凛地骑着一匹骏马，拔出剑向我们挥舞着，人群中传出一阵阵掌声和喝彩声。

迪士尼乐园不仅好看，而且十分好玩。那么多游乐设施中，我最喜欢的，是"七个小矮人矿山车"。一开始，过山车缓缓地爬上了坡，人们紧张地等待着它冲下坡去。过了几秒，伴随着人们的尖叫声和失重感，过山车像离弦的箭一样冲下了坡！这时，周围突然变黑了，原来，你是来到了一个矿洞里。七个小矮人正跟着音乐的节拍，在你的身边努力地采集亮晶晶的矿石，十分神奇。

飞越地平线更是必玩的项目之一，游玩过程就像它的名字一样奇幻。当"飞椅"启动，你会感觉自己好像长了翅膀，"嗖"地一下飞到了广阔的天空中。霎时，各个国家壮丽的风景都会在你的脚下飞过：法国的埃菲尔铁塔、印度的泰姬陵、非洲的大草原……甚至还会闻到各种植物的清香，3D 的高科技技术让你仿佛置身于旅游地一般。当你"飞"到一个景点时，你就会看到这个地方的特色。在北极，呆萌可爱的北极熊正在冰面上行走；在北京，万里长城就像一条五爪金龙时刻捍卫着我们的祖国……在疫情期间，不能出国的情况下，足不出沪，就能带你飞遍全世界！

最精彩的当属迪士尼城堡的烟花秀了。城堡两旁会放出两束彩色的光，这时，童话王国的探险就此拉开了帷幕。你会看到米奇在滑稽地蹦跳着；贝儿公主和野兽优雅地牵着手；午夜 12 点，灰姑娘怕魔法消失，匆匆忙忙地逃走……忽然，一朵硕大的激光花朵在城堡上绽放了，折射出五颜六色、璀璨夺目的光芒，它的花蕊竟然是米奇！时不时还会有各种各样的烟花在城堡后面"发射"……

听了我的介绍，你是不是也想去迪士尼乐园游玩了呢？那还等什么，赶快行动起来吧！

# 养蚕之中悟理深

李俊乐　松江七中九（5）班

我养蚕宝宝前后有六年了，连续饲养让我获得了可贵的知识。

每年春天来了，桑树开始发芽，肯定是小蚕宝宝出来的时候，这是规律。那时它像小黑蚂蚁般小，用手去抓会怕掐死它，所以我只能用刷子扫的办法移动它们到桑叶上。它们只能吃很小很嫩的桑叶，所以自家种的一棵小桑叶树刚生的嫩桑叶够用了。

慢慢地，它蜕第一次皮后脑袋显露白色，再蜕一次皮后全身就是白色了。随着第三次蜕皮后它的食量突飞猛进，我只能去其他地方采桑叶。有一年因为养了200条，松江老城内找遍不算，还去泖港桑林场采桑叶。过了大约30天以后，它们长得胖、圆。长要达6厘米开外，粗细有6毫米上下，开始停食，然后体内无黑色，身体晶莹剔透，到这时，它们先后陆续开始"上山"了。我做的"山"，就是拿一扎稻草，线扎在中腰，上下散开，形成许多空隙，让蚕宝宝做茧，变蛹。因为宝宝多，"山"的好处是能容纳它们，它们都能找到作茧位置。它们结茧很聪明，茧一头厚一头薄。

蛹在茧子里过了十多天，它们陆续咬破茧子薄的一头，捉对交配后产子了。我想，为什么茧子自然有白有黄两种颜色呢？我和外公做了一个试验，把白、黄两种蛾分开交配，产子，第二年，分开饲养，结茧时，奇迹发生了，去年黄色的茧结的后代，茧都是黄色的，去年白色的茧结的后代，茧都是白色的，太稀奇了，蚕宝宝的饲养实践让我理解了一些遗传学的道理。养蚕也让我知道了一般昆虫的生长规律：虫变蛹、蛹被蝶、蝶产子、子变虫的生长过程，美丽会飞的蝴蝶是昆虫的生长规律中的一个阶段。

有一年，我做了缫丝试验，把三只茧放入微开的热水中，蚕茧的丝头子会下沉，我用稻草芯从浮起的茧下水中撩起来，绕在放风筝的空摇盘上摇，只见茧在热水里随着我摇盘的摇动而滚动，丝就绕到了盘上，随着摇盘上累积油光发亮的丝越多，水中的茧子也越来越薄，能看见了蛹，半小时后，丝全摇到盘上，水中留下三只蛹。我知道了厚厚的蚕茧原来是由一根丝组成的，多么了不起呀！多长的丝呀！由丝织成绸布，做成绸衣，从古代起就有了丝绸之路，这时我的眼里，蚕茧越来越伟大，它们为人类作了多大的贡献呀。

# 我从来没有这样痛苦过

李子琪　中山小学五（6）班

一个阳光灿烂的早晨，我们家的隔壁搬来了一户新的人家，那是小明一家。我很快就认识了我的邻居——小明，并与他成为好朋友。

那天下午，我吃好饭，便带上自己最心爱的小恐龙玩具去找他玩。走进小明家，我发现小明也正准备来我家，真是巧合！我对小明说："我来你家玩吧！"小明不好意思地整理了一下他家里凌乱的东西，说："请进吧！"小明拿出了自己最喜爱的玩具"小飞机"。

小明的小飞机机身修长，双翼挺直，洁白无瑕，顿时让我产生了喜爱之情。随之，我也拿出了我的"小恐龙"。小明看见我红着脸，眼睛紧紧地盯着他的小飞机，却不说话，似乎明白了我的心思。他提议："我们交换玩具玩吧。"我开心极了，点了点头。他抱起我的大恐龙玩具，在房间里横冲直撞，好像恐龙称霸世界的侏罗纪时代又到来了。我捧起他的小飞机玩具轻轻呼唤，左右摆动，想象飞机在天空中翱翔。他看着我的样子，笑得眉飞色舞；我看着他的样子，笑得前仰后合。

　　后来，我拿着他的玩具回家了。吃饭时，我把它小心翼翼地摆放在面前，凝视着它；吃好了饭，我抱着小飞机，躺在沙发上，一起看动画片；写作业时，我把它放在桌子上，想象它起航高飞，飞向宇宙。有时，我也会带它回小明的家一起玩。我和小明的关系越来越好。我们经常在一起，成了铁哥们。

　　快乐的时间总是短暂的。过了一段时间，我从小明的爸爸那儿听说，要让小明去更好的学校，所以准备再次搬家。话音刚落，我的心里就一阵阵难过起来。我想：我才跟小明玩了没多久，他怎么就要搬走了呢？我冲出家门，去找小明，享受最后的欢乐时间。我们一起玩小飞机，一起玩小恐龙，一直玩到了下午，我才依依不舍地回家。

　　终于到了小明要离开的那一天了。他来到我家，深情地望着我，对我说："对不起，琪琪，我真的要走了。我把我的小飞机送给你。"我也把我自己最喜欢的恐龙送给了他。望着他离开的背影，我的心里有说不出的伤心和难过。直到他的背影移出我的视线，我依旧呆呆地站着一动不动，期盼着他突然回来告诉我，他是和我开玩笑的，他不会搬家了，他要和我一起玩。可是，他终究没有回来，终究没有用他亮闪闪的眼睛笑着看我，终究没有对我说他不搬家了，他要和我永远在一起。小明就这样走了，我坐在自己的写字台上。渐渐地，眼眶里流下了豆大的、无穷无尽的泪水。

我和小飞机成了形影不离的好朋友。看到它，我就仿佛看到了小明，仿佛看到了我们曾经在一起的快乐时光。

# 校园

刘昱成　茸一中学六（5）班

徜徉校园，新的校园有许多让人回味的风景。

教室门外，一片五彩缤纷的乐高墙映入眼帘，新入学的同学在乐高墙上用各色的乐高拼叠出自己对学习生活的憧憬：有的绘上对老师的爱心，有的拼出月亮下驾驶理想的帆船，有的堆出美好的愿望……同学驰骋想象力，为校园增添了一道别样的风景。

再往前走去，我便看到了绿荫下的一方石桌四块石凳，那石桌淡淡的青色，摸起来极为光滑，仿佛一大块品质极高的美玉。几案旁的大树，枝繁叶茂，生机勃勃，令人精神为之一振。如果三五成群坐在这里，感觉微风吹过，真是一片畅谈学习友谊的小憩之地。

前面，是一片草坪，上面开满了各色各样的花朵，五彩缤纷。近闻还有股淡淡的幽香，在花丛中，还有着一个个栩栩如生的兔子雕像，有的抱着胡萝卜，有的在向我们招手……

最后，我来到了紫藤架旁，现在虽是金秋时节，仍然枝繁叶茂，充满了生命的气息。从远处看去，一片绿色的瀑布，从紫藤架上垂落下来，走近了看，又觉得它像一缕缕发丝，被微风轻轻拂起。坐在紫藤架的下方，我仿佛也成为那绿色的一部分，小鸟为我歌唱，芳草为我鼓掌。它的枝干是那么粗壮，盘绕在紫藤架上，宛若一条蛟龙盘旋而上，用手摸一摸，它又是那么粗糙，宛如一位饱经沧桑老者的面颊。它是那么不起眼，并没有人过多的关注，但就是这么不起眼的枝干，却默默地为整个紫藤输送着营养，用它的朴实无华衬托着那片绿。向上仰望，映入我眼帘的是一片绿色的海洋，一道道白光从绿叶的缝隙中落了下来，凸显出紫藤下的幽暗与寂静，那叶子的绿是纯粹的绿，没有什么丰富的变化，但绿得惹人喜爱，那绿色中还夹杂着星星点点宛若豆荚般绿色的果实，它汲取着来自枝干的养分，来年，一定会长出更加美丽的花朵，将那芳香熏染校园。

我想，现在预初的我，明天会绽放出属于自己的一份色彩吗？

# 这个人真"傻"

娄浩宇　东华大学附属实验学校五（7）班

我的家里有一个"傻子"，说起来是一位医学院毕业的高才生，却经常干着一件又一件的"蠢事"，他就是我的爸爸。

2020年初，随着疫情的不断蔓延，作为一名医务人员，老爸第一时间向组织递交了"抗疫志愿书"。虽然没有被派往武汉支援，但却被派往了我们当地专门负责转运确诊病人、疑似病人、发热病人的专项小组工作。那里的工作十分辛苦，不仅要时刻穿着厚重的隔离服，还要时刻面临被感染的风险，对人的生理和心理都是一次大考验。可我的"傻"老爸，却笑着进驻了医院的"发热专项小组"，一走就是一个多月。

刚一上岗，老爸就接到一个任务，需要转运一位确诊的病人去定点医院救治。面对病人惊慌的神情，颤抖的身体，我的老爸开始犯傻了。他一只手紧紧地握住了病人的手，另一只手轻轻地拍了拍病人的肩膀，轻松地说道："年轻人，不要怕，只要积极接受治疗很快就会痊愈的。"老爸的这一举动，虽然对他个人来说会有被感染的风险，但对病人来说，却是给了他无限的勇气。在老爸的鼓励和安抚下，一开始拒绝上救护车的年轻病人，终于卸下了心中的包袱，主动踏上了负压救护车，一路疾驶至定点医院救治。

老爸因为工作认真负责，经过一段时间的考察后上级决定将他提升为副科长。听到这个消息，我开心极了，心想老爸再也不用穿着厚厚的防护服忙碌于前线了，可以安心地坐在办公室了。可是"坏消息"再次传来，我的老爸又一次犯傻了，他主动将升职的机会让给了同一组的老同事。自己又心甘情愿地冒着时刻可能被感染的风险，回到前线继续犯傻去了。

有些人当着老爸的面说他是一个高风亮节的好同志，可背地里却说他是个十足的傻子。我气愤地质问老爸，可老爸却语重心长地告诉我："对于升职我们要有一颗平常的心，你老爸我还年轻，可老同志错过了这次机会，就可能永远地错过了。我是一名共产党员，要守初心，担使命。我要像雷锋一样把有限的生命，投入到无限的为人民服务之中去。你看，我还有很多同事都还奋战在前线，我怎么能安心于坐办公室呢？虽然我是你爸，但生活中的各种考验依旧是我最好的老师。忙碌一线的工作锻炼了我，严重的疫情打击我们医护人员的同时，更增强了我们医护人员战胜病魔的信心和决心。我要做一个有利于民，有利于国家的人，你长大了也要做这样有利于民的人。如果说这是大家说的'傻子'，我心甘情愿做那样的傻子。我想，工作也需要这样的傻子。"

老爸的一番话，使我陷入沉思，不禁让我想起了雷锋同志的一句话，"傻子"并不傻。我想我的老爸就是这样一个不忘初心、牢记使命的"傻子"。

# 拔河

卢邦梁　第二实验小学五（3）班

"加油，加油！"从操场上传来的阵阵呐喊声响彻云霄。我们学校今年的春季运动会正在如火如荼地举行，前几天听到要举行运动会时，同学们就很兴奋，今天更是热血沸腾。

我参加的拔河比赛在下午进行，我们按时来到操场上。下午的比赛项目要比上午少许多，但操场上依旧人头攒动，加油鼓劲儿声音不绝于耳。比赛前，我们拔河队的同学做了一会热身运动。此时的我内心非常激动，非常盼望我们班能赢。

我们的对手是六班，这次比赛的规则是每个拔河队20人，其中10名男生，10名女生。"预备，开始！"裁判一声令下，吹了一声口哨，这声口哨不仅仅标志着比赛开始，更点燃了我们心中的火把，使我们心中蕴藏着的力量瞬间爆发出来。"一、二、三！"我们班每次数到"三"时就用力往后拉一下，但我们的队员都使出了吃奶的力气，标志绳子中点的旗子却一动不动地在原地。时间一分一秒过去了，可局面依旧这样僵持着，随着时间的推移，我额头上也慢慢冒出了豆大的汗珠。又过了一会，我的脑子开始嗡嗡作响，手臂渐渐麻木，我的知觉告诉我，我实在拔不动了，但我的毅力告诉我，坚持就是胜利，我一定要坚持下去。我想我们班的队员们也是这么想的。虽然我们一直在用力，但是却眼睁睁地看着旗子一点一点向六班那边移去。"停！"裁判吹了一声口哨，"六班胜！"

此时此刻，我感觉我崩溃了，失望的泪水夺眶而出，失落感顿时传遍全身的每一个角落。为什么？为什么我们输了？我们班明明非常用力，而且一直非常努力。

拖着疲惫的步伐回教室的路上，我想了想我们班输的原因，那是因为我们平时没有多加练习。虽然我们班参赛人员的个人实力并不比六班弱，但我们平时没有齐心协力地去练习过，总而言之就是不够团结。是啊，团结是我们开启胜利大门的钥匙；团结是我们通往胜利的桥梁；团结是引导我们夺取胜利的灯塔……

团结就是力量！

# 吹泡泡

聂郁霏　九亭五小二（1）班

今天我吹泡泡啦!

下午，爸爸早早地来接我放学。在回家的路上爸爸对我说："回家我们先吹会儿泡泡吧!"我听到后开心地叫了起来:"好呀,好呀!"

到家后我像一只小兔子一样冲进了家门。我拿好了泡泡工具，旋开盖子，抽出套环，沾了一下泡泡水靠近嘴边，轻轻一吹，成群的泡泡就诞生了。

我和爸爸争先恐后地吹了起来。一会儿工夫，我的周围就成了泡泡的海洋。空中的泡泡千姿百态，大的像气球，小的像珍珠，连成串的像糖葫芦。我见到这么多泡泡兴奋得手舞足蹈。泡泡在阳光的照映下，显出了一道道五光十色的彩虹，有淡淡的柠檬黄，艳艳的草莓红，柔柔的天空蓝……美丽极了。

我们沉浸在泡泡的世界里，我开心极了，心想:我多么想成为一个泡泡和它们一起飞向蓝天。

# 春天的雨

宁天兰　中山二小二（5）班

"好雨知时节，当春乃发生"。春天来了，天空飘起蒙蒙细雨。

听，"沙沙沙，沙沙沙"，春雨姑娘迈着轻快的步伐来了，她来到碧绿的叶丛中，弹奏着动听的乐曲，来到五颜六色的花丛中和花儿们窃窃私语，来到绿油油的草地上翩翩起舞……

看，细细的雨丝像牛毛、像花针、像云朵妹妹垂下来的长发。雨是雪白的，它给梨树披上了白纱巾；雨是粉红的，它让桃花笑红了脸；雨是金黄的，它为迎春花编出了许多美丽的辫子……

我仰起小脸，雨落在额头上、耳朵里、鼻子尖……凉丝丝的，伸出舌头舔一舔那花瓣上的雨水，又香又甜。

我喜欢春天的雨。

# 一封家书

彭伟伦　华政附小八（8）班

姐姐：你好！

夜读容若的《长相思山一程》：山一程、水一程，身向榆关那畔行，夜深千帐灯。风一更，雪一更，聒碎乡心梦不成，故园无此声。内心有一瞬间好似被风霜吹皱，辗转零落成片片思念你们的兰花花瓣。

已经岁余没有相见了，不止一次想起日月潭的铜人、小琉球的风浪、连在一起的楼房、小巷子里的卤肉饭……故乡是人的根系，将亲人们联结，哪怕相距千里，也能用心去交流、去回想。

有时候我在想亲情为什么会牢牢牵系着我们，是因为我们流着基因交叠的血脉，是小时候一起玩耍的美好回忆，是背后默默地认可支持爱护的情谊。它的温暖是黑夜里闪烁的可爱萤火，是隆冬之中那片片鹅毛大雪的寂静童话，是合欢花毛茸茸憨厚可掬等待着的凤凰涅槃。

牵系着我们应该的还有一种特别的因素，就是我们这个民族都重情重义，我想那是中华文化的影响吧，我们心中都有一个原始的点，心灵的故乡，无论飞得多远孤鹤总要归飞，心才能安住，家在这个时候往往也是超越的，升华的情感气贯长虹化作和平仁爱、化作爱国大义。

　　这也是我喜欢中华文化的一个原因，不是因为我住在这里才喜欢，东方文化神秘内敛与包容，在物质化的今天，精神财富显得尤为关键，不为物转不为境移。在祖国大陆，我被这里的大气象所深深吸引，中国之大，在于山川之大；山河辽阔，在于人文鼎盛；文化荟萃，在于众志成城；科技强国，我觉得中国之大更在于雍容大气，虚怀若谷，有容乃大，自强仁爱，匡扶济世。

　　叔叔给我起了伟伦的名字，在毛主席的文章里，我又看到了英杰伟伦的字眼，我更想要成就一个大的我，若能成为有用之才则报效社会，若不能则做一个善良的人，让一棵树摇动另一棵树，一朵云推动另一朵云，一个灵魂唤醒另一个灵魂。

　　曾幻想，有一座大桥，铺上铁轨和公路，高铁在桥上飞驰而过，桥的一端是台湾，另一端是大陆。幸运的是，此桥已开工。

　　姐姐，你的梦想是什么呢？是否和我一样，在海峡的那头，企盼有朝一日，坐着这辆疾驰的列车，飞奔而来！

　　祝：一切安好！

堂弟：伟伦

2021 年 10 月书

# 这儿真美

沈李洋　三新学校松江思贤分校三（1）班

我家东边有一个小公园，那儿不是很大，却是我的乐园。

春天，公园里的迎春花开了，黄色的小花开得那么美丽，好像在告诉人们它是春天的使者。树木换上了一件绿色的军装，站直身子保护着公园。

夏天，树木长得又大又高，茂密的枝叶挡住了阳光。在树下散步，总会有一副好心情。每当这时候，我总会在树下捉小虫玩。

夏姑娘走了，秋姑娘就迫不及待地来了。她打开小袋子，把黄色的衣服给了银杏树，把红裙给了枫叶，把淡黄色的西装给了小草……这时，风小姐来了，她用力一吹，叶子像一只只蝴蝶似的飞了下来。小朋友们争先恐后地拾叶子做书签。

冬天，银杏树上的叶子落光了。每当这时候，小朋友们就很少来这里玩耍了。松树更绿了，泥土变硬了，小草被雪盖住了。

啊！这儿真美！让人流连忘返。

# 乡下的房子拆迁了

王皓杨　民乐学校六（4）班

　　时间似乎停止了，我的心也沉静下来……无论这里有多大的变化，也永远是我心灵的乐园！

　　儿时到乡下的外婆家玩，那是一片广阔的天地。我和小伙伴们一起在叶丛中找"豆耳朵"，观察丝瓜爬上了竹架再绕上几圈，去田地里看长辈们驱虫除草；走在泥泞的小径上，踏进雨后的水坑里，在曲曲弯弯的道路上学习如何骑自行车，再一次次摔倒……这里的万物都是有灵气的，站在那儿，我仿佛可以跟蔬菜们交流，谈论今年的丰收；也可以和花儿们对白，吸引蝴蝶来曼舞；还能与大树们交友，夏日里在树荫下乘凉。我把那里当作了一个自然的宫殿，可以尽情地享受其中。

　　可是，乡下的房子拆迁了！当时年纪尚小的我无法理解也接受不了这一事实，只听得母亲说再过半年，这个村子就要没有了。我心中满是疑窦，感觉周围的环境好像不同以往，路上的村民仿佛都心事重重，三三两两地交头接耳。日暮未到，大家却早早地收工，关上门在饭桌上讨论着日后的住处。小孩子们照常溜出来，指着夕阳方向的那棵树上的鸟窝开始猜想，或拨弄地上的石子，等待着夜晚的到来。

　　那一次，是我最后一次跟着外婆去庄稼地里，看着她劳作的背影。那时正值午后，空气却很清新，外婆缓缓地走向自己家的那半亩地，

457

我则垫了张报纸坐在边上，看着她走过一排又一排的田埂，绕过一个又一个的菜畦，喷农药的机器"嘎吱"地响着，把一拨拨药水洒向那些长势喜人的蔬菜。

我稚嫩地问外婆："外婆，以后我还能来这里玩吗？"

"不行了，这里的房子都要拆迁了，我们也要搬家的。把这一批菜收好之后，估计挖掘机就要来了。"外婆说着，站起身来看向大片的农田。我感觉到了一种莫名的沉重，不由自主地站在外婆身边……

乡下的一切都消失了，而在那永恒却模糊的记忆当中，所有的场景都被定格，人们都默默地注视着我，既像是在伤感地向我道别，又像是在欢愉地邀我前去。我在过去与未来的时空当中进退两难，泪水模糊了我的双眼……

几年以后，我又去过乡下，果然如外婆所说的，挖掘机已经将房屋归为一片田地。如今城市的快速发展，把农民带出了祖祖辈辈生活的土地，让他们过上了更加幸福美好的生活。但我却经常梦回故里，梦中我和外婆，还有乡亲、伙伴们都静静伫立在乡下的田间地头上……

# 冗长的思念

——写给奶奶的信

王翊州 上外松外六（5）班

亲爱的奶奶：

您最近身体可好？好久不见，甚是想念。

458

今天是中秋节，我和爸爸妈妈吃着香甜的月饼，举头望着夜空中那一轮明月，不禁想起分别许久，远在台湾的您。

此时的您在做什么呢？是否和我一样，正品尝着月饼，望着月亮，思念着我们呢？还是坐在沙发上，捧着日历，呆呆看着日期，数着我们回家的日子呢？抑或是站在家门口的巷子，聆听着我们回家的脚步声。

倏地，我对您的思念载着回忆在我脑海轻轻荡漾……

记得以往每年过年回家那天，每当接机的车子把我们一家安全载到巷子口，车还没停稳，我总是迫不及待地按下车窗，挥手大声地叫着："奶奶，奶奶，我们回来啦！"而您早早地守候在家门口，那一刻笑容满面，热情地叫着："哟，宝贝们回来了，奶奶好开心！"

回台湾的日子屈指可数，每天您都像变魔术似的为我们准备各种台湾美食，金灿灿的炒米粉，超级入味的三杯鸡，香喷喷的卤猪脚……恨不得在几天内要把我们一年没吃的都给补回来。奶奶，您知道吗？每次回台湾，我都会胖几斤。现在每次想到您做的美食，我都忍不住回味半天呢！团聚的日子里好热闹，每当我和哥哥姐姐在一起嬉笑打闹，您也会念我们几句，但您的脸上总是洋溢着幸福的微笑。

过年在家的日子总是那么短暂，7天后又到了回上海的日子。出发前，您默默地为我们整理着行李，把早已准备好的台湾特产塞进我们的行李箱。送机的车子来了，您拉着行李箱与我并肩而行，却不曾言语，抓着我的手越来越紧。车子启动，您望着我们，红了眼眶，哽咽着，泪水不停地流出来。那一刻，我的心有些空，努力平复情绪，和您告别："奶奶，我们放假就回来看您，您保重！"

奶奶，您知道吗？每次车子启动后，我都会在车里转头看您努力追着车，脚步踉跄，右手不停挥动挥动，直至无力地垂下……那一刻，我的眼泪就像决堤的江水，奔涌而下。我知道，那一刻起，我和您之间埋下了深深的思念，而这些思念将会随着时间疯长，直至蔓延在每一个不能相聚的日子里。

或许是因为这份思念太沉重，所以我告诉自己：好好读书，努力向上，早日成才，为祖国和平统一做出贡献。到那时，奶奶，不管如何，我们都将团聚在一起，化解这份冗长的思念。

奶奶，您瞧，今夜的月亮很圆，想来我们团圆的日子也即将到来。

最后祝您：

身体健康，幸福安康！

想念您的孙儿　王翊州

2021 年 9 月 21 日

# 我的心动之旅

夏禹泽　实验小学四年级（8）班

从中国地图上看，威海是一个靠海的城市，它正位于黄海和渤海之间，从上海到那儿要飞跃黄海呢！天蒙蒙亮我们就出发啦，威海是一座什么样的城市呢？带着激动兴奋的心情，我们一家人踏上了旅途。

一下飞机，蓝天白云便映入眼帘，我仿佛闻到了大海的气息！既然靠海，那最期待的肯定是赶海啦！这不，我们从国际海水浴场一路就到了小石岛。我以前经常在电视上看到别人赶海，特别羡慕和向往，这一次，可真是一个天大的好机会呢！我欣喜若狂，立刻冲向赶海地点。

那是下午5时左右，海水刚退潮，我小心翼翼地在小岩石上"巡逻"。"啊哈，发现目标！"瞧，一只小螃蟹正在石头边清闲地晃悠呢！我猛地一扑，哎呀，除了沙子还是沙子，连个螃蟹影子都没有。哇！我突然两眼放光，一只小虾正在水里爬！我拼了，发了疯似的追赶，脚都差点擦破皮，最终，它归于我的网兜之下。

可这样也不是办法！我一眼望去，咦，为什么有这么多被掀翻的石头？我也试着去翻石头，哇，一堆堆的小螃蟹聚在一起！可它们跑得太快，很难抓，我再次以失败告终！

有了上次的经验，我突然灵光一现！我先确定一块大岩石，又

461

找来几块小岩石，做个包围，再找点水草来堵住缝隙，最后以迅雷不及掩耳之势掀开石头，果然不出所料，螃蟹东逃西窜，可就不知道往哪儿跑，于是我不紧不慢地把它们装入小铁桶！哈哈，只要善于总结，不要急于求成，总能想到办法呢！

接下来我们去的刘公岛也让我印象非常深刻！岛上除了风景优美，还有沉重的历史。在历史博物馆中，有甲午战争史以及兵器展出等。清政府腐败，特别是看到慈禧为了给自己过生日，竟把银子都花在修颐和园上，让我很是气愤和痛心！这场战争以中国战败、北洋水师全军覆没而告终，还签订了《马关条约》，割让了宝岛台湾……走出展馆的时候，妈妈说2018年习近平爷爷视察烟台，让我看看墙上的结束语：历史是最好的教科书，也是最好的清醒剂！铭记历史，发愤图强，一起追逐中华民族伟大复兴的中国梦……作为一名小学生，我要好好读书，走好每一步。

在威海，我们还去了很多地方，有风景妙不可言的猫头山，有一脚踩下去让人毛骨悚然的水母滩，有海天一线的大海和丰盛的美食……

# 熟悉的车铃声

肖喻灵 民乐学校八（6）班

窗前，女孩静静地坐着，凝望着夜色。呼出的热气渐渐模糊了窗户，脸几乎消失在窗后，但仍能感觉到她充满希冀的目光。我，就是那个女孩。

　　每天晚上，我总会很快写完作业，坐到窗边，等那个亲切的人、亲切的声音——外婆会骑着自行车，到楼下按响车铃。"丁零零，丁零零"，一听到这个声音，我就披上外套，冲下楼，与外婆拥个满怀。这是专属于我俩的仪式，一种特别的温暖在彼此心间传递。

　　记得秋天时，迎风骑车而归的外婆，身上沾满了桂花清甜的香气，我一头埋入她怀中，顿时被香气包围。这时，外婆总会一边埋怨我穿得太少，一边脱下风衣，披在我身上，嘴角却是止不住的笑意。夜色中，爬满笑意的皱纹，格外暖人。

　　"给，快吃，还是烫的呢。"外婆从车篮子里拿出裹得严严实实的煎饼，递给我。捧着还冒热气的煎饼跟着外婆上楼，楼梯间，两人的身影被灯光拉得长长的。

　　日复一日，那特别的声音给我的生活增加了一个盼头，像平静的水面上漂浮着的一片花瓣，那个声音，让生活变得更有意思。

　　一个平常的夜晚，我照例坐在窗前，撑着脑袋，静静等着那熟悉的铃声响起。风很大，猛烈地摇晃着树，树影也变得婆娑起来。月光如水，给大地披上了一层轻纱。看着时明时暗的路面，思绪落到外婆身上：外婆骑到哪儿了呢？风这么大，不会冷吧……我坐在温暖的房间里，有些昏昏欲睡，可那声音，一直支撑着我，让我一再坚持着，等待着。

　　"妈，外婆怎么还不回来啊？"时针指向9时，我跑去问妈妈。

　　"哦，外婆最近回老家长住了，你快去睡觉吧。"妈妈的话如一声惊雷落到我头上。跑回窗前，望着远方的黑暗，眼前便蒙上了淡淡的雾。想到此后的一段日子里，不会再有那声音点缀我的生活，可我多么希望它如往常一般冲破黑暗，来到我的身旁……

岁月倥偬，自行车已被慢慢淘汰，取而代之的是小汽车的喇叭声。往往睡到半夜，还能听见刺耳的喇叭声，扰得人睡不好觉。那辆老式自行车还停在我家楼下，而那特别的声音，却在时光的灰尘中无声地熄灭了，就像一个时代终将逝去的背影。

又是一个夜晚，我正在房里写作业，猛然间听到楼下传来清脆的车铃声，全身的神经紧绷——果然是熟悉的车铃声。我冲下楼，定睛一看，树影下，外婆正按着车铃，另一只手提着煎饼。

月光照在她脸上，像往常一样，安静、温暖、明亮……

# 任老师

徐静岚　九峰实验学校六（3）班

小学生活画上了圆满句号，初中生活开启新的篇章。在今年的教师节，特别感慨，回忆起这五年的点点滴滴，最让我难忘的是班主任任老师。从一年级懵懂无知的孩童成长为今天热爱写作有梦想的初中生，这一路走来，任老师一直是我的良师益友。

五年级上学期，我们班掀起了一拨写小说的潮流。我也加入了这个行列。我酷爱动物小说，尤其是沈石溪的动物小说，几乎每一部我都看过，他书中的动物是那么有情有义。于是，我也跃跃欲试，想体验一下写作的非凡乐趣。我把写作计划告诉了妈妈，以为她会和我一样的兴奋。没想到妈妈听后，立马表示了反对，声音都高了八度："写小说？这不是天方夜谭吗？你这个年纪没有足够的语言功底和知识储备，拿什么去创作？"见我答不上来，妈妈语气缓和了些，继续滔滔不绝地对我"劝降"："别胡思乱想了，与其浪费时间做些不切实际的事，不如踏踏实实学好功课。你只有积累了丰富的人生阅历才能写出有价值的东西。"听了妈妈的话，我有些失落，但我依然不愿放弃，于是背着妈妈偷偷写了起来。结果刚写到第四章就被妈妈发现了。见妈妈面露愠色，我恳求道："你提个要求，如果我的成绩达到你的要求，你就同意我继续写，行吗？"这次她更坚决地拒绝了。

晚上，妈妈就关起门来给任老师打了很久的电话。我开始忐忑不安：老师肯定会和妈妈站在一边，合力把我写小说的事儿禁了，说不定明天还当着同学们的面把我批评一通，杀鸡儆猴……我越想越害怕。出乎意料的是：任老师居然赞成我写作。她认为我这个年龄的孩子有很强的想象力和表达欲望，不应该去打击和镇压。只要不影响学习，内容健康向上，利用课余时间写写也不要紧。听完老师的话，妈妈考虑了很久，最终做出了让步，同意我在寒暑假可以尽情地写我的动物小说。我至今对老师的理解和支持心存感激。

记得有一次，任老师布置了一个作文题《我的梦想》，课上大家尽情发挥。平时的作文，她批改得很严格，只有个别同学能得 A。那一次，老师特别慷慨，几乎全班每个同学都得了 A。

泰戈尔说过："使卵石臻于完美的，不是锤的打击，而是水的且歌且舞。"任老师并不常常对我们说教，她用润物细无声的方式来教育我们，鼓励我们追逐梦想，热爱生活。

# 两颗花生牛轧糖

姚思宇　方塔小学三（5）班

辛丑年开学第一天，第一节是宋老师的语文课，她走进教室。我真担心她跟往年一样查寒假作业。想不到的是，老师笑容满面地说："同学们，你们猜猜，我给你们带来了什么礼物？"

礼物！同学们的情绪一下子激昂起来。班长陆徐晨第一个站起来说："礼物是书。老师希望我们多读书，新年新开端。"智多星褚语菡激动地说："礼物是笔。老师希望我们练就一手好字。"同学们的猜测五花八门。老师都一一摇头否定。然后，她从塑料袋中取出一大把花生牛轧糖。我们见了，异口同声地说："是糖！"

我兴奋极了，想不到老师在新年开学的第一天就给我们带来礼物，我原先的担心，总算放下了。享受着老师给我们带来的喜悦，期待老师的礼物，可老师却不急着给我们享用，而是神秘地问我们："你们谁知道，老师为什么要送牛轧糖吗？"

教室里再次气氛高涨。同学们开始议论纷纷："老师，希望我们生活像糖一样甜蜜是吗？""是的，生活像糖一样甜蜜、幸福！今年是辛丑牛年……"老师的话还没说完，就有同学抢着说："老师希望我们的学习要用牛劲，牛气冲天。"经他一点拨，教室的气氛越来越热烈，同学们的话匣子一下子打开了。老师一边给每位同学发两颗糖，一边倾听着我们的发言。

"老师希望我们牛年，扭转乾坤。"小轩脱口而出。

"新年新气象，牛年大运，我要让自己牛起来。"同桌激动地说。

"我要用老黄牛的精神，在学习上勤勤恳恳，争取牛年牛气十足。"我说。

教室里弥漫着一股浓浓的奶油味，同学们一边吃着花生牛轧糖，一边微笑着交谈着。

我舍不得吃这两颗花生牛轧糖，把它们带回了家。看着这两颗糖，我默默地把寒假作业补起来……

# 心中的牵挂

殷逸艺　茸一中学七（5）班

一直牵挂着那个生活在偏远小镇上的老太太，上次见面，还是一个月前了。

"老太太！"每次见到她，我都会大声对着她大喊道。她的耳朵不太好，只是微笑着点点头："哎！哎！"她总是穿那件旧旧的衣服。我清晰地记得妈妈曾给她买过一整套新衣服，每当妈妈问起，她总说，身上这件还能穿。

那天，她招招手，让我过去，在口袋里摸了摸，又翻了翻，才拿出一个用纸裹着的小东西，塞进我的口袋。是什么呢？她用眼神暗示我：现在不要看。妈妈喊我们吃饭了，我搀着她走向饭桌。她还时不时看看我的口袋，好像生怕它掉出来似的。

妈妈与亲戚们聊得不亦乐乎，天色也渐渐随着谈话声暗了下来。我望着窗外那片山，太阳快要从山顶上翻下去了，最后的，微微泛光亮，泛着一点红。

回到家，我似乎忘了老太太塞给我的东西，直到第二天，才将它从口袋中拿出来，心中充满期待地打开。一层，一层，又一层，渐渐地，露出了一点红，再翻开，是几张崭新的钱。

还记得有一次，她拎着一包菜，穿着磨破的鞋，站在我面前，我的眼里流露出惊讶又感动的神情。问了问，她好久才听懂，便回答道——听说你想吃新鲜的蔬菜，外面买的不健康，我给你拎一些自己种的过来。脑海中又不禁浮现出当时的场景，一个老太太拄着根拐杖，用尽全力拎着一包菜……

那个在夜幕下搓着手等待着我的老太太，那个疼爱我的老太太。她是我心中的牵挂，现在想起，感动得想掉泪。

我时常望向老太太住的那个偏远小镇，有时想得入神，似乎能听见风不断拍打着山壁，发出"呼呼"的声音。她是不是每天坐在门口，看着门前的山，一坐就是一个上午。风摇动树叶，摇动着她无助的孤独；她是不是每天在日升日落中陷入一个人的凄凉，没有人陪伴，没有人关心，像一艘被岁月遗忘的沉船，在时光的水底渐渐枯烂；她是不是在每个日落时分怅然地望着远方，而远方，有她不舍的惦念。

每次想到这些，老太太就成了我心中的挂念，我是多么想念她啊！多么想再找时间去看看她啊！

# 辩论大会

——"双减"政策，你是否满意

于子珊　华东师范大学松江实验中学预六（6）班

冬日的阳光洒进了教室，六（6）班举行了一场《"双减"政策，你是否满意》主题辩论大会，同学们你争我答，展现了六（6）班的文艺风采。

正方班长的观点说出同学们的心声，她认为"双减"政策可以让同学们有更多睡眠的同时，也有更多的娱乐生活时间；反方小马同学认为这样会让学生的学习成绩变差，中高考考不上好的学校。正方班长积极反驳，反方立即回击得一点都不马虎，第一炮反方胜。

第二炮，反方小吴同学开始了自己的演讲，她认为"双减"政策并不能有效地让作业真正减少；正方小徐同学完美回击，每个人都要学会自控，提高学习能力，不能拖拉懒散。反方小吴败下阵来，第二炮正方胜。

第三炮，反方小马同学开启了机关枪模式，他认为作业少了晚上时间浪费了，不知道干什么，这样对学生的学习很不利；正方小李同学反击，但是好像没有成功，因为观点没有更多说服力，第三炮反方胜。

第四炮，正方班长一句话杜绝了反方，看来反方要输了；反方小于同学不甘示弱，开始试着回击，希望给反方加分加彩，但由于吐词不清，差点被翻盘，第四炮正方胜。

比赛已经进入了白热化的阶段。

第五炮，正方小徐力挽狂澜，反方小马同学巧夺天工，双方你来我往，正反双方谁也没有占到便宜，第五炮很胶着，最后正反方平局。

第六炮，正方班长和反方辩手你打我冲，但慢慢脱离了主题，场面十分尴尬，正反方谁也没有占到便宜，第六炮，正反方平局。

第七炮，场面已经有些失控，大家你争我抢，还好主持人拉回了正题。正方小徐同学积极发言说反方的小桃同学没有厘清思路，打了自己一个小巴掌。大家哈哈大笑。比赛已经接近了尾声。反方小鹏同学的观点十分尖锐：自控能力差的人没有了作业就会放开了玩。正方小徐同学打开了思路：有句话说得极其打动人心，"如果一个人是天才，难道全国乃至全世界每一个人都是天才吗"。一句话让反方辩手无言以对，第七炮正方胜。

最后一炮马上开始，双方的总结辩论，正反方都跃跃欲试，希望给自己的战队增加点分数。正方的总结打动人心；反方高喊："如果每个人都有超强的自控力，那为什么还要'双减'？"但是命运女神始终没有眷顾反方，胜负已定，正方大获全胜。

"双减"是贯彻党的教育方针的重要举措，其核心就是从根本上满足学生多样化教育的需求。本次辩论大赛圆满结束了！

# 爸爸"吃"了我的语文作业

俞悦瑄　上师大附外小五（9）班

一天放晚学回到家，我看见爸爸正在厨房忙碌，阵阵浓香从厨房里飘出来。

我一问，原来今晚有客人要来吃饭。我开心极了，我也沾光了，我急忙跑到书房写作业去了。

这时，我闻到了我喜欢吃的蒜苗炒腊肉的香味，我兴奋地跑到厨房。果然，看见爸爸翻炒着青青的蒜苗和深黄的腊肉。我惊喜地问爸爸："你真好，做了我的最爱！"爸爸神秘地一笑，说："这里面可有你的功劳呢！"我一下懵了，像丈二和尚摸不着头脑，边往回走，边喃喃自语："怎么有我的功劳呢？"

当我无意看了一下阳台一眼时，我猛地一拍脑袋，不由得叫了声"糟了"，向阳台飞奔过去，因为最近语文老师布置了回家作业——连续观察日记，我的蒜苗盆栽在那里。

一到阳台，我一下子呆住了，盆栽里已经长了一尺来高的蒜苗不翼而飞了。我急得跑去问爸爸："我的蒜苗盆栽哪去了？是不是你……"我的话还没说完，爸爸满不在乎地说："今天客人来得突然，我没时间去买蒜苗，就借用了你的。"我听了，气得直跺脚，边转身跑向阳台，边愤愤不平地说："这可是我的语文作业呀！"

望着空盆，我欲哭无泪。在种植蒜苗的日子里，我已经把它当

471

成我家的新成员了。蒜苗每长高一点，我的快乐就多一点；蒜苗黄了一点，我的担忧就多了一点……我对这份语文作业倾注了心血，却被爸爸给炒了，我心如刀割。

当爸爸炒完菜，他将蒜苗炒肉倒进盘子，尝了一口说："味道不错！"并夹了一块肉给我，让我尝一口。要是平时，我张口就吃，可现在我才不要吃，我一点食欲也没有。

可爱又可恨的爸爸，你还我语文作业！


# 啄木鸟逛森林超市

张鸿建　中山小学三（2）班


一个阳光明媚的星期天，啄木鸟妈妈对小啄木鸟说："你去森林超市帮妈妈买点东西吧！"小啄木鸟高兴地说："好呀！"说完，他拿起篮子，蹦蹦跳跳地来到森林超市。

小啄木鸟来到森林超市。一走进超市，啄木鸟就听到"欢迎光临！你要买点什么"的声音，原来是大象老板。小啄木鸟拿出妈妈给的购物清单说："我要一瓶酱油，一包洗衣粉……"很快，小啄木鸟拿了满满一篮东西。

正当小啄木鸟要结账的时候，却发现超市里的一根柱子好像有问题。他飞过去，仔细一看，果然里面有很多害虫。小啄木鸟二话不说放下东西，把自己尖尖的长嘴伸入柱子寻找害虫，把他们吃得干干净净。

这时，老板看到了，感动地说："谢谢你！帮我们吃了这么多害虫。我要给你免单。"小啄木鸟摆摆手说："不用了，我吃了柱子身上的害虫，既解决了一顿饭，又帮它治好了病，不是一举两得吗？"老板听了，摸摸小啄木鸟的头，说："真是个懂事的孩子。"

回到家，小啄木鸟把超市里发生的事一五一十地告诉了妈妈。妈妈也夸奖了他，还奖励了他一瓶最爱喝的牛奶。小啄木鸟心里乐开了花。

# 乡村的早晨

张欣茹　九亭第五小学三（2）班

在城市过了无数个早晨与旭日，但因空气不够清新，天空不够湛蓝，让我想起了乡村的早晨。

在故乡的山村一片寂静，偶尔传来清脆的鸟叫声。雾如纱一般，让整个山村上头被乳白色的雾蒙上，雾从山谷中一团团地溢出，缓缓地漫山坡，飘飘忽忽地笼罩着整个乡村。

徜徉在乡村的小路上，仔细看看脚下的花草，晨露正附在嫩嫩的叶茎上。叶片上，花骨朵儿上，在夜幕中降临的水上"精灵"晶莹透明。

远处传来一声鸣叫，此起彼伏，一唱百和，向山里望去，雾已经薄了淡了，渐渐地，东方有些微红，并越来越红，不断地升起，太阳露出了半张大红的笑脸，染红天边，不久它终于冲破了晨雾，放出了耀眼的光芒，大地变得温暖了。

故乡的早晨，那么美丽纯洁，让人流连忘返。

# 蜗牛阿左

周佳怡　华师大松江实验中学初一（1）班

夜静悄悄的，在一处灌木丛里，诞生了一个小小的生命。

当天还是灰蒙蒙，暖暖的阳光穿过茂密的树叶直射在雨后的土地上。一只小小的蜗牛慢慢爬了出来。

他以好奇的眼光环顾四周：甘甜的露珠，尖尖的小草，娇艳的花，还有那多不同的伙伴！一切都那么新奇！

小蜗牛从此喜欢上了这个世界，它喜欢和大家交朋友，于是他总是对别人说："你好！我叫阿左！你叫什么？"

大家也很喜欢和阿左交朋友。瓢虫姐姐说："多礼貌的一个孩子！见到我就问好！"蚂蚁妹妹说："多热情的大哥哥！总是帮我干活！"就连风也用树叶捎封信来：充满好奇心和勇敢的孩子多棒！

阿左喜欢冒险，他想去整个世界看看。靠着自己阿左已经走了很远很远，去了很多很多地方。虽然只是灌木丛附近。

飞累了的小鸟停下来歇脚，就和阿左聊天。小鸟有那么棒的翅膀，她可以飞，肯定见过整个世界，阿左想。

"你看过整个世界吗？""大概看过吧。""长什么样啊？""难说，各种各样的森林还有沙漠还有城市。"

小鸟说完一扑棱翅膀，飞走了。

阿左仰着头看小鸟越飞越高，越飞越远，直到看不见为止。他们刚刚站的地方，旁边有一棵参天大树，小鸟飞到看不见的地方，也看不到树顶。

晚上，阿左告诉妈妈："妈妈，我要出去。"妈妈温柔地看着他，没点头也没摇头："去干什么呢？""我要看世界！""哦。"妈妈笑了，"去吧。"

第二天，阿左要去看世界的消息大家伙都知道了。松鼠跑来看着他身上重重的壳："你的壳那么重，爬得动吗？不会丢掉吗？""谁会丢掉自己的家啊？"

阿左的目的地是那棵参天大树，他要站到这棵树的最顶上看整个世界，回来告诉妈妈。

他走了，走得很慢。白天阿左在茂密树叶的掩护下前进，晚上就伴着月光向上爬。一刻也不曾休息。

一开始还有人好奇，过来看看，陪阿左聊聊天，慢慢地，就只剩阿左了。

他会给妈妈写信，告诉一天见到的景色和新交的朋友。有一天夜晚，乌云遮住了月亮和星星，森林刮起了大风。第二天清晨，一片狼藉，许多树枝都被折断，小鸟窝掉了下来。

蜗牛妈妈担心，托送信的鸽子赶紧去看看，阿左还在慢慢地爬。

又是一个静悄悄的夜，阿左绕过一根小树枝，站到了最顶端的树叶上。远眺，还是一大片树林，月光洒在上面，像铺上了白纱。

遥远的那边有高高的山，细细的溪流。俯视，底下的一切变得那么渺小，只有风拂过林梢的声音，没睡的鸟儿在扑腾翅膀。

一阵风吹来，阿左眯着眼，迎着皎洁的月光，他看到了全世界。


# 我当志愿者

朱秋怡　立达中学初一（2）班


暑假，居委会组织了一次上门帮助一些特殊孤寡老人收取垃圾的志愿活动，我踊跃报名参与。

那天我早早地起床，穿好"绿马甲"，戴好红袖章，来到了需要我帮忙收取垃圾的那几户老人家中。先说说第一家，这是一个无儿无女的孤寡老人。他见我来了，非常的开心，我跟这位爷爷解释，我是来帮他收取垃圾的，有没有垃圾需要我带走？爷爷听后，脸上的笑容立刻减少了几分。我想他可能以为我是来陪他聊天的，所以多了一份失落感吧！我看出了爷爷的心思，便说道："爷爷，你放心，每次我来收垃圾都会陪你聊天的！"爷爷听了这话，脸上又洋溢起了笑容。接着，我陪爷爷聊了会儿天，临走时爷爷拿起垃圾递给我，说了句"谢谢"！

第二家的情况更是不容乐观。在我和奶奶的对话中了解到，因为儿子和儿媳常年在外打工，所以没时间陪在他们身边，自己又瘫痪多年下不了床，老伴的腿脚也不是很方便。我听后十分同情他们，便说："如果你们有什么需要我做的，随时给我打电话。只要是我

476

能做到的，我一定会尽全力帮助你们的。"说完，我把电话号码留给了他们，然后拿上垃圾就离开了。

在往垃圾房走去的时候，看见一位叔叔随手将一包垃圾丢在了垃圾桶外面。我很生气，便三步并作两步，走上前去大声喊道："叔叔你好，请先别走！你怎么可以将垃圾随意丢在垃圾桶外面呢？"叔叔听了我的话，回过头没好气地说了声："哟，原来是个小屁孩啊！怎么不可以？那你帮我丢进去吧！再说了，这小区又不是你家开的，我想丢哪就丢哪，你管得着吗？"我义正词严地回答道："叔叔，你这么做不仅是污染了小区的环境，而且作为一个长辈还带了个坏头。如果人人都像你这样，还要垃圾桶干嘛？还要实施垃圾分类干嘛？你知道吗，你每往外丢一次，保洁阿姨就会辛苦地捡起一次。这个地球只有我们每一个人都出份力来保护它，地球妈妈才不会哭泣！就如我们小区里经常广播的：'小区是我家，安全靠大家'。所以我希望你能把这垃圾丢进桶里！"叔叔听了我的劝说，惭愧地低下头，将垃圾拾起丢进了桶内。

也许在他人看来，志愿服务是一件再简单不过的事了，起初我也是这么想的。直到我亲身经历后才知道并非想象中的那么容易。它让我更加懂得和理解保洁阿姨的辛苦。他们用自己勤劳的双手，换来了我们干净整洁的家园。

# 后　记

时间过得真是快。

2010 年 1 月，《松江报》以激发学生写作兴趣、提高学生写作积极性、打造别样的校外课堂和小作家摇篮为目的，开设了《习作园地》版面。

2017 年 6 月，松江报社、松江区广播电视台和松江区新闻宣传综合服务中心三家单位融合成立上海市松江区融媒体中心。至此，《习作园地》借融媒之劲风，给学生一个更为创新的宽松的自主的写作平台，得到了松江区中小学生、教师以及家长的热烈欢迎。

2021 年 10 月，为给《习作园地》小作者一个未来作家的美丽梦想，松江区融媒体中心党委决定出版《习作园地》选集。

选编这本作文集，我们感慨万分：有见识，有思考，富有哲理的语言和段落，那么强的想象力和创作力，是出自还稚嫩、还青涩的小学、初中和高中的你们吗？我们一如当初惊喜不已：你们宛如天空中一颗颗璀璨的星星，让校园的月亮显得更美丽；又宛如乐谱中一个个灵动的音符，让校园这首歌显得更悦耳。你们如今在哪呢？是不是已经成为大学生甚至已经踏上了工作岗位！这么多年过去了，你们是否还记得作文刊发《习作园地》后的欣喜和激动？是哪一名同学，第一笔稿费单成为永久的纪念挂在卧室的墙上；又是哪一名同学，爷爷翻来覆去看了无数遍你变成铅字的作文，当晚的饭桌上多喝了二两小老酒；那名从最初只能写几句话到文字优美能

**图书在版编目（CIP）数据**

微笑的苹果：《华亭风》学生作文精选集 ／ 上海市松江区
融媒体中心编 .—上海：上海文艺出版社，2021.12
ISBN 978-7-5321-8229-9

Ⅰ．①微… Ⅱ．①上… Ⅲ．①作文－中小学－选集
Ⅳ．① H194.5

中国版本图书馆 CIP 数据核字（2021）第 264463 号


责任编辑：刘敏红

装帧设计：尹志雷


**微笑的苹果：《华亭风》学生作文精选集**

上海市松江区融媒体中心编

上海世纪出版集团

**上海文艺出版社**　出版

上海市闵行区号景路 159 弄 A 座 2 楼　201101

上海文艺出版社发行中心发行

上海市闵行区号景路 159 弄 A 座 2 楼 206 室　201101 www.ewen.co

**新華書店**经销　嘉兴市大雪印刷有限责任公司印刷

开本 889mm×1194mm　1/32　印张 15.625　字数 363，000

2021 年 12 月第 1 版　2021 年 12 月第 1 次印刷

ISBN 978-7-5321-8229-9/I.6502　定价：68.00 元

**告读者　如发现本书有质量问题请与印刷厂质量科联系**

T：0573-82222481